Simon Hegelich

Reformkorridore des deutschen Rentensystems

Analysen

Herausgegeben von
Klaus Schubert
Göttrik Wewer

Simon Hegelich

Reformkorridore des deutschen Rentensystems

VS VERLAG FÜR SOZIALWISSENSCHAFTEN

Bibliografische Information Der Deutschen Bibliothek
Die Deutsche Bibliothek verzeichnet diese Publikation in der Deutschen Nationalbibliografie; detaillierte bibliografische Daten sind im Internet über <http://dnb.ddb.de> abrufbar.

D 6

1. Auflage Januar 2006

Lektorat: Monika Mülhausen

Der VS Verlag für Sozialwissenschaften ist ein Unternehmen von Springer Science+Business Media.
www.vs-verlag.de

Umschlaggestaltung: KünkelLopka Medienentwicklung, Heidelberg
Druck und buchbinderische Verarbeitung: Rosch-Buch, Scheßlitz
Gedruckt auf säurefreiem und chlorfrei gebleichtem Papier
Printed in Germany

ISBN 3-531-14911-3

Inhalt

Abbildungsverzeichnis

Tabellenverzeichnis

Formelverzeichnis

Vorbemerkung

Die vorliegende Arbeit wurde 2005 von der Philosophischen Fakultät der Westfälischen-Wilhelms Universität Münster als Dissertation angenommen.

Das deutsche System der sozialen Sicherung ist seit einigen Jahren einem umfassenden Reformprozess unterworfen. Die Rentenpolitik ist dabei ein zentraler Bereich, sowohl hinsichtlich ihrer Bedeutung für die soziale Sicherung als auch in Bezug auf die Reformbestrebungen. Es vergeht inzwischen kaum ein Tag, an dem nicht in den Medien über neue oder mögliche Rentenreformen berichtet wird. Innerhalb weniger Jahre hat sich die öffentliche Wahrnehmung des Rentensystems so sehr gewandelt, dass der einstige Leitsatz „Die Renten sind sicher!" nur noch mit einem lakonischen Kopfschütteln quittiert wird. Am Thema Rentenreform entzünden sich politische Debatten, die mit einer Heftigkeit geführt werden, dass auch der oft beschworene „Rentenkonsens" inzwischen der Vergangenheit anzugehören scheint. In diesen „turbulenten Zeiten" einen wissenschaftlichen Beitrag zur Analyse der Veränderungsprozesse, aber auch der Kontinuitäten des Rentensystems sowie den internen Konflikten und möglichen Einigungen zu leisten, ist der Anspruch dieser Arbeit.

Konflikt und Konsens, Kontinuität und Veränderung sind jedoch nicht nur entscheidende Dimensionen des untersuchten Gegenstands, sondern haben auch den eigenen Forschungsprozess bestimmt. Allen, die in diesem Sinne in vielfältiger Weise auf die Entstehung dieser Arbeit eingewirkt haben, möchte ich daher an dieser Stelle ausdrücklich danken. Neben meinem „privaten und familiären Umfeld" gilt dieser Dank insbesondere jenen, die mich in meinem „Arbeitsumfeld" durch wissenschaftlichen Rat und freundschaftliche Tat unterstützt haben. Hierzu zählt insbesondere Klaus Schubert, dem ich für seine inhaltlichen Anregungen, sein persönliches Engagement und für die wegweisenden Debatten danke. Mein Dank gilt auch Brigitte Young, da ich durch sie erst zu diesem Thema kam und von dem theoretischen und arbeitspraktischen Wissen profitieren konnte, das sie mir vermittelte, Ursula Bazant für ihre überragende Hilfsbereitschaft und weil sie jederzeit als kritische Kontrollinstanz zur Verfügung stand sowie den übrigen „Team-Mitgliedern" der Lehreinheit Politikfeldanalyse für ihre direkte und indirekte Unterstützung.

1 Einleitung

Das deutsche Rentensystem, einer der wichtigsten Bestandteile des deutschen Sozialstaats, steht unter einem immensen Reformdruck. (S. hierzu u. a. Hinrichs 2003, Döring 2003, Börsch-Supan/Heiß/Winter 2004) Zum einen steht das deutsche Rentensystem lang- und mittelfristig vor der Herausforderung, die durch die Veränderung der Altersstruktur hervorgerufenen Probleme nachhaltig zu bewältigen. (Rürup 2003; IWF 2004) Zum anderen sorgt die verfestigte Arbeitslosigkeit für eine Verschlechterung der momentanen Einnahmesituation der Rentenkassen. (VDR 2003, Ostner/Leitner/Lessenich 2001) Die Rentenproblematik verschärft sich noch darüber, dass eine substantielle Erhöhung der Einnahmen der Rentenversicherung als wirtschafts- und finanzpolitisch nicht vertretbar angesehen wird, (Ruland 2001b, Hering 2004) eine Verringerung der Ausgaben aber mit drastischen sozialen Einschnitten verbunden ist. (Myles 2003, Nullmeier 2000) Vor diesem Hintergrund ist seit mehreren Jahren ein Reformprozess im Gange, der das bisherige Rentensystem bereits grundlegend verändert hat und noch längst nicht abgeschlossen ist, was u. a. den Berichten der Herzog-Kommission (Kommission Soziale Sicherheit 2003) und der Rürup-Kommission (BMGS 2003) zu entnehmen ist, die in ihren Vorschlägen noch erheblich über den bislang umgesetzten Stand hinausgehen.

Während die Politik vor der Aufgabe steht, Lösungskonzepte zu entwickeln und umzusetzen, die dieser komplexen Situation gerecht werden, muss es aus politikwissenschaftlicher Perspektive zunächst darum gehen, die Bedingungen und Grenzen dieses Reformprozesses zu analysieren. Es stellt sich demnach die Frage nach den *Reformkorridoren des deutschen Rentensystems* oder anders ausgedrückt: Welche Reformnotwendigkeiten ergeben sich und welche Handlungsperspektiven stehen zur Verfügung? Es ist offensichtlich, dass diese Frage eine Vielzahl von Antworten provoziert, da die Begriffe *Reformnotwendigkeit* und *Handlungsperspektive* je nach Ansatz unterschiedlich besetzt werden können. Eine rein ökonomische Herangehensweise könnte beispielsweise die Reformnotwendigkeiten aus einer finanztechnischen Untersuchung des Rentensystems herleiten und in erster Linie zu haushaltsspezifischen Handlungsperspektiven gelangen. Die vorliegende Untersuchung basiert hingegen auf einer akteurszentrierten Politikfeldanalyse, d. h. Reformnotwendigkeiten und Handlungsperspektiven ergeben sich aus den Interessen der Akteure im Politikfeld Rentenpolitik und ihren jeweiligen Möglichkeiten, diese Interessen mit anderen Akteuren gemeinsam und/oder gegen andere durchzusetzen. Denn kein Akteur kann

> seine Ziele individuell, unabhängig von anderen Akteuren realisieren. Selbst Akteure in hohen und höchsten politischen Positionen sind auf andere Akteure angewiesen und müssen ihre Ziele über Kooperation oder im Konflikt mit anderen Akteuren, gegen diese oder an diesen vorbei durchsetzen. Politik muss so als fortlaufender Prozess verstanden werden. Sie erschöpft sich nicht in einmaligen und «finalen» Beschlüssen, sondern besteht aus aufeinander folgenden, sich immer wieder gegenseitig beeinflussenden Entscheidungen. (Schubert/Bandelow 2003b: 1)

Damit stellt sich zunächst die Frage nach den zu untersuchenden Akteuren. Zum einen gibt es eine Vielzahl von Akteuren innerhalb des politisch-administrativen Systems, die sich mit Rentenpolitik auseinandersetzen, wie das Sozial- oder Wirtschaftsministerium, die entsprechenden Ministerialbürokratien, die Sozialausschüsse, die Fraktionen, Parteien u. a. Darüber hinaus wird Rentenpolitik aber besonders in Deutschland auch von den Arbeitgebern und den Arbeitnehmern gemacht. „From the beginning, the retirement insurance had the underlying philosophy that old age provision is a shared responsibility of workers, employers, and the state." (Börsch-Supan 2001: 13) Die Integration der Arbeitnehmer und Arbeitgeber zeigt sich nicht nur institutionell an der paritätischen Besetzung in den Rentenversicherungsträgern, also den Landesversicherungsanstalten (LVA), der Bundesversicherungsanstalt für Angestellte (BfA) sowie der Bundesknappschaft, der Bahnversicherungsanstalt und der Seekasse. Darüber hinaus sind die Arbeitnehmer und die Arbeitgeber häufig auch in den direkten politischen Entscheidungsprozess integriert, werden in Ausschüssen und Kommissionen angehört und stellen nicht zuletzt im ebenfalls paritätisch besetzten Verband Deutscher Rentenversicherungsträger (VDR) die Mitgliederversammlung. Der Einfluss der Arbeitnehmer und Arbeitgeber auf das Rentensystem wird im erheblichen Maße über ihre Verbände (Gewerkschaften und Wirtschaftsverbände) organisiert. Die in Deutschland ohnehin bedeutende politische Stellung der Arbeitnehmer- und Arbeitgeberverbände ist im Bereich der Sozialpolitik besonders zu spüren und in der Rentenpolitik fest etabliert. (Winter 1997: 19)

Die Arbeitnehmer und die Arbeitgeber sind aber nicht nur an der Rentenpolitik *beteiligt*. Eine weitere Besonderheit des deutschen Rentensystems besteht in einem starken Hang, rentenpolitische Entscheidungen im Konsens mit allen involvierten Akteuren durchzusetzen. Diese Kooperation im Bereich der Alterssicherung ist eng verbunden mit dem deutschen Modell der Sozialen Marktwirtschaft, die neben dem „rein ökonomischen" Interesse auf die Berücksichtigung

„sozialer Interessen" durch die Gesellschaft dringt. (Streeck 1995) Diese Präsenz konsensualer Strategien beschränkt sich nicht nur auf die Integration der Arbeitnehmer und der Arbeitgeber in rentenpolitische Entscheidungsprozesse, (Trampusch 2003) sondern erstreckt sich zumeist auch auf die Akteure des politisch-administrativen Systems. Diese Eigenheit zwischen den beteiligten Akteuren zeigte sich bereits bei der Reform von 1957. „Die Rentenreform [mündete] in einen breiten politischen Konsens der Volksparteien CDU/CSU und SPD, ein Konsens, der auch für die Zukunft prägend wirkte. Es galt seitdem die Handlungsmaxime, daß beim Thema Rente die Parteien sich einigen und die Verantwortung gemeinsam tragen sollten." (Babel 2001: 21) Seit Ende der 1990er werden Rentenreformen auch ohne zwischenparteilichen Konsens verabschiedet, wobei es allerdings nach wie vor Bemühungen gibt, Einigkeit zu erzielen, zumal die Reform von 1998 direkt nach dem Regierungswechsel revidiert worden ist, was nicht für die Stabilität einer nicht Konsens fähigen Rentenpolitik spricht. Die Orientierung der Rentenpolitik an einem gesellschaftlichen Konsens findet sich auch in anderen OECD-Ländern, wobei Deutschland jedoch eine Vorreiterrolle einnimmt. „The pension consensus in Germany, established in 1957 (and lasting until the mid 1990s) and constantly referred to by political parties and the social partners, was not untypical but probably more well-developed than elsewhere." (Hinrichs 2000b: 368)

Zugleich wäre es aber verkehrt, das deutsche Rentensystem auf Konsens beschränken zu wollen, da es immer wieder – zum Teil heftige – Auseinandersetzungen in der Rentenpolitik gibt und gab. Gerade die Reformen der letzten Jahre, also die Rentenreformen 1999, 2001 und 2004, entpuppten sich als Gegenstand einer veritablen politischen Auseinandersetzung, in der sowohl die Arbeitnehmer und die Arbeitgeber, aber auch unterschiedlichste Fraktionen des politisch-administrativen Systems beteiligt waren. (Wiesehügel 2004, Schmähl 2000a, Miegel 2003) Eine Analyse des deutschen Rentensystems muss offensichtlich die beiden Dimensionen Konflikt und Konsens integrieren können.

Zwei weitere Dimensionen der Entwicklung des deutschen Rentensystems sind Kontinuität und Veränderung. In der Diskussion um die aktuelle Lage des deutschen Rentensystems wird unterstellt, das deutsche Rentensystem sei viel zu lange unverändert geblieben und müsse daher jetzt (endlich) umfassend reformiert werden. In diesem Sinne äußerte sich Bundeskanzler Gerhard Schröder in seiner Regierungserklärung am 14. März 2003:

> Die Struktur unserer Sozialsysteme ist seit 50 Jahren praktisch unverändert geblieben. An manchen Stellen, etwa bei der Belastung der Arbeitskosten, führen Instrumente der sozialen Sicherheit heute sogar zu Ungerechtigkeiten. [...] Daraus ergibt sich nur eine Konsequenz: Der Umbau des Sozialstaates und seine Erneuerung sind

> unabweisbar geworden. [...] Hierzu hat die Regierung in den vergangenen Jahren vieles auf den Weg gebracht. Wir und nicht Sie [die Opposition] haben die kapitalgedeckte private Vorsorge, die die zweite Säule der Rentenversicherung darstellt, auf den Weg gebracht. Diese private Vorsorge als zweite Säule unter das Dach der Altersversorgung und Alterssicherung zu stellen, das haben viele große Länder in Europa noch vor sich. (Schröder 2003)

Ähnlich auch der fraktionsübergreifende „Blickpunkt Bundestag":

> Die gesetzliche Rentenversicherung ist einer der Grundpfeiler des deutschen Sozialstaats. Die anhaltende Konjunkturkrise hat erneut deutlich gemacht, dass das System dringend reformiert werden muss. Was in Zeiten des Aufschwungs noch verdeckt war, tritt nun offen zu Tage: Die Rentenversicherung steht vor großen finanziellen Problemen und Herausforderungen. Ohne massive Eingriffe ist die Rente bald nicht mehr bezahlbar. (Blickpunkt Bundestag 2004)

Diese Einschätzung bezüglich einer notwendigen Veränderung des deutschen Rentensystems *wegen* der bislang überwiegenden Kontinuität ist etwas überraschend, da seit der Einführung der jetzigen Rentenversicherung 1957 sich jede Regierung mit dem deutschen Rentensystem auseinandergesetzt und Veränderungen vorgenommen hat. Allein im Zeitraum von 1991-1996 gab es elf Gesetzesänderungen in Bezug auf das deutsche Rentensystem.[1] Im Jahr 2001 gab es eine umfassende Rentenreform, die es sich zum Ziel gesetzt hatte, weitere Reformen über das Jahr 2030 hinaus unnötig werden zu lassen. So verkündete die Regierung in ihrem Nationalen Strategiebericht Alterssicherung 2002, dass „die jüngste Rentenreform 2001 [...] am Ende eines gesellschaftlichen Diskussionsprozesses über die demographische Entwicklung" steht. (Bundestag 14/9503: 5) 2003 wurde diese Reform erneut reformiert. Dennoch sind über zweidrittel der Bundesbürger der Meinung, dass die Rentenreform 2003 das Rentensystem nicht wirklich stabilisiert hat und eine „ernsthafte Reform" notwendig ist. (Börsch-Supan/Heiß/Winter 2004: 36) Dabei sollte bereits die „1989 verabschiedete *Rentenreform 1992* nach Auffassung aller beteiligten Akteure für etwa zwanzig Jahre weitere Interventionen überflüssig machen" (Hinrichs 2000a: 297). Im Gegensatz zu der Auffassung, das deutsche Rentensystem sei hochgradig unflexibel scheinen die Vielzahl der Reformen eher auf eine sehr hohe Anpassungsfä-

---

[1] Diese Vielzahl von Gesetzesänderungen ist auf die Eingliederung der Neuen Länder in das Rentensystem zurückzuführen, ist aber gerade deshalb beispielhaft für die Flexibilität der Renteninstitutionen. Ein starres und veraltetes Rentensystem wäre wohl kaum in der Lage gewesen, eine solche Herausforderung zu überstehen. „Für die Rentenversicherung bedeutete die Wiedervereinigung eine weitere Bewährungsprobe. Kein anderes Alterssicherungssystem hätte diese sozialpolitische Herausforderung so meistern können." (Ruland 2001a: 3)

higkeit hinzuweisen. Die Reformen in den 1990ern sieht Hinrichs daher als „proof of considerable institutional elasticity because, due to the schemes' evolved complexity, a multitude of «adjustment screws» can be moved without transgressing the boundaries of incremental (or «system-immanent») reform". (Hinrichs 2000b: 371)

Dieser Widerspruch zeigt sich auch noch in anderer Hinsicht: Einerseits wird allgemein anerkannt, dass es sich bei dem Rentensystem um einen Grundpfeiler des deutschen Sozialstaates handelt. Andererseits gibt es eine permanente Unzufriedenheit mit der jeweiligen Verfasstheit der entsprechenden Institutionen. Obwohl also rückblickend die Leistungen des deutschen Rentensystems positiv hervorgehoben werden, wird seine konkrete Verfasstheit durchweg kritisch beurteilt. Daraus folgen Bemühungen, die einerseits auf die langfristige Absicherung des Rentensystems zielen, aber andererseits offensichtlich nur kurzfristige Wirkungen zeigen. Diese Diskrepanz zwischen der Bewertung der aktuellen Lage des Rentensystems und seinen bisherigen Leistungen ist keineswegs ein neues Phänomen. „Wenn gegenwärtig Krise und Reformbedürftigkeit der gesetzlichen Rentenversicherung in Deutschland für gesellschaftlichen Zündstoff und intensive Fachdiskussion sorgen, so darf man nicht vergessen, daß solche Debatten die Geschichte dieser Institution von Anfang an begleitet haben." (Fisch/Haerendel 2000a: 11)

Die häufig mit der Rentenversicherung assoziierte Vorstellung eines kaum beweglichen Kolosses – Hinrichs spricht ironisch von einem Elefanten, (Hinrichs 2000b) der nun das Springen lernen müsste – geht also an der institutionellen Wirklichkeit vorbei.

> Die immer wiederkehrende Vorstellung einer Kontinuität von Prinzipien und Identitäten der GRV übersieht, daß weder das Gründungsgesetz noch die weitere Entwicklung aus einem konsistenten und in sich schlüssigen Wissens- und Normbestand abgeleitet war, sondern in allen Situationen durch Mischung vielfältiger und unterschiedlicher Ziele, Interessen, Normen und Wissensbestände geprägt war. [FN] Die rückblickend oft konstatierte Geschlossenheit und Kontinuität der Konzeption [FN] erhielt die GRV erst in einer wechselvollen Geschichte, die sich keineswegs zwanglos den Bemühungen interpretativer Vereinheitlichung und Rationalisierung fügt. (Nullmeier/Rüb 1993: 94)

Das Set der Akteure, der Gegenstand Rentensystem sowie die These des Konsens legen es nahe, die Interessenvermittlung in dem Politikfeld Rentenpolitik unter der Überschrift „Korporatismus" zu analysieren. Dieser weit verbreitete Ansatz (z. B. bei Schludi 2001, Manow 1997, Manow/Seils 2000b, Trampusch 2004, Jochem/Siegel 2003a) setzt jedoch i. d. R. die Interessen der

Akteure als gegeben voraus und unterstellt, dass es den Akteuren darum geht, eine gemeinsam getragene Einigung zu finden. Eine korporatistische Analyse würde sich daher in erster Linie auf die Dimensionen Konsens und Kontinuität beschränken und könnte wahrscheinlich wenig zur Analyse der Dimensionen Konflikt und Veränderungen beitragen. Dennoch ist der Korporatismus nicht einfach von vorneherein zu verwerfen. Denn wenn es gelingt, an diesem Ansatz die Aspekte aufzuzeigen, die für eine Analyse des deutschen Rentensystems *nicht* funktional sind, so ist zugleich der spezifische theoretische Rahmen der weiteren Untersuchung – wenngleich zunächst negativ – abgesteckt. Wenn aber aus den Kritikpunkten positive Schlüsse für die weitere Untersuchung zu ziehen sind, dann erweist sich die Auseinandersetzung mit dem Korporatismus als konstruktiv.

Darüber hinaus ist es aus einem anderen Grund entscheidend, den Bezug zum Korporatismus herzustellen. Denn dieser Ansatz hat – wie im Folgenden ausgeführt wird – den Status eines Paradigmas, (2.2) wodurch eine Analyse, die den Korporatismus einfach ignoriert, weil sie ihn nicht als brauchbar erachtet, sich in gewisser Weise außerhalb der gegenwärtigen wissenschaftlichen Diskussion platziert und somit Möglichkeiten einer konstruktiven Debatte verspielt. Die kritische Auseinandersetzung mit dem Korporatismus bildet somit die Grundlage für die Entwicklung eines eigenständigen theoretischen Rahmens zur Analyse des deutschen Rentensystems. Da aber „Angemessenheit und Nützlichkeit von Theorien [...] sich [...] immer wieder in der konkreten Wirklichkeit beweisen und bewähren [müssen]“ (Schubert 2003a: 5), kann ein solcher Rahmen nur der erste Schritt der Analyse des deutschen Rentensystems sein. Erst die konkrete Betrachtung der Reformkorridore gibt Aufschluss über die Gestaltungsspielräume des deutschen Rentensystems.

Wenn die Gestaltungsspielräume der Rentenpolitik betrachtet werden sollen, dann ist jedoch zu berücksichtigen, dass die Interessen der Akteure – und damit auch die Möglichkeiten und Ziele der Rentenpolitik – nicht statisch sind, sondern als Prozess verstanden werden müssen. Um die These zu belegen, dass das deutsche Rentensystem in den vier Dimensionen Konsens/Konflikt und Kontinuität/Veränderung durch die Entwicklung der Interessen der Akteure Arbeitnehmer, Arbeitgeber und politisch-administratives System geprägt ist, bedarf es einer *Längsschnittanalyse* über einen größeren Zeitraum, da sonst dem Prozesscharakter nicht Rechnung getragen werden kann.

Für die vorliegende Untersuchung ergibt sich daher folgendes Forschungsdesign:

Zunächst ist ein theoretischer Rahmen zur Analyse der Interessen der Akteure Arbeitnehmer, Arbeitgeber und politisch-administratives System zu entwickeln. Dafür ist die kritische Auseinandersetzung mit dem Korporatismus hilfreich, (2) die erstens die theoretische Unklarheit dieses Konzepts thematisiert (2.1), zweitens darlegt, warum der Korporatismus als Paradigma aufzufassen ist, (2.2) und drittens dieses Paradigma in seiner Entwicklung kritisiert. Dabei wird vom theoretischen Kern des Korporatismuskonzepts ausgegangen, (2.3) um dann seine Erweiterungen zu thematisieren. (2.4) Die These ist, dass der Korporatismus einer *degenerativen Entwicklung* unterworfen ist, die dazu führt, dass dieses Konzept immer weniger empirische Aussagekraft bekommt und zunehmend widersprüchlicher wird. Um diese These zu belegen, wird auf die so genannte Tauschhypothese, (2.4.1) Pfadabhängigkeit (2.4.2) und die Verschiebung von Makroebene hin zum Meso- und Mikrokorporatismus (2.4.3) eingegangen. Für die Analyse der Reformkorridore des deutschen Rentensystems kann diese Auseinandersetzung mit dem Korporatismus aber nur insofern nützlich sein, wenn es gelingt, aus der Kritik am Korporatismus ein Konzept zu entwickeln, das die Schwierigkeiten dieses Ansatzes vermeidet. Es sind daher Überlegungen notwendig, die über die bloße Kritik des Korporatismus hinausgehen und den engen Bezug zum Gegenstand der Untersuchung, dem deutschen Rentensystem, herstellen. (2.5) Dabei werden die positive und die negative Heuristik des Korporatismus einer konstruktiven Kritik unterzogen, die sich insbesondere auf die zu einseitig in die Abstraktion eines „Allgemeinen Interesses" (2.5.1) und die formelle Abgrenzung des Korporatismus vom Pluralismus bezieht. (2.5.2) Anhand der Probleme, die durch die theoretischen Erweiterungen des Korporatismus behoben werden sollten, kann gezeigt werden, dass von *Kollektivakteuren* auszugehen ist, die die *Entwicklung* des Rentensystems in unterschiedlichen *Szenen* prägen. (2.5.3)

Die Gleichzeitigkeit von Kontinuität und Veränderung und der Fokus auf die Akteursinteressen werfen ein methodisches Problem für die Längsschnittanalyse auf. Denn die Entwicklung des deutschen Rentensystems vollzieht sich nicht linear in dem Sinne, dass aus einer bestimmten Situation sich eine nachfolgende notwendig ergeben müsste. Denn die Rentenpolitik ist Resultat der Interaktionen der Akteure, die sich nicht aus den Strukturen eines Systems, sondern aus den zugrunde liegenden Interessen erklären lassen. Zugleich sind aber zu bestimmten Zeitpunkten nur begrenzte Handlungsperspektiven gegeben. Genau dieser Zusammenhang soll durch den Begriff des Reformkorridors symbolisiert werden. Für die Untersuchung folgt daraus, dass nicht eine *kontinuierliche* Entwicklung zu betrachten ist, sondern mögliche Brüche berücksichtigt werden müssen. Es stellt sich demnach die Frage, wie die Entwicklung des deutschen Rentensystems zu unterteilen ist. Dabei sollen anhand der wichtigsten Reformen Szenen festgestellt werden, die jeweils von einer bestimmten Grundrichtung geprägt sind. (3)

Bereits die Festlegung eines Anfangspunktes der Entwicklung des deutschen Rentensystems ist nicht unproblematisch, da in vielen Analysen explizit oder implizit von einem Beginn zu Zeiten Bismarcks ausgegangen wird, (u. a. Döring 1980, Manow 1997, Schludi 2001, z. T. Nullmeier/Rüb 1993) obwohl andererseits argumentiert werden kann, dass das Rentensystem in seiner heutigen Form nicht auf die Bismarcksche Sozialgesetzgebung, sondern auf die „Große Rentenreform" von 1957 zurückzuführen ist. Um letzteres zu belegen, wird das Bismarcksche Rentensystem mit seinem Nachfolger verglichen. (3.1) Auf Basis dieser Abgrenzung kann das deutsche Rentensystem dann anhand der maßgeblichen Reformen eingeteilt werden in eine Szene des Ausbaus von 1957-1972, (3.2) eine Szene der Anpassung bis 1989 (3.3) und eine Szene der Umstrukturierung, (3.4) die momentan noch andauert. Damit ist der zu behandelnde Gegenstandsbereich verortet. Die eigentliche Frage ist aber nicht, welche Rentenpolitik wann betrieben wurde, sondern wie diese spezifischen Politiken zustande kamen. Die Unterteilung in einzelne Szenen stellt somit nur die Grundlage dar, auf der die Interessen der unterschiedlichen Akteure analysiert werden sollen.

Dabei besteht eine Schwierigkeit darin, dass der Interessenbegriff oft entweder im Sinne individueller, oder aber gesellschaftlich bedingter Interessen verstanden wird. (Dahrendorf 1977: 206) Während die Vertreter eines individualistischen Interessenbegriffs davon ausgehen, dass Interessen letzten Endes nur durch psychologische Methoden ermittelbar sind, setzen die Vertreter eines gesellschaftlichen Interessenbegriffs oft dieser subjektivistischen Auffassung einen Determinismus entgegen. So entsteht eine Polarisierung, in der entweder die Existenz kollektiver Interessen, wie z. B. Arbeitnehmer- oder Arbeitgeberinteressen, bestritten wird, oder diese kollektiven Interessen allein auf die gesellschaftlichen Funktionen der entsprechenden Gruppen zurückgeführt werden und somit als statisch erscheinen. Eine Analyse der Akteure Arbeitnehmer, Arbeitgeber und politisch-administratives System soll dagegen zeigen, dass es sehr wohl Sinn macht, von kollektiven Interessen wie Arbeitnehmerinteressen zu sprechen, dass diese Interessen aber nicht deterministisch vorgegeben werden können, sondern sich erstens verändern und zweitens selbst innerhalb der Kollektivakteure nicht notwendig homogen vertreten sein müssen. (4) Damit ist die Grundlage gelegt, nun die Interessen der Akteure in den Szenen des Ausbaus, (4.1) der Anpassung, (4.2) und der Umstrukturierung (4.3) zu analysieren. In allen drei Szenen wird analog vorgegangen, um die Ergebnisse der Untersuchung der einzelnen Szenen vergleichbar zu gestalten und so einen besseren Eindruck der Entwicklung des deutschen Rentensystems vermitteln zu können. Zunächst werden die Arbeitgeber hinsichtlich ihrer Interessen in der Szene des Ausbaus analysiert. (4.1.1) Dafür wird auf die *Positionen* eingegangen, die von Seiten der Arbeitnehmer in dieser Zeit bezüglich des Rentensystems vertreten wurden. Relevant sind hierbei die Positionen des Deutschen Gewerkschaftsbundes (DGB) als zentraler Dachverband der deutschen Gewerkschaften, die Positionen der Einzelgewerkschaften, auch der nicht im DGB organisierten, sowie Positionen, die von Einzelpersonen oder „unorganisierten“ Arbeitnehmergruppen (z. B. der „öffentlichen Meinung“) vertreten wurden und trotzdem einen Einfluss auf die Rentenpolitik hatten. Ziel dieser Untersuchung ist es, aus der Heterogenität dieser Positionen auf die rentenpolitischen Interessen der Arbeitnehmer in der Szene des Ausbaus zu schließen. Dabei kann es sein, dass unterschiedliche Positionen auf dieselben Interessen zurückführbar sind, z. B. weil es innerhalb der Arbeitnehmer Fraktionen gibt, die auf verschiedene Weise betroffen sind, es kann aber auch der Fall eintreten, dass ein Interesse eben nicht von allen Fraktionen des Kollektivakteurs, sondern nur von der Mehrheit oder von einer entscheidenden Fraktion geteilt wird. So entsteht ein Bild davon, wofür sich die Arbeitnehmer in der Szene des Ausbaus rentenpolitisch einsetzen wollten, welche Prioritäten bestanden und welche Punkte intern strittig waren.

Für die Analyse der Interessen der Arbeitgeber in der Szene des Ausbaus (4.1.2) bedeutet dieses Konzept, dass zunächst auf die rentenpolitischen Positionen der Arbeitgeber eingegangen wird. Von besonderer Bedeutung sind hier in der Szene des Ausbaus die am Rentensystem direkt beteiligte Bundesvereinigung Deutscher Arbeitgeber (BDA) und der Bundesverband der Deutschen Industrie (BDI). Wie schon bei den Arbeitnehmern beschränkt sich die Analyse jedoch nicht notwendig auf die Verbandspositionen, da erstens die in den Verbänden organisierten Unternehmer keine einheitlichen Positionen beziehen müssen, die Verbandsposition zweitens von der der Mitglieder abweichen kann, und drittens es weitere Akteure innerhalb der Arbeitgeber gibt, die getrennt von diesen Verbänden agieren. Auch ist der Ausgangspunkt nicht, dass sich die Analyse per se nicht auf die Verbände beschränken dürfte, sondern dass die konkrete Untersuchung zeigen muss, ob nicht neben den Verbänden weitere Fraktionen innerhalb des Kollektivakteurs tätig werden. Aus den dann untersuchten Positionen wird anschließend auf die Interessen der Arbeitgeber in der Szene der Anpassung geschlossen.

Das politisch-administrative System in der Szene des Ausbaus wird auf Basis derselben Methode untersucht. (4.1.3) Anders als bei den anderen beiden Kollektivakteuren ist die Fraktionierung innerhalb des politisch-administrativen Systems offensichtlich und zeigt sich z. B. in konkurrierenden Parteien. Dennoch ist auch hier die Zusammenfassung als ein Kollektivakteur sinnvoll. Denn alle Akteure des politisch-administrativen Systems agieren vom übergeordneten

Standpunkt des Erhalts der Funktionalität politischer Institutionen und der politischen Steuerung gesellschaftlicher Probleme. Das politisch-administrative System ist zwar keine „Interessengruppe" im klassischen Sinne, dennoch lassen sich auch hier spezifische Interessen ausmachen. Zur Analyse dieser Interessen werden zunächst wieder die Positionen in der Szene des Ausbaus untersucht. Dabei zeigt sich, dass die Akteure des politisch-administrativen Systems sich nicht bloß nach Parteizugehörigkeiten unterscheiden, sondern dass aus der spezifischen Stellung der beteiligten Institutionen und Personen unterschiedliche Positionen entstehen können, und dass deshalb nicht nur auf die Parteien einzugehen ist, die zwar von großer Bedeutung sind, weil sie die politischen Auseinandersetzungen in Deutschland im starken Maße bündeln, sondern auch unterschiedliche Institutionen wie Ministerien und Ausschüsse zu integrieren sind und auch Einzelpersonen einen wichtigen Einfluss auf den Verlauf von rentenpolitischen Debatten haben können. Bei der Analyse der Szene des Ausbaus ist hinsichtlich der Ausdifferenzierung der Fraktionen des Kollektivakteurs politisch-administratives System allerdings zu bemerken, dass die institutionelle Ebene zwischen Parteipolitik einerseits und dem Einfluss von Einzelpersonen andererseits, gerade im Verhältnis zu den anderen Szenen, relativ wenig analysiert worden ist. Dies mag daran liegen, dass erstens zeitgenössische Untersuchungen aus dieser Periode zu wenig interaktionsorientiert sind und nur selten konkrete politische Entscheidungsfindungsprozesse analysieren, oder aber diese auf eine „Politik der großen Männer" reduzieren. Zweitens neigen aktuelle Untersuchungen dazu, die Szene des Ausbaus tendenziell eher am Rande zu behandeln und in erster Linie das Ergebnis der Ausweitung festzuhalten, nicht aber der Frage nachzugehen, wie es zu dieser Politik kam.[2] Dennoch verweisen auch die zugänglichen Position der Akteure des politisch-administrativen Systems in der Szene des Ausbaus erstens auf eine Fraktionierung, die über Parteigrenzen hinweggeht, zweitens auf spezifische Interessen des politisch-administrativen Systems an einem Ausbau des Rentensystems.

Die so entstandenen Bilder der Interessen der Arbeitnehmer, Arbeitgeber und des politisch-administrativen Systems können nun in einem Reformkorridor zusammengefügt werden, (4.1.4) der Aufschluss über die Reformnotwendigkeiten und Handlungsperspektiven in der Szene des Ausbaus gibt. So kann an einem ersten Fall – der Entwicklung des deutschen Rentensystems von 1957 bis 1972 – gezeigt werden, wie sich die Interessen der unterschiedlichen Akteure in einer konkreten Rentenpolitik manifestieren.

---

[2] Ausnahmen sind u. a. Zöllner 1981, Hartwich 1977b und Hockerts 1977.

Die anderen Szenen werden analog analysiert. Das heißt, in der Szene der Anpassung (4.2) werden ebenfalls die Interessen der Arbeitnehmer (4.2.1), der Arbeitgeber, (4.2.2) und des politisch-administrativen Systems (4.3.3) analysiert, wobei jeweils zunächst die Positionen untersucht werden, um dann auf die Interessen schließen zu können. Auf dieser Basis lässt sich erneut ein Reformkorridor entwickeln. (4.2.4) Die Resultate der Analyse der Szene der Anpassung werden dabei den Ergebnissen der Untersuchung der Szene des Ausbaus gegenübergestellt, um Unterschiede und Ähnlichkeiten zwischen den Szenen festzuhalten.

Durch das Einbeziehen der Szene der Umstrukturierung (4.3) soll – sozusagen durch einen dritten Fall – die empirische Basis für Aussagen über *das deutsche Rentensystem* noch erweitert werden. Auch hier ist die Vorgehensweise dieselbe: Aus den aggregierten Positionen der Kollektivakteure Arbeitnehmer, (4.3.1) Arbeitgeber (4.3.2) und politisch-administratives System (4.3.3) wird auf die jeweiligen Akteursinteressen geschlossen, die in einen Reformkorridor überführt werden. (4.3.4) Zu berücksichtigen ist in dieser Szene, dass der Prozess der Umstrukturierung des Rentensystems bislang nicht abgeschlossen ist. Das bedeutet einerseits, dass bereits in Hinblick auf die Positionen der einzelnen Akteure auf mögliche Fortsetzungen zu achten ist, um wichtige Aspekte dieser Szene, die sich vielleicht erst andeuten, aber noch nicht offensichtlich sind, nicht zu ignorieren. Andererseits ermöglicht es gerade diese Unabgeschlossenheit, einen Einblick über mögliche Entwicklungsperspektiven zu vermitteln. Denn während in einer gänzlich neuen Szene die Spielräume für veränderte Interessen größer würden, kann davon ausgegangen werden, dass die Interessen der Kollektivakteure sich innerhalb einer Szene nicht maßgeblich verändern. Zugleich zeigt die Analyse der Szene der Umstrukturierung aber auch, dass das Konfliktpotential zwischen den Akteuren momentan zunimmt, was den Wechsel in eine neue Szene, in der die Reformen eine andere Ausrichtung bekommen, ebenfalls plausibel erscheinen lässt.

Dennoch ist es nicht das vorrangige Ziel dieser Untersuchung, Möglichkeiten einer zukünftigen Entwicklung aufzuzeigen, sondern zu Aussagen über die Art und Weise zu kommen, wie sich Reformkorridore des deutschen Rentensystems konstituieren. In diesem Sinne werden die Ergebnisse dieser Untersuchung abschließend zusammengefasst und noch einmal mit der politikwissenschaftlichen Debatte bezüglich des Rentensystems in Verbindung gebracht. (5) Hier kann über den Vergleich der einzelnen Szenen ein höheres Abstraktionsniveau erreicht werden, das es ermöglicht, zu Aussagen allgemeinerer Natur zu gelangen. Die Grundlage hierfür bietet die Reflektion des eigenen methodischen Vorgehens. Denn auf Basis der geleisteten Analyse der Reformkorridore des deutschen Rentensystems lassen sich auch die Möglichkeiten und Grenzen der Übertragbarkeit des im Folgenden erarbeiteten methodischen Ansatzes thematisieren.

Die Methode und Vorgehensweise sowie die theoretische Ausrichtung dieser Arbeit sind durch die Darstellung des Forschungsdesigns bereits deutlich geworden. Ergänzend ist anzumerken, dass das Politikfeld Rentenpolitik aus unterschiedlichsten Perspektiven heraus bereits gründlich erforscht worden ist, so dass die entsprechenden Ergebnisse in die vorliegende Untersuchung einfließen können. Insbesondere ist hier auf die Arbeiten von Karl Hinrichs (besonders Hinrichs 2000a, Hinrichs 2000b, Hinrichs/Kangas 2003), Frank Nullmeier und Friedbert W. Rüb (Nullmeier/Rüb 1993), Thomas von Winter (Winter 1997), Diether Döring (u. a. Döring 2000, Döring 2002), die Forschung am Max-Planck-Institut für Gesellschaftsforschung (u. a. Streeck 1995; Trampusch 2003, Manow 1997, Schludi 2001) und die Arbeiten des Mannheimer Research Institute for the Economics of Ageing (MEA) (Börsch-Supan 2001, Börsch-Supan/Heiss/Winter 2004) hinzuweisen. Darüber hinaus ergeben sich enge Bezüge zur internationalen Wohlfahrtsstaatsdebatte. (Hier insbesondere Myles 1984, Myles 2003, Bonoli 2000, Esping-Andersen 1990). Zudem sind die Positionen der Akteure, insbesondere der Arbeitnehmer und der Arbeitgeber, aber auch des politisch-administrativen Systems einerseits durch die Veröffentlichungen der Verbände und politischen Institutionen, andererseits durch den relativ hohen Stellenwert, den die Rentenpolitik in Zeitschriften wie der Zeitschrift für Sozialreform, den WSI-Mitteilungen, Sozialer Fortschritt und Soziale Sicherheit genießt, sehr gut dokumentiert. Die Untersuchung kann daher auf umfangreiches empirisches und theoretisches Material zurückgreifen, das allgemein zugänglich ist.

2 Korporatismus und das deutsche Rentensystem

Die Untersuchung der Reformkorridore des deutschen Rentensystems unter Berücksichtigung der Kollektivakteure Arbeitnehmer, Arbeitgeber und politisch-administratives System legt eine auf dem Korporatismus basierende Herangehensweise nahe, da sich dieser Ansatz mit den selben Akteuren beschäftigt und das deutsche Rentensystem den Ruf hat, selbst korporatistisch zu sein.

Der Korporatismus ist sehr einflussreich. Zwar vielleicht nicht in der Welt der Politik, (Schubert 2004) durchaus aber in der Politikwissenschaft, in der die Korporatismus-Debatte geführt hat zur „Durchsetzung einer Reihe von ansatzprägenden substantiellen *Grundannahmen*, die so tief in den Hintergrund des sozialwissenschaftlichen Alltagsverständnisses eingedrungen sind, daß sie oft gar nicht mehr mit dem Korporatismus-Begriff in Zusammenhang gebracht werden". (Streeck 1994b: 8, Hervorhebung i. O.) Seit der Neo-Korporatismusdebatte hat dieses Konzept zunehmend hinsichtlich seiner Verwendung an Bedeutung gewonnen (Czada 1994: 39) und wird auch heute zur Erklärung des Rentensystems herangezogen. (Vgl. u. a. Schludi 2001; Manow 2000; Trampusch 2003) Die Präsenz im politikwissenschaftlichen Mainstream ist aber weder Resultat einer besonders überzeugenden Theorie, noch hat die jahrzehntelange Beschäftigung mit dem Korporatismus eine solche hervorgebracht. So verweist Roland Czada darauf, dass der Korporatismus „ein Forschungsfeld nach dem anderen erobern kann, ohne dabei an begrifflicher Schärfe zuzulegen." (Czada 1994: 41) Und Martin Bull geht sogar davon aus, dass der maßgebliche Grund für die Beständigkeit der Korporatismusdebatte deren Unvermögen sei, den Standards der politischen Theorie zu genügen. (Bull 1992: 255). Die folgenden Ausführungen sollen zeigen, dass sich diese begriffliche Unschärfe nicht bloß auf die Anwendung des Begriffes bezieht, sondern seinen Grundannahmen selbst entspringt. Um diese Differenz zu anderen Analysen des deutschen Rentensystems zu erläutern, bedarf es jedoch einer Auseinandersetzung mit dem Korporatismus. Daher soll zunächst unter der Überschrift *Was ist Korporatismus?* auf die begriffliche Unklarheit dieses Konzepts hingewiesen werden. (2.1) Darauf aufbauend wird der *Korporatismus als Paradigma* untersucht, (2.2) und zwar hinsichtlich seines „Kerns" (2.3) sowie seiner theoretischen Erweiterungen (2.4). Daraus ergibt sich eine Abgrenzung von dem Konzept des Korporatismus, die zugleich den eigenen theoretischen Rahmen dieser Untersuchung umreißt. (2.5)

2.1 Was ist Korporatismus?

Die Frage erscheint trivial angesichts der umfassenden Literatur, die sich mit dem Thema Korporatismus auseinandersetzt. Dass es ausführliche theoretische Analysen gibt, die dieses Thema behandeln, soll daher nicht in Frage gestellt werden. Fraglich ist hingegen, inwiefern diese Beschäftigung theoretische Erklärungen – geschweige denn *eine* Theorie – *des* Korporatismus hervorgebracht hat. Gemeint ist hier, dass der Korporatismus selbst zum Gegenstand einer theoretischen Erklärung wird. Will man die Frage beantworten, ob das deutsche Rentensystem korporatistisch ist und demzufolge seine Entwicklungen mit einer korporatistischen Theorie erklärt werden können, so ist eine Vorstellung darüber, was Korporatismus ist, bereits unterstellt. In diesem Sinne ist jedoch auffallend, dass mit dem Begriff „Korporatismus" sehr unterschiedliche Aspekte in Verbindung gebracht werden. Mal ist ein System gemeint, in dem Kapital und Arbeit ihren ökonomischen Gegensatz nicht einfach „marktliberal" ökonomisch austragen, sondern die Politik ihren Einfluss nutzt, um die Konkurrenz zu Gunsten des Kapitals außer Kraft zu setzen. Pahl und Winkler definieren einen „corporate state" als: „[A] comprehensive economic system under which the state intensively channels predominantly privately-owned business towards four goals [...]: Order, Unity, Nationalism and Success." (Pahl/Winkler 1974: 72) Korporatismus wird hier gesehen als ein politökonomisches Konzept, das der freien Konkurrenz entgegensteht.

> Business leaders will hardly object to this kind of interventionism. Indeed, it is precisely what those in larger companies want – a protected environment while they get on with their job. What the directors of large companies do not want is laissez faire competition. What they do want is capitalism without competition, a combination of state support and private control. What they will accept is corporatism. (Pahl/Winkler 1974: 72)[3]

Diese Definition wird von der Neo-Korporatismusdebatte weitgehend abgelehnt, nimmt aber im angloamerikanischen Diskurs eine bedeutende Rolle ein. Collin

---

[3] Lehmbruch verweist zu Recht darauf, dass diese Auffassung starke Ähnlichkeiten zu Stamokap-Theorien aufweist. (Lehmbruch 1982: 3)

Crouch ergänzt die Überlegungen von Winkler, wenn er Korporatismus als die (partielle) Aufhebung der Trennung von Politik und Ökonomie beschreibt.

> Corporatism can be seen as a strategy of domination which reserves the institutional segregation on which market liberalism depended for its power. It thus appears at a moment when those segregations, far from securing domination (as under market individualism) serve to weaken it, and when labour has reached such a strength that classic are no longer operating […]. In detail, corporatism is […] strongly insistent on the maintenance of order. (Crouch 1977: 34)

Besonders in der skandinavischen Debatte versteht man unter „Korporatismus“ die Einbeziehung von Interessengruppen in staatliche Entscheidungsprozesse und untersucht das Ausmaß dieser Integration. Korporatismus wird dann definiert als „a situation where the interest organizations are integrated in the governmental decision-making process of a society […].“ (Ruin 1974: 172) Ähnlich auch Sven Jochem, der feststellt: „The concept of corporatism has had a variety of different meanings. Here is meant the concertation of economic and social policies amongst interest associations and state actors.” (Jochem 2003: 114)

Während diese Ansätze also das *Ergebnis* der Kooperation von Politik und Interessengruppen als Korporatismus bezeichnen, betrachten andere Autoren – insbesondere Philippe Schmitter – die institutionelle *Struktur*, in der diese Kooperation stattfindet unter dem Begriff Korporatismus. „In my work I have found it useful to consider corporatism as a system of interest and/or attitude representation, a particular modal or ideal-typical institutional arrangement for linking the associationally organized interests of civil society with the decisional structures of the state.“ (Schmitter 1974: 86) Ähnlich auch Robert Hymen: „The notion of corporatism is used to denote an institutional framework within which organised economic interests are directly represented in the formulation and application of state policy.” (Hyman 1986: 80)

Ebenso gängig ist es, Korporatismus als *Prozess* zu verstehen. Gerhard Lehmbruch sieht im Korporatismus „an institutionalized pattern of policy-formation in which large interest organizations cooperate with each other and with public authorities not only in the articulation (or even «intermediation») of interests, but – in its developed forms – in the «authoritative allocation of values» and in the implementation of such policies.” (Lehmbruch, 1979: 150)

Schließlich gibt es Ansätze, die den staatlichen Einfluss auf die Tarifpolitik als Korporatismus untersuchen. „As authors such as Panitch, Jessop, Cawson and others have argued, the «unofficial» operation of corporatist arrangements does have a serious impact upon the balance of power in the polity and wider society due to its alleged function to contain, undermine and discipline the power positions and organized labor." (Offe 1984: 4; Jessop 1974)

Die (logisch gesehen endgültig) letzte „Definition" des Korporatismus besteht in der Weigerung, klarzustellen, was unter diesem Konzept zu verstehen ist, unter Verweis auf die Vielzahl der unterschiedlichen Auffassungen. „I make no attempt to add to the already long list of definitions of corporatism. Doing so seems fruitless – the literature is now far too varied [...]. Instead of offering a new definition of corporatism or selecting my preferred existing one, I consider quantitative indicators of anything that is explicitly or implicitly referred to by its creator or users as corporatism." (Kenworthy 2000: 5)

Bemerkenswert an dieser Aufzählung unterschiedlicher Definitionen ist, dass der Begriff Korporatismus einerseits so weit gefasst wird, dass beinahe jede politische Gegebenheit darunter fällt, die sich unter Beteiligung der Gewerkschaften oder der Unternehmensverbänden abspielt, andererseits aber Korporatismus als Synonym für eine Organisationsform angesehen wird, die nur in ganz speziellen Ländern auftritt.

Besonders die Wohlfahrtsstaatsforschung hat sich mit der Typologisierung unterschiedlicher Regime beschäftigt und hat dabei dem Begriff Korporatismus eine weitere Bedeutung hinzugefügt, die auf die Definitionen von Crouch und Pahl/Winkler aufbaut. Esping-Andersen erkennt einen korporatistischen Wohlfahrtsstaat daran, dass der Staat (und nicht der Markt) für die soziale Absicherung verantwortlich ist, und dass er diesen Einfluss dazu nutzt, Statusdifferenzierungen und konservative Werte, die mit Kirche und Familie in Verbindung gebracht werden, durchzusetzen.

> In these conservative and strongly «corporatist» welfare states, the liberal obsession with market efficiency and commodification was never preeminent [...]. What predominated was the preservation of status differentials [...]. This corporatism was subsumed under a state edifice perfectly ready to displace the market as a provider of welfare; hence, private insurance and occupational fringe benefits play a truly marginal role. On the other hand, the state's emphasis on upholding status differences means that its redistributive impact is negligible. But the corporatist regimes are also typically shaped by the Church, and hence strongly committed to the preservation of traditional familyhood. (Esping-Andersen 1990: 27)

Der maßgebliche Akteur ist hier der Staat, der die Privilegien und Werte der Bürgerschicht mit Hilfe seines Sozialwesens zu perpetuieren sucht. Da sich diese Politik auf den Erhalt bestimmter sozialer Verhältnisse richtet, wird der Begriff Korporatismus mit Konservatismus oder zumindest mit einer konservativen

Sozialpolitik gleichgesetzt.[4] Andere Autoren, die einen korporatistischen Wohlfahrtsstaat, den Rheinischen Kapitalismus oder ein deutsches Modell erkennen wollen, beziehen sich gar nicht in erster Linie auf die Sozialpolitik, sondern beschäftigen sich mit den Akteuren Gewerkschaft, Unternehmerverbände und Staat und fragen sich, wie deren Interessen vermittelt werden. (Streeck 1995) Unter derselben Bezeichnung firmieren also sehr unterschiedliche Vorstellungen über einen korporatistischen Wohlfahrtsstaat und das z. T. ohne, dass diese beiden Auffassungen als konkurrierende Schulen verstanden werden, sondern eher als sich ergänzende Theorien. (Ebbinghaus/Manow 2001)

Wie die oben angeführten Zitate bereits verdeutlichen, hat diese begriffliche Unklarheit die Korporatismusdebatte seit ihrem Beginn begleitet. Daher hat auch nach dreißig Jahren Korporatismusforschung die folgende Feststellung von Schmitter nicht an Aktualität eingebüßt. „On the one hand, it [corporatism, Anmerkung S. H.] has become such a vaguely bounded phenomenon that, like clientelism, it can be found everywhere and, hence, is nowhere very distinctive; on the other hand, it has been so narrowly attached to a single political culture, regime-type or macrosocietal configuration that it becomes, at best, uniquely descriptive rather than comparatively analystic." (Schmitter 1974: 86) Während die daraus resultierenden Probleme aber in der früheren wissenschaftlichen Debatte, die sich mit dem Korporatismus beschäftigt hat, thematisiert wurden, existieren die unterschiedlichen Auffassungen heute weitgehend unbehelligt nebeneinander, ohne dass die Differenzen deutlich gemacht werden. Dadurch hat die theoretische Unschärfe des Korporatismusbegriffs noch zugenommen.

Bevor nun auf Erklärungsansätze des Korporatismus eingegangen wird, ist es hilfreich, zwischen einer Erklärung des Korporatismus und einer korporatistischen Erklärung zu unterscheiden. Erstere erhebt den Korporatismus zur abhängigen Variable, will ihn also bestimmen, während eine korporatistische Erklärung ein Verständnis des Korporatismus unterstellt, der als unabhängige Variable eine oder mehrere von ihm verschiedene abhängige Variablen beeinflusst. Diese Unterscheidung ist keineswegs eine Spitzfindigkeit oder nur eine logische Denkvorschrift, sondern hat einen ganz offensichtlich empirischen Gehalt. Die Wirkungen eines Gegenstandes auf andere Gegenstände lassen sich eben nicht untersuchen, ohne dass man sich zunächst mit dem Gegenstand selbst beschäftigt hat, denn sonst lässt sich nicht erkennen, dass es sich um *seine*

[4] Der Grund hierfür ist m. E., dass sowohl konservative, als auch korporatistische Wohlfahrtsstaatsregime anhand der von Esping-Andersen untersuchten empirischen Kriterien in dasselbe Cluster fallen. Eine theoretische Analyse sollte jedoch m. E. eine Unterscheidung zwischen konservativ und korporatistisch anstreben und in diesem Sinne eher von „conservative *or* strongly corporatist welfare states" sprechen.

Wirkungen handelt. Ob beispielsweise die „Riester-Rente" Resultat eines korporatistischen Rentensystems ist, ließe sich nur zeigen, indem erklärt würde, was das Korporatistische an dem Rentensystem ist und wie daraus eine solche Reform folgt. Was hier zunächst als Banalität erscheint, bekommt durch die Vielzahl der Bedeutungen des Begriffes Korporatismus eine problematische Brisanz. Ist beispielsweise die „Konzertierte Aktion" selbst schon Korporatismus oder ist sie Resultat einer korporatistischen Struktur? Diese Frage lässt sich nur dadurch beantworten, dass zwischen einer Erklärung des Korporatismus und der Erklärung seiner Wirkungen und Funktionen unterschieden wird.

2.2 Korporatismus als Paradigma

Da die Beschäftigung mit dem Begriff Korporatismus bislang keine Korporatismustheorie im engeren Sinne hervorgebracht hat, wird in diesem Abschnitt der Versuch unternommen, den Korporatismus als Paradigma im Sinne Thomas Kuhns zu analysieren. (Kuhn 1967) Verschiedene Autoren haben immer wieder hervorgehoben, dass die „Vieldeutigkeit" des Korporatismusbegriffs positiv zu sehen sei, da so eine „außerordentliche Fruchtbarkeit und Organisationsfähigkeit" des Begriffes hervorgebracht wird. (Streeck 1994b: 7) Auch wenn die ausschweifende Verwendung des Korporatismusbegriffs zwar zur „Etablierung neuer *Perspektiven* im Grenzbereich von Politikwissenschaft, Soziologie und Wirtschaftstheorie" geführt hat, so wie zur „Durchsetzung einer Reihe von ansatzprägenden substantiellen *Grundannahmen*, die so tief in den Hintergrund des sozialwissenschaftlichen Alltagsverständnisses eingedrungen sind, daß sie oft gar nicht mehr mit dem Korporatismus-Begriff in Zusammenhang gebracht werden" (Streeck 1994b: 8, Hervorhebung i. O.), so bleibt doch festzuhalten, dass die Debatte keine Korporatismus*theorie* im strengeren Sinne hervorgebracht hat: „Dies hat sie nicht, auch wenn immer wieder irreführenderweise von «Korporatismus*theorie*» die Rede war und ist." (Streeck 1994b: 8, Hervorhebung i. O.) Die Abgrenzung gegenüber einer Theorie macht es allerdings schwierig, den Korporatismus auf seinen funktionalen Gehalt hin zu prüfen. Eine Theorie kann verstanden werden als „systematisch geordnete Menge von Aussagen bzw. Aussagesätzen über einen Bereich [...]. Die wichtigsten Bestandteile einer Theorie sind die in ihr formulierten Gesetzesaussagen über den Bereich, auf den sie sich bezieht." (Klaus/Buhr 1975: 1219-1220) Demnach kann eine Theorie an ihren Gesetzesaussagen überprüft werden, die logisch nicht konsistent oder aber empirisch falsifizierbar sein können.[5] Wenn der Korporatismus aber von sich gar nicht behauptet, eine Theorie in diesem Sinne zu sein, also auf den Anspruch, Gesetzmäßigkeiten zu formulieren, verzichtet, so lässt er sich auch nicht an diesen Kriterien messen, denn: „Was aus der auf konzeptionelle Konsistenz bedachten theoretischen Sicht berechtigte Zweifel wachruft, kann freilich den Bedürfnissen der empirischen Forschung und praktischen Anwendung gleichwohl entgegenkommen." (Czada 1994: 41)

Bewährt hat sich der Korporatismus zwar nicht als Theorie, aber als Paradigma im Sinne Thomas Kuhns. Die Leistung des Korporatismus „war neuartig genug, um eine beständige Gruppe von Anhängern anzuziehen, die ihre Wissenschaft bisher auf andere Art betrieben hatten, und gleichzeitig war sie noch offen genug, um der neuen Gruppe von Fachleuten alle möglichen ungelösten Probleme zu stellen."[6] (Kuhn 1967: 25) In diesem Sinne geht auch Czada davon aus, dass die Ausführungen verschiedener Autoren zum Korporatismus zeigen, „daß die Korporatismusdebatte vor allem in ihrem Bezug zur Pluralismustheorie eine Entwicklung durchlaufen hat, die typische Merkmale eines Paradigmendiskurses aufweist"[7] (Czada 1994: 45). Ein solches Paradigma zu hinterfragen, ist wesentlich schwieriger als die Kritik einer Theorie. „Appraising a paradigm, however, is difficult because often its assumptions are not testable, since they typically do not explain anything in and of themselves [...]. Essentially, a paradigm promises scholars that if they view the world in a particular way, they will successfully understand the subject they are studying. [...] Paradigms do not so much provide answers as the promise of answers." (Vasquez 1997: 899) Wie aber lässt sich ein solches Paradigma auf seine Nützlichkeit hin prüfen, wenn sein Anspruch gar nicht in *wahren*[8] Aussagen, sondern in *mehr oder minder plausiblen* Erklärungen besteht? Offensichtlich muss dann die Plausibilität überprüft werden. Ein Maßstab hierfür bleibt die Widerspruchsfreiheit, denn ein Paradigma, das zu gegen-

---

[5] Es lässt sich bezweifeln, ob eine Theorie empirisch widerlegt werden kann. „We have to remember the conventionalists' methodological discovery that no experimental result can ever kill a theory: any theory can be saved from counterinstances either by some auxiliary hypothesis or by a suitable reinterpretation of its terms." (Lakatos 1970: 116)

[6] Kuhn spricht hier allgemein über Paradigmen und nicht über den Korporatismus.

[7] Auch Kalnes kommt zu dem Schluss, dass der Korporatismus als Pradigma zu betrachten ist. „The main argument put forward here is that the corporatist concept became the basis for a distinctive research programme, which went through a sequence from quantitative growth to quantitative stagnation and from qualitative growth to qualitative stagnation, with a certain time lag in the relation between the two dimensions." (Kalnes 2001)

[8] Die Frage, ob es eine „Wahrheit" gibt oder nicht, interessiert an dieser Stelle nicht, da der Korporatismus nicht den Anspruch einer „wahren" Theorie hat und daher auch nicht an diesem Maßstab zu kritisieren ist.

sätzlichen Aussagen führt, trägt nicht zum Verstehen bei.[9] Wenn aber der mögliche Erklärungsgehalt eines Paradigmas zum Maßstab erhoben wird, so muss auch zugelassen werden, dass die ursprünglichen Aussagen um zusätzliche Hypothesen ergänzt werden, wenn dadurch der Erklärungsgehalt des Paradigmas zunimmt. „But then any scientific theory has to be appraised with its auxiliary hypotheses, initial conditions, etc., and, especially, together with its predecessors so that we may see by what sort of *change* it was brought about. Then, of course, what we appraise is a *series of theories* rather than isolated *theories*."[10] (Lakatos 1970: 117-118, Hervorhebung i. O.) Anhand der Entwicklung eines Paradigmas lässt sich feststellen, ob diese *progressiv* oder *degenerativ* verlaufen ist. (Vasquez 1997: 901) Nach Imre Lakatos hat sich ein Paradigma theoretisch progressiv entwickelt, wenn sich durch die zusätzlichen Hypothesen neue, bislang unbeachtete Sachverhalte *vorhersagen* lassen und wenn dadurch *neue Fakten* entdeckt werden. „A *new* fact must be improbable or even impossible in the light of previous knowledge." (Lakatos 1970: 118, Hervorhebung i. O.) Hypothesen, die in ein Paradigma eingeführt werden, z. B. um einen Widerspruch der bisherigen Annahmen zur Empirie zu erklären, die nicht diesen Ansprüchen gerecht werden, führen zu einer degenerativen Entwicklung. Vasquez leitet aus diesem Ansatz, der die Entwicklung eines Paradigmas oder einer Theorie *T* zu *T'* erklärt, vier Kriterien ab:

> First, the movement form *T* to *T' may* indicate a degenerating tendency if the revision of *T* involves primarily the introduction of new concepts or some other reformulation that attempts to explain away discrepant evidence. Second, this will be seen as degenerating if this reformulating never points to any novel unexpected facts [...]. Third, if *T'* does not have any of its new propositions successfully tested or lacks new propositions (other than those offered to explain away discrepant evidence), then it does not have excess empirical content over *T*, and this can be an indicator of a degenerating tendency in the research program. Fourth, if a research program goes through a number of theory shifts, all of which have one or more of the above characteristics *and* the end result of these theory shifts is that collectively the family of theories fields a set of contradictory hypotheses which greatly increase

---

[9] Schubert geht davon aus, dass die „Angemessenheit von Theorien [...] sich [...] nicht aus einer abstrakten Logik beziehungsweise theoretischen Stimmigkeit" (Schubert 2003a: 5) bestimmt, sondern allein daran, wie sie sich in der konkreten Wirklichkeit als nützlich bewähren. In diesem Sinne können zwar *Unstimmigkeiten* einer Theorie hingenommen werden, nicht aber immanente *Widersprüche*. Denn eine Theorie, die zu gegensätzlichen – also nicht bloß unterschiedlichen – Aussagen kommt, kann keinen praktischen Nutzen haben.

[10] Der Begriff „theory" wird von Lakatos nicht in dem engen Sinne gebraucht, gegen den Streeck sich wendet.

> the probability of at least one passing an empirical test, then a research program can be appraised as degenerating. (Vasquez 1997: 901, Hervorhebung i. O.)[11]

Einer solchen Auseinandersetzung mit dem Korporatismus mag auf den ersten Blick der Makel anhaften, dass sie eine „bloß theoretische" Beschäftigung mit dem Gegenstand beinhaltet. Stattdessen solle lieber der empirische Nachweis geführt werden, dass die Zahl der im klassischen Sinne korporatistischen Gegebenheiten beständig abnimmt. (Schubert 2004) Allerdings bestreitet auch Lehmbruch nicht, dass „Konkordanzdemokratie und Korporatismus einem deutlichen Erosionsprozeß ausgesetzt sind, und zwar zum Teil schon seit geraumer Zeit" (Lehmbruch 2003: 14), wodurch sich auch für ihn die Frage nach der empirischen Relevanz des Korporatismuskonzepts stellt. Diesem Befund stellt er aber entgegen, dass

> seit den achtziger Jahren [...] neue korporatistische Aushandlungsprozesse in nicht wenigen europäischen Ländern eine wichtige Rolle bei der Anpassung der Wohlfahrtsstaaten an veränderte weltwirtschaftliche Bedingungen, Veränderungen der Altersstruktur der Bevölkerung und schwindende Verteilungsspielräume gespielt [haben]. Zwar hat es hier wiederum Rückschläge gegeben, so nicht nur mit dem Zusammenbruch des «Bündnisses für Arbeit» in Deutschland [...]. Solche Erosionstendenzen sind unbestreitbar, aber es wäre ein Fehlschluß, wollte man sie als Indizien für eine Konvergenz der europäischen Verhandlungsdemokratien etwa in Richtung auf ein «anglo-amerikanisches Modell» interpretieren. (Lehmbruch 2003: 14-15)

Hier zeigt sich, dass ein Paradigma nicht empirisch zu widerlegen ist: Denn auch wenn die Wirklichkeit in *vielen* Fällen dem Paradigma widerspricht, kann sich immer noch darauf bezogen werden, dass Realität und Paradigma in *einigen* Fällen übereinstimmen. Der Hinweis auf die Erosion seines empirischen Gegenstands reicht nicht aus, vielmehr ist zu fragen, welche Auswirkungen diese Tendenz auf das Paradigma selbst hat, ob es gelingt, offenkundig neue Sachverhalte zu integrieren ohne den theoretischen Kern zu beschädigen. Um diesen Ansatz auf den Korporatismus anzuwenden, muss erstens der „Kern" des Paradigmas analysiert, und zweitens die theoretische Entwicklung nachvollzogen werden.

[11] Nach Lakatos ließe sich auch ein Paradigma, das eine degenerative Entwicklung aufzeigt, erst durch ein neues Paradigma falsifizieren, das in seinem Erklärungsgehalt über das alte hinausgeht. „There is no falsification before the emergence of a better theory." (Lakatos 1970: 119) Dies ist aber nur ein Hinweis darauf, dass die Kritik und die Falsifikation eines Paradigmas nicht identisch sind.

2.3 Der „Kern" des Korporatismus

Obwohl es, wie bereits aufgezeigt, eine Vielzahl von unterschiedlichen Verwendungen des Korporatismusbegriffs gibt, ist es eine weitestgehend unbestrittene Annahme, dass der Korporatismus, wie er zumindest im wissenschaftlichen Diskurs in Deutschland auftaucht, auf die Beiträge von Schmitter und Lehmbruch in den 1970er Jahren zurückzuführen ist.[12] Im Folgenden werden daher ihre Arbeiten zum Korporatismus betrachtet, sowie anerkannte Beiträge, die sich auf diese Untersuchungen positiv beziehen.

Schmitter definiert Korporatismus wie folgt:

> Korporatismus kann definiert werden als ein System der Interessenvermittlung, dessen wesentliche Bestandteile organisiert sind in einer begrenzten Anzahl singulärer Zwangsverbände, die nicht miteinander in Wettbewerb stehen, über eine hierarchische Struktur verfügen und nach funktionellen Aspekten voneinander abgegrenzt sind. Sie verfügen über staatliche Anerkennung oder Lizenz, wenn sie nicht sogar auf Betreiben des Staates gebildet worden sind. Innerhalb der von ihnen vertretenen Bereiche wird ihnen ausdrücklich ein Repräsentationsmonopol zugestanden, wofür sie als Gegenleistung bestimmte Auflagen bei der Auswahl des Führungspersonals und bei der Artikulation von Ansprüchen oder Unterstützung zu beachten haben. (Schmitter 1981: 94, die englische Fassung ist zu finden in Schmitter 1974: 93)

Schmitter stellt also eine Checkliste von Kriterien auf, die erfüllt sein müssen, wenn von Korporatismus gesprochen werden kann. Eine *Erklärung* des Korporatismus ist dies allerdings nicht. Denn die Aussage von Schmitter besteht einfach darin, dass ein *System* dann als *Korporatismus* gelten kann, wenn seine *wesentlichen Bestandteile* bestimmte Eigenschaften aufweisen, von denen bereits unterstellt ist, dass sie *korporatistisch* sind. Es bedarf bereits einer genauen Vorstellung davon, was Korporatismus ist, um diese Definition aufstellen zu können. So muss beispielsweise schon unterstellt sein, dass die Verbände im Korporatismus staatlich anerkannt sind, dass sie ein Repräsentationsmonopol genießen usw., um an diesen Merkmalen den Korporatismus erkennen zu wollen. Es ist daher durchaus zutreffend, wenn Schmitter seine Definition als „statisch und deskriptiv" (Schmitter 1981: 94) charakterisiert, denn der Form nach handelt es sich um eine Tautologie[13]. Die Frage nach der Widersprüchlichkeit stellt sich demnach

---

[12] Vgl. Streeck 1994b: 8, Czada 1994: 43-45, Kalnes 2001.

[13] „Wir müssen unterscheiden zwischen zwei Arten von Sätzen: solchen, die etwas Tatsachliches aussagen, und solchen, die lediglich eine Abhängigkeit in der Zuweisung der Bezeichnungen an die Gegenstände ausdrücken; die Sätze dieser zweiten Arten wollen wir tautologisch nennen [FN] sie sagen nichts über Gegenstände aus und sind eben deshalb sicher, allgemein gültig, durch

nicht, denn Schmitters Aussagen über den Korporatismus sind *per Definition* wahr. Ein Einspruch ließe sich nur formulieren, wenn einzelne Bestandteile der Definition sich gegenseitig widersprechen würden. Dies ist aber nicht der Fall. Wie aber sieht es mit der empirischen Brauchbarkeit dieser Definition aus? Schmitter geht davon aus, dass „no empirically extant system of interest representation may perfectly reproduce all these dimensions“ (Schmitter 1974: 94), da es sich um einen „Idealtyp“ handele. Obwohl Schmitter den Begriff des Idealtyps verwendet, räumt er ein, dass es sich mehr um einen „constructed type“ im Sinne von John C. McKinnes handelt.[14] (Vgl. Schmitter 1974: 94, FN 25) McKinnes definiert einen constructed type „as a purposive, planned selection, abstraction, combination and (sometimes) accentuation of a set of criteria with empirical referents that serves as a basis for comparison of empirical cases“. (McKinnes 1966: 3) Obwohl also der *constructed type* nicht in seiner reinen Form in der Wirklichkeit erscheint, so besteht dennoch der Anspruch, dass sich die konkreten empirischen Fälle an ihm messen lassen. „The constructed type is a simplification of the concrete; therefore all individual concrete occurrences will deviate from the type in some respect. [...] Hence the type can serve as a basis for the measurement (potential or actual) of the degree of deviation." (McKinnes 1966: 6) Für den Kern des korporatistischen Paradigmas lässt sich hieraus der umfassende Anspruch herleiten, empirische Wirklichkeit erklären zu können. Ein zentraler Maßstab ist somit die Frage, inwiefern der Korporatismus als *constructed type* zu einer funktionalen Organisation empirischer Fälle beiträgt.

Ein weiterer Bestandteil des Kerns des Korporatismus lässt sich identifizieren, wenn Schmitter erläutert: „One purpose in developing this elaborate general model [...] is to offer to the political analyst an explicit alternative to the paradigm of interest politics [...]: *pluralism*.“ (Schmitter 1974: 95, Hervorhebung i. O.) Einerseits lässt sich argumentieren, dass diese Abgrenzung gar keine neue Aussage enthält. Über den Korporatismus selbst ist noch gar nichts gesagt, wenn man weiß, was er nicht ist. Zu sagen, „Korporatismus ist kein Pluralismus“ bleibt der Form nach ein „negativ-unendliches Urteil“[15]. Zudem ist die Definition des

Beobachtung unwiderlegbar [...]. Die logischen Sätze vom Widerspruch und vom ausgeschlossenen Dritten sind tautologisch, ebenso z. B. der Satz: «Kein Gegenstand ist sowohl rot als blau.»“ (Hahn 1932: 154)

[14] McKinnes hingegen legt wert auf eine deutliche Abgrenzung der beiden Begriffe. „It must be carefully noted, however, that Weber's «model» of «ideal-typing» does not blanket the constructive typological procedure as we broadly conceive of it, but is merely a special case emphasizing certain aspects of type construction." (McKinnes 1966: 2)

[15] „Das unendliche Urteil aber, das seine Wahrheit sein soll, ist nach seinem negativen Ausdrucke das Negativ-Unendliche, ein Urteil, worin auch die Form des Urteils aufgehoben ist. - Dies aber ist ein widersinniges Urteil. Es soll ein Urteil sein, somit eine Beziehung von Subjekt und Prädikat enthal-

Pluralismus, die Schmitter liefert, sozusagen das negative Abziehbild seiner Korporatismusdefinition[16] und damit ebenfalls eine Tautologie (s. o.). Andererseits ist diese Abgrenzung für Schmitter von außerordentlicher Wichtigkeit, denn er folgert daraus, dass sich Korporatismus und Pluralismus – obwohl sich beide Ansätze mit den gesellschaftlichen Interessen und ihrer Vermittlung beschäftigen – in der Frage uneinig sind, ob es möglich ist, die verschiedenen Interessen in einem allgemeinen Interesse zu vereinigen. „Where the two practitioners [of corporatism and of pluralism] would begin to diverge is with [the] further assertion that «it is in vain to say that enlightened statesmen will be able to adjust these clashing interests and render them all subservient to the public good.» Corporatists [...] believe that such a public unity can be found and kept." (Schmitter 1974: 96-97) Zum Kern des Korporatismus-Paradigmas gehört demnach, dass Interessenkonflikte in einen übergeordneten Konsens überführt werden können.[17]

Durch die Arbeiten von Lehmbruch wird der Korporatismus anerkannter Maßen um eine weitere Dimension ergänzt:

> Corporatism is more than a peculiar pattern of articulation of interests. Rather, it is an institutionalized pattern of policy-formation in which large interest organizations cooperate with each other and with public authorities not only in the articulation (or even «intermediation») of interests, but – in its developed forms – in the «authoritative allocation of values» and in the implementation of such policies. (Lehmbruch 1979: 150)

Während Schmitter den Begriff Korporatismus auf die Struktur beschränkt hat, die eine konsensuale Politik von Interessenverbänden unter Einbeziehung des Staates begünstigt, verweist Lehmbruch darauf, dass auch der Prozess der Implementierung von Politiken, die aus einer solchen Kooperation entspringen,

---

ten; aber eine solche soll zugleich nicht darin sein. [...] Beispiele von negativ-unendlichen Urteilen sind leicht zu haben, indem Bestimmungen zu Subjekt und Prädikat negativ verbunden werden, deren eine nicht nur die Bestimmtheit der andern nicht, sondern auch ihre allgemeine Sphäre nicht enthält; also z. B. der Geist [ist] nicht rot, gelb usf., nicht sauer, nicht kalisch usf., die Rose ist kein Elephant, der Verstand ist kein Tisch und dergleichen. - Diese Urteile sind richtig oder wahr, wie man es nennt, aber einer solchen Wahrheit ungeachtet widersinnig und abgeschmackt. - Oder vielmehr sie sind keine Urteile." (Hegel 2001b: 479)

[16] Den Elementen des Pluralismus werden alle Eigenschaften abgesprochen, die den Korporatismus ausmachen sollen: z. B. „unspecific number", „nonhierarchically ordered", „not specially licensed" usf. (Schmitter 1974: 96)

[17] An dieser Stelle zeigt sich auch der wesentliche Unterschied zu der eingangs zitierten Definition von Crouch. Während dieser in der Verpflichtung der (Arbeiter-)Interessen auf ein übergeordnetes Allgemeinwohl eine Form der „Dominanz" sieht, (Crouch 1977) betont Schmitter die dadurch stattfindende Beteiligung. Hier werden m. E. auch unterschiedliche normative Grundannahmen deutlich.

als Korporatismus anzusehen ist. Diese Erweiterung ist ebenfalls Bestandteil des theoretischen Kerns und wird auch von Schmitter übernommen, wenn er bemerkt: „Interest associations do not merely transmit member preferences to authorities, but may actively and coercively govern the behaviour of their members, especially through devolved responsibility for the implementation of public policy." (Schmitter 1982: 260)

In einer „Nussschale" zusammengefasst ist der Korporatismus demnach eine bestimmte (theoretische) Struktur der Interessenverbände, die konsensuale Politiken fördert. Je weiter eine spezifisch empirische Struktur von Interessenverbänden mit dem *constructed type* Korporatismus übereinstimmt, umso umfassender wird die Implementierung auf Konsens basierender Politiken. Umhüllt wird dieser „Kern" von einer *positiven Heuristik*[18], die das gewollte Forschungsprogramm beschreibt. Dazu gehört in erster Linie die Ausdifferenzierung der Kriterien sowie das Erstellen einer Skala, in der sich qualitative Abweichungen vom *constructed type* bemerkbar machen.[19] „In the Scandinavian literature, «corporatism» is conceptualized as a recent stage in a developmental process that may be measured longitudinally. Specific cases might be classified on a scale reaching from «no corporatism» to «highly developed corporatism», and one could imagine that not only issues areas [...] but even nations occupy a higher or lower rank on this developmental scale." (Lehmbruch 1982: 4) Hinzu kommt eine negative Heuristik, die zu vermeidende Forschungswege abgrenzt. Hierzu gehört vor allem, dass der Korporatismus als „Antithese des Pluralismus" (Czada 1994: 45) gilt. Auch diese negative Heuristik wird von Lehmbruch geteilt.

> The opposition of [...] «corporatism» and «pluralism» [...] is important in so far as other authors have tended to amalgamate both concepts by calling all interest intermediation by organized («corporate») groups «corporatism» or, perhaps, «corporate pluralism». Thus it has often been difficult to see why the concept of «corporatism» has been employed at all and whether it constituted any scientific advance over the already «classical» pluralist theory of interest groups. (Lehmbruch 1982: 4)

Diese *negative Heuristik* unterstreicht den Aspekt, dass Korporatismus als *constructed type* eine *Charakterisierung* ist. Ein System oder ein Prozess der Interessenvermittlung ist anhand der aufgestellten Kriterien zu überprüfen und ist demzufolge *entweder* als korporatistisch *oder* als pluralistisch zu bewerten. Eine

---

[18] Zur positiven und negativen Heuristik siehe Lakatos 1970.

[19] Schmitter verweist beispielsweise auf Untertypen des Korporatismus. (Schmitter 1974: 98-103)

Ergänzung von korporatistischen und pluralistischen Merkmalen wird per Definition ausgeschlossen.[20]

Für die Erklärung der Aspekte des deutschen Rentensystems ist der Korporatismus von seinem theoretischen Kern her wenig geeignet. Denn was sich mit seiner Hilfe erklären ließe, wäre entweder Kontinuität, wenn die Struktur der Interessenvermittlung gleich bliebe, oder Veränderung, unter der Bedingung, dass es eine strukturelle Veränderung der Verbände gibt. In beiden Fällen würde überprüft, inwieweit das deutsche Rentensystem dem *constructed type* Korporatismus entspricht. Je eher dies der Fall wäre, umso eher wäre von einer Rentenpolitik auszugehen, die durch Konsens bestimmt ist. Bereits die oberflächliche Betrachtung des deutschen Rentensystems hat aber ergeben, dass innerhalb derselben Struktur der Interessenvermittlung eine Kontinuität der Institutionen bei gleichzeitigem beständigen Wandel der Politiken auftritt. Auch das Verhältnis von Konsens und Konflikt scheint sich nicht in einem eindimensionalen Schema darstellen zu lassen, da einerseits Konflikte zwischen den Akteuren Arbeitnehmer, Arbeitgeber und Politik auftreten, diese aber in der Regel in einen Konsens überführt werden. Der Korporatismus ist aber um verschiedene Annahmen erweitert worden, die seine empirische Reichweite erhöhen sollen. Die Auseinandersetzung mit dem – und die Kritik des – Korporatismus darf diese Erweiterungen nicht unbeachtet lassen, um den Anspruch gerecht zu werden, den Korporatismus als ein Paradigma zu analysieren.

2.4 Erweiterungen des Korporatismus

Der Korporatismus ist um verschiedene Annahmen erweitert worden, die seine empirische Reichweite erhöhen sollen. Dazu gehören die *neokorporatistische Tauschhypothese* (2.4.1), der Gedanke der *Pfadabhängigkeit* (2.4.2) und die praktische Einschränkung des Gegenstandsbereichs auf eine *Meso- oder Mikroebene*, (2.4.3) die zugleich als Begründung einer theoretischen Begriffserweiterung genommen wird. Diese drei Erweiterungen sollen im Folgenden in Bezug auf die Entwicklung des Paradigmas Korporatismus hin untersucht werden.

[20] Auf die positive und die negative Heuristik des Korporatismus wird unter 2.5.1 und 2.5.2 noch näher eingegangen.

2.4.1 *Korporatistische Tauschhypothese*

Czada fasst die von Schmitter und Streeck eingeführte Tauschhypothese wie folgt zusammen: „Verbandsführungen intermediärer Organisationen [...] befinden sich in einem Spannungsfeld von Interessenvertretung und Verhandlungszwängen. Zum einen sind sie einer *Mitgliedschaftslogik* ausgesetzt, die ihnen die Vereinheitlichung und Vertretung ihrer Mitgliederinteressen aufgibt. Zum zweiten unterstehen sie einer *Einflußlogik*, die den Austausch mit anderen Verbandsführungen und mit dem Staat steuert." (Czada 1994: 48, Hervorhebung i. O.) Diese These stellt eine bedeutende Erweiterung des Korporatismus dar, denn nun lassen sich innerhalb derselben Struktur der Interessenvermittlung unterschiedliche Ergebnisse erklären. Ein Verband kann jetzt auch in einer, dem Ideal des Korporatismus völlig entsprechenden Struktur den Konsens verweigern, weil die Mitgliedschaftslogik, also das Bedürfnis, die Interessen seiner Mitglieder zu vertreten, überwiegt.

> [T]he principal difficulty with neo-corporatist institutions lies in the vulnerability of their internal political processes to member dissatisfaction [...]. Their use of professionalized representation and staff, their tendency to define interests by a longer-term calculation of consequences, their highly aggregated and hierarchically structured mode of intermediation, their relative security of access and guarantee of resources stemming from official recognition and (semi-)official subsidization tends to isolate association leaders from the immediate perceptions of interest held by members. (Schmitter 1982: 268)

Für den Kern des korporatistischen Paradigmas ist diese These jedoch fatal, denn sie steht im Widerspruch zu Schmitters ursprünglichen Überlegungen. Die Mitgliedschaftslogik setzt voraus, dass sich die Verbandsspitze nicht über die Mitglieder hinweg setzen kann. In einem hierarchisch organisiertem Zwangsverband mit einem Repräsentationsmonopol, welches noch dazu durch das staatliche Gewaltmonopol geschützt ist, haben die Mitglieder aber kein Druckmittel gegen die Verbandsspitze. Sie können nicht austreten, können die „internal hierachy of authority" (Schmitter 1974: 121) nicht umgehen und haben kaum wirklichen Einfluss auf die Besetzung der Spitzenämter, da hier der Staat eine zusätzliche Kontrolle ausübt. (Schmitter 1974: 94) Natürlich ist nicht zu leugnen, dass in realen Verbänden die Mitgliedschaftslogik zum Tragen kommt. Vom Kern des korporatistischen Paradigmas her, wäre dies jedoch ein Hinweis darauf, dass der beobachtete Fall vom *constructed type* Korporatismus *abweicht*, dass es sich also um eine Abschwächung des korporatistischen Prinzips handelt, wenn die Mitgliedschaftslogik zum Tragen kommt. Daher erlaubt diese theoretische Erweiterung, obwohl mit ihr neue empirische Fälle unter dem Begriff Korporatismus subsumiert werden können, keine neuen Vorhersagen. Im Gegenteil, die ursprüngliche korporatistische Vorhersage „wenn Korporatismus, dann Konsens" wird außer Kraft gesetzt. Denn nun ist auch die umgekehrte Vorhersage möglich: Wenn sich in einer im höchsten Maße korporatistischen Struktur die Mitgliedschaftslogik durchsetzt, dann ist Konflikt zu erwarten. „Carried to the extreme, the paradigm could prevent any kind of falsification, because collectively its propositions in effect pose the bet: «Heads, I win; tails, you lose.»" (Vasquez 1997: 91) Im Sinne Lakatos ist hier von einer „degenerativen Erweiterung"[21] zu sprechen. In dem Versuch, neue empirische Fakten zu erklären – nämlich den Fall, dass im Korporatismus nicht kooperiert wird –, wird ein wesentlicher Bestandteil der Aussagekraft des korporatistischen Paradigmas eliminiert, da nun gegensätzliche Aussagen auf dieselbe unabhängige Variable – den Korporatismus – zurückgeführt werden können. Es ist auffallend, dass diese „degenerative Erweiterung" des Korporatismus zeitlich zusammenfällt mit dem empirischen Rückgang korporatistischer Politiken. „Ab 1976 wurde die Konzertierte Aktion in der bundesdeutschen Wirtschaftspolitik nicht mehr einberufen, d. h., sie wurde faktisch beendet. International wendete sich das Blatt von der nachfrage- zur angebotsorientierten Wirtschaftspolitik und die angebotsorientierten Leitbilder Reagonomics (1979) und Thatcherism (1980) starteten ihre Karriere." (Schubert 2004: 8)

2.4.2 *Pfadabhängigkeit*

Eine zweite Erweiterung der Korporatismustheorie besteht in dem Verweis auf eine *Pfadabhängigkeit*. Im Folgenden soll überprüft werden, ob der Korporatismus durch diese Erweiterung an Plausibilität gewinnt. Argumentationen, die darauf verweisen, dass soziale Phänomene dadurch beeinflusst sind, welche Entscheidungen in der Vergangenheit getroffen wurden, beschränken sich nicht nur auf den Korporatismus, sondern sind – besonders in Bezug auf das Renten-

---

[21] Es ist ergänzend zu erwähnen, dass die Tauschhypothese nicht durchgängig übernommen wird. Schmitter selbst besinnt sich auf den eigentlichen Kern des Paradigmas, wenn er 1985 bemerkt, dass für Interessenverbände die Fähigkeit bedeutend ist, „die Interessen der Mitglieder zu vertreten und das Verhalten der letzteren (gegebenenfalls einschließlich außerhalb der Organisation stehender Einzelgänger) zu kontrollieren. Hierzu müssen sie in der Regel in ihrem Status als intermediäre Repräsentanten einer bestimmten Klasse, eines Sektors oder eines Berufs ein wirksames Monopol erworben haben. Solange Interessenverbände [...] völlig von der freiwilligen Unterstützung ihrer Mitglieder abhängig [...] sind, sind die Voraussetzungen für eine korporativ-verbandliche Ordnung nicht gegeben." (Schmitter/Streeck 1996: 202-203)

system – weit verbreitet. Da die Auseinandersetzung mit dem Korporatismus dazu dienen soll, ein funktionales Konzept zur Analyse des deutschen Rentensystems zu liefern, werden hier z. T. auch solche Überlegungen mit einbezogen, die nicht dem korporatistischen Paradigma entlehnt sind. Die Einführung des Gedankens der Pfadabhängigkeit setzt voraus, dass der Korporatismus nun als unabhängige Variable betrachtet wird. Aus seiner positiven Heuristik ergeben sich die beiden Fragen, welche Differenzierungen es innerhalb des Korporatismus gibt und wie sich die Wirkungen einer korporatistischen Verfasstheit weiter spezifisieren lassen. Ein Ansatz dazu findet sich wieder im Modell des „deutschen" oder „rheinischen" Kapitalismus. Hier werden Besonderheiten eines konkreten gesellschaftlichen Modells mit Hilfe des *constructed type* Korporatismus analysiert.

> Widespread organized cooperation among competitors and bargaining between organized groups, conducted through publicly enabled associations, is probably the most distinctive feature of the German political economy. Governance is delegated either to individual associations or to collective negotiations between them, with the state often awarding its outcome legally binding status. Associations performing quasi-public functions are typically granted some form of obligatory and quasi-obligatory membership, helping them overcome the free-rider problems associated with collective goods production and giving Germany the most densely organized civil society among the larger countries. (Streeck 1995: 11)

Eine solche Überlegung ist völlig konsistent mit dem Kern des korporatistischen Paradigmas. Auch der Übergang, dass nicht mehr bloß der „deutsche Kapitalismus" aus dem Korporatismus erklärt wird, sondern Wirkungen besprochen werden, die sich aus diesem Modell ergeben, ist nicht in Frage zu stellen.[22] Ein solches Konzept beinhaltet jedoch zwei Schwierigkeiten, die es zu vermeiden gilt: Ein möglicher logischer Zirkelschluss und eine rein historische (und daher endlose) Kette von Kausalitäten.

Aus einem Modell, das aus dem *constructed type* Korporatismus abgeleitet ist, lässt sich kein korporatistisches Ergebnis erklären. Die Aussage, dass in Deutschland wegen des „deutschen Kapitalismus" zwischen organisierten Interessengruppen verhandelt wird, ist tautologisch, da dieses Element des Korporatismus bereits zur Erklärung des „deutschen Kapitalismus" herangezogen worden ist. Einer solchen Logik bedient sich aber z. B. Bonoli, wenn er – explizit in Anlehnung an Schmitter und Lehmbruch – argumentiert: „The existence of a

[22] So lässt sich beispielsweise zeigen, dass die Strukturmerkmale des „rheinischen Kapitalismus" die Implementierung des Shareholder-Value-Konzepts erschweren. (Young/Hegelich 2003: 89-91)

corporatist tradition in a country can be expected to encourage inclusive policy-making in the area of pensions, as well as in other areas of social and economic policy." (Bonoli 2000: 162) Hierfür führt er zwei Gründe an:

> First, the conditions that have been identified as favourable to the establishment of corporatist practices are likely to put pressure on governments to seek external support for planned legislation. [...] Second, countries with a strong corporatist tradition have developed standard procedures in policy-making which include the concertation of policy with external interests. Organised interests, in turn, having been used to negotiate between themselves and with the government, are less likely to adopt an uncompromising stance on reform. (Bonoli 2000: 162)

Problematisch an dem ersten Grund ist, dass zu den Bedingungen, die für eine korporatistische Praxis günstig sein sollen, nach Lehmbruch die Kooperation der Verbände mit „public authorities" bereits gehört. (Lehmbruch 1979: 155) Nur weil es diese Kooperation gibt, wissen wir, dass es sich um Korporatismus handelt. Die Kooperation mit dem Staat kann aber nicht einmal die unabhängige Variable sein, die den Korporatismus erklärt, und danach als abhängige Variable auftauchen, die aus dem Korporatismus erklärt wird. Abstrakt gesprochen ist darauf zu achten, dass sich abhängige und unabhängige Variable tatsächlich unterscheiden. Das Argument der Pfadabhängigkeit, das Bonoli unter dem Titel „Tradition" bemüht, legt einen solchen Zirkelschluss jedoch nahe, da jede Kontinuität als Pfadabhängigkeit erscheinen kann. Es mag schon sein, dass Länder mit einer korporatistischen Tradition zu korporatistischen Politiken neigen – woher sonst wüssten wir von dieser Tradition. Die Auskunft, dass man sich in solchen Ländern an Verhandlungen gewöhnt hat, und diese daher wahrscheinlicher sind, hat jedoch gar keinen eigenen Erklärungsgehalt, da hier zweimal das selbe empirische Faktum, die Häufigkeit bisheriger Kooperation, zitiert wird, ohne den entsprechenden Grund für dieses Faktum zu nennen. In diesem Sinne lässt sich jede Kontinuität bezüglich des Rentensystems als eine „Pfadabhängigkeit" darstellen. Ein Beispiel für diese theoretisch bedenkliche Anwendung liefern Fisch und Haerendel:

> Es läßt sich durchaus mit «Pfadabhängigkeit» erklären, daß unsere Altersversicherung noch immer auf einer «logic of welfare» beruht, die auf den «male breadwinner» konzentriert ist, auch wenn der bundesdeutschen Realität von heute ein «lebenslanges Normalarbeitsverhältnis für Männer und die Hausfrauenehe» vielfach nicht mehr entsprechen. Mit der Abhängigkeit von einem «Pfad» ist jedoch nicht zu erklären, wieso seit der Rentenreform von 1957 aus Renten, die ursprünglich den Unterhalt im Alter nur erleichtern, nicht aber vollständig decken sollten und die noch bis in die 1950er Jahre oftmals nicht zum Leben ausreichten, Lohnersatzleis-

tungen wurden mit dem Ziel, den erworbenen Lebensstandard zu sichern. (Fisch/Haerendel 2000a: 13)

Hier wird ein bestimmtes Modell, zu dem das deutsche Rentensystem gehören soll (ein „conservative/corporatist welfare state regime" im Sinne Esping-Andersens), zur unabhängigen Variable erklärt, aus der sich die Konzentration auf den „male breadwinner" (abhängige Variable) ergeben soll. Um dieses Modell des „conservative/corporatist welfare state regime" zu erklären, bedarf es aber des „male breadwinner" als unabhängige Variable (Esping-Andersen 1990: 27). Der einzige Grund, warum sich anhand der unterschiedlichen Geschlechterrollen in der Rentenversicherung eine Pfadabhängigkeit feststellen lassen soll, während der Übergang hin zur Lohnersatzleistung hingegen nicht aus einem Pfad zu erklären sei, ist, dass im ersten Fall auf eine Kontinuität verwiesen werden kann. Die einzige „Erklärung", die hier angeboten wird, ist, dass ein Sachverhalt früher schon genauso war wie heute. Eine Begründung für diese Kontinuität wird gar nicht angeführt, weil der behauptete Grund – der Pfad mit seiner Abhängigkeit – selbst die zu erklärende Variable – male breadwinner – enthält.

Mit dieser Argumentation lässt sich aber nicht nur *jede* Kontinuität „erklären". Leicht abgewandelt kann so auch eine Veränderung begründet werden. So wird z. T. selbst in Bezug auf Systemwechsel mit Pfadabhängigkeit argumentiert. Manow legt beispielsweise zunächst dar, dass erst nach 1945 von einem „Deutschen Kapitalismus" gesprochen werden kann. (Manow 1997: 24) Trotzdem meint er, dass sich die These der Pfadabhängigkeit zur Erklärung dieses Übergangs nutzen lässt, indem er sie durch die Konstruktion einer „antizyklischen Bewegung" erweitert. (Manow 1997: 16, 24) So gelangt er zu dem Schluss, dass der heutige Korporatismus nur zum Durchbruch gelangen konnte, weil ihm ein System vorausging, das selbst nicht korporatistisch war, der „proto-corporatism" (Manow 1997: 16). Dass aus dem „proto-corporatism" Korporatismus folgen muss, wird aber nicht aus einer dem „proto-corporatism" inneren Notwendigkeit abgeleitet, sondern bloß aus dem Faktum erschlossen, dass der Korporatismus folgte. Die „Pfadabhängigkeit" wird in diesem Falle daher gar nicht belegt, sondern bloß behauptet, kann also auch nicht für weitere Erklärungen dienen.

Auf einer ähnlichen – wenngleich theoretischen – Ebene argumentieren auch Pierson und Myles:

> The options available to policy makers, whatever their politics, are constrained by institutional and programmatic designs inherited from the past. In this sense, we will argue, pension policy is a *locus classicus* for the study of «path-dependent» change, processes in which choices made in the past systematically constrain the choices

open in the future. Given quite different systems of existing commitments and popular expectations, reformers in different countries are choosing reform options from quite different «menus». The menu of options may include choices that represent novel, even radical, departures from the past practice [...]. The point is that particular departures are available only under particular conditions inherited from the past. (Myles/Pierson 2001: 306, Hervorhebung i. O.)

In dieser Argumentation kommt der Pfad, von dem die Entwicklung der Rentenpolitik abhängen soll, in zweifacher Weise vor. Einerseits wird eingeräumt, dass Reformer die Möglichkeit haben, einen eingeschlagenen Pfad zu verlassen. Dass es aber diese Möglichkeit gibt, soll andererseits selbst Resultat des bisherigen Pfades sein. Wenn dem so wäre, würde es sich aber entweder gar nicht um eine Abkehr des bisherigen Pfades handeln, sondern diese Abkehr wäre selbst nur eine Verlängerung des bisherigen Determinismus. Oder es wäre unsinnig, weiterhin von Pfadabhängigkeit zu sprechen, da der Pfad in dem Moment seine Wirkung verliert, in dem er verlassen wird. Die Konstruktion einer vom Pfad abhängigen Möglichkeit, eben jenen Pfad zu verlassen und trotzdem alles Weitere aus diesem Pfad erklären zu wollen, ist demnach logisch nicht haltbar. Zudem ist zu fragen, wie hoch der Erklärungsgehalt einer Theorie ist, die zwei gegensätzliche Resultate auf dieselbe Weise erklärt. Wenn sowohl die Kontinuität als auch der radikale Wechsel aus derselben abhängigen Variable – dem eingeschlagenen Pfad –, mit derselben Ausprägung der Variable, erklärt werden können, kann diese Variable weder Kontinuität noch Veränderung begründen.

Die hier aufgezeigten Kritikpunkte richten sich gegen eine *verkürzte* Anwendung des Gedankens der Pfadabhängigkeit. Denn ohne Frage muss eingeräumt werden, dass ein Systemwechsel, z. B. in Bezug auf die Rentenversicherung, immense Kosten nach sich zieht.

Es ist [...] nicht zu erwarten, daß selbst rapide und radikale Veränderungen der politischen Konstellation kurzfristig zu ebenso tiefgreifenden «Kurswechseln» hinsichtlich der Grundkonzeptionen der sozialen Sicherung führen. Wahrscheinlich ist, daß diese nur über längere Zeiträume durch partielle Reformen veränderbar sind. In diesem Sinne sind die heute existierenden sozialen Sicherungssysteme immer auch das Ergebnis früherer Strukturentscheidungen, also auch früherer gesellschaftspolitischer Prioritäten. (Kohl 1993: 78)

Zu bedenken ist aber, dass mit dieser Argumentation der Pfadabhängigkeit im Prinzip eine unendliche Kette von *Kausalitäten* behauptet wird. Immerhin muss begründet werden, warum zu einem bestimmten Zeitpunkt ein bestimmter Pfad eingeschlagen wurde. Spätestens dann, wenn die Wahl des jetzigen Pfades aus einer Abhängigkeit von einem früheren Pfad erklärt werden soll, verliert diese Überlegung ihren Erklärungsgehalt, weil sie das zu Erklärende einfach immer weiter in die Vergangenheit zurückschiebt. So führt Esping-Andersen als Erklärung für die Entstehung konservativer Wohlfahrtsstaaten u. a. das alte Zunftwesen an. „The corporatist status-differentiated model springs from the old guild tradition. The neo-absolutist autocrats, such as Bismarck, saw in this tradition a means to combat the rising labor movements." (Esping-Andersen 1990: 24) Eine solche Argumentation wechselt unter der Hand den Gegenstand. Die Frage nach dem Korporatismus wird mit einem Verweis auf das Zunftwesen beantwortet. Das Zunftwesen selbst mag seinen Ursprung in der feudalistischen Herrschaft haben, zur Erklärung des Korporatismus tragen solche Wechsel des zu untersuchenden Gegenstands jedoch nichts bei. Esping-Andersen gelingt der Ausweg aus dieser beliebig fortsetzbaren Kette nur durch den Verweis auf die neo-absolutistischen Autokraten, die sich das *überkommene* Zunftwesen aufgrund ihrer *zeitgemäßen*, zum conservative/corporatist welfare state regime passenden Kalkulation zu Eigen machen.

Wenn man davon ausgeht, dass eine Institution eine auf Dauer angelegte Einrichtung zur Regelung, Herstellung oder Durchführung bestimmter Zwecke ist,[23] so gilt das auch für den Korporatismus bzw. für die Institutionen, die durch einen korporatistischen Pfad geprägt sein sollen. Sowohl Wandel als auch Kontinuität wären dann nicht allein aus einmal getroffenen Entscheidungen abzuleiten, die wiederum durch frühere Entscheidungen bedingt sind, sondern auf ihre Funktionalität für den Zweck der Institution hin zu überprüfen. Wenn also eine Institution in bestimmten Aspekten über Jahre konstant bleibt (oder aber eine Veränderung vorgenommen wird), dann muss dies daran liegen, dass diese Aspekte zur spezifischen Problemlösung weiter (nicht mehr) von Nutzen sind. Mit anderen Worten: Nichts ist so wie es ist, nur weil es früher schon so war.

Für den Korporatismus bedeutet dies aber, dass politische Aspekte, die als korporatistisch erscheinen (Bündnis für Arbeit, Verhandlungen über die Rentenreform, etc.) nicht damit erklärt sind, dass sie in einem „korporatistischen System", dem „deutschen Modell" oder dem „rheinischen Kapitalismus", stattfinden.[24]

---

[23] „Institutionen zeichnen sich durch eine gewisse «Festigkeit» und «Dauer» aus, die eine gewisse «Wiederholbarkeit» der von ihnen geprägten Prozesse erlauben. [...] Es sind insofern auf Dauer angelegte Problemlösungen." (Schubert 2003a: 148-149)

[24] Hinrichs und Kangas verweisen zudem darauf, dass sich oft erst im Nachhinein herausstellt, dass das, was zunächst als Kontinuität erscheint, bereits ein Systemwechsel gewesen ist. „In the wake of Esping-Andersen's and Pierson's landmark publications, comparative welfare state research has revolved around the retrenchment of social policy and the transformation of welfare state regimes. One of the chief problems of these studies is the treatment of time. Very often, changes are incre-

2.4.3 *Meso- und Mikrokorporatismus*

Eine dritte Erweiterung des korporatistischen Paradigmas stellt der Wechsel von der ursprünglichen Betrachtung der Makroebene – also Korporatismus als übergeordnetes System – hin zur Meso-, bzw. Mikroebene dar. Schubert argumentiert, dass aufgrund einer Unzulänglichkeit des eigentlichen Korporatismuskonzepts, empirische Befunde zu erklären, „die ursprüngliche Makro-Orientierung schrittweise aufgegeben wurde und bald alle Formen institutioneller Staat-Verbände-Beziehungen als korporatistisch bezeichnet wurden." (Schubert 2004: 8)

Schmitter und Streeck erweitern den Korporatismusbegriff, indem sie eine Mikrotheorie des Korporatismus entwickeln, mit der sie ihn als eigenständiges Modell neben Gesellschaft, Markt und Staat einführen. (Schmitter/Streeck 1996)[25]

> Durch bewusste gegenseitige Anpassung und wiederholte Interaktion gehen die umfassenden, durch ihr Verhandlungsmonopol privilegierten Akteure verbandlicher Ordnung der Versuchung aus dem Weg, augenblickliche Vorteile voll auszuschöpfen, und vermeiden damit die Gefahr, in der schlechtestmöglichen Situation zu enden. Kurz, sie vermieden das «Gefangenen-Dilemma» durch [...] «private Interessenregierung». (Schmitter/Streeck 1996: 204)

Daraus wird eine Neudefinition des Korporatismus abgeleitet:

> Aus der Perspektive öffentlicher Politik ist Neokorporatismus ein Versuch, Interessenverbänden eine besondere Rolle zwischen Staat und Gesellschaft [...] zuzuweisen, die es ermöglichen soll, die von Verbänden hervorgebrachte und verkörperte Art sozialer Ordnung für öffentliche Zwecke zu nutzen. Als Alternative zu direkter staatlicher Regulierung nimmt die *öffentliche Nutzung privater organisierter Interessen* die Form *privater Interessenregierungen mit delegierter öffentlicher Verantwortung* an – d. h. von Agenturen *regulierter Selbstregulierung* sozialer Sonderinteressen, die mittels entsprechend gestalteter Institutionen dem Allgemeininteresse untergeordnet werden. (Schmitter/Streeck 1996: 208, Hervorhebung i. O.)

Diese beiden Zitate verweisen auf einen bedeutenden Übergang. Im ersteren wird auf eine Mikrologik verwiesen, die dem Korporatismus zugrunde liegen soll. Es wird behauptet, dass die Akteure des Korporatismus – mit einem Ver-

---

mental and their real impacts are not immediately visible but take years or even decades before the consequences fully materialize." (Hinrichs/Kangas 2003: 573)

[25] Erstmals erschienen 1985.

handlungsmonopol ausgestattete Verbände – sich mit Ergebnissen bescheiden, die nach einer neoklassischen Rationalität nur als suboptimal gelten würden, weil sie so die Unsicherheit minimieren, ein noch schlechteres Ergebnis zu erzielen. Das zweite Zitat hingegen setzt den Neokorporatismus mit dem staatlichen Versuch gleich, eine solche Logik zu implementieren. Das Problem ist nur, dass auch Akteure, die nicht in die bisherige Betrachtung des Korporatismus fallen, sich einer solchen Logik bedienen können und das sogar ohne explizite Verhandlungen. Wenn aber der Korporatismus mit dem Konzept der privaten Interessenregierung gleichgesetzt wird, dann gilt nun jede Beziehung zwischen solchen Akteuren, auch wenn sie sich nur auf kommunaler oder regionaler Ebene abspielt und wenn ihr Zusammenschluss rein „situativ" bedingt ist, als Beleg für Korporatismus, sofern sich die Logik der „negativen Koordination" – also der Vermeidung des Gefangenen-Dilemmas in ihr finden lässt. Die Folge ist, dass nicht einmal mehr explizite Verhandlungen notwendig sind, damit von Korporatismus gesprochen werden kann. Auch Czada findet es fraglich, ob beispielsweise „eine implizite, ohne direkte Verhandlungen erreichte Berücksichtigung der staatlichen Wirtschaftspolitik durch die Tarifparteien schon als Korporatismus gelten kann." (Czada 1994: 52) Auch wenn eingeräumt werden muss, dass auch die „«negative Koordination» autonomer Verbände [...] binnenorganisatorische Probleme [verursacht], die den Problemen korporatistischer Einbindung gleichkommen" (Czada 1994: 53), bleibt festzuhalten, dass der Korporatismus hier in Widerspruch zu seinen eigenen Grundannahmen gerät. Die Erweiterung durch eine korporatistische Mikrotheorie entspricht dem eigentlichen Kern des Korporatismus nur insofern, als sie an der Vorstellung eines Allgemeinwohls festhält. Der wesentliche Aspekt des empirischen Anspruchs, der den Korporatismus als *constructed type* ausmachen soll, gerät hierdurch jedoch ins Wanken.

Deutlich wird dies zum einen bezüglich der negativen Heuristik des Korporatismus. So bemerkt Czada hinsichtlich impliziten Abstimmungen zwischen Verbänden: „Diese als Korporatismus zu bezeichnen, erscheint indes fragwürdig, weil dann jede auf Abhängigkeit beruhende Interessenberücksichtigung als Korporatismus gelten könnte und so *die Differenz zur pluralistischen Interessenpolitik verschwinden würde.*" (Czada 1994: 53, Hervorhebung S. H.) Darüber hinaus zeigt sich diese „degenerative" Entwicklung aber auch an dem Verlust empirischer Schärfe, den Schubert beschreibt, indem er auf den Übergang zum Meso-Korporatismus bis hin zum „situativen Korporatismus" verweist. (Schubert 2004) Ist der Korporatismus erst einmal von einem *System* auf der Makroebene degradiert zu einem *Prinzip* der Mikroebene, lassen sich aber nicht nur nahezu alle empirischen Fälle zuordnen; es kann sogar auf den Nachweis einer Manifestation des Korporatismus ganz verzichtet werden. Denn wenn es sich beim Korporatismus um ein Prinzip handelt, das sich aus der Logik der Interessenvermittlung deduzieren lässt (Vermeidung des Gefangenen-Dilemmas), dann kommt dieses Prinzip eben auch dann zum Tragen, wenn es *nicht* angewandt wird, nur eben *negativ*. Ein besonders bemerkenswertes Beispiel dieser Logik leistet Streeck, wenn er, obwohl (und weil) er keine der aufgeführten Kriterien empirisch findet, an der Idee des Korporatismus als relevante Größe festhält.

> Die mit dem Korporatismus-Begriff operierende Forschung hat eindrucksvoll gezeigt, daß derartige Wechselwirkungen zwischen öffentlicher Gewalt und privaten Interessen nicht nur sozusagen in den besten Familien: d.h. in Gesellschaften mit einwandfreiem demokratischen Ruf, vorkommen, sondern daß ihre gelegentliche Abwesenheit statt als Normal- oder Idealfall als extreme Ausprägung eines Wirkungsverhältnisses aufgefasst werden muß, *das auch dort ein solches ist, wo es aufgrund historischer oder anderer Kontingenzen in seiner Nichtexistenz besteht.* (Streeck 1994: 10, Hervorhebung i. O.)

Mit anderen Worten: Selbst da, wo sich kein Merkmal des Korporatismus finden lässt, greift die Korporatismustheorie, denn die Abwesenheit von Korporatismus belegt nur, dass er eigentlich vorhanden sein müsste, denn wie sollte sonst sein Fehlen überhaupt auffallen. Hier ergeht also implizit die Denkanweisung, selbst dann, wenn sich keine Wechselwirkungen zwischen öffentlicher Gewalt und privaten Interessen finden lassen, sich trotzdem das Ganze als ein System solcher Wechselwirkungen zu denken. Im Prinzip wird hier die Korporatismustheorie zu einem Dogma erhoben und zu einer „Weltanschauung" erklärt. Die empirische Relevanz, für die sich die Korporatismusforschung stets gelobt hat, und die schon in der Form des *constructed type* verankert ist, geht somit weitgehend verloren. So lassen sich unter der Annahme, dass die Abwesenheit von Korporatismus nur eine besondere Form des Korporatismus darstellt, Gesellschaften unter diese Theorie subsumieren, die die aufgezählten Merkmale gar nicht aufweisen. Manow z. B. spricht in Bezug auf die Weimarer Republik von „protocorporatism", mit dem Argument, dass in der Weimarer Republik die Merkmale des Korporatismus *noch nicht* ausgeprägt waren. (Manow 1997: 16) In gleicher Weise kann man in Bezug auf Deutschland von einem „Wettbewerbskorporatismus"[26] sprechen, was soviel bedeuten soll wie das Aufkündigen der Sozialpartnerschaft, die wiederum auch unter dem Namen Korporatismus bekannt ist. „Der Wettbewerbskorporatismus kündigt den sozialen Konsens und die Sozialpartner-

---

[26] Joachim Hirsch meint mit Wettbewerbskorporatismus, dass Arbeit und Kapital gemeinsam die Wettbewerbsfähigkeit des Betriebes und darüber vermittelt auch die des Standorts sich zum Sorgeobjekt machen. (Hirsch 1995)

schaft auf, um die sozialen, ökologischen, entwicklungspolitischen oder demokratischen Interessen der Wettbewerbsfähigkeit unterzuordnen." (PDS 2003)

Festzuhalten ist demnach, dass die Erweiterungen des Korporatismus nicht dazu beitragen, neue, bislang unerklärte Phänomene analysieren zu können. Stattdessen verliert der Korporatismus durch diese Erweiterungen weite Bestandteile seiner negativen Heuristik, und wird dadurch zunehmend ununterscheidbar vom Pluralismus. Auch die positive Heuristik erodiert: Die empirische Relevanz eines *constructed type*, welche die theoretische Unschärfe ausgleichen soll, verschwindet hinter unhinterfragbaren Sätzen über die Interessenvermittlung. Der Korporatismus entwickelt sich demnach degenerativ.

2.5 Resultate der Kritik und Operationalisierung

Was folgt nun aus dieser Kritik des Korporatismus für die Analyse des deutschen Rentensystems? Der Nachweis, dass es sich beim Korporatismus um ein Paradigma handelt, das einer degenerativen Entwicklung unterworfen ist, zeigt, dass dieser Ansatz zur Analyse des deutschen Rentensystems nicht geeignet ist. Es muss daher nun darum gehen, einen methodischen Ansatz zu entwickeln, der nicht die Schwächen des Korporatismus enthält. Es wäre jedoch falsch, den Korporatismus einfach zu verwerfen. Vielmehr muss es das Ziel sein, anhand der konstruktiven Kritik des Korporatismus eine Methode der Untersuchung des deutschen Rentensystems zu skizzieren, die an dem vom Korporatismus eingeführten Akteursset anknüpft und dem Anspruch der empirischen Relevanz, der dem Korporatismus immanent ist, gerecht wird. Dafür werden im Folgenden die Kritikpunkte bezüglich der positiven und der negativen Heuristik des korporatistischen Kerns sowie hinsichtlich der Erweiterungen des Korporatismus auf das deutsche Rentensystem bezogen.

Dabei ist zunächst festzuhalten, dass der Korporatismus in seinem Kern die Vermittlung der Interessen zu weit schematisiert und somit die komplexe Entwicklung des deutschen Rentensystems in dem Zusammenspiel der Dimensionen Kontinuität und Veränderung sowie Konflikt und Konsens kaum erklären kann. Diese Punkte werden zwar durch die verschiedenen Erweiterungen des Paradigmas aufgegriffen, jedoch in einer Weise, die den Erklärungsgehalt insgesamt mindert.

Da die Entwicklung des Paradigmas als degenerativ zu werten ist, muss die Analyse des deutschen Rentensystems einerseits beim Kern des Korporatismus ansetzen, andererseits aber die inhaltliche Enge dieses Konzepts überwinden. Als positiver Anknüpfungspunkt erscheint neben dem Akteursset der im *constructed type* verankerte Anspruch, empirische Wirklichkeit erklären zu können. Dieser Anspruch wird jedoch im Korporatismus auf zweifache Weise beschränkt. Zum einen durch die *positive Heuristik*, die ein abstraktes Allgemeinwohl unterstellt, zum anderen durch die *negative Heuristik*, die auf einer formellen Abgrenzung zum Pluralismus besteht. Diese beiden Kritikpunkte sollen nun auf die Analyse des deutschen Rentensystems bezogen werden.

2.5.1 Konstruktive Kritik der positiven Heuristik

Das Problem hinsichtlich der *positiven Heuristik* besteht darin, dass der Einfluss der Interessenvermittlung auf die Rentenpolitik durch die abstrakte Kategorie „Allgemeinwohl" oder „organically interdependent whole" (Schmitter 1974: 97) den spezifischen Einfluss gar nicht mehr enthält. „Mit Recht wird [...] vor dieser Gemeinwohlkonzeption gewarnt, weil Gemeinwohl eine Leerformel ist, die man aus dem wirtschaftlichen Denken bereits auszuklammern versucht, um sie auf dem Umweg über eine politische Pluralismustheorie wieder einzuführen." (Beyme 1969: 16) In diesem Sinne hat der Korporatismus durchaus Ähnlichkeit mit Hegels Überlegungen zur Sittlichkeit. „Schon Hegel hatte eine genaue, wenn auch schwer zugängliche Vorstellung davon, wie Korporationen aus der bürgerlichen Gesellschaft als deren höchster organisierter Ausdruck entstehen und als dessen zweite «sittliche Wurzel» neben der Familie, die Grundlage für den «universellen, substantiellen Staat» bilden." (Schmitter/Streeck 1996: 199)[27] Hegel hat an der Korporation „bloß" festhalten wollen, dass hier die *besonderen* Interessen der Einzelnen übergehen in ein *allgemeines* Interesse.[28] Diese „sittliche" Leistung wollte er hervorheben.

> In unseren modernen Staaten haben die Bürger nur beschränkten Anteil an den allgemeinen Geschäften des Staates; es ist aber notwendig, dem sittlichen Menschen außer seinem Privatzwecke eine allgemeine Tätigkeit zu gewähren. Dieses Allge-

[27] Auch Schmid bezieht sich positiv auf die Überlegungen Hegels, wenn er schreibt: „Für Georg Friedrich Hegel bildet die bürgerliche Gesellschaft den Raum für die gesellschaftlich-assoziativen Aktivitäten. Hier treffen die partikularistischen Bedürfnisse der Individuen aufeinander, und gleichzeitig sind sie aufeinander bezogen." (Schmid 1998: 11)

[28] Daher bildet die Korporation für Hegel auch den Übergang zum Staat als die „Wirklichkeit der sittlichen Idee" (Hegel 2001a: §257) „Der Zweck der Korporation als beschränkter und endlicher hat seine Wahrheit, [...] in dem an und für sich *allgemeinen Zwecke* und dessen absoluter Wirklichkeit; die Sphäre der bürgerlichen Gesellschaft geht daher in den *Staat* über." (Hegel 2001: §256, Hervorhebung i. O.)

meine, das ihm der moderne Staat nicht immer reicht, findet er in der Korporation. (Hegel 2001a: §255, Zusatz)[29]

Will man aber nicht eine ideelle Leistung des Korporatismus hochhalten, sondern die konkreten Politiken analysieren, so muss an den jeweiligen Resultaten der Rentenpolitik gezeigt werden, welche Form hier der *allgemeine Wille* annimmt.[30] Der Korporatismus beschränkt sich jedoch in weiten Teilen auf die Feststellung, dass eine bestimmte Maßnahme der Rentenpolitik im Konsens verabschiedet wurde und schließt somit darauf, dass alle Beteiligtem demselben Allgemeinwohl verpflichtet gewesen sein müssen und sich deshalb von Korporatismus sprechen lässt. (Vgl. Trampusch 2003) Korporatismus erklärt auf diese Weise die Rentenpolitik nicht, sondern beschäftigt sich im Grunde nur mit sich selbst: mit der Frage, ob Korporatismus vorhanden ist oder nicht. Wenn es aber stimmt, dass die Akteure Arbeitnehmer, Arbeitgeber und politisch-administratives System in Fragen der Rentenpolitik ein „allgemeines Interesse" verfolgen, dann müsste sich dies an einer Differenz zu ihren eigenen Interessen zeigen. Interessanter als die Frage „Konsens oder nicht" sind demnach die Ergebnisse der Interessenvermittlung und deren mögliche Differenz zu den ursprünglichen Interessen. Dieser Aspekt ist aber konkret herauszuarbeiten und kann nicht in einer Abstraktion über „das Allgemeine" abgehandelt werden. Wichtiger als die *Feststellung*, dass Einigkeit erzielt werden kann, ist daher die Frage, welcher Spielraum für Kompromisse sich in der Vermittlung der Interessen entwickelt oder anders, was die Reformkorridore des deutschen Rentensystems sind. Da sich die *Struktur* der Interessenvermittlung im Rentensystem seit 1957 kaum geändert hat, die Rentenpolitik aber ein Politikfeld darstellt, das durch eine außerordentliche Dynamik gekennzeichnet ist, muss die Analyse offensichtlich unterhalb des „system of interst representation" (Schmitter 1974: 93) bzw. des „institutionalized pattern of policy-formation" (Lehmbruch 1979: 150) ansetzen. Wenn es innerhalb desselben Interessenvermittlungssystems zu unterschiedlichen Resultaten kommt, dann ist zu überprüfen, inwieweit sich die Interessen selbst verändert haben. Korporatistische Theorien schließen einen solchen Ansatz jedoch weitgehend aus, da sie auch die Interessen als abhängige Variable des Korporatismus betrachten.

---

[29] „Familie und Korporation machten die beiden sittlichen Wurzeln des Staates aus, weil in der ersteren die Heiligkeit der Ehe, in der zweiten die Standesehre das immanent Vernünftige, das die Allgemeinheit des Formell-Rechtlichen Überbietende seien." (Gröll 1991: 58)

[30] Gröll weist nach, dass sich Hegel damit zufrieden gibt, die Sittlichkeit als Allgemeines und daher Vernünftiges zu charakterisieren. (Gröll 1991: 48-62)

> Interessen können damit als solche nicht als Erklärungsfaktor von Verbandsbildung und Verbandshandeln vorausgesetzt werden. [...] Die für die pluralistische Theorie charakteristische Annahme gegebener individueller Präferenzen und Ansprüche, die dann zu Verbandsbildung führen, wenn sie bei mehreren Individuen gleichzeitig auftreten, wird im korporatistischen Ansatz zugunsten einer Vorstellung gesellschaftlich institutionalisierter kollektiver Handlungspotentiale aufgegeben, die den *transzendentalen Rahmen* einer *Produktion kollektiver Interessen* aus mehr oder weniger vagen individuellen Motiven einerseits und gegebenen unterschiedlichen Durchsetzungsmöglichkeiten für unterschiedliche Interessendefinitionen andererseits bilden. Dabei kommt im korporatistischen Ansatz dem gesellschaftlich lizensierten Formen kollektiver Organisierung im Wortsinn *konstitutive Bedeutung* zu. (Streeck 1994: 12, Hervorhebung i. O.)

Es stellt sich durchaus die Frage, was ein korporatistischer Ansatz eigentlich noch erklären kann, wenn er sowohl die Interessen der Akteure als auch die Strukturen der Interessenvermittlung als gegeben voraussetzt.[31] Im Grunde beschränkt sich damit die korporatistische Theorie auf die einzige Frage, ob es – bezogen auf den untersuchten Fall – Korporatismus gibt oder nicht. Diese Frage lässt sich auch so formulieren: „German Capitalism – Does it exist? Can it survive?“ (Streeck 1995)

Dabei zeigt selbst ein flüchtiger Blick auf die Entwicklung des Deutschen Rentensystems, dass sich die Interessen bezüglich der Rente oft fundamental geändert haben. Während zunächst das Hauptziel der entsprechenden Institutionen in der sozialen Umverteilung bestand, wurde später über Frühverrentung Arbeitsmarktpolitik betrieben. Und auch die Integration der ostdeutschen Rentner ist sicherlich nicht mit dem Interesse an einer Senkung der Lohnnebenkosten gleichzusetzen – beides erklärter Maßen Ziele von Reformbemühungen. Wenn sich aber die Zielrichtungen der Institutionen des deutschen Rentensystems geändert haben, ist dann nicht auch davon auszugehen, dass dieser Wandel auf eine veränderte Interessenlage der Akteure Arbeitnehmer, Arbeitgeber und politisch-administratives System zurückzuführen ist? Für die folgende Untersuchung ergibt sich daher aus der Kritik der *positiven Heuristik* des Korporatismus, dass die Interessen der Akteure in den Mittelpunkt der Betrachtung rücken, und dass

---

[31] Zu einem ähnlichen Ergebnis kommt Winter, wenn er schreibt: „Die Verwendung eines interessentheoretischen Konzepts erscheint vor allem deshalb notwendig, weil sich die verschiedenen Spielarten der Verbändetheorie als nicht allgemein genug erweisen, um Prozesse der Interessenvermittlung in allen ihren Dimensionen zu erfassen. [...] Interessen und nicht Gruppen sind sowohl das primäre Motiv als auch der primäre Gegenstand des politischen Handelns, wie es sich in der innerverbandlichen Willensbildung, im zwischenverbandlichen Verhältnis, in politischen Netzwerken oder im direkten Verhältnis von Bürgern und Staat vollzieht.“ (Winter 1997: 21)

diese nicht als durch die Struktur der Interessenvertretung gegeben vorausgesetzt werden können und sich auch nicht in ein abstraktes Allgemeinwohl auflösen.

Der Begriff „Interesse" hat einen sehr ambivalenten Stand in der politikwissenschaftlichen Diskussion. Er gilt einerseits als einer der wichtigsten Begriffe der Politikwissenschaft, andererseits gibt es keine einheitliche Definition oder eine „Interessentheorie, die subjektive Interessenorientierungen analytisch ebenso erfasst wie strukturell objektive Interessenlagen." (Massing/Reichel 1977: 7) Strittig ist also nicht, ob es Interessen gibt, sondern in erster Linie, was ihre Ursache ist (gesellschaftlich versus subjektiv).[32] Für den Fortgang der hier angestrebten Analyse des deutschen Rentensystems reicht eine pragmatische Auffassung von Interesse, die unterstellt, dass die zu betrachtenden Akteure Interessen im Sinne von über das konkrete Handeln hinausgehenden Motiven haben, die sie probieren, durch ihr Handeln möglichst zweckmäßig zu verfolgen. Die analytische Schwierigkeit besteht darin, aus dem konkreten Handeln ein mehr oder minder abstraktes Interesse zu folgern. Wenn also beispielsweise ein Akteur für eine Senkung des Beitragssatzes der Rentenversicherung um 2% eintritt, wäre es unsinnig zu sagen, sein Interesse besteht in eben dieser Senkung. Stellt sich aber heraus, dass der Beitragssatz gesenkt werden soll, *um* z. B. die Lohnnebenkosten in Deutschland dem europäischen Niveau anzupassen, dann zeigt sich, wovon die Akteure ihre Position zum Rentensystem abhängig machen.

Auf Basis eines solchen interessenzentrierten Ansatzes erscheint dann auch der Konsens, der nach wie vor *eine* wichtige Dimension der Entwicklung des deutschen Rentensystems darstellt, nicht als ständig gleichförmiges Ergebnis. Die Analyse des deutschen Rentensystems darf sich deshalb nicht allein auf die Interessen beschränken, sondern muss den Prozess der Interessenvermittlung mit einbeziehen. Denn es ist festzustellen, dass keiner der Akteure Arbeitnehmer, Arbeitgeber und politisch-administratives System stur auf den Interessen beharrt, die sich beispielsweise aus einer neo-klassischen Betrachtungsweise ergeben würden. Die Arbeitnehmer bestehen nicht darauf, dass die Rente ausschließlich und im möglichst hohen Umfang von den Unternehmern bezahlt wird. Die Arbeitgeber verweigern ihre Beiträge nicht, obwohl diese „Lohnnebenkosten" ihre Profite schmälern. Und die Politik verfolgt bezüglich der Rente weder einfach das Interesse der inneren Stabilität, noch sind ihre Anstrengungen rein auf die Zustimmung bei den Wählern bezogen, wie es die Neue Politische Ökonomie nahe legen würde. Überhaupt zeigt sich, dass eine rein abstrakte Betrachtung der Interessen und ihrer Vermittlung offenbar zu kurz greift. So wird in der politischen Ökonomie oft davon ausgegangen, dass sich auf Dauer

[32] Weitere Dimensionen des Interessenbegriffes finden sich beispielsweise bei Winter 1997: 29-47; s. auch Weber 1977: 21-39.

das leistungsstärkste System durchsetzt und dass die Interessenvermittlung demnach theoretisch kein eigener Gegenstand ist, da unterstellt wird, dass alle Akteure im neoklassischen Sinne rational handeln. Andere Ansätze, die auf die Neue Politische Ökonomie zurückgehen, ergänzen die Annahme des rationalen Verhaltens um die Dimension der Interessenvermittlung. „In der Realität entscheidet nicht der in der ökonomischen Theorie sprichwörtliche «wohlwollende Diktator», sondern es setzen sich die Interessen derjenigen durch, die vom Mehrheitsprinzip besonders begünstigt werden.“ (Breyer 1990: 135) Würde die Annahme zutreffen, dass sich automatisch die Mehrheit durchsetzt, so wäre aus der Warte der bisherigen Analyse zu erwarten, dass sich von den erwähnten Akteuren die Arbeitnehmer am besten durchsetzen können. Hinrichs merkt jedoch an, dass bezüglich der Rentenpolitik die Vermittlung der Interessen im demokratischen Verfahren wesentlich komplexer ist als ein einfacher Mechanismus, der die Mehrheitsverhältnisse repräsentiert.

> Apparently, that one third of the 1998 electorate in Germany is 55 years and older, turns out disproportionally highly at elections and has an immediate interest in pension benefits, represents no insurmountable hindrance to the democratic process being able to carry out substantial retrenchments – despite the fact that public pension benefits constitute the predominant or even sole source of income for the large majority of retirees. (Hinrichs 2000b: 371)

Offensichtlich hat also die Vermittlung der Interessen durchaus einen Einfluss und in diesem Sinne haben die Annahmen des Korporatismus auch ihre Berechtigung.

Für die Analyse des deutschen Rentensystems hat sich aus der Kritik der *positiven Heuristik* des Korporatismus bislang ergeben, dass die Interessen der Arbeitnehmer, Arbeitgeber und des politisch-administrativen Systems hinsichtlich der Rentenpolitik zu betrachten sind und der Frage nachzugehen ist, ob und inwiefern diese Interessen durch den Prozess der Interessenvermittlung – hierbei insbesondere durch das Bestreben, einen Konsens herzustellen – affiziert werden.

Ein solcher Ansatz wird vom Korporatismus nicht nur durch die Abstraktion des Allgemeinwohls, hinter der die konkreten Interessen verschwinden, ausgeschlossen, sondern auch durch die *negative Heuristik*.

2.5.2 Konstruktive Kritik der negativen Heuristik

In seiner *negativen Heuristik* besteht der Korporatismus auf die Abgrenzung zum Pluralismus. Einerseits ist diese Abgrenzung in Bezug auf die Entwicklung des

Rentensystems durchaus sinnvoll. Aus einer radikalen pluralistischen Perspektive heraus wäre es u. U. unmöglich, andere Akteure der Rentenpolitik zu ermitteln als die beteiligten und betroffenen Individuen. Denn aus „pluralistischer Sicht besteht die Welt [...] aus einer unübersehbaren Vielfalt von Dingen, Eigenschaften und Erfahrungen, die eigenständig und unabhängig voneinander existieren [...]." (Schubert 2003b: 42) Insofern wäre ein „Hyper-Individualismus" denkbar, der von seinem analytischen Erklärungsgehalt hinter die Fokussierung des Korporatismus auf den *Staat* und die *Verbände* zurückfällt.[33]

Andererseits entsteht durch die formelle Ablehnung des Pluralismus das Problem, dass der Korporatismus keine Interessen berücksichtigen kann, die unterhalb der Verbandsebene positioniert sind. Dadurch entsteht jedoch ein Konflikt mit dem Anspruch einer möglichst großen empirischen Relevanz. Denn Veränderungen der Rentenpolitik lassen sich im Korporatismus nur dann erklären, wenn es auf der verbandlichen Ebene eine Veränderung der Interessen gegeben hat. Eine Veränderung innerhalb der Rentenpolitik bei gleich bleibenden Verbandsinteressen fällt somit aus der korporatistischen Betrachtung heraus. Dieser Fall ist aber durchaus denkbar und wichtig. Denn erstens kann sich die Durchsetzungsfähigkeit eines Verbandsinteresses ändern, z. B. dadurch, dass sich die Interessen der Verbands*mitglieder* ändern.[34] Zweitens kann auch vom politisch-administrativen System eine Veränderung der Rentenpolitik ausgehen. Der Korporatismus sieht jedoch im „Staat" nur die Instanz, die die Verbände auf gemeinsame Verhandlungen verpflichtet. Eigenständige Interessen an der Rentenpolitik werden dem politisch-administrativen System im Korporatismus nicht zugestanden. Denn die Abgrenzung vom Pluralismus bedeutet auch, dass das politisch-administrative System nicht unter den Begriff der Interessengruppen subsumiert werden darf. Auch hier kann ein Teil der Abgrenzung zu einigen pluralistischen Strömungen aufrechterhalten werden. Denn würde das politisch-administrative System darauf reduziert, Interessenvermittlungsinstanz für außerhalb von ihm agierende Interessengruppen zu sein, wie dies beispielsweise ein reiner *pressure pluralism* nahe legt, so ließe sich der Einfluss von politischen Entscheidungen selbst nicht mehr erfassen.[35] Der Korporatismus lehnt jedoch die hier unterstellte Parteilichkeit des politisch-administrativen Systems für be-

[33] Vertreter eines pragmatischen Pluralismus lehnen einen solchen „Hyper-Individualismus" allerdings ebenfalls ab. (Schubert 2003b: 45)

[34] Auf diesen Aspekt wird unter 2.5.3 genauer eingegangen.

[35] „Pressure pluralism [...] stresses competition among groups while the State/government is (normally) passive and prepared to implement the policies that emerge from the pressure group competition [...]." (Jordan/Schubert 1992: 19)

stimmte Interessengruppen ab, indem er den Gedanken einfach umdreht: Der Staat im Korporatismus ist nicht *Spielball* der gesellschaftlichen Interessengruppen, sondern *neutrale* Instanz. Damit sieht jedoch auch der Korporatismus keine Interessen für das politisch-administrative System selbst vor, die über den Erhalt „des Allgemeinwohls" hinausgehen. Im Prinzip ist das politisch-administrative System im Korporatismus nicht als eigenständiger Akteur vorgesehen, sondern der Struktur der Interessenvermittlung subsumiert. Der methodische Ausweg besteht auch hier darin, dass man sich von der Annahme vorausgesetzter Interessen verabschiedet. Dann kann die Analyse der Interessen, die innerhalb des politisch-administrativen Systems verfolgt werden, zeigen, wo die Gemeinsamkeiten und die Gegensätze zu den Interessen der Arbeitnehmer und der Arbeitgeber liegen. Dadurch wird das politisch-administrative System zu einem eigenständigen Akteur.

2.5.3 Resultate der Kritik der Erweiterungen des Korporatismus

Da die Entwicklung des Korporatismus degenerativ verlaufen ist, können die Erweiterungen dieses Paradigmas selbst keinen positiven Anknüpfungspunkt für die weitere Analyse bieten. Alle drei behandelten Erweiterungen (Tauschhypothese, Pfadabhängigkeit und Meso-/Mikrokorporatismus) sind jedoch als Reaktion auf den Verlust empirischer Aussagekraft des korporatistischen Kerns zurückzuführen. Daher ist der methodische Ansatz zur Analyse der Reformkorridore des deutschen Rentensystems dahingehend weiterzuentwickeln, dass die jeweiligen Kritikpunkte, die durch die entsprechenden Erweiterungen überwunden werden sollen, einfließen.

Die korporatistische Tauschhypothese ist als Versuch zu werten, die innerverbandlichen Auseinandersetzungen in die Analyse einfließen zu lassen. Innerhalb des korporatistischen Paradigmas entsteht dadurch jedoch ein Widerspruch, da u. a. einerseits ein Verhandlungsmonopol von Zwangsverbänden unterstellt wird, andererseits diese aber angeblich auf die Interessen ihrer Mitglieder Rücksicht nehmen müssen. Eine Möglichkeit wäre, den engen Kriterienkatalog des Korporatismus ganz zu verlassen und die Verbände nur als einen Akteur unter vielen oder gleich gar nicht zu behandeln, sondern sich ganz auf die Verbandsmitglieder zu konzentrieren. Dadurch würde jedoch auch ein Großteil der analytischen Präzision des Korporatismus verloren gehen. Die Vorteile eines tripartistischen Akteurssets würden zu Gunsten einer schwer zu strukturierenden Vielheit von Akteuren aufgegeben werden müssen. Zudem würde eine Analyse des deutschen Rentensystems, die den Einfluss der

Verbände bewusst ausklammert, an der empirischen Realität dieses Gegenstandes vorbei argumentieren. Denn der Einfluss insbesondere des Deutschen Gewerkschaftsbundes (DGB) und der Bundesvereinigung Deutscher Arbeitnehmer (BDA) auf das Rentensystem zeigt sich nicht zuletzt an ihrer institutionellen Verankerung.

Hier bietet es sich offenbar an, einen Mittelweg zu wählen: Durch die Fokussierung auf Arbeitnehmer, Arbeitgeber und das politisch-administrative System kann eine Strukturierung der Analyse erreicht werden. Die Reformkorridore des deutschen Rentensystems ergeben sich aus den Überschneidungen und Gegensätzen innerhalb der Interessen dieser Akteure und ihrer jeweiligen Durchsetzungsfähigkeit. Zugleich lassen sich diese Akteure aber als *Kollektivakteure* auffassen, deren Interessen sich aus den Interessen ihrer Mitglieder ergeben, wobei ebenfalls zu berücksichtigen ist, welche Mitgliederinteressen sich wie durchsetzen können. Diese Auffassung der Akteure ermöglicht ein analytisches Vorgehen, das bei den Positionen der einzelnen *Fraktionen* innerhalb der Kollektivakteure beginnt und darauf aufbauend auf die Interessen der Arbeitnehmer, Arbeitgeber und des politisch-administrativen Systems schließt. In einem zweiten Schritt lassen sich dann auf einer übergeordneten Ebene Aussagen über die Reformkorridore des deutschen Rentensystems treffen.

Ein weiteres Problem des Korporatismus besteht darin, dass es schwer fällt, Korporatismus als Erklärung für eine Entwicklung anzuführen, da es sich bei diesem *constructed type* zunächst um die *Charakterisierung* eines Zustands (Schmitter 1974), bzw. eines Prozesses (Lehmbruch 1984) handelt. Durch eine (verkürzte) Anwendung der Pfadabhängigkeitsthese sollte dieser Mangel behoben werden, indem zunächst der Korporatismus als *abhängige Variabel* eingeführt wurde, um dann die korporatistische Verfasstheit als *unabhängige Variabel* zu benutzen. Dieses Problem stellt sich für die folgende Untersuchung nicht, da auf eine Charakterisierung der Interessenvermittlung getrennt von den konkret aufzuzeigenden Interessen verzichtet wird. Der Verweis auf die Pfadabhängigkeit macht jedoch ein anderes Problem deutlich: Denn auch wenn die Interessen der Akteure und nicht das System der Interessenvermittlung als *unabhängige Variabel* betrachtet werden, sind diese Interessen nicht losgelöst vom jeweiligen historischen und institutionellen Kontext. (Kohl 1993: 78) Diesem Umstand lässt sich dadurch gerecht werden, dass die Entwicklung der Interessen als Prozess betrachtet wird. Dadurch kann zudem vermieden werden, dass Aspekte, die sich erst im Laufe dieses Prozesses als entscheidend für die Entwicklung des Rentensystems erweisen, unberücksichtigt bleiben. Levy schlägt beispielsweise vor, Wohlfahrtsstaaten als *Film* und nicht als *Schnappschuss* zu betrachten, weil sich etliche Merkmale erst im dynamischen Prozess der Entwicklung zeigen. (Levy

2000: 310) Ähnlich argumentieren auch Hinrichs und Kangas, wenn sie darauf verweisen, dass kleine Veränderungen sehr wohl in ihrer Entwicklung Systemwechsel hervorrufen können. (Hinrichs/Kangas 2003) Um diese Dynamiken in die Analyse integrieren zu können und um den institutionellen und historischen Kontext zu berücksichtigen, ist eine Längsschnittanalyse notwendig. Zugleich ist aber auch die Überbetonung der Kontinuitäten des Rentensystems zu vermeiden, da sonst der Eindruck einer notwendigen Entwicklung entsteht und die Gestaltungsspielräume der Rentenpolitik unberücksichtigt bleiben. Es bietet sich daher an, die Längsschnittanalyse zusätzlich in einzelne Sequenzen zu unterteilen – sozusagen *Szenen*, um bei dem Bild eines *Films* zu bleiben. Diese Unterteilung kann anhand der wichtigsten rentenpolitischen Reformen vorgenommen werden, da davon auszugehen ist, dass eine substantielle Wende in der Rentenpolitik auch mit einem Wechsel der zugrunde liegenden Interessen einhergeht. Die Sequenzierung der Entwicklung des deutschen Rentensystems bietet einen weiteren entscheidenden Vorteil. Denn die einzelnen Szenen lassen sich als getrennte Fälle untersuchen, die jedoch hinsichtlich des Akteurssets und der institutionellen Verfasstheit eine größtmögliche Ähnlichkeit aufweisen. Diese Konstruktion erlaubt es, durch den Vergleich der Szenen einen höheren Abstraktionsgrad zu erreichen.

Das Ziel, die Allgemeingültigkeit von Aussagen zu erweitern, ist in der Entwicklung des Korporatismus ebenfalls verfolgt worden, allerdings nicht durch eine Ausweitung der empirischen Basis, sondern durch eine Umstrukturierung der Theorie. Durch die Einführung eines Meso- bzw. Mikrokorporatismus ist der Versuch unternommen worden, Korporatismus als ein Prinzip der privaten Interessenregierung zu etablieren, wobei jedoch erneut ein frappanter Widerspruch zu den eigentlichen Grundannahmen des Korporatismus auftritt. Da durch diese Erweiterung Korporatismus auch in seiner Nicht-Existenz besteht, (Streeck 1994: 10) ist es sehr ratsam, für die Analyse der Reformkorridore des deutschen Rentensystems auf eine solche allgemeine Theorie der Interessenvermittlung zu verzichten. Erst auf der Basis einer bereits vorhandenen empirischen Untersuchung der Interessen der Akteure lassen sich Verallgemeinerungen über das spezifische System der Interessenvermittlung treffen, die dann im Idealfall zu einer (Re-)Konstruktion einer *Theorie* der Interessenvermittlung führen könnten. Hierzu kann der hier entwickelte methodische Ansatz, der die dargestellten Schwächen des Korporatismus versucht zu überwinden, beitragen.

Aus der Kritik des Korporatismus hat sich für die Analyse der Reformkorridore des deutschen Rentensystems folgender analytischer Rahmen ergeben: Zu untersuchen sind die *Interessen* der *Kollektiv*akteure Arbeitnehmer, Arbeitgeber und poltisch-administratives System hinsichtlich des Rentensystems im Laufe seiner *Entwicklung* unter Berücksichtigung der *Szenen*, die sich aus den unterschiedlichen Zielrichtungen der Reformbemühungen ergeben.

3 Die Szenen des deutschen Rentensystems

Im Folgenden sollen die einzelnen Phasen der Entwicklung des deutschen Rentensystems untersucht werden. Dafür wird anhand der wichtigsten Reformen eine Unterteilung in drei Szenen vorgenommen. Ausgehend von der Rentenreform 1957 wird eine erste Szene untersucht, in der das Rentensystem weiter *ausgebaut* wurde. (3.2) Nach der Reform von 1972 geriet das deutsche Rentensystem zunehmend unter Druck, die Ausgaben an die Einnahmen *anzupassen*, wodurch die zweite Szene gekennzeichnet ist. (3.3) Seit 1989 hatten die Reformen eine *Umstrukturierung* zum Inhalt, durch welche das deutsche Rentensystem in seinen grundlegenden Prinzipien affiziert worden ist. (3.4) Zunächst ist es aber nötig, den Ausgangspunkt der Analyse zu begründen, denn bereits die Festlegung einer *ersten* Szene ist theoretisch nicht unstrittig. So legt der Begriff des „Bismarckschen Sozialstaates“ (s. z. B. Schludi 2001) nahe, dass die Analyse 1889 mit dem Gesetz über die Invaliditäts- und Alterssicherung beginnen müsste. Die These einer grundlegenden Kontinuität bis zu Bismarck soll im Folgenden untersucht werden. (3.1)

Das „Herzstück“ des deutschen Rentensystems ist ohne Frage die Gesetzliche Rentenversicherung (GRV), was selbst Verfechter einer kapitalgedeckten Rente einräumen.

> Although Germany has a three pillar retirement system – public pensions which are financed pay-as-you-go, firm pensions (most of which are funded), and own provisions (savings, earnings, and family transfer) – the omnipresent social insurance system in Germany makes for a monolithic retirement income composition dominated by public pensions. Among households aged 65 and over, the income share of public pensions is about 85 percent. (Börsch-Supan 2001: 15)

Veränderungen der Interessen bezüglich des Rentensystems werden sich demnach an der GRV deutlich machen, indem neue konkrete Politiken in dieser Institution implementiert werden. De Deken hat drei Dimensionen aufgezeigt, die eine umlagefinanzierte Rentenversicherung im Gleichgewicht halten muss. „In order to be sustainable, pay-as-you-go pension schemes need to maintain a balance between revenues and expenditures, these primarily being determined by three dimensions: a material, a social and a time dimension" (De Deken 2002: 278). Diese Dimensionen, an denen sich Veränderungen bezüglich der Rentenversicherung zeigen, müssen hinsichtlich der Einnahmen und der Ausgaben in ein Gleichgewicht gebracht werden. *Abbildung 1* zeigt, wie dieser Sachverhalt sich darstellen lässt.

Abbildung 1: Dimensionen umlagefinanzierter Rentenversicherungen

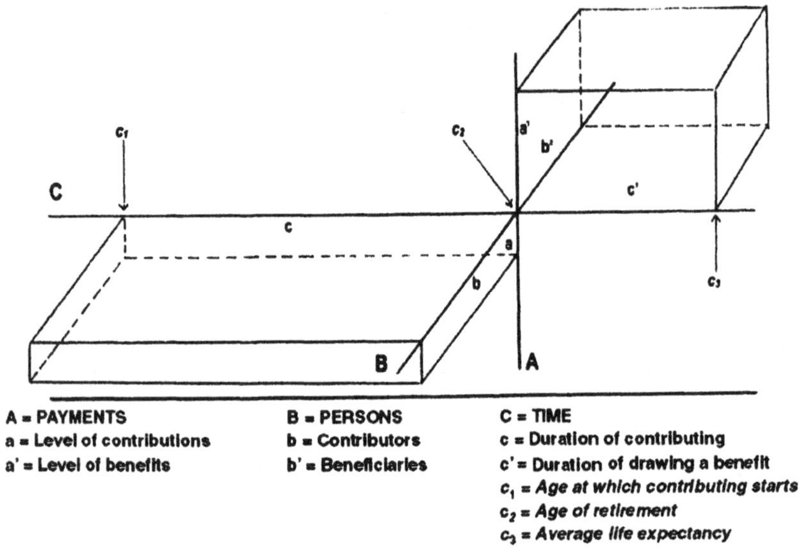

Quelle: De Deken 2002: 278.

Die Abbildung macht deutlich, dass eine Veränderung der Ausgaben der Rentenversicherung (dargestellt als Quader a', b', c') notwendig einhergehen muss mit einer gleichwertigen Veränderung der Einnahmen (Quader a, b, c), sofern sich die Versicherung im Gleichgewicht befindet. Demnach lassen sich generell Phasen der Ausdehnung, in denen sowohl die Einnahmen, als auch die Ausgaben zunehmen, von Phasen der Einengung, in denen das Volumen der Rentenversicherung abnimmt, und Phasen der Stagnation unterscheiden. Dieser Blick auf das Gesamtvolumen ist aber wenig aussagekräftig, da es sich aus den drei Faktoren Zahlungen, Personen und Zeit ergibt. Daher kann es sein, dass das Gesamtvolumen unverändert bleibt, sich die Faktoren aber in einer sich gegenseitig aufhebenden Weise gewandelt haben. Die Analyse muss daher auch Höhe, Anzahl und Dauer der Einzahlungen und der Auszahlungen betrachten. Von einer solchen Unterteilung geht auch Hinrichs aus:

> All countries where a contributory, unfunded pension scheme plays the dominant role in retirement income allocation have legislated reforms of varying scope. These schemes' financial stability is threatened from two sides: first, from the revenue side, when economic and/or structural developments on the labour market lead to a decrease of covered earnings or this contribution base does keep pace with predetermined expenditure. Problems from the expenditure side arise if [...] there is an increase in the number of beneficiaries or the average period of benefit receipt and, thus, the dependency ratio rises. (Hinrichs 2000b: 360)

Anhand dieser Dimensionen lassen sich nun die einzelnen Szenen des deutschen Rentensystems entwickeln.

3.1 Von Bismarck bis heute: Kontinuität oder Systemwechsel?

Die Wurzeln des deutschen Rentensystems in der Bismarckschen Sozialgesetzgebung zu sehen, ist eine weit verbreitete Ansicht,[36] die bemerkenswerter Weise selten argumentativ begründet wird und der sich die folgende Untersuchung nicht anschließt. Meistens reicht der Verweis, dass es auch unter Bismarck eine Rentenversicherung gab schon aus, um die historische Kontinuität hervorzuheben. Bezeichnend ist, dass dieselben Autoren, die zum Teil ganz selbstverständlich ihre Abhandlungen über das deutsche Rentensystem mit 1889 beginnen,[37] in ihren Ausführungen beinahe ausschließlich auf gravierende Unterschiede verweisen. Die vertretene Auffassung ist daher nicht, das heutige Rentensystem sei mit dem Bismarckeschen identisch. Dennoch wird von vielen Autoren eine Kontinuität unterstellt, die suggeriert, eine Analyse des deutschen Rentensystems müsste bei Bismarck beginnen.[38]

---

[36] Vgl. Schludi 2001. So auch Manow: „In 1889 the law concerning old-age and invalids' pensions was enacted as the last of the three bills which *mark the beginning of the German welfare state.*" (Manow 1997: 7, Hervorhebung S. H.) Ebenso setzen Nullmeir und Rüb den Beginn des deutschen Rentensystems mit der bismarckschen Rentenversicherung gleich. (Nullmeier/Rüb 1993: 71)

[37] Z. B. Döring 1980.

[38] Zum Teil wird diese Kontinuität sogar bis ins Mittelalter hinein entdeckt: „Die Vorläufer der sozialen Sicherung oder der Fürsorge sind bereits im Mittelalter zu finden. Die Fürsorge erfolgte dort durch die Kirche, insbesondere durch die Fürsorge der Klöster (Caritas), vor allem für kranke und arbeitsunfähige Personen. Daneben hatten sich die Ritterorden in ihrem Gelübde verpflichtet, für kranke und verlassene Glaubensbrüder zu sorgen." (Stahl 2003: 57) Stahl vergisst hier allerdings zu

Die wichtigste Differenz zwischen dem Bismarckschen und dem heutigen Rentensystem ist sicherlich die unterschiedliche Zielsetzung. „Die Rentenversicherung wurde im vorigen Jahrhundert geschaffen, um Altersarmut zu verhindern. Bismarck wollte die überfüllten Armenhäuser, die auch Quellen sozialer Unruhe waren, abschaffen. Die Adenauersche Rentenreform hingegen wollte, daß die Rentenversicherung nicht nur Altersarmut verhindert, sondern den im Erwerbsleben erarbeiteten Lebensstandard nach einem erfüllten Arbeitsleben sichert." (Faupel 1988: 201) Die Bedeutung des Ruhestands als eigenständigen Status ist besonders von Myles hervorgehoben worden. Dieser argumentiert, dass sich die statuserhaltenden Rentensysteme erst nach dem Zweiten Weltkrieg entwickeln konnten, als auch ein lebenssichernder Lohn durchgesetzt war. (Myles 1984: 14) Dass das Bismarcksche Rentensystem nicht auf den Ruhestand als eigenständigen Status ausgerichtet war, zeigt sich auch an der geringen Bedeutung der Altersrente im Vergleich zur Invalidenrente. Letztere war wesentlich höher und wurde unabhängig vom Alter dann gezahlt, wenn eine Erwerbsunfähigkeit festgestellt wurde. Die Altersrente „war grundsätzlich anders konzipiert als dies heute der Fall ist: gezahlt wurde Altersrente nach Vollendung des 70. Lebensjahres, wenn der Versicherte *nicht* erwerbsunfähig war – d. h. sie wurde als Zusschuß verstanden, der «den über 70 Jahre alten, noch arbeitenden Versicherten eine Schonung ihrer Kräfte gestatten» sollte." (Döring 1980: 16)[39] Hinzu kam, dass die Bismarcksche „Altersrente nur einen Bruchteil der Lebensunterhaltskosten [deckt] und [...] vor allem als Zusatzeinkommen bei alterstypisch schwindender Erwerbsfähigkeit gedacht [ist]." (Motel-Klingebiel 2000: 30)

Aber nicht nur die Zielrichtung der Rentensysteme unterscheidet sich erheblich. Auch die institutionellen Instrumente weisen kaum Ähnlichkeiten auf. Der Statuserhalt wird im deutschen Rentensystem über die Lohnersatzfunktion der GRV durchgesetzt. „[D]as letztlich verabschiedete Regelwerk [von Bismarck ...] hat vor allem einen grundsichernden Charakter und verfügt über keine echte Lohnersatzfunktion. Dagegen vernachlässigt das später als Bismarckscher Typus bezeichnete Modell der wohlfahrtsstaatlichen Sicherung gerade die Grundsicherungskomponente und ist als Sozialversicherungsmodell mit starker Bindung an Vorleistungen definiert [...]." (Motel-Klingebiel 2000: 30)

Hinrichs und Kangas verweisen auf die Lohnbezogenheit als kontinuierliches Element des Rentensystems: „Right from the beginning of the nineteenth century, benefits from the German public pension scheme were linked to preceding contribution payments." (Hinrichs/Kangas 2003: 576) Zwar gab es unter

---

erwähnen, dass bereits in der Antike Kranke und Verlassene Zuflucht in den Tempeln finden konnten.

[39] Döring zitiert hier Gebhardt/Geibel 1889: 72.

Bismarck eine Differenzierung in vier *Lohnklassen*, die in die Berechnung der Rente einfloss, ihr Einfluss auf die Rentenhöhe war jedoch sehr gering. „Diese Berücksichtigung von Beitragshöhe (Lohnklasse) und Beitragsdauer hatte allerdings insofern hier nur eine ergänzende Funktion, als sie auf der Basis eines Grundbetrages vorgenommen wurde, der für jeden Rentner auf 60 Mark festgelegt wurde [...]. Hinzu kam – außerhalb der Versicherung – ein Zuschuß des Reiches in Höhe von einheitlich 50 Mark pro Rente. Erst als drittes Element der Berechnung wirkten also die nach Lohnklassen differenzierten Steigerungssätze [...].“ (Döring 1980: 18) Bei einer für die Zeit realistischen Annahme von 30 Beitragsjahren variieren die Renten „je nach Lohnklasse [...] zwischen 138,20 Mark und 293,30 Mark.“ (Döring 1980: 20) Diese fehlende Ausdifferenzierung erinnert eher an das Rentensystem der DDR als an das jetzige deutsche Rentensystem.[40]

Eine Altersrente konnte unter Bismarck nur beziehen, wer mindestens 30 Jahre Beiträge entrichtet und das 70. Lebensjahr vollendet hatte, (Döring 1980: 16) „so dass nur ein Viertel der Beitragszahler jemals eine Rente wegen Alters bezogen.“ (Motel-Klingebiel 2000: 30) Auch von einer dynamischen Anpassung der Renten konnte unter Bismarck keine Rede sein. „Zudem sind die Rentenansprüche nicht dynamisiert, d. h. es ist im Gesetz keine Anpassung der Rentenzahlungen an die Entwicklung der Erwerbseinkommen vorgesehen, was zu einem beständigen wirtschaftlichen Abstieg der Ruheständler führt.“ (Motel-Klingebiel 2000: 30)

Selbst die Finanzierung der Renten wich unter dem ursprünglichen Gesetz von 1889 erheblich von der heutigen Methode des Umlageverfahrens ab. Bismarck selber hatte sich zwar für ein Umlageverfahren eingesetzt, weil er dadurch „die Nation als einen kollektiven Bezugsrahmen für die Identität“(Kohli 1989: 538) konstruieren wollte.

> Doch der Nationalstaat war für die Deutschen ein so neues Phänomen, und der Zeitpunkt, zu dem der Staat Verantwortung für die Versicherung der Bevölkerung gegen die sozialen Risiken übernahm, war so früh, daß gegen Bismarcks Willen privatversicherungsrechtliche, liberale Formelemente in der Gestaltung der neuen öffentlichrechtlichen Rentenversicherung noch lange Zeit prägend blieben. Für die Unfallversicherung und auch für die Krankenversicherung wurde zwar das Umlageverfahren festgeschrieben, bei der auf längere Zeiträume berechneten Altes- und Invalidenver-

[40] „Da die Mindestrente nach 45 und mehr Arbeitsjahren 470 DDR-Mark im Monat betrug und die Mindestrente bei bis zu 15 Arbeitsjahren schon bei 330 DDR-Mark lag, gab es fast keine Streuung der Sozialrenten und damit auch kaum leistungs- und beitragsabhängige Elemente.“ CDU 2003. Vgl. auch Hegelich 2004: 87.

sicherung kam hingegen zunächst das auf einen zehnjährigen Abschnitt berechnete Kapitaldeckungsverfahren zum Zuge. (Manow 2000: 150)

Was bleibt also noch von der viel beschworenen Kontinuität? Die Aufteilung in die Rentenversicherung der Arbeiter und die der Angestellten geht zweifelsohne auf das Bismarcksche Rentensystem zurück. Seit 1957 spielt diese Unterteilung jedoch eine immer geringer werdende Rolle. Aktuell wird sie sogar durch das Gesetz zur Organisationsreform der gesetzlichen Rentenversicherung (RVOrgG) gänzlich aufgehoben. (Deutscher Bundestag 2004) Obwohl es ab Oktober 2005 nur noch die einheitliche „Deutsche Rentenversicherung" geben wird, sind bislang noch keine Stimmen laut geworden, die einen Systemwechsel anprangern.

Umgekehrt kann man die Probe aufs Exempel machen: Angenommen, die Altersgrenze würde auf 70 Jahre hoch gesetzt, das Leistungsniveau der GRV würde unterhalb des Existenzminimums gesenkt, so dass Rentner auch nach dem 70 Lebensjahr i. d. R. weiter erwerbstätig sein müssen, es würden getrennte Kassen mit extrem unterschiedlichen Leistungsniveaus für Arbeiter und Angestellte eingeführt, die Hinterbliebenenrente würde gestrichen, die Dynamisierung der Renten würde aufgegeben und statt dem Umlageverfahren würde ein Anwartschaftsdeckungsverfahren eingeführt – der Systembruch wäre offensichtlich.

Zudem sind auch die Akteure unter Bismarck nicht mit den im Folgenden zu untersuchenden Arbeitgebern, Arbeitnehmern und dem politisch-administrativen System zu vergleichen. Obwohl Deutschland am Ende des 19. Jahrhunderts schon von der aufkommenden Moderne geprägt war, war diese Entwicklung längst noch nicht abgeschlossen. Politisch-administratives System, Arbeitgeber und Arbeitnehmer waren zum Teil noch in vorkapitalistischen Strukturen verhaftet: Der Staat mit feudalen und diktatorischen Elementen, die eine demokratische Willensbildung verhinderten, das Kapital noch zum Teil vom Grundbesitz abhängig, die Arbeit in zusätzlicher Subsistenzwirtschaft befangen und von politischen Entscheidungen prinzipiell ausgeschlossen.

> Die Machtverhältnisse im Reich wurden im wesentlichen bestimmt durch den preußischen Adel […] und das Großbürgertum […]. Während der Adel im wesentlichen konservativ eingestellt war, lebten im Bürgertum starke liberal-demokratische Traditionen und Bestrebungen. Diese Bestrebungen waren jedoch hinsichtlich ihrer politischen Wirkung verdeckt und verzögert. Ursächlich hierfür war das Scheitern der liberalen Reformbestrebungen 1848 und die glänzenden nationalstaatlichen Erfolge […], die […] das Bürgertum weithin zu einem Anpassungsverhalten an vom Adel geprägte Verhaltensmuster und an monarchisch-autoritäre Ordnungsvorstellungen veranlaßten. Die feudalistische Prägung des jungen Reiches war eine Ursache dafür,

daß die Integration der Arbeiterschaft sich in Deutschland schwieriger gestaltete als in den Nachbarländern. (Zöllner 1981: 65)

Diese Orientierung am Großbürgertum wird laut Hartwich erst durch die Nationalsozialisten aufgebrochen. (Hartwich 1977a: 90-91) Zudem war auch die organisierte Vertretung der Arbeiter anders verfasst als heute, da sich die Arbeiter in Einzelgewerkschaften zusammenschlossen, die zum Teil als revolutionäre Organisationen gelten müssen, während wir in Deutschland nach 1945 mit dem DGB einen einheitlichen Dachverband vorfinden. Hartwich grenzt die Gewerkschaften vor 1945 sogar vom Begriff der Interessenverbände ab. „Historisch betrachtet sind die Gewerkschaften in Deutschland nicht die klassischen «Interessenverbände» [...] gebildet also zur Durchsetzung der Interessen ihrer Mitglieder in der staatlich-politischen Willensbildung." (Hartwich 1977a: 85)

Insofern ist zu vermuten, dass auch die Interessen der Akteure bezüglich des Rentensystems Überlegungen beinhalten, die mit der Analyse des jetzigen Systems nicht vereinbar sind. Die genannten Argumente treffen für die Zeit der Nationalsozialisten noch in verstärkter Weise zu. Wenn davon ausgegangen wird, dass 1945 ein ökonomischer Bruch stattgefunden hat, dann ist es logisch, auch im Bereich der sozialen Sicherung von einem Neuanfang auszugehen.[41] Es bietet sich daher an, die erste Szene der Entwicklung des deutschen Rentensystems mit der Rentenreform von 1957 beginnen zu lassen. „The reform of 1957 meant a *new* pension system was established." (Hinrichs/Kangas 2003: 576, Hervorhebung im Orginal)

Es ist demnach davon auszugehen, dass zwischen dem Bismarckschen Rentensystem und der Konstituierung der heutigen Rentenversicherung ein Systembruch stattgefunden hat.[42] Auch Nullmeier und Rüb räumen ein, dass die „Durchsetzung dieses Sicherungszieles in der Rentenreform von 1957 [...] einen Bruch mit der bisherigen rentenrechtlichen Kontinuität [bedeutete], da sich nun die Richtung des politischen Risikoausgleichs deutlich änderte." (Nullmeier/Rüb 1993: 95) Und auch Döring kommt zu dem Schluss: „Das heute bestehende System ist im Kern ein Produkt der Rentenreform 1956/57." (Döring 1997: 594)

---

[41] „Die 1948 in den Westzonen erreichte ideologische Homogenität zwischen bestimmender Besatzungsmacht und deutscher wirtschaftspolitischer Führung für die vereinigte amerikanisch-britische Zone brachte *ein spezifisches ökonomisches System kapitalistischer Profitwirtschaft hervor, das sich in seinen Steuerungsprinzipien von dem System der Nazis und der Weimarer Republik unterschied.*" (Hartwich 1977a: 92, Hervorhebung S. H.)

[42] Zur Problematik der Charakterisierung eines Systembruchs s. Hall 1993 und Hinrichs/Kangas 2003.

3.2 Szene 1: Der Ausbau der Rentenversicherung

Mit der Reform von 1957 wurde das deutsche Rentensystem in seiner jetzigen Form mit einer dynamischen, lohnorientierten, umlagefinanzierten und beitragsabhängigen Rente in die Welt gesetzt und wurde bis 1972 in dieser Form *ausgebaut*.

Außer der „Großen Rentenreform“ von 1957, welche die „Geburtsstunde“ des deutschen Rentensystems markiert, sind für die Analyse der Szene des Ausbaus insbesondere die Reformen von 1960, die ersten Einsparungen Ende der 1960er Jahre und die Rentenreform von 1972, maßgeblich, deren Gehalt im Folgenden erläutert wird. Die Reform von 1960 führte durch die Einbeziehung der Vertriebenen und Aussiedler zu einer Ausdehnung des Versichertenkreises. 1967 und 1969 musste die Rentenversicherung auf die erste Rezession der Nachkriegsgeschichte reagieren und die Reform von 1972 markiert den Höhe- und zugleich den Endpunkt des Ausbaus des deutschen Rentensystems. (*Tabelle 1*)

Tabelle 1: Reformen in der Szene des Ausbaus

Wichtige Reformen	*Maßnahmen*
1957	Konstituierung des deutschen Rentensystems. Einführung der Kernelemente dynamische Umlagefinanzierung, Zwangsversicherung, Leistungsbezogenheit/Äquivalenzprinzip, Ruhestandsstatus.
1960	Eingliederung von Vertriebenen und Flüchtlingen.
1967	Erste Reaktionen auf die Rezession. Erhöhung des Beitragssatzes.
1972	Öffnung der GRV. Flexibilisierung der Altersgrenze. Vorgezogene Anpassung der Renten. Rente nach Mindesteinkommen.

Mit der Reform von 1957 wurden die Kernelement des deutschen Rentensystems als umlagefinanzierte Zwangsversicherung, die stark leistungsbezogen ist und durch die dynamische Anpassung den Ruhestand als eigenständigen Status garantiert, eingeführt. Die Implementierung eines Umlageverfahrens ergab sich schon aus der Situation, dass der bisherige Kapitalstock der Rentenversicherung in die Kriegskasse des dritten Reiches überführt worden war.[43] Mit der Rentenre-

[43] „Der zweite Weltkrieg hinterließ schließlich 1945 die Rentenversicherung in katastrophalen Verhältnissen: während die Masse des Versicherungsvermögens abgezogen war, hatte das den Trägern verbliebene Vermögen seinen Wert weitgehend eingebüßt; die laufenden Einnahmen waren – vor allem infolge des weitgehend wirtschaftlichen Stillstandes und der damit verbundenen hohen Nach-

form von 1957 verabschiedete man sich daher auch vom Prinzip des Anwartschaftsdeckungsverfahrens. Statt wie bisher alle Ansprüche durch Rückstellungen garantieren zu müssen, beschränkte sich die Mindestreserve nun auf die Ausgabe eines Jahres.[44] Die wichtigste Neuerung der Reform von 1957 bestand in der Dynamisierung der Renten. „Für die Rentenberechnung bedeutete dies konkret, daß nicht in der Vergangenheit liegende Nominalwerte des Beitrags oder Lohns zugrunde gelegt werden, sondern Relativwerte. Die persönliche Bemessungsgrundlage der Versicherten errechnet sich als das Verhältnis, in dem sein Arbeitsverdienst zum jeweiligen Durchschnittsverdienst gestanden hat.“ (Zöllner 1981: 145) Mit dieser Dynamisierung ging die Ausweitung des Rentenniveaus einher, so dass die Rente tatsächlich als Lohnersatzleistung gelten konnte. „Die Renten sollten sich nach der neuen Anpassungsformel wie die Bruttoeinkommen der Arbeitnehmer entwickeln. Erstmals wuchs das Leistungsniveau der Renten deutlich über die Bedarfsgrenze des Existenzminimums. Die Assoziation der Rentenversicherung mit der Hilfe für Arme verschwand [...]. Die gesetzliche Rentenversicherung wurde zur tragenden Säule der Altersicherung.“ (Ruland 2001a: 1-2) Diese Neudefinition des Rentensystems bedeutete eine enorme Ausweitung der Leistungen.[45] In Folge der Reform stiegen die Ausgaben der Rentenkasse sofort um 60% an. (Hinrichs/Kangas 2003: 576) Die Mehrausgaben im Zuge der Rentenreform 1957 ermöglichten eine klare Trennung zwischen Erwerbstätigkeit und Rentenalter, im Gegensatz zu einem schrittweisen Übergang in den Altersruhestand. „In addition, social policy emphasized the concept of a clear-cut and definitive exit from employment on reaching old age (in contrast to a system of gradual retirement).“ (Manow 1997: 26) Das Ergebnis der Reform war somit eine Rentenversicherung, die es den Versicherten ermöglichte, ihren bisherigen Lebensstandard nach dem Ende ihrer Erwerbstätigkeit beinahe zu halten, vorausgesetzt, dass sie eine relativ vollständige Erwerbsbiographie aufweisen konnten. Denn die Leistungen der gesetzlichen Rentenversicherung blieben beitragsbezogen und über die Methode des Umlageverfahrens an die Lohnentwicklung gekoppelt.

---

kriegsarbeitslosigkeit – dürftig. Auf der anderen Seite hatte der Krieg die Anforderungen z. B. auf Grund erhöhter Invalidität und vermehrter Hinterbliebenenansprüche noch gesteigert.“ (Döring 1980: 33)

[44] „An die Stelle des Anwartschaftsdeckungsverfahrens, dem man seit 1891 vergeblich zu entsprechen versucht hatte, trat das Abschnittsdeckungsverfahren, das praktisch darauf hinauslief, daß stets ein Vermögen in Höhe einer Jahresausgabe vorhanden sein muß.“ (Zöllner 1981: 147)

[45] „After 1957 and particularly in the 1970s, benefits were greatly expanded and the German system evolved to one of the most generous pension systems in the world. Most notably, the 1957 reform indexed pensions to gross wages, and the second landmark reform in 1972 introduced the opportunity to retire early without a direct adjustment of retirement benefits.“ (Börsch-Supan 2001: 14)

Der Ausbau der deutschen Rentenversicherung unterschied sich deutlich von anderen Rentensystemen. Zwar ließ sich vom Umfang her die deutsche Rentenversicherung durchaus mit anderen, für besonders hohe Leistungen bekannten Systemen, wie z. B. dem Schwedischen Modell, vergleichen. Zugleich blieben aber die Leistungen sehr stark auf die bisherigen Beiträge bezogen, wodurch eine „horizontale" Umverteilung nahezu ausgeschlossen wurde. Die starke Beitragsbezogenheit, wie sie beispielsweise in Großbritannien zu finden ist, geht aber für gewöhnlich einher mit einem eher geringen Leistungsniveau. Aufgrund der Leistungsbezogenheit des deutschen Rentensystems wird oft von einer Statusdifferenzierung gesprochen, die als Indiz für den konservativen Charakter des deutschen Wohlfahrtsstaats genommen wird. Hinrichs hält als Merkmal eines Bismarckschen Wohlfahrtsstaats fest: „It is known that Bismarck countries are considered those in which, right from the start [...] the development of modern social policy was founded on the social insurance principle. The «employment centeredness» of social security results in status maintenance having priority over poverty prevention." (Hinrichs 2000b: 356) „Status maintenance" bezieht sich hier jedoch alleine auf das Einkommen.[46]

Dass sich die Rente nach den Leistungen der Versicherten richtet, ist jedoch nicht mit einer konservativen Zementierung der bestehenden Statusgruppen gleichzusetzen. Im Gegenteil, da sich die Rente allein nach den Beiträgen richtet, steht sie einer Begünstigung einer gesellschaftlichen Gruppe entgegen. Diese Doppeldeutigkeit des „Status-Begriffes" wird besonders bei Myles deutlich, der einerseits anmerkt, dass die Reform von 1957 „reflected a clearly articulated neoliberal philosophy of the role of the state in a capitalist economy", andererseits daraus aber folgert: „Thus, the distributional practice of the state were to mirror those of the market. This meant that the guiding principle for passing out pension benefits was that of status preservation." (Myles: 1984: 35)

Der „sprichwörtliche" konservative Charakter des deutschen Wohlfahrtsstaates (Esping-Andersen 1990: 27) bezieht sich aber auf die Aufrechterhaltung von Privilegien, die sich nicht aus einer marktliberalen Gesellschaftsordnung erklären und ist daher – in Bezug auf die Rente – nur an den unterschiedlichen Kassen feststellbar, durch welche die Rentenleistungen von den individuellen Beiträgen abgekoppelt werden. Dieser Aspekt findet sich nach wie vor in Bezug auf die Beamten, die keine Rente, sondern eine Pension bekommen.[47]

Bis 1957 war auch die gesetzliche Rente von starken Unterschieden zwischen den einzelnen Rentenkassen geprägt. Esping-Andersen geht davon aus,

---

[46] Dasselbe gilt auch für Manow 1997: 27.

[47] Da es in der vorliegenden Arbeit nicht um das System der Alterssicherung, sondern um das *Renten*system geht, bleiben die Pensionen weitgehend unberücksichtigt.

dass sich dieser konservative Charakter in abgeschwächter Form nach wie vor geltend macht. „Germany is a case of modest corporativism in pensions (the principal distinction is between blue- and white-collar workers)". (Esping-Andersen 1999: 82)

Für die Bismarcksche Rentenversicherung trifft dieser Aspekt, der auch von Manow hervorgehoben wird, zu. „In the blue-collar insurance schemes, pensions traditionally were conceived of as compensations for the diminishing ability to work in old age. In contrast, pensions in the white-collar insurance system were designed to allow for a clear-cut transition from working life to retirement, a period in which the standard of living enjoyed up to the point was to be maintained." (Manow 1997: 26) Mit der Reform von 1957 wurden aber wesentliche Unterschiede zwischen der Versicherung der Arbeiter und der Angestellten aufgehoben. Viele Vorteile, die bislang nur für Angestellte gegolten hatten, wurden allen Versicherten zugänglich gemacht. Hierzu zählt zunächst die Sicherung des bisherigen Lebensstandards. Auch die Möglichkeit einer Frühverrentung ab dem 60. Lebensjahr bei vorheriger Arbeitslosigkeit von mindestens einem Jahr und die Erwerbsunfähigkeitsrente für Arbeiter, die die Hälfte ihrer Arbeitsfähigkeit eingebüßt hatten, wurden analog zu den bereits bestehenden Regeln der Angestelltenversicherung den Arbeitern zugänglich gemacht.

Insofern lässt sich argumentieren, dass die Unterschiede zwischen Arbeitern und Angestellten bezüglich der Rentenversicherung in der Phase des Aufbaus nahezu völlig angeglichen wurden. (Hinrichs/Kangas 2003: 576) Diese Ausführungen werfen die Frage auf, inwieweit es zu rechtfertigen ist, in Bezug auf das deutsche Rentensystem von einer Differenzierung nach Status zu sprechen. Zwar sind die Unterschiede zwischen den Pensionen der Beamten und den Renten nicht zu übersehen, die Differenzen zwischen den Renten der Arbeiter und der Angestellten sind jedoch weitestgehend nivelliert. Es stellt sich somit die Frage, ob Statusdifferenzierungen nicht z. T. eher auf die Perspektive des Betrachters, das deutsche Rentensystem als korporatistisches sehen zu wollen, zurückzuführen sind.

Dieser Ausbau der Rentenversicherung fand in gesamtgesellschaftlichen Rahmenbedingungen statt, die nicht außer Acht gelassen werden können. Die ökonomische Entwicklung in Deutschland war bestimmt durch das „Wirtschaftswunder". Die Rentner sind nahezu die einzige gesellschaftliche Gruppe gewesen, die an dem wachsenden Wohlstand nicht partizipierten. Die sozialstaatlichen Überlegungen, diesen Zustand durch eine grundlegende Reform des Rentensystems zu beheben, konnten zudem auf eine ökonomische Basis verweisen, die eine solche Reform finanzierbar machte. Denn die wachsenden Löhne unter den Bedingungen der Vollbeschäftigung ermöglichten einen solchen Ausbau.

„Alle Verbesserungen schienen auf dem Hintergrund steigender Wachstumsraten und Vollbeschäftigung finanziert werden zu können, ohne daß andere sozialen Gruppen Nachteile erfuhren." (Nullmeier/Rüb 1993: 116) Der „Generationenvertrag" sorgte für die nötige Akzeptanz, da die aktuellen Beitragszahler die Beiträge zur Rentenversicherung nicht als „Lohnverlust" ansahen, sondern als Anspruchstitel auf eine Rente in der Zukunft.

Neben außerordentlichen Wachstumsraten, die mit dem „Wirtschaftswunder" in Verbindung gebracht werden, ist die Vollbeschäftigung ein entscheidendes Merkmal in dieser Szene.[48] Das Verhältnis von angebotener und nachgefragter Arbeit wurde zu dieser Zeit sogar als Arbeitskräftemangel interpretiert, auf den die Regierung u. a. mit der „Gastarbeiterpolitik" reagierte. Bemerkenswert ist, dass bis 1973 die Zahl der ausländischen Arbeitnehmer in Deutschland relativ kontinuierlich stieg und mit 2,5Mio. sogar ihren historischen Höchststand erreicht, zumindest in Bezug auf das alte Bundesgebiet. (*Abbildung 2*, S. 306) Hinzu kommt aber auch eine demografische Situation, die ein relativ hohes Rentenniveau auf vielen Schultern verteilte. (Hinrichs 2000a: 291) Der Altersquotient – das Verhältnis der über fünfundsechzigjährigen zu der Bevölkerung zwischen 20 und 65 Jahren – stieg in der Phase des Ausbaus der Rentenversicherung zwar kontinuierlich an, lag aber deutlich unter 25%. (*Abbildung 3*, S. 306) Auf einen Fünfundsechzigjährigen kamen demnach vier Personen im erwerbsfähigen Alter. Betrachtet man die Bevölkerungsentwicklung insgesamt, so wird auch hier deutlich, dass Anfang der 1970er Jahre eine Trendwende eingesetzt hat. Denn bis 1974 stieg die Einwohnerzahl der BRD. „Eine Ursache dieser Entwicklung sind die vergleichsweise hohen und bis 1964 ansteigenden Geburtenzahlen («Babyboom») und die daraus resultierenden Geburtenüberschüsse («Geburtenberg») bis 1972." (Geißler 2002: 51) Neben dieser „biologischen" Bevölkerungsentwicklung ist ebenfalls die Einwanderung relevant. Allein aus der DDR kamen zwischen 1949 und 1961 ca. 2,7 Millionen Menschen in die BRD. (Geißler: 2002: 51)

Das deutsche Rentensystem wurde bis 1972 in doppelter Weise ausgebaut: erstens durch eine Ausweitung des Versichertenkreises, zweitens durch höhere Leistungen, bzw. Verringerung von Abzügen im Falle von frühzeitiger Pensionierung, Invalidität, etc. Dieser doppelte Ausbau der Rentenversicherung im Zeitraum von 1957 bis 1972 lässt sich an den Dimensionen Zahlungen, Personen

[48] „Initially, during the «economic miracle» (Wirtschaftswunder) of the 1950s and most of the 1960s, when full employment and high growth rates prevailed, the costs of a social policy that emphasized status maintenance were not too heavy a load to bear. Favorable economic (and demographic-conditions) allowed for a rapid extension of coverage and a significant improvement in social insurance benefits." (Manow 1997: 27)

und Zeit verdeutlichen, wobei eine Ausweitung der Auszahlungen durch eine Ausweitung der Einnahmen der GRV ausgeglichen werden musste.

Eine erste wesentliche Ausweitung wurde durch die Neuregelung des Fremdrenten- und Auslandsrentenrechts 1960 eingeleitet, durch die Eingliederung der Vertriebenen und Flüchtlinge in das Rentensystem. (Frerich 1996: 83) Hieran wird deutlich, dass neben der ökonomischen und demografischen Entwicklung auch die politische Situation dieser Zeit nicht unbedeutend ist.[49] Die Eingliederung der Vertriebenen belastete die Rentenversicherung in doppelter Weise, da diesen Personen volle Ansprüche zugestanden wurden, ohne dass Leistungen in die Versicherung geflossen waren. „An die Stelle des Entschädigungsprinzips setzte das Fremdrenten- und Auslandsrenten-Neuregelungsgesetz von 1960 das Eingliederungsprinzip. Dieses beruhte auf dem ebenso kühnen wie einfachen und hilfreichen Grundgedanken, den Rentner aus Vertreibungsgebieten so zu behandeln, als ob er sein gesamtes Arbeitsleben im Gebiet der Bundesrepublik verbracht hätte." (Zöllner 1981: 150)

Sowohl die Ausweitung in der Dimension der Zahlungen als auch die Ausdehnung des Kreises der Leistungsberechtigten wurde bis in die 1970er Jahre fortgesetzt. Zwar wurde bereits im Zuge der Rezession von 1966 an eine Einschränkung der Sozialleistungen gedacht, diese Position konnte sich aber nicht durchsetzen. Ein Grund dafür ist sicherlich, dass die entscheidenden Akteure davon überzeugt waren, dass es sich hier nur um kurzfristige Probleme handelte.

> Das Ende der «Wiederaufbauphase» brachte zunächst Ambivalenzen wie inflationäre Preissteigerungen, nachlassende Wachstumsraten, immer mühsamer durch noch steigende Exporte ausgleichbare Wachstumsschwächen hervor. Es folgte die erste «Krise» von 1966/67, die mit ihren Erscheinungen, nur schwach rückläufiges Sozialprodukt, vorübergehender Anstieg der Arbeitslosigkeit, zerrüttete, aber noch nicht bedrohlich entwickelte Staatsfinanzen, doch eher «Rezession» und «Signal», als eine wirkliche Wirtschaftskrise war. (Hartwich 1977a: 93)

Dass die Akteure des Rentensystems sich zunächst auf eine kurzfristige Schwächung der Wirtschaft einstellten, zeigt sich u. a. daran, dass auf die Mindestreserve der GRV zur Finanzierung des Defizits zurückgegriffen wurde, indem

[49] Zwar wird auf die politischen Überlegungen bezüglich der Rentenversicherung noch näher eingegangen werden, wenn das politisch-administrative System als Kollektivakteur in den einzelnen Szenen entwickelt wird, allgemein ist jedoch bereits an dieser Stelle festzuhalten, dass die BRD sich mehr als jeder andere westliche Staat zu dieser Zeit im Systemgegensatz befand. Es ist weitgehend anerkannt, dass der direkte Vergleich zur DDR einen gewichtigen Einfluss auf die Ausgestaltung des deutschen Sozialstaates hatte, der sich nicht nur auf die demografische Entwicklung, sondern auf alle Bereiche des Wohlfahrtsstaates auswirkte.

1969 die Mindestrücklage auf drei Monatsausgaben gesenkt wurde. (Zöllner 1981: 155) Da sich durch einen Zugriff auf die Mindestreserve das Verhältnis von Einnahmen und Ausgeben nicht ändert, kann eine solche Politik nur kurzfristig für eine Entlastung der Rentenkasse sorgen. Trotz der Rezension Ende der 1960er wurde das Rentensystem daher weiter ausgebaut.

> Die Rentenreform 1972 bildete den Höhepunkt und zugleich den Endpunkt der ersten Entwicklungsphase. Es hat die Rentenversicherung für Selbstständige geöffnet [...]. Daneben wurden die Altersgrenzen flexibilisiert, so dass langjährig Versicherte unter bestimmten Voraussetzungen ihre Altersrente bereits ab dem 63. Lebensjahr beanspruchen konnten [...]. Außerdem wurde eine Rente nach Mindesteinkommen eingeführt [...]. Schließlich brachte die auch als «Wahlgeschenk-Reform» bezeichnete 72er Reform auch noch eine vorgezogene Rentenanpassung. (Ruland 2001a: 2)

Zudem wurde die gesetzliche Rentenversicherung 1972 generell für freiwillig Versicherte geöffnet, die bislang nur dann beitreten konnten, wenn sie zuvor mindestens 60 Monate pflichtversichert waren. (Döring 1980: 41)

Die doppelte Ausweitung der gesetzlichen Rentenversicherung wurde in erster Linie durch eine Erhöhung der Beiträge finanziert. Der Beitragssatz stieg von 1957 bis 1973 von 14% auf 18%. (*Abbildung 4*, S. 307) Bis 1968 blieb der Beitragssatz bei 14%, was sich daraus erklären lässt, dass erstens die Zahl der Renten (u. a. kriegsbedingt) langsam anstieg – also einer Zunahme in der Dimension der Zahlungen keine entsprechende Ausweitung des Personenkreises entgegen stand, außerdem die Beschäftigung – und damit die Beitragszahler – sich erstmals 1967 rückläufig entwickelte. Auch wenn die Krise von 1967 zu einem ersten Schock führte, war der Einfluss auf die Rentenversicherung relativ gering. Die Zahl der aktiv Versicherten sank zwar 1967 erstmals, aber nur von 18,97Mio. (1965) auf 18,44Mio. (1967). (*Abbildung 7*, S. 308)

Zwar ist auch der Bundeszuschuss in der Zeit von 1957 bis 1973 von 1,74Mrd.€ auf 4,25Mrd.€ erhöht worden, der Vergleich mit den folgenden Szenen der gesetzlichen Rentenversicherung zeigt aber, dass diese Erhöhung relativ moderat war. (*Abbildung 5*, S. 307) Auch die Gesamtausgaben der Rentenversicherung werden häufig zur Analyse des Rentensystems herangezogen. (Myles/Pierson 2001: 308) In Bezug auf Deutschland wäre festzustellen, dass die Ausgaben seit 1957 kontinuierlich steigen – seit 1991 im vermehrten Maße. Die Ausgaben alleine sind jedoch wenig aussagekräftig, was den Reformdruck des Rentensystems anbelangt. Myles und Pierson stellen fest:

> A striking feature of reform discussion is that the perception of crisis seems unrelated either to the current or projected levels of expenditure on old age benefits [...].

> The countries of Continental Europe face the highest levels of spending, now and in future, in part because of generous pension schemes but also because of their very high rates of early retirement and labour force withdrawal by those under 65 [...]. Nevertheless, one hears virtually the same rhetoric of «crisis» whether one travels to high spending Italy or to low spending Australia. (Myles/Pierson 2001: 308)

Es zeigt sich also, dass die Höhe der Ausgaben alleine keinen Reformdruck begründet. Dass eine sozialstaatliche Institution Kosten verursacht, ist allgemein bekannt. Ein *absolutes* Maß im Sinne von *hohen*, beziehungsweise *niedrigen* Kosten lässt sich nicht finden, da es sich um *relative* Begriffe handelt. Erst im *Verhältnis* zu einer anderen Bezugsgröße – z. B. Einnahmen, Ausgaben in anderen Ländern oder anderen Politikfeldern – entsteht ein Bild von *hohen*, *niedrigen* oder eben auch *zu hohen Kosten*. Betrachtet man die Kosten ohne eine solche Relation, so erscheint die Entwicklung des deutschen Rentensystems als kontinuierlich.

3.3 Szene 2: Die Anpassung der Rentenversicherung

Eine zweite Szene in der Entwicklung der deutschen Rentenversicherung lässt sich als Phase der Anpassung charakterisieren. War bisher das Ziel der Rentenpolitik, die Rentenversicherung hinsichtlich ihrer Leistungen und des Personenkreises, der von den Leistungen profitiert, *auszudehnen*, so begann unmittelbar im Anschluss an die Szene des Ausbaus eine Kurskorrektur in der Rentenpolitik, die sich an der 1973 beschlossenen Beschränkung des Zuverdienstes für Rentner zeigt. Spätestens mit dem 20. Rentenanpassungsgesetz von 1977 ging es in erster Linie darum, die Leistungsfähigkeit der Institution zu *erhalten*.

Tabelle 2: Reformen in der Szene der Anpassung

Wichtige Reformen	*Maßnahmen*
1973	Beschränkung des Zuverdienstes beim Bezug von Altersruhegeldern.
1977	Aufschiebung der Anpassung. Abkopplung des Kinderzuschusses von der Rentenentwicklung. Verringerung der Mindestreserve. Zahlung von Beiträgen für Arbeitslose durch die BA.
1983	Ersetzung des Kinderzuschusses durch Kindergeld. Rückkehrförderungsgesetz.
1984	Gleichstellung von Männern und Frauen bei der Hinterbliebenenrente. Anrechnungsmodell: Kindererziehungszeiten werden angerechnet.

„Die Rentenreform von 1972 hatte erhebliche Mehrausgaben verursacht. Die hohen Lohnsteigerungsraten der Aufschwungsjahre schlugen sich mit dem in der Rentenformel enthaltenen «time lag» nun in hohen Anpassungsraten für die Renten nieder. Den steigenden Ausgaben standen mit Beginn der Rezession ab 1973 langsamer steigende Einnahmen gegenüber." (Zöllner 1981: 163; vgl. auch Nullmeier/Rüb 1993: 117) Daher musste das Verhältnis von Einnahmen und Ausgaben beständig neu justiert werden. *Abbildung 6* (S. 308) zeigt, dass das Verhältnis von Einnahmen und Ausgaben der Rentenversicherung in den ersten zehn Jahren nach 1957 relativ konstant blieb. Der Einbruch durch die Konjunkturwende 1966 konnte durch eine Beitragserhöhung überkompensiert werden. Nach 1972 zeigt sich aber ein beständiges Auf und Ab, mit den Tiefpunkten 1977 und 1983. In diesen Jahren wurden maßgebliche Reformen zur Anpassung der Rentenversicherung an die sich verändernden wirtschaftlichen und demografischen Bedingungen durchgesetzt. Die „Anpassung" des Rentensystems bestand jedoch nicht bloß in einer fortwährenden Justierung. Maßnahmen, die getroffen wurden, waren zum Teil widersprüchlich und wurden widerrufen.

> Mit Beginn der ökonomischen Krise Mitte der 70er Jahre geriet dieser sozialpolitische Entwicklungspfad der wachstumsorientierten Fortbildung der Rentenprinzipien unter erheblichen Druck. Weitreichendere Konflikte bahnten sich an, es fehlten sowohl kurzfristig angemessene Konzepte als auch langfristige Anpassungsmodelle, man war vielmehr überrascht, verdrängte Probleme und traf Entscheidungen, die man selbst wenig später als Fehler betrachtete. [...] Nicht nur wie man auf das gesellschaftliche und ökonomische Umfeld zu reagieren hatte, war

dabei Gegenstand der politischen Konfrontation, sondern bereits die vorgelagerte Frage, *worauf* überhaupt reagiert werden sollte. (Nullmeier/Rüb 1993: 117)

Dieses Austarieren eines richtigen Verhältnisses ist typisch für die Phase der Anpassung und zeigt sich in ähnlicher Weise auch beim Bundeszuschuss, der 1982 prozentual gekürzt, dann aber 1985 wieder erhöht wurde. (Frerich 1996: 85) Insgesamt lässt sich in der Zeit der Anpassung eine stärkere Zunahme des Bundeszuschusses feststellen als in der Szene des Aufbaus. (*Abbildung 5*, S. 307)

Eine erste rentenpolitische Maßnahme in der Szene der Anpassung zielte auf die Verringerung der Arbeitslosigkeit durch die Beschränkung des Zuverdienstes beim Bezug von Altersruhegeldern 1973. (Frerich 1996: 84) Dadurch sollte erreicht werden, dass weniger Teilzeitarbeit von Rentnern geleistet wird und somit mehr beitragspflichtige Beschäftigung entsteht. Der Erfolg war jedoch marginal. (Döring 1980: 52-54) Dennoch zeigt sich hier bereits, dass in der Szene der Anpassung die Rentenpolitik als ein den Arbeitsmarkt beeinflussender Faktor angesehen wurde.

> Infolge der anhaltenden Arbeitslosigkeit auf hohem Niveau und der damit verbundenen Verringerung der Beitragseinnahmen einerseits sowie den als Folge des time lag gegenüber den jährlichen Lohn- und Gehaltssteigerungen erheblich höheren Rentenanpassungssätzen andererseits geriet die GRV erstmals im Jahre 1976 in ein Defizit [...]. (Schmähl u. a. 1986: 70)

Mit dem 20. Rentenanpassungsgesetz (RAG) von 1977 wurden zum ersten Mal weitreichende Konsolidierungsmaßnahmen eingeleitet. Dazu zählte die Verkleinerung des Kreises der Anspruchsberechtigten, z. B. durch die Verschärfung der Regelungen für den Bezug von Kinderzuschuss, Waisenrente und Heilverfahren, die 1977 beschlossen wurden.[50] (Frerich 1996: 84) Ein weiterer Block von Reformen richtete sich auf die direkte Verringerung des Leistungsniveaus[51]. Die Anpassung der Renten, die 1972 vorgezogen worden war, wurde 1977 nach

[50] „In this context [the recession of the 1970s and 1980s], externalization refers to two tendencies: (1) the externalization of certain groups (older workers, women disabled persons, immigrant workers) out of the active workforce into «acceptable» alternative roles (welfare recipient, «unpaid labor» within the family, etc.) and (2) the externalization of the costs of economic restructuring for a broader risk community to bear. This strategy perfectly matched the interests of unions and business associations and those of works councils and company executives at the shopfloor level and also served a macro-economic rationale for quite some time." (Manow 1997: 30)

[51] Unter „Leistungsniveau" sind die gesamten Ausgaben der Rentenversicherung zu verstehen und nicht das „Rentenniveau", welches das Verhältnis von Standardrente zum Durchschnittslohn beschreibt.

hinten verschoben. So wurde die 21. Rentenanpassung auf den 1.1.1979 verlegt (1972 war beschlossen worden, die Renten zur Mitte des laufenden Jahres anzupassen). (Döring 1980: 85) „Das 20. Rentenanpassungsgesetz (RAG) vom 27. Juni 1977 [...] kennzeichnete den Beginn einer Entwicklung [...], in der das bisher tragende Prinzip der bruttlohnbezogenen Rentenanpassung in Frage gestellt und zunächst durch fallweise Korrekturen und Veränderungen außer Kraft gesetzt wurde." (Nullmeier/Rüb 1993: 125) Dieser Kurs wurde auch zwischen den eigentlichen Rentenreformen von 1977 und 1983 fortgesetzt. 1979 wurden die Renten vorübergehend von der Bruttolohnentwicklung abgekoppelt. „Nach den Vorschriften der Rentendynamik wären die Renten in den Jahren 1979 bis 1981 um 7,2, 6,9 und 6,1 v. H. zu erhöhen gewesen. Das Neue Gesetz reduzierte diese Sätze auf 4,5, 4,0 und 4,0 v. H." (Zöllner 1981: 165) 1982 wurde die Anpassung der Renten um ein weiteres halbes Jahr nach hinten verschoben. (Frerich 1996: 85) Zusätzlich wurde der bisherige Kinderzuschuss 1977 „eingefroren" und damit von der Entwicklung der Renten abgekoppelt. (Frerich 1996: 84)

Weitere Maßnahmen der Anpassung bestanden darin, Leistungen der Rentenversicherung an andere Institutionen zu delegieren. Das 20. Rentenanpassungsgesetz sah eine „Entlastung von Ausgaben für die Krankenversicherung der Rentner zu Lasten der Krankenversicherung" (Zöllner 1981: 164) vor.

Ein weiterer Aspekt der Konsolidierung bezog sich auf die Erhöhung der Einnahmen der Rentenversicherung. Ein wichtiges Instrument hierfür war die periodische Erhöhung des Beitragssatzes. (*Abbildung 4*, S. 307) Seit 1978 wurden für Arbeitslose Beiträge von der Bundesanstalt für Arbeit entrichtet und zwar nach Maßgabe der bisherigen Arbeitsentgelte. Diese Maßnahme führte zwar zu mehr Einnahmen, belastete aber nicht nur die Bundesanstalt, sondern bedeutete auch für die Rentenversicherung vermehrte Ausgaben in der Zukunft, da die Beiträge für Arbeitslose in Ansprüchen mündeten. (Zöllner 1981: 164) 1982 wurde die Regelung revidiert und die Beiträge den Lohnersatzleistungen angepasst. (Seffen 1985: 33)

Außerdem wurde bereits 1977 die Mindestreserve der GRV von drei auf eine Monatsausgabe verringert und somit kurzfristig Rücklagen als Einnahmen zur Verfügung gestellt. (Frerich 1996: 84-85, Zöllner 1981: 164)

1983 wurden die Anpassungsmaßnahmen noch verschärft. Eine weitere Verkleinerung des anspruchsberechtigten Personenkreises sollte durch die Erleichterung der Beitragsrückerstattung eintreten, die Ausländern gewehrt wurde, die 1983 und 1984 dauerhaft in ihre Heimatländer zurückkehrten. (Frerich 1996:

85) Hinzu kam die 1983 beschlossene Erschwerung der Anspruchsvoraussetzungen für Renten wegen verminderter Erwerbsfähigkeit.[52] (Frerich 1996: 85)

Auch das Umschichten von Leistungen aus der GRV hin zu anderen Institutionen setzte sich fort. Der Kinderzuschuss wurde 1983 durch das Kindergeld ersetzt. Die Einführung des Kindergeldes hat die Sozialausgaben für Kinder wesentlich erhöht. Da aber die Rentenversicherung nun vom Kinderzuschuss befreit war, muss bezüglich dieser Institution von einer Verringerung des Leistungsniveaus gesprochen werden. (Steffen 2002: 15)

Im Rahmen der Krankenversicherung der Rentner wurde ab 1983 der Beitragszuschuss schrittweise abgeschmolzen und eine Selbstbeteiligung für Rehabilitationsmaßnahmen eingeführt. Zudem wurde die Rentenversicherung von den Leistungen zur Behandlung von Tbc-Erkrankungen und bei der Finanzierung der knappschaftlichen Krankenversicherung der Rentner entlastet. (Frerich 1996: 84-85) Zusätzlich wurden die Rentner an den Beiträgen zur KVdR beteiligt, womit die GRV entlastet werden sollte. (Steffen 2002: 15) Eine weitere Maßnahme zur Erhöhung der Einnahmen war die volle Einbeziehung des Krankengeldes ab 1983 in die Beitragspflicht. (Frerich 1996: 85)

Die Rentenreform 1984 war aufgrund eines Urteils des Bundesverfassungsgerichts von 1975 nötig geworden. Darin wurde die Regierung beauftragt, Männer und Frauen bei der Hinterbliebenenrente bis 1984 gleichzustellen. (Koeppinghoff 1984: 42) Der Anlass ist daher nicht eine notwendig gewordene Anpassung. Dennoch setzte sich auch hier der Konsolidierungskurs durch, indem das eigentlich geplante *Teilhabemodell*, welches mit Mehrausgaben für die Rentenversicherung verbunden gewesen wäre, durch das „kostenneutrale" *Anrechnungsmodell* ersetzt wurde. (Nullmeier/Rüb 1993: 151; s. auch 4.2.3 Interessen des politisch-administrativen Systems in der Szene der Anpassung)

Auch die Szene der Anpassung der Rentenversicherung muss vor dem Hintergrund der gesamtgesellschaftlichen Rahmenbedingungen gesehen werden. „It has often been said that the year 1973 marked a watershed in the post-war economic history of the West. This is certainly true for the German case. On a global level, the main changes associated with that year were the final breakdown of the Bretton-Woods system and the steep rise in the price of oil. " (Manow/Seils 2000a: 272) Von diesen Entwicklungen war auch die Rentenversicherung betroffen. Der Übergang zu frei-floatenden Wechselkursen markierte zugleich das Ende der Keynesianistischen Wirtschaftspolitik. (Young/Hegelich

[52] Eine gegensätzliche Tendenz ist „durch die Einbeziehung der Behinderten (1975) und der Künstler (1985)" (Ruland 2001a: 2) in die GRV zu bemerken. Diese Ausweitung des Versicherungskreises ist jedoch eher mit übergeordneten sozialpolitischen Vorstellungen zu erklären und war in ihrer Wirkung nicht direkt auf die Rentenversicherung gezielt.

2003: 79-80) Geldwertstabilität als politisches Ziel wurde bedeutender und somit der Spielraum einer Finanzierung des Sozialstaates über Staatsverschuldung eingeschränkt. Der „Öl-Schock“ hatte besonderen Einfluss auf die Beschäftigung im Bereich der Industrie.

> Entgegen allen Prognosen im Rahmen der Rentenreform von 1972 veränderten sich die wirtschaftlichen Rahmenbedingungen 1973 durch den sogenannten «Ölschock» als einer in der Nachkriegszeit nicht gekannten Wirtschaftskrise rasch und dramatisch. Die Zahl der Arbeitslosen stieg von Monat zu Monat an und erreichte im Januar 1975 die Millionengrenze; das Bruttosozialprodukt sank und führte zu geringeren Lohnabschlüssen, die für die GRV mit Einnahmeverlusten verbunden waren. (Nullmeier/Rüb 1993: 117)

Die Rentenversicherung wurde von der steigenden Arbeitslosigkeit in doppelter Weise tangiert. Erstens entstand ein Finanzierungsproblem, da die Beiträge nicht mehr ausreichten, um die zuvor beschlossenen Leistungen zu finanzieren.

> Increasing outlays and declining contribution revenues out of actual earnings beleaguered all social insurance schemes in Germany after the «sudden death» of full employment in 1974. In the public pension scheme, additionally burdened with the costly consequences of the reform of 1972, this pressure implied two series of discretionary interventions resulting in a factual net wage development of pensions after 1977 but no substantial cuts for certain categories of insured. (Hinrichs/Kangas 2003: 576)

Zweitens sah man in der Rentenversicherung selbst ein Instrument der Arbeitsmarktpolitik. „The German variant of a policy of full employment was designed to achieve full employment not as a result of a state-induced increase in the demand for labor, but by a decrease in the supply of labor via the social insurance system.“ (Manow 1997: 29) Für die Rentenversicherung bedeutete dies in vielen Fällen eine „sozialverträgliche“ Abwicklung der Arbeitslosigkeit durch Frühverrentung. Dabei ist jedoch zu bedenken, dass sich durch diese Strategie die Belastung der Rentenversicherung zum Teil verstärkte. Denn wenn Arbeitslosigkeit nicht durch das Schaffen neuer Arbeitsplätze, sondern durch Verringerung des Arbeitsangebotes bekämpft wird, so bedeutet dies, dass in die Rentenkasse nicht mehr Einnahmen fließen, dafür aber die Ausgaben steigen. Allerdings muss berücksichtigt werden, dass durch die Frühverrentung auch das tatsächliche Rentenniveau abgesenkt wird. In der Szene der Anpassung gab es keine Abschläge von der Rente bei Ausscheiden aus dem Erwerbsleben ab dem 63. Lebensjahr. Trotzdem ist von einer Absenkung des Rentenniveaus auszugehen, da sich die

Zahl der Beitragsjahre verringert und normalerweise die Löhne/Gehälter – und daher auch die Beiträge und somit die Ansprüche – mit der Dauer der Beschäftigung steigen. Die entstehenden Kosten sind deshalb auch mit relativen Einsparungen verbunden. Neben der eigentlichen Frühverrentung gibt es zwei weitere Wege, die das Ausscheiden älterer Menschen aus der aktiven Arbeitsbevölkerung ermöglichen: Die Erwerbsunfähigkeitsrente, und eine betrieblich finanzierte Frühverrentung.

> This provision was used above all by personnel departments in large companies as a means to reduce staff whenever business got slack. The practice makes use of a regulation establishing the right to claim a pension at the age of 60 after just one year of unemployment. Companies usually offer workers 59 or even younger the opportunity to top up their unemployment benefits to the level of their last net earnings until such time as the employee can draw a pension. (Manow/Seils 2000a: 274)

Auch als sich die Wirtschaft wieder erholte, blieb die Arbeitslosigkeit nahezu konstant. In den Krisen zu Beginn der 1980er und 1985 wiederholte sich dieses Bild im Prinzip.

Manow verweist darauf, dass der Bezug der Rentenpolitik zur Arbeitsmarktpolitik bereits während der ersten Krise 1966/67 festgestellt werden kann. „The practice of using pension policy for labor market adjustment and a policy of economic restructuring was first introduced when the period of high growth ended in 1966 / 1967.“ (Manow 1997: 29) Diese Kontinuität kann aber nicht den Wechsel in der Ausrichtung der Rentenpolitik verdecken, der sich im Übergang zur Szene der Anpassung zeigt: Denn obwohl die Rentenpolitik immer die Arbeitsmarktpolitik beeinflusst (und umgekehrt), sollte die Rente in der Phase des Ausbaus dazu beitragen, die erwerbstätige Bevölkerung zu vergrößern (in dem Rentner Teilzeitarbeit leisteten oder aber über das 65ste Lebensjahr hinaus tätig waren), während es in der Szene der Anpassung um eine Verringerung des Arbeitsangebots ging.

Auch die mit dem Begriff „Wende“ assoziierte politische Transformation stellt die Einteilung der Entwicklung des deutschen Rentensystems in die beschriebenen Szenen des Aufbaus und der Anpassung nicht in Frage. Zwar lässt sich feststellen, dass es in der Szene der Anpassung eine zunehmende Unzufriedenheit mit der Verfasstheit des Sozialstaates gegeben hat: „Since the second half of the 1970s, after the breakdown of the «Keynesian consensus», the West German welfare state was viewed with a critical eye by the proponents of supply-side oriented policy change. *But although the Kohl Government itself defined its mission in similar terms, this debate did not result in radically transforming the political agenda.*" (Lehmbruch 2003: 143, Hervorhebung S. H.) Der

Regierungswechsel von Schmidt hin zu Kohl ging daher nicht einher mit einem Wechsel in der Rentenpolitik. „Restrictions in social security benefits had already been initiated during the years since 1975, under the social-liberal government of Helmut Schmidt, and neither these nor further cuts after 1982 amounted to dismantling the traditional German *Sozialstaat.*" (Lehmbruch 2003: 142) Die eigentliche Wende in der Rentenpolitik wurde erst 1989 mit der *Rentenreform 1992* eingeleitet.

3.4 Szene 3: Umstrukturierung des Rentensystems

Die Szene der Umstrukturierung des Rentensystems ist maßgeblich geprägt durch die 1989 verabschiedete *Rentenreform 1992*, die Eingliederung der ehemaligen DDR in das deutsche Rentensystem sowie die Rentenreformen von 1997, 2001 und 2004. Zusätzlich ist aktuell durch das 2004 verabschiedete Gesetz zur Organisationsreform der Rentenversicherung die institutionelle Struktur des Rentensystems im Umbruch. (Deutscher Bundestag 2004) Die Szene der Umstrukturierung kann daher nicht als abgeschlossen gelten, was sich auch an den aktuellen Reformbemühungen zeigt.

Tabelle 3: Reformen in der Szene der Umstrukturierung

Wichtige Reformen	*Maßnahmen*
1992	Einführung der Nettoanpassung. Anhebung der Altersgrenze. Versicherungsmathematische Abschläge.
Ab 1990	Integrierung der Neuen Länder ins Rentensystem. Aktueller Rentenwert Ost. Transferzahlungen.
1999	Demografischer Faktor. Beschleunigung der Anhebung der Altersgrenze für Frühverrentung.
2001	Ausbau der 2. und 3. Säule. Absenkung des Rentenniveaus. Modifizierte Bruttolohnanpassung.
2004	Nachhaltigkeitsfaktor. Anhebung der Altersgrenze für Frühverrentung. Streichung von Anrechnungszeiten.
2005	Organisationsreform: Zusammenlegung der Rentenversicherungen zur „Deutschen Rentenversicherung".

Bei allen Reformen in dieser Szene wird deutlich, dass es sich nicht mehr um Anpassungen handelt, sondern die Grundbestandteile des Rentensystems z. T. verändert werden, was besonders an der Rentenformel deutlich wird, die durch jeden der aufgezählten Schritte affiziert wird. An diesen Reformen lassen sich dieselben Zielrichtungen erkennen. Generell stehen sie unter der Maßgabe, eine Erhöhung des Beitragssatzes abzuwenden. Dafür werden unterschiedliche Schritte unternommen, zu denen eine systematische Senkung des Rentenniveaus, eine Verringerung der Rentenbezugsdauer und eine Erhöhung des Bundeszuschusses zählen. Die entsprechenden konkreten Maßnahmen sollen im Folgenden analysiert werden. Keine Reform ist bisher ihrem Ziel gerecht geworden, den Beitragssatz dauerhaft zu stabilisieren. „Das deutsche Rentensystem ist seit Mitte der 90er Jahre eine ständige Baustelle. Seit 1996 ist kaum ein Jahr vergangen, in dem der Bundestag keine Reform der Alterssicherung verabschiedet hat. In jeder der vergangenen zwei Legislaturperioden hat die Bundesregierung – gleich von welcher Partei sie geführt wurde – zudem eine große Rentenreform beschlossen." (Hering 2004: 349) Den Reformen in der Szene der Umstrukturierung ist gemein, dass sie die Rentenformel (*Formel 2*, S. 309) modifizieren. Auch daran zeigt sich, dass es nicht mehr um eine bloße Anpassung der Ausgaben an die Einnahmen geht.

Mit der 1989 beschlossenen *Rentenreform 1992* wurde eine neue Zielvorgabe für die Rentenpolitik definiert. Ging es bislang in erster Linie darum, die Leistungsfähigkeit der Rentenversicherung aufrechtzuerhalten, stand diese Reform erstmals unter dem expliziten Ziel, „die desolaten Rentenfinanzen auf Dauer zu sanieren und zu stabilisieren" (Hofmann 1992: 16). Hintergrund für diese Reform, die von allen maßgeblichen Akteuren mitgetragen wurde, war die prognostizierte Entwicklung des Beitragssatzes.

> Mit strukturellen Änderungen reagierte der Gesetzgeber im Konsens der großen politischen Parteien auf die langfristigen Herausforderungen, die sich aufgrund der demographischen Entwicklung ergeben. Der absehbare Anstieg des Beitragssatzes auf im Jahre 2030 je nach wirtschaftlicher Entwicklung zwischen 36 und 41 %, der sich durch eine geringere Anzahl von Beitragszahler und eine steigende Zahl von Rentnern ergeben würde, sollte verlangsamt und begrenzt werden. Eine der wichtigsten Maßnahmen dieser Reform war der Übergang von der Brutto- zur Nettoanpassung. (Ruland 2001a: 2-3)

Die Auffassung, die Rentenreform 1992 markiere einen signifikanten Einschnitt, ist nicht unstrittig. Erstens ist der Übergang zur Nettolohnanpassung bereits 1982 anvisiert worden. Nullmeier und Rüb haben die Übergänge hin zu einer Nettolohnanpassung, die innerhalb des politisch-administrativen Systems in diesem

Zeitraum beschritten worden sind, ausführlich analysiert. (Nullmeier/Rüb 1993) Insofern ist zu bedenken, dass es sich nicht um einen klaren Schnitt handelt, sondern um einen Prozess, der in der Rentenreform 1992 kulminierte. Dennoch gehen auch Nullmeier/Rüb davon aus, dass es sich bei dieser Reform um einen maßgeblichen Aspekt der „Transformation des Sozialstaats" handelt. Hinrichs hingegen betont, die Reform wäre „of clearly *incremental* nature and represented no break in *continuity* although the impact on pensioners and workers alike have been substantial" (Hinrichs 1993: 15) Hierzu ist allerdings zu bemerken, dass mit der 1992 in Kraft getretenen Reform eine neue Richtung in der Gestaltung des Rentensystems eingeschlagen wurde, die in späteren Reformen, die Hinrichs zu diesem Zeitpunkt noch nicht berücksichtigen konnte, ihre Fortsetzung fand.[53] Entscheidend ist, dass mit der Rentenreform 1992 nicht mehr die Ausgaben den Einnahmen angepasst wurden, sondern die Rentenformel selbst substantiell geändert wurde. (*Formel 2*, S. 309) Diese neue Ausrichtung der Rentenpolitik wird sich bei der Analyse der Reformkorridore entscheidend bemerkbar machen. (Vgl. insbesondere 4.3.4)

Die Rentenreform 1992 „raised the statutory retirement age to 65 and introduced an actuarial reduction of 0.3 percent for each month of early retirement." (De Deken 2002: 282) Diese Veränderung macht besonders die modifizierte Zielrichtung der Rentenpolitik deutlich. Ging es in der Szene der Anpassung u. a. darum, die Arbeitslosigkeit durch Frühverrentung zu verringern, haben diese Änderungen einen entgegengesetzten Effekt. Das Heraufsetzen des Renteneintrittsalters bewirkt eine Veränderung der zeitliche Dimension (die C-Achse aus

Abbildung *1*, S. 58). Es werden länger Beiträge eingezahlt und kürzere Zeit Leistungen bezogen (eine gleich bleibende Lebenszeit vorausgesetzt). Wer nicht bis zum 65. Lebensjahr arbeitet, sondern beispielsweise mit 63 arbeitslos wird, muss eine Minderung der Rente hinnehmen (A-Achse/Zahlungen aus

Abbildung *1*, S. 58), da die zwei verbleibenden Jahre in die Berechnung seine Rente eingehen. Dieser Effekt wird maßgeblich verstärkt, durch den Abzug von 0,3% der Rente für jeden Monat, den der Renteneintritt vor dem 65. Lebensjahr liegt. Wer wie bisher mit 63 in den Ruhestand geht, muss zusätzlich zu den schlechteren Beitragszeiten eine Minderung seiner Rente um 7,2% hinnehmen. Hiervon wurde ein Effekt auf das Verhältnis von Beitragszahlern und Rentenempfängern (B-Achse aus

Abbildung *1*, S. 58) erwartet, da angenommen wurde, dass dieser Aspekt der Rentenreform Anreize schafft, länger zu arbeiten, und somit die Zahl der

[53] In seinem Beitrag über „Reformen und Reformprobleme" der Rentenversicherung geht Hinrichs im Vorfeld der Rentenreform 2001 praktisch auch von einer eigenständigen Phase aus, die mit der Reform von 1992 beginnt. (Hinrichs 2000a).

Beitragszahler steigt. Hierzu ist jedoch zu bemerken, dass in vielen Fällen der Eintritt in den Ruhestand nicht der persönlichen Kalkulation der Versicherten obliegt.

Neben diesen Punkten wurde mit der Rentenreform 1992 auch die Zeit der Studienjahre, die als Beitragsjahre gelten, von 13 auf 7 verringert und zusätzlich nur noch mit 75% statt bislang 90% des durchschnittlichen Verdienstes angerechnet. (De Deken 2002: 282)

Der entscheidendste Eingriff bestand jedoch darin, dass seit 1992 nicht mehr die Brutto-, sondern die Nettolohnentwicklung der Referenzpunkt für die Rentenanpassung ist.

> [T]he Rentenreform 1992 [...] was explicitly designed to respond to the expected increase in pension expenditure due to population ageing. The main changes were a shift in the indexeation of pensions from gross to net earnings and an increase in the cost of early retirement for workers. The change in indexeation was seen as introducing an element of self-regulation in pension expenditure: increased pension expenditure, this will reduce net earnings and as a result pension payments. The goal is to achieve an equitable share between workers and retirees in bearing the cost of population ageing. (Bonoli 2000: 157)

Wenn also die Rentenbeiträge erhöht werden, so führt dies dank der neuen Formel (*Formel 2*, S. 309) zu einer Senkung der Renten entsprechend der durchschnittlichen Reduzierung der Nettolöhne. Hieran wird deutlich, dass es nicht mehr um eine kurzfristige Behebung eines Ungleichgewichts zwischen Einzahlungen und Auszahlungen der Rentenkasse ging, sondern um den Versuch, das Rentensystem dahingehend zu reformieren, dass sich ein Gleichgewicht automatisch einstellt.[54]

> Auf der anderen Seite gab es aber mit der Rentenreform 1992 auch sozialpolitische Neuansätze und Verbesserungen. So wurde die Teilrente eingeführt, die es den Versicherten erlaubt, eingeschränkt weiter zu arbeiten und ergänzend dazu Rente zu beziehen. Die Kindererziehungszeiten für Geburten ab 1992 wurden auf drei Jahre verlängert und die Regelungen zur Rente nach Mindesteinkommen auf Versicherungszeiten vor 1991 ausgedehnt. (Ruland 2001a: 3)

Am selben Tag, an dem die *Rentenreform 1992* verabschiedet wurde, fiel die Mauer in Berlin. (Ruland 2001a: 4) Durch die Vereinigung der DDR mit der Bundesrepublik stand das Rentensystem vor einer völlig neuen – vielleicht seiner

---

[54] Die rechtlichen Veränderungen der Rentenformel sind bei Steffen 2002: 19-21 im Detail festgehalten.

größten – Herausforderung. „Kein anderes Alterssicherungssystem hätte diese sozialpolitische Herausforderung so meistern können, wie es die Rentenversicherung mit ihrem Umlageverfahren gekonnt hat. Wäre sie kapitalgedeckt gewesen, hätte die Sozialunion keine Chance gehabt." (Ruland 2001a: 5)

In der Interimsperiode von Mai 1990 bis Oktober 1990 begann die DDR-Regierung mit der Umsetzung der Sozialklauseln im Staatsvertrag vom 18. Mai 1990. Maßgeblich hierfür war Art. 20, 1, der besagte: „Die Deutsche Demokratische Republik leitet alle erforderlichen Maßnahmen ein, um ihr Rentenrecht an das auf dem Grundsatz der Lohn- und Beitragsbezogenheit beruhende Rentenversicherungsrecht der Bundesrepublik Deutschland anzugleichen." (Staatsvertrag Art. 20, 1) „Mit dem Staatsvertrag vom 18. Mai 1990 verpflichtete sich die DDR zu einer Angleichung ihrer Alterssicherungssysteme nach dem Vorbild der Bundesrepublik; als Kernelement der Angleichung legte der Staatsvertrag die Lohn- und Beitragsbezogenheit der Renten fest." (Steffen 2002: 38) Ziel war es, alle Rentenansprüche der DDR-Bürger in das bundesdeutsche Rentensystem zu integrieren, ohne dieses aber grundsätzlich reformieren zu müssen.[55] Die Eingliederung sollte sich daher im Idealfall selbst finanzieren. Durch den Umlagecharakter des deutschen Rentensystems war dies prinzipiell möglich, da die Vereinigung nicht nur einen Zuwachs an Rentenempfängern bedeutete, sondern auch zusätzliche Beitragszahler integriert wurden. Da die Renten aus den aktuellen Beiträgen und nicht aus früheren Zahlungen finanziert werden, war die Ausdehnung auf das Gebiet der ehemaligen DDR institutionell möglich. Besonders aus juristischer Sicht ist die Eingliederung der Neuen Länder in das Rentensystem ein äußerst komplexer Prozess gewesen. Bis 1991 blieb das Rentenrecht der DDR in Kraft, welches die 1990 beschlossenen Anpassungsfaktoren enthielt. Im Zeitraum von 1991 bis 1996 ist das deutsche Rentenrecht allein elfmal geändert worden. (Steffen 2002: 36-60) Die Anpassung bestand grundsätzlich darin, dass alle DDR-Renten neu kalkuliert wurden. Maßstab hierfür war eine fiktive Erwerbsbiographie, die der statistischen Figur des „Eckrentners" nachempfunden war. Wer in der DDR 45 Jahre gearbeitet hatte, und dabei die vollen Beiträge für die Sozialversicherung I und die Freiwillige Zusatzrentenversicherung bezahlt hatte, sollte dieselbe Rente bekommen wie der westdeutsche Eckrentner. Dieses Modell hätte aber die Rentenkasse spürbar belastet, da wegen des „Rechts auf Arbeit" in der DDR nahezu jeder Erwerbstätige die Voraussetzungen dieser Durchschnittsrente erfüllt hätte. Hinzu kam, dass durch die höhere Arbeitslosigkeit in den Neuen Ländern, die sich bereits sehr früh abzeichnete, die Beiträge

[55] Obwohl auch das Rentensystem der DDR umlagefinanziert war, haben sich die Systeme maßgeblich in ihren Zielsetzungen und dem zu Folge auch in ihrem Umfang unterschieden. (Hegelich 2004: 86-93)

aus dem Osten für diese Zahlungen alleine in keiner Weise gereicht hätten. Auf diese Lage wurde durch unterschiedliche Aspekte reagiert: „The GDR's old pension scheme was integrated into the western system, two years in advance [1992] of the date initially planned. This meant that special pension deficits in the east resulting from the gap between revenues and expenditures were now covered in an all-German pension scheme including contributions from West Germans." (Manow/Seils 2001: 291) Die Renten, die aus Beiträgen zu DDR-Zeiten resultierten, wurden auf der Basis von 20 (und nicht 45) Beitragsjahren kalkuliert. Zudem wurde ein eigenständiger „Aktueller Rentenwert Ost" eingeführt. Der „Aktuelle Rentenwert" ist der Faktor der Rentenformel, durch den sich die Angleichung (seit 1992) an das (Netto-)Lohnniveau ergibt. Da das Lohnniveau in den Neuen Ländern erheblich unter dem westdeutschen liegt, ergibt sich für die Berechnung von Renten in den Neuen Ländern ein geringerer „Aktueller Rentenwert". Daher ist die Standardrente in den Neuen Ländern geringer als im alten Bundesgebiet.

Nichtsdestotrotz ist die durchschnittliche Rente in den Neuen Ländern höher als im Westen. Hier machen sich nach wie vor die längeren Einzahlungszeiten wegen der Vollbeschäftigung zu DDR-Zeiten bemerkbar. In verstärktem Maße gilt dies für Frauen, die in der DDR wesentlich häufiger berufstätig waren als in der BRD. Der daraus resultierende Finanzbedarf[56] wird durch einen Anstieg des Bundeszuschusses gedeckt. (*Abbildung 5*, S. 307)

Die überdurchschnittlich hohen Renten sind oft zum Anlass genommen worden, die Rentner und besonders die Rentnerinnen der DDR als die „Gewinner der Einheit" zu bezeichnen.[57] Ein Vergleich zwischen den Renten in der DDR und den späteren Renten in den Neuen Ländern ist jedoch immer sehr problematisch, nicht zuletzt, weil die Sozialsysteme eine völlig unterschiedliche Ausrichtung besaßen. (Hegelich 2004: 86) Hinzu kommt, dass „ein bloßer Vergleich der Durchschnittszahlen wichtige strukturelle Verschiedenheiten verdeckt. Die Streuung der Rentenzahlungen aus Mitteln der Sozialversicherung ist in der Bundesrepublik weit höher als in der DDR, da nach dem Versicherungsprinzip lediglich die eingezahlten Beiträge entscheiden; sehr hohe Sätze sind ebenso

[56] „Die Ausgaben der Rentenversicherung in den neuen Bundesländern lassen sich mit den dortigen Einnahmen allein nicht finanzieren. Der West-Ost-Transfer erreichte 1992 knapp 5 Mrd. DM und 1993 rd. 9 Mrd. DM. Für die nachfolgenden Jahre muß noch mit einer weiteren Steigerung dieser Zahlungen auf etwa 14 Mrd. DM gerechnet werden." (BDA 1994: 29)

[57] „Die Senioren in den neuen Bundesländern zählen zu den Gewinnern der deutschen Einheit. Die verfügbare Standardrente - eine Rente nach 45 Versicherungsjahren bei durchschnittlichem Entgelt - lag am 30. Juni 1990 bei rund 37 Prozent des Westniveaus, sie erreichte im zweiten Halbjahr 2001 87 Prozent. Das entspricht einem Anstieg von 163 Prozent. Dagegen erhöhte sich im vergleichbaren Zeitraum die Standardrente im Westen um 22 Prozent." (Ruland 2001a: 3)

möglich wie solche, die sich knapp am Existenzminimum halten. Insbesondere sind in der Bundesrepublik die Arbeiterrenten vergleichsweise niedrig. Das Versorgungsprinzip garantiert dagegen unabhängig von den Beitragsleistungen den Lebensunterhalt, wenn auch, wie in der DDR nur auf bescheidenem Niveau." (Rausch/Stamm 1978: 158) Es muss weiterhin berücksichtigt werden, dass erstens die Renten, die heute ausgezahlt werden, in den Neuen Ländern ein schlechteres Verhältnis von geleistetem Arbeitsaufwand und Ertrag beinhalten als im Westen, da die Beitragszeiten nicht voll angerechnet werden. Zweitens ist die absolute Höhe der Einkommen der Rentner im Osten niedriger als im Westen, da viele Rentner in den Alten Ländern zusätzlich eine Betriebsrente erhalten, während die betriebliche Altersvorsorge in der DDR keine Rolle gespielt hat.

> Heute besteht dort [in Ostdeutschland] infolge des weitgehenden Fehlens von betrieblichen Altersversorgungsprogrammen bei fast allen Älteren eine sehr starke Abhängigkeit von den Leistungen des Rentensystems; in Ostdeutschland allerdings verbunden mit geringeren Ungleichheitsgraden als im Westen infolge der Widerspiegelung der früheren Erwerbsverläufe mit langen Beschäftigungsdauern bei Männern und Frauen. (Döring 1999: 172)

Drittens sind die Ansprüche, die sich aus den Beiträgen ergeben, die seit der Einheit geleistet werden, im Osten aufgrund des geringeren Aktuellen Rentenwertes weniger wert als solche, die im Westen bezahlt werden – und dies bei geringeren Löhnen, also zusätzlich auch geringeren Beiträgen und wesentlich höherer Arbeitslosigkeit. Auf Dauer ist also zu erwarten, dass auch die Standardrente im Osten unter das Westniveau sinkt, zumindest wenn die Aktuellen Rentenwerte nicht angepasst werden. (Hegelich 2004: 98)

Festzuhalten ist daher, dass die Umstrukturierung des Rentensystems zur Eingliederung der Ost-Rentner das deutsche Rentensystem in dem Sinne nachhaltig affiziert hat, dass nun *dauerhaft* Regionen mit unterschiedlichen Rentenniveaus bestehen, die sich nicht einfach aus unterschiedlichen Strukturbedingungen ergeben, sondern durch die Rentenformel mit der Unterscheidung in Aktueller Rentenwert-Ost und -West verfestigt sind. Hinzu kommt eine deutliche Belastung der Rentenkasse, die auch durch die beschriebenen Maßnahmen nicht ausgeglichen wird. Kaufmann geht sogar soweit, die Belastung der Sozialkassen in erster Linie auf die Kosten der Vereinigung zurückzuführen.

> Der überdurchschnittliche Anstieg [der Sozialleistungsquote] ab 1990 ist durch die Vereinigungskosten bedingt. Ohne diese hätte die Bundesrepublik sogar weiterhin einen rückläufigen Anteil der Sozialausgaben am Volkseinkommen. Die verbreiteten Klagen von Vertretern der Wirtschaftsverbände und mancher Nationalökonomen

über die Kosten der Sozialpolitik müssten korrekterweise als Klage über die Kosten der Wiedervereinigung formuliert werden. (Kaufmann 2000: 184)

Die nächste Entwicklung in der Szene der Umstrukturierung wird durch das *Rentenreformgesetz 1999* markiert, das 1997 verabschiedet wurde. „1996 verständigten sich Bundesregierung und Sozialpartner darauf, bis zum Jahr 2000 den Gesamtsozialversicherungsbeitrag auf unter 40 % drücken zu wollen. In einem ersten Schritt wurde 1997 gegen die Stimmen der damaligen Opposition die Anhebung der vorgezogenen Altersgrenzen deutlich beschleunigt und der Übergangszeitraum um 10 Jahre verkürzt. Eingeschränkt wurden außerdem Vergünstigungen des sozialen Ausgleichs, insbesondere wurden die Anrechnungszeiten wegen Ausbildung verkürzt. Die Leistungen nach dem Fremdrentengesetz wurden ebenfalls erheblich reduziert.“ (Ruland 2001a: 4) Neben der Anhebung des Renteneintrittsalters enthielt die Reform von 1997 als zweites wesentliches Element den so genannten „demografischen Faktor“. Hinrichs erläutert:

> The two most momentous reform elements of PRA99 [Pension Reform Act 1999] were, at the same time, the most controversial ones: (a) In order to push through a higher actual retirement age, individual efforts to evade permanent benefit deductions by resorting to disability pensions were made unattractive, and access to them was rendered more difficult. (b) The core piece of the PRA99 was the «demographic factor» by which, beginning in 1999, the hidden expansion of the scheme due to decreasing mortality rates at higher ages should be halted when lower benefits were stretched over a prolonged period of retirement. Further life expectancy at age 65 was integrated into the formula that determines the initial benefit level as well as the annual adjustment. Rising longevity assumed, the «demographic factor» would gradually lower the net standard pension level from nearly 70 to 64 percent (but not below). (Hinrichs 2003: 9)

Der Gedanke, der dem „demografischen Faktor“ zu Grunde lag, war, dass die Kosten, die sich aus der längeren Lebenserwartung ergeben und die wegen des problematischen Verhältnisses von Beitragszahlern und Rentenempfängern nicht durch den bisherigen Kassenmechanismus abzudecken sind, auf die Rentner und die Beitragszahler verteilt werden. „Die Belastung sollte auf Beitragszahler und Rentner gerecht verteilt werden, um zu einer ausgewogeneren Lastenverteilung zwischen den Generationen zu gelangen. Begründet wurde die Einführung des demografischen Faktors damit, dass die Gegenleistung für die gezahlten Beiträge nicht nur in der Höhe der Rente, sondern auch in ihrer Laufzeit besteht. Versicherungstechnisch muss bei gleichem Barwert der (Gesamt-)Leistung bei längerer Laufzeit die einzelne Auszahlung entsprechend niedriger werden, wenn der Beitragssatz nicht steigen soll.“ (Ruland 2001a: 4)

Die Zielrichtung der Reform bestand also darin, die Rentenversicherung so umzustrukturieren, dass die zukünftig entstehenden Kosten ohne bedeutende Erhöhung des Beitragssatzes bewältigt werden können. Dafür wurde die Rentenformel bezüglich des Renteneintrittsalters und des „demografischen Faktors" ergänzt. Maßnahmen, die die Rentenformel selbst affizieren, haben einen generellen Charakter, der sie von Ad-hoc-Maßnahmen, wie etwa einer Erhöhung des Bundeszuschusses, unterscheidet. Die Szene der Umstrukturierung ist u. a. dadurch gekennzeichnet, dass Effekte, die in der ursprünglichen Rentenformel impliziert waren, durch Modifikationen dieser Formel aufgehoben werden. So sollte der „demografische Faktor" den „Sachzwang" unterbinden, dass eine Steigerung der Ausgaben durch eine Erhöhung der Einnahmen der Rentenkasse ausgeglichen werden muss. Es ist klar, dass dies nur über eine Absenkung des Leistungsniveaus erreicht werden kann. Allgemein wurde in Bezug auf den „demografischen Faktor" von einer Senkung des Leistungsniveaus um 6% ausgegangen. „In the German [...] reform the benefit calculation at retirement incorporates a «demographic component» to index future benefits to the life expectancy of the retiring cohort [...]. For the «average» German worker who retires at 65 (after 45 years of contributions), the replacement rate falls from 70 to 64 per cent." (Myles/Pierson 2001: 328-329)

Bei der immer problematischeren Finanzierung des Rentensystems verließ sich die Regierung mit der Rentenreform von 1997 nicht allein auf die beschriebenen Einsparungen. „Der Rentenversicherung wurde außerdem ein zusätzlicher Bundeszuschuss zugebilligt, der dem Mehraufkommen aus einem Prozentpunkt der allgemeinen Mehrwertsteuer entspricht, die deswegen ab 1. April 1998 um einen Prozentpunkt von 15 auf 16 % angehoben wurde." (Ruland 2001a: 5) Dieser zusätzliche Bundeszuschuss sollte die versicherungsfremden Leistungen[58] der Rentenversicherung decken. (*Abbildung 5*, S. 307)

[58] Als „versicherungsfremd" werden „solche Maßnahmen und die damit verbundenen Ausgaben [...] bezeichnet [...], die mit dem (Sozial-)Versicherungskonzept nicht vereinbar sind. Das heißt: Werden Beitragseinnahmen in einem spürbaren Volumen zur Einkommensumverteilung verwandt, so gerät die Leistungs-Gegenleistungs-Beziehung immer mehr aus dem Gleichgewicht und die Beitragszahler werden damit zur Finanzierung von Aufgaben herangezogen, die eigentlich allgemeine Staatsaufgaben sind und damit durch Steuern zu finanzieren wären." (Deutscher Bundestag 2003: 1) Der Begriff ist jedoch nicht einheitlich definiert: „Die Abgrenzung der versicherungsfremden von den versicherungskonformen Leistungen der Rentenversicherung ist äußerst umstritten. Nach einer Ansicht sind jedenfalls solche Leistungen nicht als versicherungsfremd anzusehen, die nur Beitragszahlern (also "intern") gewährt werden. Damit wären z. B. beitragsfreie Ausbildungs-Anrechnungszeiten und Zeiten der Kriegsgefangenschaft - obwohl dem sozialen Ausgleich zuzurechnen - als versicherungstypische Leistungen von der Solidargemeinschaft der Rentenversicherten zu finanzieren. Gerade die Entschädigung von Kriegsfolgelasten ist aber von der Politik immer wieder als ein Leistungsbereich qualifiziert worden, der nicht zum originären Aufgabenspektrum der Rentenversicherung gehört. Die

Die Rentenreform von 1997 beinhaltete aber auch einen Aspekt, der sich nicht auf die Senkung der Lohnnebenkosten bezog, sondern einen familienpolitischen Hintergrund hatte. Die Anrechnung von Kindererziehungszeiten wurde erweitert und ihre Bewertung auf 100 Prozent des Durchschnittsverdienstes angehoben. (Ruland 2001a: 5)

Die Reform von 1997 führte jedoch nicht zur gewünschten Stabilisierung der Rentenfinanzen. Der Hintergrund für die Rentenreform 2001 war maßgeblich dadurch geprägt, dass der Beitragssatz stärker gestiegen war als 1996 angenommen. Gleiches galt für den Bundeszuschuss. „Im Verlauf des letzten Jahrzehntes ist der Anteil des Bundeszuschusses an den Gesamteinnahmen der Rentenversicherung gestiegen – und zwar von 18,5 Prozent im Jahr 1991 auf 24,2 Prozent im Jahr 2001." (Bulmahn 2003: 30, s. auch *Abbildung 5*, S. 307) Dieser Anstieg hängt nicht zuletzt damit zusammen, dass die Regierung von SPD und Grünen den unter der Kohlregierung verabschiedeten „demografischen Faktor" nicht in Kraft treten ließ.[59] „Die neue rot/grüne Koalition hat sofort nach Amtsantritt mit dem Rentenkorrekturgesetz [...] den demographischen Faktor und die Neuregelung der Erwerbsminderungsrenten bis Ende 2000 ausgesetzt. Als Zwischenlösung wurde Ende 1999 beschlossen, die Rentenanpassung in den Jahren 2000 und 2001 an die Inflationsrate zu koppeln." (Ruland 2001a: 5) In der Szene der Umstrukturierung waren demnach die Mittel der Rentenpolitik z. T. sehr umstritten, während die Ziele jedoch weitgehend geteilt waren. Denn auch die Schröder-Regierung hat sich der Aufgabe verschrieben, die Lohnnebenkosten nachhaltig zu senken und den Beitragssatz nicht über ein Niveau von 22% steigen zu lassen. Bis 2003 glaubte sie jedoch, dieses Ziel hauptsächlich durch die Ausweitung der privaten und betrieblichen Rente erreichen zu können. 2004 ist der „demografische Faktor" in abgewandelter Form und gegen die Stimmen der jetzigen Opposition als „Nachhaltigkeitsfaktor" wieder eingeführt worden. Für die Szene der Umstrukturierung lässt sich daher festhalten, dass, obwohl die Zielsetzung der Rentenpolitik nach wie vor durch einen gesellschaftlichen Konsens geprägt ist, die Maßnahmen in anderer Weise als bisher umstritten sind. Dies liegt zum einen daran, dass keine der seit 1989 unternommenen Reformbemühungen ihre jeweiligen Ziele langfristig gewährleisten konnte. Hinzu kommt,

---

Finanzierung des durch Anrechnungs- oder Ersatzzeiten verursachten Mehrbedarfs wird auch vom Bundesverfassungsgericht den der Rentenversicherung aus Gründen des Gemeinwohls auferlegten öffentlichen Lasten (mit der Folge eines Ausgleichs durch den Bundeszuschuß) zugerechnet." (VDR 2001: 1)

[59] Dieser Umstand macht erneut deutlich, wie sehr die Rentenpolitik auf einen gesellschaftlichen Konsens angewiesen ist. Eine Reform, die nicht von der Opposition mitgetragen wird, ist immer in Gefahr, rückgängig gemacht zu werden. Näheres hierzu unter 4.3.3 Interessen des politisch-administrativen Systems in der Szene der Umstrukturierung.

dass die Szene der Umstrukturierung durch einen Kostenanstieg geprägt ist, der z. T. durch Einsparungen ausgeglichen werden soll, was offensichtlich ein höheres Konfliktpotential beinhaltet als der Ausbau der Versicherungsleistungen.

Das Altersvermögensergänzungsgesetz (AVmEG) liefert die Grundlage für die Rentenreform 2001. Erklärtes Ziel der Reform ist es, „den Beitragssatz bis 2020 unter 20% und bis 2030 unter 22% zu halten." (BT-Drucksache 14/9503: 16) Ein wesentlicher Bestandteil ist die Veränderung der Rentenformel hinsichtlich des Bezugs auf die Nettolohnentwicklung. (*Formel 3*, S. 309) Denn seit 2001 wird wieder der Bruttolohn zugrunde gelegt, allerdings um die Beiträge zur Rentenversicherung gemindert.

> Basis der neuen Formel für den gesamten Zeitraum bleiben die durchschnittlichen Bruttoverdienste der Arbeitnehmer, die nun um den vollen Beitragssatz zur gesetzlichen Rentenversicherung und um den Altersvorsorgeanteil vermindert werden. Mit ihm wird der Anstieg der steuerlich geförderten Beiträge zur privaten Alterssicherung unabhängig von ihrem tatsächlichen Volumen auf die Anpassung der Renten zurückgekoppelt. [...] Unberücksichtigt bleiben künftig auch Veränderungen bei den Beitragssätzen zu den anderen Sozialversicherungszweigen, die mit der Alterssicherung nichts zu tun haben, wie die Kranken- und Pflegeversicherung sowie die Arbeitslosenversicherung. (Ruland 2001a: 6-7)

Diese Veränderung als Rückkehr zur Bruttolohnentwicklung zu bezeichnen,[60] ignoriert, dass der Effekt, der durch die Kopplung der Renten an die Nettolohnentwicklung erreicht werden sollte, nach wie vor Bestand hat. Einziger Unterschied ist, dass nur die Beiträge in die Rentenkasse als Index der Rentenentwicklung fungieren. Nach wie vor gilt also, dass die Rentner einen steigenden Beitragssatz als Abzug ihrer Renten zu spüren bekommen. Hinzu kommt, dass auch die angenommenen Zahlungen in die „Riester-Rente" einberechnet werden. (Döring 2002: 101) Da von einer progressiven Steigerung dieser Beiträge ausgegangen wird, kann nach der neuen Anpassungsformel selbst unter der Bedingung einer Senkung der Rentenbeiträge und einer moderaten Lohnsteigerung eine Absenkung der Renten eintreten. Der entscheidende Punkt der neuen Anpassungsformel ist also nicht, dass die Renten nicht durch die Steigerung von Lohnnebenkosten belastet werden sollen, die nicht zum Rentensystem dazu gehören (z. B. Lohnsteuer). Vielmehr geht es darum, dass sich eine Absenkung der Lohnnebenkosten, die ja weiterhin angestrebt wird, nicht rentensteigernd auswirken soll. „Unter der wirtschaftlichen Globalisierung tendieren viele entwi-

---

[60] „Es kann somit nicht mehr von einer Nettoanpassung gesprochen werden. Die neue Formel führt vielmehr zu einer modifizierten Bruttolohnanpassung." (Ruland 2001a: 7)

ckelte Länder zu einer sukzessiven Senkung der Steuersätze, teilweise verbunden mit einer Verlagerung auf indirekte Abgaben. Dieser Weg ist auch in Deutschland eingeschlagen worden. Unter Bedingungen der alten Anpassungsformel hätte dies zum Anstieg der Rentenanpassungssätze und damit zu einem finanziellen Belastungsanstieg beigetragen. Die neue Nettoanpassung bezieht deshalb die direkten steuerlichen Abzüge nicht ein." (Döring 2002: 102)

Eigentliches Kernstück der Reform 2001 ist der Ausbau der privaten und betrieblichen Altersvorsorge. Erstere wird durch die so genannte „Riester-Rente" gefördert. Die Bundesregierung bezeichnet die Rentenreform 2001 als die „bedeutendste, umfassendste und innovativste Reform seit 1957 [...]. Die wohl wichtigste Neuerung besteht im substanziellen Ausbau der zusätzlichen kapitalgedeckten Altersvorsorge, flankiert durch eine umfangreiche staatliche Förderung." (BT-Drucksache 14/9503: 8) Diese „zusätzliche" kapitalgedeckte Altersvorsorge bedeutet, dass das Renteniveau schrittweise abgesenkt wird und somit die zukünftigen Rentner veranlasst werden, sich frühzeitig um einen privaten Ausgleich zu kümmern.[61] Diese Bemühungen werden durch staatliche Förderungen – entweder als Zuschuss, oder als Steuerfreibetrag – unterstützt.

Ebenfalls kapitalgedeckt ist die betriebliche Altersvorsorge. Auch hier stellt die Rentenreform 2001 eine grundlegende Änderung dar. „Bisher war die betriebliche Altersvorsorge überwiegend eine freiwillige Sozialleistung der Arbeitgeber. Seit dem 1. Januar 2002 haben nunmehr die Beschäftigten grundsätzlich das Recht, von ihrem Arbeitgeber den Aufbau einer betrieblichen Altersvorsorge durch Beiträge aus ihren Arbeitsentgelten („Entgeltumwandlung") zu verlangen." (BT-Drucksache 14/9503: 11) Beide Veränderungen sind bemerkenswert: Erstens wird aus der bislang freiwilligen Leistung ein Rechtsanspruch, was verdeutlicht, dass die betriebliche Altervorsorge zu einer reellen Säule des Rentensystems ausgebaut werden soll – eine Entwicklung, die notwendig die Entstehung und Ausweitung von Pensionskassen und -fonds beinhaltet. Zweitens aber ist diese neue betriebliche Altersvorsorge keine Zahlung, die einen zusätzlichen Lohnbestandteil ausmacht. Die „Entgeltumwandlung" bedeutet, dass von der bestehenden Lohnsumme Anteile in einen Pensionsfonds oder eine Versicherung einbezahlt werden. Somit zielt die Reform auf eine explizite Verminderung der Lohndrift.

Ähnlich wie bereits bei der 1997er Reform erschöpft sich auch die Rentenreform 2001 nicht in Einsparungen, sondern beinhaltet ebenfalls eine Umstellung auf die veränderten, z. T. geschlechtsspezifischen, Erwerbsarbeitsverhältnisse.

---

[61] Die Absenkung des Rentenniveaus fließt als Altersvorsorgeanteil in die Berechnung der Renten ein. (*Formel 3*, S. 309)

> Die Neuregelung der sozialen Sicherung der Frau bildet einen weiteren Schwerpunkt der Reform. Beschlossen ist eine Höherbewertung von Beitragszeiten. Sie begünstigt Eltern, die während der ersten 10 Jahre eines Kindes eine Teilzeitarbeit ausüben oder trotz einer Vollzeiterwerbstätigkeit nur unterdurchschnittlich verdienen. [...] Eltern, die wegen gleichzeitiger Erziehung bzw. Pflege von zwei oder mehr Kindern nicht erwerbstätig sein können, erhalten einen Zuschlag an Entgeltpunkten, der der höchstmöglichen Förderung von erwerbstätigen Erziehungspersonen entspricht. (Ruland 2001a: 8)

Ebenfalls parallel zu den früheren Reformen in der Szene der Umstrukturierung verläuft die Entwicklung des Bundeszuschusses. (*Abbildung 5*, S. 307) Denn obwohl alle Reformen ein Einsparungsziel verfolgen, werden die Leistungen des Bundes ausgedehnt. Die Rentenreform 2001 ergänzt den offiziellen Bundeszuschuss durch Mittel aus der Ökosteuer. „Durch zusätzliche Mittel aus der ökologischen Steuerreform für die Rentenversicherung [wurde] sichergestellt, dass allgemeine Staatsaufgaben im Leistungsspektrum der Rentenversicherung jetzt systemgerecht – d. h. aus dem Bundeshaushalt – finanziert werden." (BT-Drucksache 14/9503: 16)

Auch nach der Rentenreform 2001 ist die Szene der Umstrukturierung keines Wegs abgeschlossen. Deutlich wird dies u. a. am Rentenversicherungs-Nachhaltigkeitsgesetz von 2004. Mit diesem Gesetz wird der „demografische Faktor" in anderer Form wieder eingeführt. Dieser „Nachhaltigkeitsfaktor" modifiziert die Rentenformel dahingehend, dass „das Verhältnis von Leistungsbeziehern und versicherungspflichtig Beschäftigten bei der Rentenanpassung berücksichtigt" (BMGS 2004) wird. (*Formel 4*, S. 309) Weitere Maßnahmen umfassen die „Anhebung der Altersgrenze für den frühestmöglichen Beginn der vorzeitigen Altersrente wegen Arbeitslosigkeit oder nach Altersteilzeitarbeit auf das 63. Lebensjahr" und die „Konzentration der bewerteten Anrechnungszeiten bei [...] schulischen und beruflichen Ausbildungszeiten auf insgesamt höchsten 36 Monate". (BMGS 2004; vgl. auch Nürnberger/Stapf-Finé 2004: 38) Mit der Einführung des Nachhaltigkeitsfaktors 2004 war auch eine Niveausicherungsklausel verbunden, die ein Absenken des aktuellen Rentenwerts bei steigenden Bruttogehältern verhindern soll. (BT-Drucksache 15/2149; BDA 2004b: 3-4) Diese Niveausicherungsklausel ist allerdings nicht unumstritten und war im eigentlichen Vorschlag der Kommission „Nachhaltigkeit in der Finanzierung der Sozialen Sicherungssysteme" (Rürup-Kommission) nicht enthalten. (BMGS 2003)

> Entscheidend aus sozialpolitischer Sicht ist, dass eine Veränderung des Rentenanpassungsverfahrens entsprechend den Vorschlägen der «Rürup-Kommission» [...]

> zu einem faktischen Verzicht auf ein Sicherungsziel für die gesetzliche Rente führt. Vorrang erhält das Ziel der Vermeidung von Beitragssatzsteigerungen. Faktisch beginnt damit die bisherige Orientierung auf ein bestimmtes Absicherungsziel durch eine Systemvorstellung ersetzt zu werden, die tendenziell eher «beitragssatzdefiniert» ist. (Döring 2003: 378; vgl. auch Ruland 2001b: 44)

Noch im Gange ist die institutionelle Umstrukturierung der Rentenversicherung, die 2004 mit dem Gesetz zur Organisationsreform der gesetzlichen Rentenversicherung (RVOrgG) beschlossen wurde. Hierdurch werden die Rentenversicherungen zu einer einheitlichen „Deutschen Rentenversicherung" zusammengelegt. (Roggenkamp 2004) „Hauptziel des Gesetzes ist die Verbesserung der Wirtschaftlichkeit und Effektivität in der gesetzlichen Rentenversicherung sowie eine Modernisierung der Verwaltungsstrukturen. In den ersten fünf Jahren nach Inkrafttreten der Organisationsreform soll der Verwaltungs- und Verfahrenskostenanteil in der gesetzlichen Rentenversicherung um ca. 10 %, d. h. ca. 350 Mio. Euro gesenkt werden." (Deutscher Bundestag 2004: 1)

In der Szene der Umstrukturierung musste die Rentenpolitik in Deutschland auf verschiedene Faktoren reagieren. Hierzu zählt die sich verfestigende Arbeitslosigkeit, (Manow/Seils 2000b) die für die nahe Zukunft antizipierte Bevölkerungsentwicklung (BT-Drucksache 14/8800) und die sich z. T. aus der Europäischen Währungsunion ergebenden Haushaltszwänge. (Hering 2004) Diese Faktoren haben die Positionen und Interessen der Akteure in der Szene der Umstrukturierung maßgeblich beeinflusst und werden daher in der Analyse der Kollektivakteure in der Szene der Umstrukturierung (4.3) berücksichtigt. Die Verfestigung der Arbeitslosigkeit wird oft mit einem geringen Wachstum im so genannten Dienstleistungssektor in Verbindung gebracht. „Germany's present economic problems, such as persistent mass unemployment, seem to owe more to poor job growth in those sectors of the economy usually perceived as sheltered from international competition, i. e. private and public services." (Manow/Seils 2000a: 264) Unter dem demografischen Wandel wird die „zunehmende Alterung der Bevölkerung [verstanden], die sich auf Grund des bisherigen Geburtenrückganges auf ein Niveau von etwa einem Drittel unter dem Generationenersatz sowie auf Grund einer steigenden Lebenserwartung ergibt; eine sinkende Anzahl und ein abnehmender Anteil Jüngerer einerseits sowie eine steigende Anzahl und ein zunehmender Anteil Älterer an der Gesamtbevölkerung andererseits sind die Folge […]." (BT-Drucksache 14/8800: 15) Die Europäische Währungsunion beschränkt vor allem die staatlichen Mittel, die für eine soziale Umverteilung zur Verfügung stehen und verschärft daher den Reformdruck auf die Rentenversicherung. „Da […] die wirtschaftspolitische Autonomie der europäischen Sozialstaaten […] infolge […] der Europäisierung – insbesondere im Falle einer Währungsunion – abnimmt, geraten die weiterhin auf nationaler oder regionaler Ebene sich abspielenden Verteilungskonflikte unter bisher ungewohnte Restriktionen.“ (Kaufmann 1997: 135)

Zudem gelten die 1990er als das Jahrzehnt der Globalisierung. Da aber Globalisierung ein zu allgemeines Konzept ist als das bestimmte konkrete Auswirkungen auf das Rentensystem unterstellt werden könnten, die über die beschriebenen Faktoren hinausgehen, scheint es ratsam, auf die Darstellung der Auswirkungen der Globalisierung zu verzichten. Denn als *theoretisches Konzept* ist Globalisierung erstens nach wie vor wenig plausibel. Bislang gelingt es nur selten, zwischen den (vermuteten) Effekten und der Globalisierung selbst zu unterscheiden.[62] Zweitens sind – insbesondere in Bezug auf Deutschland – die Wirkungen, die allgemein mit Globalisierung in Verbindung gebracht werden, *empirisch* oft nicht nachweisbar. Manow und Seils verweisen darauf, dass die Globalisierung in Deutschland offensichtlich andere Auswirkungen hat als in anderen Ländern.

> According to the conventional wisdom, intensified competition within a liberal international trade regime has put the industrialized countries of the West and their mature welfare states under intensified pressure. Year after year, as one of the world's most successful exporting nations, Germany seems to be gaining rather than suffering from trade liberalisation. Moreover, German industry's outstanding export performance has apparently not been hurt by the generous German welfare state's high spending level. (Manow/Seils 2000a: 264)

Eine Untersuchung der Wirkungen der Globalisierung auf das deutsche Rentensystem würde daher zunächst eine genauere Beschäftigung mit den Phänomenen voraussetzen, die unter diesem Begriff subsumiert werden.

---

[62] Justin Rosenberg verweist auf das generelle Problem, dass in der Debatte um Globalisierung meist nicht zwischen abhängiger und unabhängiger Variable geschieden wird. „In the logical structure of their argumentation, what presents itself initially as the *explanandum* – globalisation as the developing outcome of some historical process – is progressively transformed into the *explanans*: it is globalisation which now explains the changing character of the modern world". (Rosenberg 2000: 3)

4 Die Interessen der Akteure im deutschen Rentensystem

Nachdem nun die einzelnen Szenen der Entwicklung des deutschen Rentensystems entwickelt wurden, muss es nun darum gehen, innerhalb dieser Szenen die Interessen der Akteure zu ermitteln. Dabei werden drei Kollektivakteure unterschieden: Arbeitnehmer, Arbeitgeber und das politisch-administrative System. Bevor nun in den einzelnen Szenen aus den von diesen Kollektivakteuren vertretenen Positionen auf die zugrunde liegenden Interessen geschlossen werden soll, um so für jede Szene die möglichen Spielräume der Entwicklung – die Reformkorridore – aufzuzeigen, (4.1 Ausbau des Rentensystems, 4.2 Anpassung des Rentensystems und 4.3 Umstrukturierung des Rentensystems) ist es sinnvoll, diese Akteure kurz zu charakterisieren.

Die bisherige Analyse des Rentensystems hat gezeigt, dass die Rentenpolitik ein sehr dynamisches Politikfeld ist, das sich in den einzelnen Szenen zum Teil grundlegend verändert, das zugleich aber eine Vielzahl von Kontinuitäten aufweist, die sogar über vermeintliche „Brüche" hinweg – z. B. Regierungswechsel – Bestand haben. Wären diese Interessen statisch, so ließen sich die beschriebenen Entwicklungen nicht begründen. Anstatt also, wie beispielsweise der Korporatismus, die Interessen als gegeben vorauszusetzen, müssen sie in den einzelnen Szenen des Rentensystems analysiert werden.

Die Dynamik der Interessen ist durch drei Faktoren geprägt: Erstens stellen sich die Akteure auf veränderte Bedingungen ein und richten ihre Zielvorgaben neu aus. In diesem Sinne lässt sich sagen: „Sozialpolitische Interessen sind vielfältig. Wenn es ein Interessenfeld gibt, auf das das Diktum von der «Unübersichtlichkeit» zutrifft, dann ist es dasjenige, welches sich auf die wohlfahrtsstaatlichen Einrichtungen bezieht." (Winter 1997: 17) Zweitens verändert sich das Verhältnis unter den Akteuren, wodurch sich die Potenziale zur Durchsetzung der Interessen verschieben. Dieser Aspekt ist daher bedeutend, da das Rentensystem eben nicht bloß von Konsens geprägt ist, sondern ebenso ein großes Konfliktpotential umfasst. Eine Veränderung der Durchsetzungsfähigkeit eines Akteurs wird aber nicht nur die Verfolgung der bestehenden Interessen beeinflussen, sondern auch reflexiv auf die Konstituierung von Interessen wirken; denn was sich ein Akteur vornimmt, hängt nicht zuletzt davon ab, was er sich zutraut. Drittens ist aber auch zu bedenken, dass es sich bei den zu betrachtenden Akteuren nicht um eine reelle Einheit handelt, sondern die Akteure selbst vielschichtig sind. Die Formulierung und Verfolgung von Interessen ist geprägt durch die unterschiedlichen Fraktionen, die hier als ein Akteur zusammengefasst werden. Selbst wenn es einer Fraktion gelingt, ihr Interesse als explizites Akteursinteresse zu etablieren, sind die Positionen anderer Fraktionen nicht unwesentlich. Im Falle eines Konflikts kann beispielsweise ein anderer Akteur versuchen, die unterschiedlichen Positionen auszunutzen, selbst wenn es sich um reine Minderheitenpositionen handelt. Die Pluralität der Akteure anzuerkennen ist auch aus rein empirischer Sicht entscheidend. Denn einen Einheitsakteur, der – wie es der Korporatismus idealisiert – über ein Vertretungsmonopol verfügt, gibt es in Bezug auf das Rentensystem weder auf der Seite der Arbeitnehmer noch der Arbeitgeber. Noch weniger lässt sich das politisch-administrative System als ein Akteur mit einheitlichen Interessen darstellen.

Der Verweis auf die Pluralität der Interessen besagt jedoch nicht, das Rentensystem ließe sich wegen seiner Komplexität im Grunde nicht analysieren. Die Aufgabe besteht gerade darin, durch die Analyse aufzuzeigen, welche der vielen Interessen relevant werden und welche Perspektiven sich daraus für das Rentensystem ergeben. Je besser es gelingt, die Vielheit der Interessen zu bündeln – die Instrumente hierfür sind die Unterteilung in die drei Akteure und die Gliederung in die drei Szenen – um so exakter und aussagekräftiger wird die hier entstehende Analyse.

Bevor nun auf die einzelnen Akteure in den entsprechenden Szenen eingegangen wird, erscheint es sinnvoll, die Akteure hinsichtlich ihrer Interessen allgemein einzuführen und dabei auf die *Grenzen* einer solchen abstrakten Darstellung zu verweisen.

Da der Korporatismus als Ausgangspunkt der Untersuchung gewählt wurde, ist bislang davon ausgegangen worden, dass die Gewerkschaft die Interessen der Arbeitnehmer vertritt. Die Position der Arbeitnehmer kann aber nicht auf den Standpunkt der Gewerkschaft beschränkt werden. Zwar lässt sich festhalten, dass es ein Rentensystem nur deshalb braucht, weil der „normale" Erwerbstätige in seinem Lohn kein Einkommen hat, das ihm ein adäquates Leben jenseits seiner Erwerbstätigkeit ermöglicht. Gerade die Rentenversicherung hat daher – verdeutlicht an der Beitragsbemessungsgrenze – die Arbeitnehmer zum Klientel. (Decker/Hecker 2002: 137-140) Deren Position muss aber nicht notwendig in eins fallen mit der gewerkschaftlichen Rentenpolitik. Denn die Gewerkschaft vertritt – zumindest von ihrem theoretischen und historischen Ausgangspunkt her – den Teil der Arbeitnehmer, der tatsächlich und momentan erwerbstätig ist. Insofern wäre es denkbar, dass gerade die Rentner eine der Gewerkschaft entgegenstehende Position beziehen. Verschiedentlich ist versucht worden, theoretisch einen „sozialstrukturellen Antagonismus" zu begründen, der sich im Prinzip in der These zusammenfassen lässt, die Rentner wollten auf Kosten der Beitragszahler die Leistungen ausweiten, während die Beitragszahler ihre Leistungen zu Lasten der Rentner reduzieren wollen. Gegen diesen generellen Gegensatz von Leistungsempfängern und Beitragszahlern wird jedoch eingewandt, dass „in den einzelnen Gruppen von Sozialleistungsbeziehern [...] eine erhebliche Fluktuation [herrscht], die dazu beiträgt, daß es sich bei diesen Einheiten vielfach nur um statistische Kategorien, weniger aber um gesellschaftliche Großgruppen handelt." (Winter 1997: 49) Dieses Argument ist jedoch besonders in Bezug auf andere Sozialleistungen relevant. Der Arbeiter von heute mag der Arbeitslose von Morgen sein und der Kranke hofft auf Gesundheit, ohne ausschließen zu können, dass er ein weiteres Mal auf Leistungen der Krankenkasse angewiesen ist. Dagegen lässt sich einwenden, dass die Fluktuation im Rentensystem natürlich sehr gering ist.[63] (Winter 1997: 49) Dafür ist jedoch der Wechsel von den Beitragszahlern hin zu den Leistungsempfängern nicht zufällig, wie bei anderen Sozialleistungen, sondern gewiss. Von einem generellen Gegensatz zwischen Rentnern und Beitragszahlern kann daher nicht gesprochen werden, da jeder Beitragszahler selber einmal Rentner wird. Zudem sind die Rentner inzwischen innerhalb der Gewerkschaften eine – zumindest zahlenmäßig – nicht zu vernachlässigende Gruppe. „Ende 1994 waren bereits 1,7 Millionen Rentner und Pensionäre im DGB organisiert. Weitgehend unbeabsichtigt und unbemerkt hat sich der Deutsche Gewerkschaftsbund mit seinen Mitgliedsorganisationen zu einer der größten deutschen Seniorenorganisation entwickelt." (Kohli/Kühnemund 1998: 731) Das heißt jedoch nicht, dass es bezogen auf konkrete Situationen nicht dennoch zu einem Konflikt zwischen den einzelnen Gruppen kommen kann, die hier den Arbeitnehmern zugeordnet sind. (Nullmeier/Rüb 1993: 313) Hier zeigt sich erneut, dass die Interessen der Akteure in der Rentenpolitik nicht auf abstrakte Standpunkte zu vereinfachen sind, sondern an den konkreten Sachverhalten zu überprüfen sind.

Dasselbe gilt für das Verhältnis von Arbeitnehmern insgesamt und der Gewerkschaft. Eine generelle Interessendifferenz lässt sich nicht begründen, da auch die Gewerkschaft nur dann dem Interesse ihrer Mitglieder dient, wenn sie deren notwendigen Übergang in die Gruppe der Leistungsempfänger des Rentensystems antizipiert. Tatsächlich ist die Rentenpolitik – wie im Folgenden noch

[63] Ein mehrfacher Wechsel aus der Reihe der Beitragszahler hin zu den Leistungsempfängern ist im Prinzip denkbar, wenn sich nicht auf die Renten wegen Alters beschränkt wird (z. B. Waisenrente – Beitragszahler – Erwerbsunfähigkeitsrente – Beitragszahler – Rente wegen Alters).

auszuführen – ein zentraler Bestandteil der gewerkschaftlichen Einflussnahme. Ebenso wäre es aber verkehrt, von einer generellen Identität der Gewerkschaftspolitik mit den Arbeitnehmerinteressen auszugehen. Es gibt genügend Fälle, in denen sich die Gewerkschaft explizit gegen die Interessen ihrer Mitglieder stellt, wenn sie Ziele verfolgt, die aus ihrer eigenen Organisation und Verfasstheit hervorgehen. Herding und Kirchlechner haben bereits 1980 empirisch nachgewiesen, dass innerhalb der Gewerkschaften „aktive Mitgliederbeteiligung bei der Interessenformulierung und -durchsetzung [...] in Widerspruch zu Zielen geraten [können], die von den Führungsgruppen formuliert werden." (Herding/Kirchlechner 1980: 216) Diese Differenz ist auch von Schmitter und Lehmbruch im Gegensatz der Einflusslogik und der Mitgliederlogik festgehalten worden. (Ausführlich hierzu: Czada 1994: 50; s. auch 2.4.1)

Ebenso ist verschiedentlich darauf hingewiesen worden, dass es an vielen Stellen Differenzen zwischen der gewerkschaftlichen Politik und den Interessen der Nichtmitglieder (z. B. Nichtorganisierte und Arbeitslose) gibt. (Ostner/Leitner/Lessenich 2001: 48) Auch die gewerkschaftliche Position selbst ist keine einheitliche: „Die Einzelgewerkschaften und der DGB haben keine einheitliche sozialpolitische Agenda." (Döhring/Koch 2003: 381) Zwar gibt es mit dem DGB einen zentralen Dachverband, der kann jedoch keineswegs als identisch mit dem korporatistischen Idealtyp gelten. Denn weder hat er ein Vertretungsmonopol – Tarifpolitik ist Sache der Einzelgewerkschaften – noch handelt es sich um einen Zwangsverband, da nicht alle Gewerkschaften im DGB organisiert sind.[64] „Die – wenn man es so nennen will – Macht liegt bei den Einzelgewerkschaften, der DGB als übergreifende Dachorganisation ist dagegen mehr ein Repräsentationsorgan, also verhältnismäßig schwach. [...] Aber auch die verschiedenen Einzelgewerkschaften verfolgen aufgrund einer gewissen [...] Heterogenität teilweise sicherlich zwangsläufig verschiedene Einzelinteressen." (Seitenzahl 1976: 99) Zwar war es seit der Gründung 1949 erklärtes Ziel, „die Beschäftigten eines Wirtschaftszweiges insgesamt, also Arbeiter, Angestellte und gegebenenfalls auch Beamte, zu vertreten"; diese Ausrichtung führte jedoch „bereits 1949 zur Abspaltung der Angestellten-Gewerkschaft, die eine eigene, vom DGB unabhängige Organisation bildete." (Weber 1977: 107) Diese Differenzierung der Gewerkschaften ist bezüglich des Rentensystems von besonderer

---

[64] Der DGB vertritt zwar nicht alle deutschen Gewerkschaften, jedoch die einflussreichsten, obwohl es auch Beispiele dafür gibt, wie die abweichenden Positionen z. B. der christlichen Gewerkschaften die DGB-Position stark beeinflusst haben. Als es z. B. auf Grund eines Wahlaufrufs des DGB 1953 einen Konflikt mit den christlichen Gewerkschaftern gab, wurde ihnen eine überproportionale Repräsentanz in den DGB-Führungsgremien zugesprochen. Trotzdem spaltete sich eine kleine Gruppe von Gewerkschaften ab und gründete 1959 den CGB. (Armingeon 1988: 32) Auch die DAG, die einen starken Einfluss auf das Rentensystem hatte, war nicht im DGB organisiert.

Bedeutung, da sie ihr Pendant in der Unterscheidung der Rentenversicherung der Arbeiter und der Rentenversicherung der Angestellten findet. Hinzu kam die Abspaltung der christlichen Gewerkschaften mit eigenem Dachverband (CGB).[65] Demnach kann sich auch die Position der einzelnen Gewerkschaften – und damit ihre Rentenpolitik – durchaus unterscheiden. Es lässt sich sogar vermuten, dass sich in vielen Fällen die Position des DGB als „Einheitsgewerkschaft" schlechter durchsetzen lässt, als Positionen von Einzelgewerkschaften. „Die damit [mit der Einheitsgewerkschaft] verbundene Stärkung der Solidarität aller Arbeitnehmer wird naturgemäß erkauft nicht nur mit innergewerkschaftlichen Auseinandersetzungen, sondern auch mit einer Schwächung der Interessenvertretung in der politischen Willensbildung." (Hartwich 1977a: 107)

Neben der Differenzierung zwischen Arbeitnehmerinteressen und Gewerkschaftsinteressen wird z. T. in der Literatur ein Konfliktpotential zwischen Arbeitern und Angestellten vermutet.[66] Ein entsprechender Gegensatz wird aus dem statuserhaltenden Charakter des Rentensystems gefolgert. Wie bereits ausgeführt handelt es sich dabei jedoch in erster Linie um eine Eigenheit des Bismarckschen Rentensystems, die sich seit der Reform von 1957 in dieser Weise nicht mehr finden lässt. „Seit der Rentenreform 1956/57 und der Aufhebung der Versicherungspflichtgrenze zehn Jahre später sind alle ernstzunehmenden materiellen Unterschiede zwischen Arbeiter- und Angestelltenrentenversicherung beseitigt. Kleinere Unterschiede kann es allenfalls bei Nicht-Rentenleistungen (z. B. Kuren) geben." (Döring 2000: 176) Auch wenn nicht von einem prinzipiellen Gegensatz zwischen Arbeitern und Angestellten auszugehen ist, darf nicht vernachlässigt werden, dass bis Oktober 2005 nach wie vor zwei getrennte Rentenkassen bestanden. Auch wenn sich das Leistungsniveau zwischen ihnen nicht maßgeblich unterscheidet, gab es hier zwei getrennte Institutionen, die den Kollektivakteuren Arbeitnehmern, Arbeitgebern und dem politisch-administrativen System unterschiedliche Einflussmöglichkeiten eröffneten.

Besonders bei den Arbeitnehmern variierte traditionell die Einflussgruppe bezüglich der Landesversicherungsanstalten, dem Träger der Arbeiterversicherung und der Bundesversicherungsanstalt für Angestellte. Während in ersteren der DGB „fast eine Monopolstellung" (Großhaus 1985: 89) bezüglich der Vertretung der Versicherten hatte, wurde die Bundesversicherungsanstalt für Ange-

---

[65] Die Problematik der Vertretung der Beamten kann hier außer Acht gelassen werden, da sich die Analyse einschließlich auf die Renten, nicht aber auf die Pensionen bezieht.

[66] Explizit taucht die Formulierung des „status mantainance" bei Esping-Andersen auf (Esping-Andersen 1990: 27), implizit übernehmen auch Manow und Schludi diesen Gedanken, wenn sie das deutsche Rentensystem als Bismarcksches bezeichnen (Manow 1997, Schludi 2001).

stellte – besonders in der Szene des Ausbaus – von der Deutschen Angestellten Gewerkschaft (DAG) dominiert. (Nullmeier/Rüb 1993: 305)

Die Ausdifferenzierung des Akteurs Arbeitnehmer muss auch hinsichtlich der inhaltlichen Bestimmung der Interessen berücksichtigt werden. Denn es ist mit Nichten so, dass die Arbeitnehmer zu jeder Zeit für eine Ausweitung des Sozialstaates eintreten. (Schludi 2001: 19; Pierson 1997: 28) „Arbeiter und Gewerkschaften [können] keineswegs umstandslos und zu allen Zeiten als Protagonisten der sozialstaatlichen Entwicklung angesehen werden." (Winter 1997: 18) Eine Analyse, die auf Grund ihrer eigenen Annahmen ein bestimmtes Interesse beispielsweise der Arbeitnehmer voraussetzt, wird unweigerlich damit konfrontiert, dass ein empirischer Gegensatz entsteht zwischen dem postulierten „objektiven Interesse" und den davon abweichenden „subjektiven Interessen".[67] Diese inhaltliche Differenzierung ist nicht zuletzt Resultat der unterschiedlichen Fraktionen innerhalb des Akteurs. „[S]chließlich findet man in der Arbeitnehmerschaft Gruppen, denen eher an einer Verminderung der Sozialabgaben als an einer verbesserten Absicherung ihrer sozialen Risiken gelegen ist." (Winter 1997: 18-19) Welche Interessen sich aus dieser ersten Differenzierung des Akteurs ergeben, ist in den konkreten Szenen aufzuzeigen. Hier soll nur auf die Möglichkeit einer Pluralität von Fraktionen innerhalb des Akteurs Arbeitnehmer hingewiesen werden. Damit ist auch nicht negiert, dass die Interessenverbände einen maßgeblichen Einfluss auf die „Arbeitnehmerinteressen" haben. Denn die Möglichkeit der Fraktionierung schließt die Homogenität nicht kategorisch aus. Die Analyse der einzelnen Szenen muss zeigen, welche Interessen sich bündeln lassen, welche gegeneinander stehen und welche innerhalb des Akteurs als dominant bzw. inferior gelten können.

Ein ähnliches Bild ergibt sich bezüglich der Arbeitgeber. Auch wenn dieser Akteur wesentlich homogener ist, kann von einer wirklichen Einheitlichkeit nicht die Rede sein. Auch hier kann der korporatistische Idealtyp als negative Bebilderung dienen. Denn erstens gibt es in Deutschland zwei zentrale Arbeitgeberverbände, den BDI und die BDA, sowie diverse sektorale und regionale Zusammenschlüsse.[68] Auch wenn die BDA bezüglich des Rentensystems eine we-

[67] Damit ist nicht gesagt, dass es ein „objektives Interesse" nicht gibt. Auch Dahrendorf, der sich gegen eine verkürzte Analyse der Interessen der Arbeitnehmer wendet, hält an diesem Begriff in Form der „Rollen-Erwartung" fest. (Dahrendorf 1977: 210) Ebenso ist es denkbar, dass der empirische Widerspruch sich theoretisch auflösen lässt, beispielsweise durch das dialektische Konzept der Interessen *an sich* und *für sich*. (Vgl. Wallerstein 1974: 174)

[68] „Zu den Wirtschaftsverbänden [...] zählen wir [...] Verbindungen von Unternehmungen desselben Wirtschaftszweigs mit ihren fachlichen oder regionalen Zweigverbänden, ferner die Arbeitgeberverbände, wiederum mit fachlichen oder gebietlichen Zweigverbänden, weiter die Marktverbände (Kartelle) und schließlich die sogenannten Wirtschaftszweckverbände, die nicht wie die anderen Verbän-

sentlich gewichtigere Rolle spielt als der BDI, (Nullmeier/Rüb 1993: 306) kann nicht von einem reellen Verhandlungsmonopol ausgegangen werden, wie es der Korporatismus als Idealtyp unterstellt. Zweitens kann von einer Zwangsmitgliedschaft nicht die Rede sein, da der Beitritt freiwillig ist, Mehrfachmitgliedschaften möglich sind und es deshalb auch kein Vertretungsmonopol gibt. Hinzu kommt: „Formal national business groups are by no means the only agent for representing business interests in national policy debates. Industrial sector trade associations also influence firm preferences in public policy because these sectorial-level associations shape political relations within the industry [...]. Indeed, at the policy or sectoral levels, one may find dynamics that contradict national patterns". (Swank/Martin 2001: 897)

Wie bereits bei den Gewerkschaften erläutert, ist auch in Bezug auf die Unternehmerverbände nicht notwendig von einer Identität der Interessen von Verband und Mitgliedern auszugehen, worauf die Verbandsforschung bereits sehr früh verwiesen hat. „Stellt der Wirtschaftsverband ursprünglich einen Zusammenschluß zur Sicherung der wirtschaftlichen Existenz seiner Mitglieder dar, so kann sich daraus ein Bestreben zur Existenzsicherung des Verbandes selbst entwickeln." (Werner 1957: 36)

Es ist daher wenig verwunderlich, dass auf die inhaltlichen Positionen des Akteurs Arbeitgeber bezüglich des Rentensystems sich nicht auf eine generelle Ablehnung beschränken.[69] „Ungeachtet ihrer regelmäßig vorgetragenen Angriffe auf die Sozialleistungen erweisen sich die Arbeitgeberverbände immer wieder als kooperative Verhandlungspartner der Gewerkschaften und der Sozialpolitiker in Regierung und Parteien, wenn es darum geht, Lösungen für grundlegende soziale Probleme wie die Altersicherung [...] zu finden." (Winter 1997: 18) Diese grundsätzliche Bereitschaft der Arbeitgeber, sich an der Sozialpolitik – und damit auch am Rentensystem – konstruktiv zu beteiligen, ist eigentlich nur dann verwunderlich, wenn davon ausgegangen wird, dass Sozialleistungen keinen ökonomischen Nutzen für die Unternehmer haben. Dagegen spricht jedoch, dass die „mittelbaren Entlastungswirkungen der Sozialpolitik für den Wirtschaftsablauf [...] so offenkundig [sind], daß auch im Arbeitgeberlager kein Interesse an einer Abschaffung von Basisinstitutionen wie der gesetzlichen Rentenversicherung [...] besteht." (Winter 1997: 18)

---

de allgemeine Ziele, sondern einen einzelnen besonderen Zweck verfolgen. [...] Wer Freude an Begriffsbestimmungen hat, kann die Wirtschaftsverbände in dem hier gemeinten engeren Sinne definieren als freiwillige Verbindungen von selbständigen Unternehmungen mit dem Ziel, gemeinsame Interessen der Mitgliedsunternehmungen zu fördern und zu vertreten." (Hardach 1967: 151-152)

[69] Ein solcher Eindruck entsteht z. B. bei Schludi: „Employer associations are powerful pressure groups lobbying hard for massive reduction in non-wage labor costs." (Schludi 2001: 19)

Auch in Bezug auf die Arbeitgeber ist es daher notwendig, aus den unterschiedlichen Positionen in den konkreten Szenen die Spannweite der Interessen zu ermitteln und diese weder durch bestimmte theoretische Ansätze noch durch die Politik der Verbände als gegeben zu betrachten. Analog zu den Überlegungen bezüglich der Interessen der Arbeitnehmer heißt dies aber auch für die Arbeitgeber nicht, dass die Verbände ein zu vernachlässigender Akteur wären. Wie die Kritik am Korporatismus gezeigt hat (2.5) wäre es nur falsch die Verbände als einzigen Akteur innerhalb der Arbeitgeber anzunehmen und noch dazu von statischen, vordefinierten Interessen auszugehen.

Hinsichtlich der Analyse der Interessen des politisch-administrativen Systems wird in der Regel davon ausgegangen, dass die unterschiedlichen Parteien mit ihren voneinander eindeutig abgrenzbaren Positionen die maßgeblichen Akteure seien. Schludi geht beispielsweise davon aus, dass sich die Parteien in ein eindimensionales Schema zwischen massiver Ausdehnung des Rentensystems und radikalen Einschnitten einordnen lassen, wobei post-kommunistische Parteien für eine Ausweitung des Rentensystems stehen, während sozialdemokratische, christdemokratische und marktliberale Parteien sich immer mehr in Richtung „radikale Einschnitte" platzieren. (Schludi 2001: 16)

Bereits die Analyse der einzelnen Phasen hat jedoch gezeigt, dass die Wechsel der Ausrichtung des Rentensystems nicht mit den Regierungswechseln in eins gehen; im Gegenteil: Die eigentlichen Einschnitte – Anfang der 1970er und zu Beginn der 1990er – fallen nicht zwischen zwei, sondern mitten in eine Regierungsperiode. Selbst wenn diese Einschätzung der Parteipositionen nur auf die letzte Phase bezogen ist, lässt sich das Argument für die Bundesrepublik nicht aufrechterhalten, da sich zwischen der Position der Sozialdemokraten und der der Christdemokraten kein Unterschied im Sinne „mehr Einschnitte oder mehr Ausdehnung" feststellen lässt. Zumindest wenn nur die Quantität der Sozialleistungen betrachtet wird, scheint das Rentensystem kaum durch parteipolitische Ausrichtungen geprägt zu sein.

> Wahrscheinlich beruht die erfolgreiche Durchsetzung der Sozialversicherung als Organisationsmodell der sozialen Sicherung zu einem guten Teil auf ihrer Offenheit und Mehrdeutigkeit gegenüber konkurrierenden Interpretationen. Je nach seiner spezifischen Ausgestaltung kann das Sozialversicherungsmodell teils liberalen, teils konservativen, teils auch sozialistischen Vorstellungen nahe stehen bzw. ihnen dienstbar gemacht werden. (Kohl 1993: 73)

Offensichtlich ist daher eine Sichtweise, die sich *ausschließlich* auf die Positionen der Parteien beschränkt, nicht dienlich, wenn es um die Entwicklung der rentenpolitischen Interessen geht. Ein Grund hierfür liegt sicherlich in der Verfasstheit der Parteien selbst. Erstens vertritt keine politische Partei nur ein einziges Interesse, sondern bündelt unterschiedliche politische Auffassungen und weist daher oft ein breites Spektrum unterschiedlicher Positionen auf. Einigkeit besteht meist nur in zentralen, wenig konkreten Kernpunkten. Zweitens sind auch diese geteilten Auffassungen keineswegs statisch, sondern können sich durchaus verändern.

Ein weiterer Grund, warum die Beschränkung auf Parteipositionen zur Erklärung des Rentensystems nicht ausreicht, besteht darin, dass die Positionen durch die institutionelle Verankerung der Akteure mitbestimmt sind. Hartwich verweist darauf, dass das „politisch-administrative System" sowohl aus den „politisch-administrativen Zielrichtungen und Handlungsweisen" besteht, die sich beispielsweise in den Positionen der Parteien finden lassen, dass aber auch die „staatlich-institutionellen Möglichkeiten und Vorkehrungen" zu berücksichtigen sind. (Hartwich 1977a: 95) Daraus folgt erstens, dass die Parteien ihre Politik nicht bloß an ihren politischen Vorstellungen ausrichten, sondern auch an den institutionellen Rahmenbedingungen. Zweitens sind nicht bloß die Parteien als Akteur zu betrachten, sondern auch andere Institutionen des politisch-administrativen Systems können eigenständige Positionen vertreten. So hat beispielsweise der Finanzminister in bestimmten Fragen u. U. eine völlig andere Auffassung hinsichtlich der Rentenpolitik als der Sozialminister, auch wenn beide derselben Partei angehören mögen. Diese Aufteilung des politisch-administrativen Systems ermöglicht es, auch den VDR in die Analyse mit einzubeziehen, der eine Sonderstellung einnimmt. In ihm sind alle Rentenversicherungsträger zusammengeschlossen, es handelt sich also um einen Verband der Verbände, oder, wie Nullmeier/Rüb „überspitzt" formulieren: „*Die rechtlich verselbständigte Verwaltung verwandelt sich in einen Interessenverband*". (Nullmeier/Rüb 1993: 318, Hervorhebung i. O.) Diese Verselbständigung ergibt sich aus der rechtlichen Konstruktion des VDR als eingetragener Verein. Dadurch, dass – vermittelt über die paritätische Vertretung der Selbstverwaltungsspitzen – sich die Geschäftsführung aus Funktionären von DAG, DGB und BDA rekrutiert, wird der VDR zum „Ausgleichsorgan zwischen genuinen Interessen der Verbände von Kapital und Arbeit und den istitutionell-bürokratischen Eigeninteressen der Verwaltung der Rentenversicherungsträger." (Nullmeier/Rüb 1993: 318) Während also die Positionen innerhalb des VDR sich in erster Linie aus den Interessen der Arbeitgeber und Arbeitnehmer ergeben, ist die Institution selbst zu den „staatlich-institutionellen Vorkehrungen und Möglichkeiten" zu zählen.

Welche Akteure des politisch-administrativen Systems zu berücksichtigen sind, wird in den einzelnen Szenen der Entwicklung des Rentensystems zu prüfen sein. Festzuhalten ist, dass auch im Bereich des politisch-administrativen Systems nicht von gegebenen Positionen ausgegangen werden kann, die aus der Analyse im Vorfeld exogenisiert werden. Vielmehr stellt sich die Frage, ob sich aus der Vielzahl der Interessen von Seiten der Politik, die sich empirisch finden lassen, eine Richtung der Rentenpolitik identifizieren lässt, aus der sich gemeinsam mit den Positionen der anderen Akteure ein Reformkorridor ergibt; also ein begrenzter Entwicklungsspielraum, durch den die konkrete Rentenpolitik in einer Szene bestimmt ist. Um diesen Spielraum zu (re)konstruieren, ist es gerade auch in Bezug auf die Parteien notwendig, aus den vertretenen Positionen heraus die Interessen zu analysieren und diese nicht als gegeben hinzunehmen.

4.1 Ausbau des Rentensystems

Die Szene des Ausbaus des deutschen Rentensystems beginnt mit der „großen Rentenreform" von 1957. Bis einschließlich zur Rentenform von 1972 wurden diese Leistungen der gesetzlichen Rentenversicherung ausgeweitet, durch eine Erhöhung des Rentenniveaus und eine Vergrößerung des anspruchsberechtigten Personenkreises. Im Folgenden sollen nun die Interessen der Arbeitnehmer (4.1.1), der Arbeitgeber (4.1.2) und des politisch-administrativen Systems (4.1.3) in dieser Szene untersucht werden. Dabei wird jeweils aus der Analyse der Positionen, die diese Kollektivakteure vertreten haben, auf die entscheidenden Interessen geschlossen. Diese bilden die Grundlage, um die Gestaltungsspielräume des Rentensystems für die Szene des Ausbaus in einem Reformkorridor zusammenzufassen. (4.1.4)

4.1.1 Arbeitnehmerinteressen in der Szene des Ausbaus

Im Folgenden ist zu klären, auf der Basis welcher Interessen die Arbeitnehmer in der Szene des Ausbaus Rentenpolitik betrieben haben. Entscheidend ist hier, dass die Positionen sich nicht aus vorweggenommenen Annahmen über die Arbeitnehmer ableiten, sondern aus der „real-existierenden" Rentenpolitik dieses Kollektivakteurs herausgefiltert werden und somit auch empirisch überprüfbar sind.

Positionen der Arbeitnehmer

Bedeutend für die Analyse der Arbeitnehmerinteressen bezüglich des Rentensystems in der Szene des Ausbaus sind die Positionen der Gewerkschaften. Eine Vertiefung erfolgt hinsichtlich der unterschiedlichen Gewerkschaften, sowie – soweit möglich – der nichtgewerkschaftlich organisierten Interessen, um so der Pluralität des Kollektivakteurs „Arbeitnehmer" gerecht werden zu können.

> Es ist kaum möglich, allgemein von der Programmatik der deutschen Gewerkschaften in der sozialen Sicherung zu sprechen. Gewerkschaften reflektieren letztlich die in der Arbeitnehmerschaft, aber auch in der Gesellschaft selbst wirksamen Überzeugungen und die hiermit verbundenen sozialpolitischen Leitvorstellungen. [...] In der Einheitsgewerkschaft nach 1945 enthält die beschlossene Programmatik daher zumeist durch Kompromisse getragene Formulierungen, um für die unterschiedlichen Arbeitnehmergruppen anschlussfähig zu sein. (Döring/Koch 2003: 386)

In der Szene des Ausbaus muss zunächst festgehalten werden, dass gerade die Gewerkschaften dem System einer umlagefinanzierten Zwangsversicherung bei der Rente einiges abgewinnen konnten. „Die historischen Krisenerfahrungen (Kriege, Inflation, Weltwirtschaftskrise) hatten das Vertrauen in die Verlässlichkeit privater Vorsorge erschüttert. [...] Durch die Umstellung des Sicherungssystems auf die Umlagedeckung konnten die wirtschaftlichen Zuwächse der Wiederaufbauphase aus dem Stand heraus auch den Leistungsempfängern zugeleitet werden." (Döring/Koch 2003: 385) Angesichts der leeren Rentenkassen und der steigenden wirtschaftlichen Leistung galt von Seiten der Arbeitnehmer das Umlageverfahren nicht nur als beste, sondern als einzige praktizierbare Lösung mit dem Argument, „daß über die Kapitaldeckung allein immer nur ein Nominalanspruch erreichbar ist, der nach Krisen auch völlig fiktiv werden kann, aber auch normalerweise der ständigen Gefahr ausgesetzt ist, real entwertet zu werden." (Boettcher 1956: 96) Die Debatte, Umlage- versus Kapitaldeckung, die auch aktuelle Reformdiskussionen beeinflusst, hatte also damals eine Ausrichtung, die den aktuellen Debatten diametral entgegensteht. Heute soll der Übergang zur Kapitaldeckung zu einer Erhöhung der dann zahlbaren Renten führen, während in der Szene des Ausbaus des Rentensystems davon ausgegangen wurde, dass über ein Umlageverfahren wesentlich höhere Renten möglich sind. „Jedenfalls können nur bei der Koppelung der Sozialleistungen an das wachsende Niveau der Reallöhne eine ständige Teilnahme der Leistungsbezieher am wachsenden Wohlstand erreicht und Deklassierungen im Lebensschicksal vermieden werden." (Boettcher 1956: 97) Hier zeigt sich, dass das Umlageverfahren schon zu Beginn der Szene der Anpassung mit der Dynamisierung gleichgesetzt wurde.

Die Vorzüge des Umlageverfahrens wurden insbesondere mit der These von Mackenroth begründet, dass alle Sozialleistungen immer aus dem aktuellen Sozialprodukt bezahlt werden. (Mackenroth 1957: 45) Dieser Satz galt – zumindest innerhalb der Gewerkschaftsbewegung – als unumstößliches Dogma.[70] Die Gegenposition, dass Rückstellungen prinzipiell „einem wirtschaftlichen Wertzuwachs [unterliegen], während der nominale Gegenwert der Versorgungszusagen gleich bleibt" (Zöllner 1957: 113) und daher eine Kapitaldeckung zu bevorzugen sei, fand keine Beachtung. Diese Differenz in der Einschätzung der Kapitaldeckung erklärt sich teilweise dadurch, dass in den 1950er Jahren selbstverständlich von einer (zumindest nominalen) Ausweitung der Löhne und Gehälter ausgegangen wurde.

Obwohl sich die Gewerkschaften für eine „umfassende Sozialreform" eingesetzt hatten, stieß die Rentenreform von 1957 auf breite Zustimmung.[71] Insofern bedeutete die Reform des Rentensystems eine generelle Umorientierung der deutschen Gewerkschaften. Der DGB, der in seinem Programm von 1949 noch die Überführung der Schlüsselindustrien in Gemeineigentum verlangt hatte, (Ott 1978: 245) musste nun feststellen, dass angesichts „des überall und für jeden heraufziehenden «Wirtschaftswunders» das düstere Bild von einem krisengeschüttelten Kapitalismus, das im Hintergrund der «Wirtschaftspolitischen Grundsätze» gestanden hatte, keinen Realitätsbezug mehr" (Breum 1981: 178) besaß. Gerade die Rentenreform von 1957 führte zu einer so drastisch verbesserten Lebensstandardsicherung, so dass auch die Gewerkschaften sich der Popularität dieser Reform nicht verschließen konnten. (Döring/Koch 2003: 387)

Schon an dieser Stelle wird deutlich, dass es nicht ausreicht, sich alleine auf die gewerkschaftlichen Positionen zu beschränken. Während die Gewerkschaften weiterhin Reformen herbeiführen wollten, die die „Forderung nach Planung [beinhalteten], um Vollbeschäftigung, den zweckmäßigen Einsatz der volkswirtschaftlichen Produktivkräfte und die Deckung des volkswirtschaftlich wichtigsten Bedarfs zu gewährleisten" (Leminsky/Otto 1984: 5), mussten die Funktionä-

---

70 Diese Position wird nicht nur von Mackenroth vertreten. „Wer den Kreislauf des Geldes in einer hochindustrialisierten Volkswirtschaft und die Zusammenhänge zwischen Güterproduktion und Geldkreislauf begriffen hat, der kann nicht über den Ersatz des Umlageverfahrens durch irgendein anderes Prinzip ernsthaft diskutieren. In jeder Rechnungsperiode steht dem Volkseinkommen die Summe der in eben dieser Periode produzierten Güter und Dienstleistungen gegenüber. Eine Volkswirtschaft kann nicht in der Gegenwart Teile ihres Volkseinkommens in einem «Deckungsfonds» anlegen, um in späteren Zeiten einen Teil ihrer Bürger aus diesem Fonds zu ernähren." (Ehrenberg 1964: 114)

71 „Diese Reform war enorm populär. Zeithistoriker und Sozialstaatstheoretiker sprechen ihr eine zentrale Stabilisierungsfunktion für die Regierung Adenauer zu [...]. Die Erwartung auf einen materiell abgesicherten Ruhestand ist zum Bestand der lebensweltlichen Selbstverständlichkeit und zu einem Angelpunkt der Normalbiographie geworden." (Kohli/Kühnemund/Jürgen 1994: 404)

re feststellen, dass diese Forderungen von ihren Mitgliedern in vielen Fällen nicht geteilt wurden. Diese sahen – nicht zuletzt auf Grund der Rentenreform – mehrheitlich in der „Sozialen Marktwirtschaft“ ihre Interessen besser verwirklicht als durch „sozialistische Experimente“. Resultat war eine Anpassung der gewerkschaftlichen Position im Rahmen des „Aktionsprogramms“, beschlossen 1955, dann 1965 und 1972 fortgeschrieben, in dem sich auf Forderungen konzentriert wurde, „für die die Arbeitnehmer mobilisiert werden konnten und die mit gewerkschaftlichen Mitteln durchzusetzen waren: kürze Arbeitszeit, höhere Löhne und Gehälter, verbesserter Arbeitsschutz, größere soziale Sicherheit und gesicherte Mitbestimmung.“ (Leminsky/Otto 1984: 6) Diese Umorientierung schlug sich dann auch im Grundsatzprogramm von 1963 nieder:

> Das 1963 in Düsseldorf verabschiedete Grundsatzprogramm [...] ist [...] nicht mehr von dem Gedanken bestimmt, daß die Gewerkschaften die spezifische Gestaltung der gesellschaftlichen Produktion grundlegend umzugestalten hätten, um Wohlstand und sozialen Fortschritt zu sichern. Die Aufhebung der sozialen Ungleichheit und Ungerechtigkeit, der sich die Gewerkschaften weiterhin verpflichtet wissen, soll innerhalb der gegebenen Form der kapitalistischen Produktionsweise erstrebt werden, einer Produktionsweise, die ihre Fähigkeit zur Sicherung von wirtschaftlichem Wachstum und Vollbeschäftigung scheinbar überzeugend unter Beweis gestellt hatte. (Breum 1981: 181)

Nicht nur die Position der Arbeitnehmerschaft unterscheidet sich hier von der DGB-Position, sondern auch zwischen den einzelnen Gewerkschaften sind Differenzierungen vorzunehmen. Die Zustimmung zur Rentenreform war auch dadurch beeinflusst, dass die DAG die weiterreichenden Forderungen des DGB nicht teilte und aufgrund der historischen Teilung der Rentenversicherung einen besonders starken Einfluss auf die Reformbemühungen hatte. Die Vorreiterrolle bezüglich der Umorientierung des DGB nahm die IG Metall ein. Dass diese Position für den gesamten DGB entscheidend wurde, war vor allem der Überzeugungsarbeit des Vorsitzenden der IG Metall Otto Brenner zu verdanken. (Leminsky/Otto 1984: 6) „Trotz der sozialökonomischen Erfolge dieses neuen, sich in Otto Brenner und der IG Metall symbolisierenden gewerkschaftlichen Aktivismus - die Löhne stiegen seitdem merklich und die Arbeitsbedingungen verbesserten sich spürbar -, bleibt doch offensichtlich, daß diese Erfolge vor dem Hintergrund einer «Entpolitisierung» der gewerkschaftlichen Klassenkämpfe und einem parallel dazu verlaufenden, verschärften Anpassungsprozeß der sozialdemokratischen Partei zu sehen sind.“ (Jünke 2004)

In der Debatte um die künftige Gestaltung des Sozialstaates hatten sich die Gewerkschaften für eine Mischung aus Grundbeträgen und Leistungsbezogenheit eingesetzt. (Döring/Koch 2003: 387) Diese Position lässt sich aus der Homogenität der Mitgliederinteressen der Gewerkschaften erklären. Während ein Teil der Arbeitnehmer auf eine staatliche Basisabsicherung setzte, von der anzunehmen war, dass sie auf Grund des Lohnabstandsgebotes relativ gering ausfallen würde, zogen besonders viele Facharbeiter eine leistungsbezogene Ausrichtung der Sozialsysteme vor. Für die Szene des Ausbaus heißt das, dass eine Forderung nach einer Mindestrente in den Hintergrund trat. Vielmehr standen die Arbeitnehmer hinter dem System der Leistungsbezogenheit und sahen in der Ausweitung des Leistungsniveaus die beste Absicherung auch für die Empfänger geringer Einkommen. „Allerdings vertritt der DGB kein rein äquivalenzorientiertes Rentenmodell, sondern bekennt sich grundsätzlich auch zum Prinzip des sozialen Ausgleichs. [...] Das von den Gewerkschaften favorisierte Modell des sozialen Ausgleichs, das sie am ehesten mit dem Leistungsprinzip für vereinbar halten, ist die 1972 eingeführte Rente nach Mindesteinkommen." (Winter 1997: 169) Die Rente nach Mindesteinkommen ist zwar vom Effekt mit einer Mindestrente vergleichbar, der Unterschied besteht aber in der generellen Beibehaltung des Äquivalenzprinzips. Es wird nicht die Rentenversicherung dafür verantwortlich gemacht, dass jede Rente den nötigen Lebensstandard gewährleistet, sondern die zu geringe Rente wird auf ein zu geringes Einkommen zurückgeführt, welches daher in der Berechnung angehoben wird.

Auch in Bezug auf den Bundeszuschuss zeigt sich, dass der DGB weiterhin mit dem Solidaritätsprinzip sympathisiert. Denn aus der Sicht der Gewerkschaften ist die Finanzierung über Steuergelder wünschenswert, da so die sozialen Lasten auf die gesamte Gesellschaft verteilt werden. Daher kritisierte der DGB auf seinem Bundeskongress von 1966 die relative Verringerung des Bundeszuschusses. „Dieser Bundeszuschuss ging – gemessen an den Ausgaben – von fast 1/3 im Jahre 1957 auf 1/5 zurück. Das ist eine verhängnisvolle Entwicklung [...]. Die Kosten für die soziale Sicherheit sollen also in Zukunft ausschließlich auf die Arbeitnehmer abgewälzt werden." (Beermann 1966: 157) Es zeigt sich also, dass die Debatte um die Anerkennung des Äquivalenzprinzips gewerkschaftsintern in der Szene des Ausbaus des Rentensystems nicht abgeschlossen wurde. Die Position, die sich daraus ergibt, ist eine generelle Anerkennung des Äquivalenzprinzips bei gleichzeitiger sozialer Abfederung.

Dazu passend legte der DGB großen Wert auf die weitgehende Gleichstellung von Arbeitern und Angestellten. „Es ging darum, gleichzeitig mit dem Ausbau der sozialen Sicherheit und den materiellen Verbesserungen auch die Unterschiede zwischen den einzelnen Arbeitnehmergruppen abzubauen." (Muhr 1977a: 480) Auch hier bringt der DGB einerseits die Vorstellung nach einer möglichst universellen Gleichbehandlung der Arbeitnehmer zum Ausdruck. Eine solche Forderung entspricht dem in der Einheitsgewerkschaft verankerten Grundgedanken einheitlicher Arbeitnehmerinteressen. Andererseits werden bestehende Unterschiede – zwischen Arbeitern und Angestellten – nicht generell abgelehnt, sondern der DGB versucht lediglich, die materiellen Auswirkungen dieser Unterscheidung anzugleichen. Damit reagiert der DGB darauf, dass die Arbeitnehmer gar nicht selbstverständlich von identischen Interessen ausgehen, sondern sehr wohl auf Statusdifferenzierungen innerhalb ihrer Gruppe Wert legen. Die Angleichung der Leistungen unterschiedlicher Fraktionen hat die Rentenpolitik des DGB in der gesamten Szene des Ausbaus des Rentensystems bestimmt.

> Auch bei [...] dem dritten Rentenversicherungsänderungsgesetz [...] drängte die gesellschaftspolitische Bedeutung alle anderen Fragen in den Hintergrund. Gemeint ist die Tatsache, daß der mit diesem Gesetz installierte Finanzausgleich zwischen Arbeiter- und Angestellten-Rentenversicherung auf der Basis der von der Selbstverwaltung der Rentenversicherung gemachten Vorschläge endlich beide Rentenversicherungenszweige zu einer finanziellen Einheit zusammenschloß. Den darin liegenden gesellschaftspolitischen Fortschritt kann nur ermessen, wer sich an die Haltung jener Kräfte ein Jahr zuvor erinnert, die noch zu diesem Zeitpunkt den unvermeidlichen Finanzausgleich als Enteignung der Angestellten bezeichneten und statt dessen geringere Beiträge beziehungsweise höhere Leistungen für Angestellte forderten. (Muhr 1977a: 482)

Hier zeigt sich, dass sich die DGB-Position weitgehend gegen die Position der DAG durchsetzte, ohne jedoch die Grundlage der Differenz, die Trennung von Arbeitern und Angestellten, aufzuheben. Dass umgekehrt auch die spezifische Position der Angestellten das Interesse des Kollektivakteurs Arbeitnehmer in der Szene des Ausbaus beeinflusst, zeigt sich u. a. daran, dass der DGB erklärt, dass er den „weiteren Ausbau der Rentenversicherung der Angestellten für unerläßlich“ (DGB 1962: 298) hält. Die Formulierung „Ausbau“ lässt allerdings das Verhältnis zur Rentenversicherung der Arbeiter offen. Selbst wenn von „Angleichung“ gesprochen wird, bleibt unklar, in welche Richtung diese Angleichung gehen soll; „denn eine rechtliche Gleichstellung mit andern Arbeitnehmergruppen muß nicht auch gleichzeitig die Position der Betroffenen nachteilig verändern oder deren weitere Entwicklung hemmen.“ (Böhm 1960: 248) Trotzdem hat die DAG immer deutlich gemacht, dass sie gegen eine „Nivellierung“ des Arbeiter- und Angestelltenstatus ist. Auf dem DAG-Kongress von 1960 wurde z. B. ein Antrag eingereicht, „in dem es u. a. heißt: «Mit allem Nachdruck wenden sich die in der Deutschen Angestellten-Gewerkschaft organisierten Angestellten gegen die in letzter Zeit vermehrten Versuche, den Angestelltenbegriff zu beseitigen und unseren Status abzuwerten. [...] Die Angestellten der Gegenwart halten sich nicht für etwas «Besseres». Sie sind sich aber ihrer wichtigen Funktion und ihrer Verantwortung in der Wirtschaft, im Staatsapparat und im übrigen öffentlichen Leben bewusst.»" (Böhm 1960: 248) Hier wird deutlich, dass die DAG eine Besserstellung der Angestellten gegenüber den Arbeitern beibehalten will.

Ein weiterer Bestandteil der Position der Arbeitnehmer in der Szene des Ausbaus ist die Einführung einer flexiblen Altersgrenze. Eine entsprechende Forderung wurde bereits auf dem 2. DGB-Bundeskongress 1952 formuliert und taucht bis zum 8. Ordentlichen Bundeskongress im Jahre 1969 immer wieder auf.

> Dort wurde folgender Antrag beschlossen: «Die Altersgrenze ist auf 60 Jahre herabzusetzen, es soll zunächst die Möglichkeit geschaffen werden, von dieser Grenze ab bis zum vollendeten 65. Lebensjahr zwischen Beschäftigung und Altersgrenze frei wählen zu können. Ab dem 65. Lebensjahr ist jedoch Altersruhegeld ohne Rücksicht darauf zu gewähren, ob eine Beschäftigung ausgeübt wird oder nicht.» (Kiesau 1971: 66)

Bemerkenswert sind hier zwei Aspekte: Erstens wird die Flexibilisierung der Altersgrenze als ein Schritt hin zu einer allgemeinen Absenkung der Altersgrenze gewertet. Zweitens basiert die Forderung auf dem Prinzip der Freiwilligkeit der Rentner. Offensichtlich ist aus der Position des DGB eine generelle Reduzierung der Lebensarbeitszeit erstrebenswert – eine Vorstellung, die in das weiter gefasste Konzept einer umfassenden sozialen Umverteilung über den Sozialstaat passt. Die Interessen der Arbeitnehmer weichen aber von dieser Vorstellung ab, da sie mit 60 Jahren u. U. noch nicht so viele Rentenansprüche erreicht haben, dass der Ruhestand als echte Alternative zum Erwerbsleben erscheint. Diesem Aspekt wird auch mit dem Bestreben Rechnung getragen, dass jeder ab dem 65. Lebensjahr eine Rente erhält, selbst wenn er weiterhin erwerbstätig ist.

Die Flexibilisierung ist also eine Position, die in der Szene des Ausbaus prinzipiell von den Arbeitnehmern vertreten und zudem auch von den beiden Fraktionen Arbeiter und Angestellte geteilt wurde. So setzte sich beispielsweise der DGB in einem gesonderten „Aktionsprogramm für die Angestelltenpolitik des deutschen Gewerkschaftsbundes" für die Forderung ein: „Auf Antrag wird Altersruhegeld auch für Männer mit Vollendung des 60. Lebensjahres gewährt, sofern keine Berufs- oder Erwerbstätigkeit ausgeübt wird." (DGB 1962: 299) Die Einführung der flexiblen Altersgrenze verweist über die Szene des Ausbaus hinaus, da der vorgezogene Ruhestand als wichtiges Instrument der Arbeitsmarktpolitik genutzt wurde. (Bäcker u. a. 1989: 220) In der Szene des Ausbaus steht jedoch die Ausnutzung von vorhandenen Finanzierungsspielräumen im Vordergrund.

> Noch in keiner Periode zuvor [vor der 6. Legislaturperiode, Anmerkung S. H.] konnte eine so erhebliche Zahl gewerkschaftlicher Forderungen [...] durchgesetzt werden. Vor allem die Zweite Rentenreform mit ihrem Kernstück «flexible Altersgrenze» wird von der Gewerkschaft als historisch bedeutsamster Schritt zur notwendigen Weiterentwicklung unseres Sozialsystems angesehen. [...] Mit der flexiblen Altersgrenze, der Rente nach Mindesteinkommen und der Anhebung des allgemeinen Rentenniveaus kam eine umfassende Reform vorläufig zum Abschluß, die den damals vorhandenen Finanzspielraum in einem sinnvollen und ausgewogenen Verhältnis sowohl auf die Rentner als auch die älteren Arbeitnehmer verteilte. (Muhr 1977a: 483)

Mitte der 1960er Jahre wurde erstmals in Deutschland die Problematik der Bevölkerungsentwicklung zum Gegenstand der Rentendiskussion. Man ging davon aus, dass sich das Verhältnis von Beitragszahlern und Leistungsempfängern bis zum Jahr 2000 kontinuierlich verschlechtern würde, wobei sich in der Szene der Anpassung das Argument der demografischen Entwicklung tatsächlich auf die „biologische Bevölkerungsstruktur“ bezieht, da von Vollbeschäftigung ausgegangen wird.

> Insbesondere bereitet der Umstand Sorge, daß in den Jahren 1970 bis 1980 die aus den stark besetzten Geburtenjahrgängen um die Jahrhundertwende Überlebenden von einer Erwerbsbevölkerung unterhalten werden müssen, die nicht nur durch Bevölkerungsverluste und Geburtenausfälle während der Kriege und Krisenzeiten, sondern auch durch den in fast allen modernen Industriestaaten zu beobachtenden allgemeinen Rückgang der Geburtenrate relativ schwach besetzt ist. (Katterle 1964: 198)

Angesichts dieser Prognose gab es den Vorschlag des Sozialbeirats, die Beiträge zur Rentenversicherung zu erhöhen und auf diese Weise Rücklagen zu bilden, die dann von den geburtenschwachen Jahrgängen aufgezehrt werden können. Dieser Vorschlag wurde von den Gewerkschaften vehement abgelehnt, und zwar mit dem Verweis auf die These von Mackenroth, dass es in Bezug auf die Sozialversicherungen kein Ansparen von Fonds geben kann, da die Erträge immer von der aktuell erwerbstätigen Generation bezahlt werden. „Unabhängig von der Finanzierungsmethode geht es darum, den Konsum der nicht mehr Erwerbstätigen, über dessen Umfang politisch entschieden wird, aus dem Sozialprodukt der jeweiligen Periode zu alimentieren.“ (Katterle 1964: 199) Diese Argumentation richtet sich aber nicht generell gegen die Bildung von Rücklagen, sondern allein gegen deren Verwendung als „finanzielle Vorsorge". Eingebettet in ein Keynesianistisches Konjunkturprogramm kann „das Vermögen der Rentenversicherungsträger in dem gegebenen begrenzten Rahmen durchaus zu einem geeigneten Instrument der Investitionspolitik gemacht werden." (Katterle 1964: 200) Es ist also festzuhalten, dass bereits in der Szene des Ausbaus die Position der Arbeitnehmer zum Rentensystem von der perzipierten Bevölkerungsentwicklung geprägt war, wobei allerdings auf beschäftigungswirksame Konjunkturprogramme gesetzt wurde. In diesem Sinne argumentieren auch Kratzsch und Rosenberg:

> Angesichts der in den kommenden Jahrzehnten zu erwartenden Stagnation der Bevölkerung im erwerbsfähigen Alter muß das gegebene Erwerbspotential möglichst weitgehend ausgeschöpft werden. Die Erhaltung der Vollbeschäftigung wird zum Kardinalproblem der deutschen Wirtschafts*politik*. Da für den angemessenen Lebensunterhalt der nicht mehr Erwerbsfähigen ein ständig wachsender Teil des Sozialprodukts beansprucht wird, würde das Entstehen einer durch *wirtschaftspolitische Maßnahmen* vermeidbaren Arbeitslosigkeit und der dadurch bedingte Zuwachs an zusätzlichen Sozialleistungsempfängern einen nicht zu verantwortenden volkswirtschaftlichen Luxus bedeuten. (Kratzsch/Rosenberg 1964: 89-90, Hervorhebung S. H.)

Diese Überlegung ist für die Analyse der Arbeitnehmerinteressen sehr interessant, weil sich das Interesse nicht bloß auf die Renten und die Beiträge – also die unmittelbare Betroffenheit der Arbeitnehmer – bezieht, sondern das Rentensystem in Bezug zum gesellschaftlichen Ganzen gesehen wird. Vom Standpunkt der Arbeitnehmer ist es durchaus denkbar, eine Verschlechterung (Erhöhung des Beitragssatzes) hinzunehmen, wenn dadurch eine Situation erreicht werden kann, die sich insgesamt als positiver darstellt (Wirtschaftswachstum und darüber Partizipation der Arbeitnehmer). Hier findet sich also ein erster Hinweis, wie sich die Ausrichtung am so genannten Gemeinwohl, die der Korporatismus abstrakt unterstellt, in konkrete Interessen überführen lässt.

In der Szene des Ausbaus selbst wirkte sich die Bevölkerungsentwicklung noch angebotsmindernd auf den Arbeitsmarkt aus. „Nicht zuletzt infolge des maßgeblich durch den ungünstigen Altersaufbau (demographische Komponente) bedingten Rückgang des inländischen Arbeitsangebots an Arbeitskräften [FN] seit Anfang der 60er Jahre hat die Ausländerbeschäftigung rapide zugenommen: von etwa 280000 im Juli 1960 auf 2,3 Mill. im Juni 1972, wobei die jährlichen Zuwachsraten 1969 und 1970 35 vH erreichten." (Engelen-Kefer 1972: 306) Da zugleich festgestellt wurde, dass „ältere Arbeitnehmer"[72] eine relativ schlechte Stellung auf dem Arbeitsmarkt haben – sie werden aufgrund gesundheitlicher

[72] Gerade im Zusammenhang mit der Debatte um eine Flexibilisierung der Altersgrenze wurde es i. d. R. vermieden, eine genaue Definition zu liefern, ab wann jemand ein „älterer Arbeitnehmer" ist.

Probleme oft unterbeschäftigt, gelten als weniger belastungsfähig und weniger motiviert und sind zu dem besser durch den Kündigungsschutz abgesichert –, verknüpften die Gewerkschaften den Arbeitskräftemangel mit der Forderung nach einer Ausweitung der Beschäftigung dieser Gruppe der Arbeitnehmer. Diese Forderung bezog sich in erster Linie auf die arbeitsmarktpolitischen Rahmenbedingungen. Daher wurden die entsprechenden Bemühungen der Bundesanstalt für Arbeit (BA) auf Basis des Arbeitsförderungsgesetzes (AFG) durchaus gelobt. Kritisiert wurden Programme, die sich ausschließlich auf Schutzmaßnahmen für ältere Arbeitnehmer konzentrierten (Kündigungsschutz, Abfindungen, Verdienstsicherung), die sich „insbesondere in Zusammenhang mit anderen betriebsindividuellen Sozialleistungen, wie z. B. betriebliche Pensionen – als mobilitätshindernd erweisen“ (Engelen-Kefer 1972: 311) könnten. Auch an dieser Stelle lässt sich die Position der Gewerkschaft von anderen Arbeitnehmerinteressen trennen. Denn erstens ist auffällig, dass sich die Gewerkschaften in ihrer Interessenvertretung zunächst auf ihre eigene Klientel beschränkten. Der Hauptgesichtspunkt der gewerkschaftlichen Einflussnahme galt dem Arbeitsmarkt insgesamt. Damit ist zwar auch abstrakt jedem einzelnen Arbeitnehmer gedient, konkret werden aber unterschiedliche Interessen nicht in jedem Fall berücksichtigt. Denn wenn ältere Arbeitnehmer gefördert werden, verschlechtert sich die Situation der jüngeren, die sich um dieselben Stellen bewerben. Allerdings müssen die jüngeren immer bedenken, dass sie später selbst zu den älteren Arbeitnehmern gehören werden. Ähnlich verhält es sich zwischen älteren Arbeitnehmern, die eine Beschäftigung haben, und älteren Arbeitslosen. Erstere haben ein Interesse an möglichst guter Absicherung ihrer Beschäftigung, während für letztere solche Absicherungen beschäftigungshemmend wirken können – zumindest in der Analyse der damaligen Referatsleiterin „Arbeitsmarktanalyse und Arbeitsmarktpolitik“ im gewerkschaftseigenen Wirtschafts- und Sozialwissenschaftlichen Institut (WSI) und späteren DGB-Funktionärin Engelen-Kefer. Trotzdem kann auch hier nicht von einem Interessengegensatz gesprochen werden, da die beschäftigten älteren Arbeitnehmer auch die potentielle Situation bedenken müssen, die entsteht, falls sie entlassen werden, und die Arbeitslosen natürlich für den Fall einer Wiedereinstellung ebenfalls von Regelungen wie Kündigungsschutz und Abfindungen profitieren.

Zusammenfassend lässt sich für die Szene des Ausbaus des deutschen Rentensystems folgende Position der Arbeitnehmer festhalten: Erstens wird das Rentensystem auf Basis der Reform von 1957 als große Errungenschaft gewertet. Die Kernelemente der Reform – *die Rente als Lohnersatz*, eine *dynamische Anpassung* an die Lohnentwicklung, ein *umlagefinanziertes System* mit ausgeprägter *Leistungsbezogenheit* – werden geteilt und als eigene Forderungen, bzw.

Errungenschaften, formuliert. Zu allen vier Aspekten gibt es jedoch weiterreichende Positionen: Die Frage nach der Lohnersatzfunktion ist mit der Quantität der sozialen Umverteilung verknüpft. Hier sind es vor allem die DGB-Gewerkschaften, die generell die Umverteilungsaspekte ausweiten wollen. Diese Position wird aber weder von allen Arbeitnehmern, noch von allen Gewerkschaftsmitgliedern geteilt. In diesem Kontext ist auch die Flexibilisierung der Altersgrenze in der Szene des Ausbaus zu sehen, die zwar einerseits gesamtgesellschaftlich eine Ausweitung des Sozialtransfers bedeutet, andererseits aber individuelle Kalkulationen berücksichtigt. Die Umlagefinanzierung steht in keiner Weise zur Diskussion, da erstens auf die Krisenanfälligkeit eines kapitalgedeckten Systems verwiesen wird, und zweitens von der These ausgegangen wird, jede Sozialversicherung würde immer aus dem aktuellen Sozialprodukt gedeckt und nicht aus vergangenen Einnahmen. Die strikte Leistungsbezogenheit (Äquivalenzprinzip) verschafft dem Rentensystem eine sehr hohe Legitimität, wird aber von Teilen der Arbeitnehmer kritisiert, da sie den Umverteilungsspielraum zu sehr einschränkt und so die sozial Schwachen zu wenig fördert. In diesem Sinne ist die Rente nach Mindesteinkommen ein adäquater Mittelweg, da hier auf Basis des Äquivalenzprinzips eine zusätzliche soziale Absicherung entsteht. Schwieriger gestaltet sich die Position der Arbeitnehmer bezüglich der institutionellen Unterteilung der Rentenkassen. Während sich der DGB für eine Vereinheitlichung einsetzte, bestand die DAG auf einer Beibehaltung der formellen Trennung. Hier geht es nicht einfach um eine machtpolitische Auseinandersetzung zweier Arbeitnehmerverbände, sondern hier zeigt sich, dass sich aus den unterschiedlichen Gruppen, die vertreten werden, unterschiedliche Interessen ergeben. Während der DGB die Interessen der Arbeitnehmer insgesamt vertreten will und daher das Solidaritätsprinzip betont, bezieht sich die DAG eben in erster Linie auf die Angestellten und befürchtet bei einer Zusammenlegung eine Schlechterstellung dieser Gruppe.

Interessen der Arbeitnehmer

Es ist nun zu fragen, inwieweit die hier dargestellten *Positionen* in der Szene des Ausbaus des Rentensystems auf *Interessen* der Arbeitnehmer zurückzuführen sind. Das ursprüngliche Interesse der Arbeitnehmer am Rentensystem ist die soziale Absicherung des Alters. Diese sehr allgemeine Formulierung erhält in der Szene des Ausbaus des Rentensystems einen spezifischen Inhalt. Erstens wird unter „Absicherung“ nicht länger ein Zurechtkommen verstanden, sondern die Arbeitnehmer fordern den Status des Ruhestands ein. Dieses Interesse findet seinen Ausdruck in der Umsetzung der Rente als Lohnersatzleistung. Der Ruhestand als eigenständiger Status getrennt vom Erwerbsleben ist auch für die Arbeitnehmer keine selbstverständliche Verlängerung des Interesses an sozialer Absicherung im Alter. „In view of the typical working conditions and insecurities faced by all workers [...], it would be reasonable to expect them to have embraced the retirement principle; reasonable, that is, if in exchange for market wage they could anticipate an income sufficient to sustain them in old age. But such was not the case. Prior to World War II, public systems of old-age support were intended to supplement, not replace, the market wages of older workers and their families. To institutionalize retirement, it was first necessary to institutionalize the retirement wage." (Myles 1984: 14) Da das Interesse an einem abgesicherten Ruhestand direkt mit der Lohnfrage verknüpft ist, lässt sich erstens schließen, dass dieses Interesse für die Arbeitnehmer keineswegs selbstverständlich ist. Zweitens ist durch den Zusammenhang von Lohn und Absicherung auch unterstellt, dass die Arbeitnehmer kein Interesse an einer absoluten Ausweitung der Absicherung haben können, da darüber die Qualität der Löhne in Frage gestellt wird. Selbst in der Szene des Ausbaus ist es daher verkehrt, aus dem Interesse der Arbeitnehmer an sozialer Absicherung ein „möglichst viel an Sozialleistungen" folgern zu wollen.

> [D]ie Sozialquote kann für den Klassenkämpfer nicht hoch genug sein, und die Gegenseite hat dann natürlich umgekehrt ein Interesse daran, sie möglichst niedrig zu halten. In Wirklichkeit steht es aber so, daß es auch in der Sozialpolitik ein Optimum gibt, an dem alle Beteiligten interessiert sind. Denn während man früher glauben konnte und es zum Teil auch so war, daß die Kosten der Sozialpolitik von den Unternehmern getragen wurden, sind ja heute die Summen, um die es sich handelt, viel zu hoch, um das zu ermöglichen, vielmehr wird der weitaus größte Teil des Sozialaufwandes direkt und indirekt von den Arbeitern selber getragen. Denn auch der Teil, der formell als Unternehmerbeitrag gezahlt wird, geht ja in Wirklichkeit vom Lohn ab; um so viel, wie der Unternehmer an Sozialbeiträgen zahlen muß, kann er an Lohn weniger zahlen. Auch das geht also auf Kosten der Arbeiter. (Rüstow 1971: 24)

Das Interesse an einer Ausweitung der Leistungen des Rentensystems von Seiten der Arbeitnehmer ist demnach stets in Zusammenhang mit der Entwicklung der Löhne zu sehen. „Bis in die 70er Jahre hinein wurde [...] sozialpolitischer Fortschritt allerdings fast nur leistungsseitig interpretiert. Die Belastungen wurden wenig diskutiert, obwohl es in einzelnen Systemen trotz Einnahmezuwächsen bereits in der Vollbeschäftigungsphase zu Beitragssteigerungen kam." (Döring/Koch 2003: 386) Diese Haltung erklärt sich aus der positiven wirtschaftlichen Entwicklung in der Szene des Ausbaus. Wenn die Wirtschaftsleistung und die Löhne kontinuierlich steigen, dann ist auch eine Beitragserhöhung für die Rentenkasse mit den Interessen der Arbeitnehmer vereinbar. Zwar gibt es nicht notwendigerweise einen positiven Zusammenhang zwischen Wirtschaftswachstum und Lohn. Negativ jedoch hängt die Zahlung des Lohns von der Leistungsfähigkeit der Wirtschaft ab.

In der Szene des Ausbaus folgerten die Arbeitnehmer aus dieser Abhängigkeit ein eigenes Interesse am Wirtschaftswachstum. Für die Rentenpolitik der Arbeitnehmer hatte dies Auswirkungen in zweifacher Weise. Erstens fand die Ausweitung der Sozialleistungen innerhalb des Rahmens statt, der durch das Wirtschaftswachstum vorgegeben war. Zweitens wurden die konkreten rentenpolitischen Maßnahmen auf ihren Effekt auf das Wirtschaftswachstum hin begutachtet. Daher gab es – zumindest von Seiten des DGB – die Forderung, Rentenpolitik in einen engen Kontext zur Wirtschaftsförderung zu stellen. Erstens wurde angedacht, die wirtschaftliche Entwicklung z. B. durch Mittel aus den Rentenkassen zu fördern, zweitens wurde auf die Entlastung des Rentensystems durch zusätzliche Beschäftigung – z. B. von älteren Arbeitnehmern – verwiesen. Es wurde also von einer Einheit von Wirtschaftswachstum und sozialem Fortschritt ausgegangen: Solange die Wirtschaft wächst, kann auch der Lebensstandard der Arbeitnehmer erhöht werden – über eine Erhöhung der Renten und Verkürzung der Lebensarbeitszeit. Durch diese Verknüpfung akzeptierten die Arbeitnehmer demnach die Grundprinzipien der Marktwirtschaft, in der der Lohn die einzige Einnahmequelle der Arbeitnehmer ist. Oder, in den Worten des damaligen DGB stellvertretenden Vorsitzenden Tacke: „Die freie Wirtschaft hat wieder den Vorrang. Die Diskussion vollzieht sich in der Praxis um das Ausmaß der «sozialen Orientierung» dieser freien Wirtschaft.“ (Tacke 1962: 3) Deshalb wurden auch rentenpolitische Maßnahmen auf ihren volkswirtschaftlichen Effekt hin geprüft. Wenn insgesamt ein positiver Effekt erwartet wurde, dann waren die Arbeitnehmer auch bereit, individuelle Interessen zurückzustellen.

Die Überführung der Arbeitnehmerinteressen in gesamtgesellschaftliche Interessen zeigt sich auch an der Formulierung des „sozialen Fortschritts“. Hier wird unterstellt, dass die Verbesserung der sozialen Absicherung der Arbeitnehmer eine positive Entwicklung der Gesellschaft als ganzer bedeutet. Allerdings ist es wenig hilfreich, von einem Interesse an sozialem Fortschritt zu sprechen, da es darauf ankommt, was unter diese Formulierung subsumiert wird. Die Ausführungen zu den Positionen der Arbeitnehmer in der Szene der Anpassung haben gezeigt, dass sich hinter diesem Schlagwort mindestens zwei Konfliktlinien verbergen. Erstens gab es eine Strömung innerhalb der Arbeitnehmer, die für eine grundsätzliche Umgestaltung der sozialen Verhältnisse eintrat, während die

Mehrheit radikale Veränderungen ablehnte. Zweitens ist die Formulierung „sozialer Fortschritt" neutral gegenüber der entscheidenden Frage, wem dieser Fortschritt zugute kommt. Denn hier finden sich durchaus widersprüchliche Interessen innerhalb der Arbeitnehmer. Während sich teilweise für eine Universalisierung der Leistungen eingesetzt wurde, gab es ebenso das Interesse, die Rente solle die privaten Leistungen des Einzelnen anerkennen und widerspiegeln. Der Ausweg aus diesem Dilemma bestand für die Arbeitnehmer in einer Ausweitung des Rentensystems, von der alle profitierten, die aber die sozialen Unterschiede nicht nivellierte. Ein Arbeitnehmerinteresse an Ausweitung des Rentensystems bestand demnach in der Szene des Ausbaus nur unter den Bedingungen, dass erstens eine positive Entwicklung der Wirtschaft und insbesondere der Löhne vorlag, und zweitens, dass das Niveau der Ausweitung so hoch war, dass auch die relativ besser gestellten Arbeitnehmer profitierten.

Aus dem Interesse an Absicherung im Alter und den daraus resultierenden Widersprüchen können nun weitere Arbeitnehmerinteressen in der Szene des Ausbaus entwickelt werden. Eine soziale Absicherung des Alters kann nur von einer Institution geleistet werden, die über den Zeitraum eines Erwerbslebens hinweg für die Sicherheit der entsprechenden Leistungen einstehen kann. In der Szene des Ausbaus, insbesondere unter Berücksichtigung der Krisenerfahrung, entsteht aus diesem Interesse an Sicherheit die Fokussierung auf ein umlagefinanziertes Modell. „Anfang der 70er Jahre bestand weithin Konsens, daß es volkswirtschaftlich nicht sinnvoll sei, größere Kapitalbestände anzusparen, sondern die laufenden Ausgaben direkt durch laufende Einnahmen zu decken. Der sogenannte Mackenrothsche Satz war unhinterfragtes Credo ohne Alternative."[73] (Nullmeier/Rüb 1993: 107)

Ein weiteres Interesse bezieht sich auf die Frage, wer über die Rentenpolitik entscheiden kann. Generell muss es im Interesse der Arbeitnehmer sein, möglichst großen Einfluss auf die Gestaltung des Rentensystems zu haben. In der Szene des Ausbaus wurde dieses Interesse von den Gewerkschaften verfolgt, wobei die DGB-Gewerkschaften zum Teil mit der DAG in Konkurrenz standen. Zugleich wurde aber von Seiten der Gewerkschaften auch die Beteiligung der Arbeitgeber anerkannt, die man in die „soziale Verantwortung" integrieren wollte. Zusätzlich ist zu bemerken, dass die Gewerkschaften in der Szene des Ausbaus den Staat als zuständige Instanz der Rentenpolitik ansehen, bei dessen Entscheidungen sie ein *Mit*bestimmungsrecht fordern. Dies zeigt sich zum einen an der Auffassung, über den Sozialstaat ließen sich generelle gesellschaftliche Ver-

[73] Auch wenn die These von Mackenroth politisch nicht hinterfragt wurde, gab es natürlich dennoch inhaltliche Einwende, z. B. bei Zöllner. (Zöllner 1957: 113).

änderungen bewirken und zum andern an den gewerkschaftlichen Bemühungen, Einfluss auf das politisch-administrative System zu nehmen. (Muhr 1977a: 480)

4.1.2 Arbeitgeberinteressen in der Szene des Ausbaus

Analog zum Vorgehen bezüglich der Arbeitnehmer sollen nun die Positionen der Arbeitgeber zum Rentensystem in der Szene des Ausbaus analysiert werden, um dann darauf aufbauend die Arbeitgeberinteressen herauszustellen.

Positionen der Arbeitgeber

Zunächst ist festzuhalten, dass der Ausbau des Rentensystems von Seiten der Arbeitgeber prinzipiell begrüßt wurde. Von einer generell ablehnenden Haltung gegenüber sozialstaatlichen Leistungen kann demnach keine Rede sein.[74] Zum einen ist es offensichtlich, dass auch die Arbeitgeber in vielfältiger Weise von den Einrichtungen des Sozialstaats profitieren; erstens in allgemeiner Form z. B. durch die Befriedung gesellschaftlicher Konflikte und die Stabilisierung der politischen Verhältnisse. Zweitens gibt es verschiedene Aspekte des Rentensystems, die sich direkt ertragssteigernd auswirken können, z. B. durch zusätzliche Arbeitsanreize. Drittens wäre es verkehrt, die Arbeitgeberschaft allein auf das Profitinteresse reduzieren zu wollen. Zwar ist dieses das konstituierende Motiv dieser Gruppe, hinzu treten jedoch immer wieder andere Interessen, wie beispielsweise ein Interesse an sozialer Absicherung der Arbeitnehmer sei es nun durch eine parternalistische Auffassung der eigenen Position, durch eine christliche Soziallehre oder auch durch persönliche Erfahrungen entstanden. „At a fundamental level, business interests may be located in the profit motive and overaching patterns of economic structure, but assuming that corporate interests can be inferred from these factors alone is arguably overly deterministic.“ (Swank/Martin 2001: 891)

So wurde die Rentenreform von 1957 von den Arbeitgebern im Prinzip begrüßt. „Von einer stärkeren Ausrichtung der Renten am erreichten Erwerbseinkommen versprach man sich zusätzliche wirtschaftliche Leistungsanreize und damit positive Wohlstandseffekte für die Gesellschaft im ganzen.“ (Döring 2000: 180) In diesem Sinne gab es wenig Bedenken von Seiten der Arbeitgeber hinsichtlich des Umlageverfahrens, solange das Äquivalenzprinzip zentral bliebe.

[74] Siehe hierzu ausführlich Winter 1997: 18-20.

Denn der Wunsch nach einem gesicherten Lebensabend wirkte als zusätzlicher Anreiz, Beschäftigung anzunehmen. Gedanken hin zu einer Grundversorgung wurden dagegen strikt abgelehnt. „Ziel der staatlichen Sozialpolitik kann es nach Auffassung des BDI nicht sein, nach und nach ein allumfassendes System kollektiver Sicherungen und Zuwendungen aufzubauen, sondern nach dem Prinzip der Subsidiarität nur insoweit Sicherungen zur Verfügung zu stellen, wie sie der einzelne in selbstverantwortlicher Lebensgestaltung nicht schaffen kann." (BDI 1966: 120) Im Mittelpunkt der Altersvorsorge sollte also die Eigenverantwortung stehen, die nur im Falle von Bedürftigkeit durch staatliches Eingreifen ergänzt werden sollte.[75] Dieser Vorrang des Leistungsprinzips gegenüber dem Solidaritätsprinzip findet sich im deutschen Rentensystem wieder. „Einen Leistungsanreiz bietet das System der Alterssicherung nach Auffassung der Arbeitgeber nur dann, wenn es mehr als nur eine minimale Sicherung bietet und wenn es von Regelungen mit nivellierender Wirkung weitgehend bereinigt ist. Deshalb wird das bestehende Versicherungssystem trotz der vergleichsweise hohen Beitragsbelastung dem Modell einer steuerfinanzierten Grundrente vorgezogen." (Winter 1997: 188) Da, wo beispielsweise die Gewerkschaften auf eine Universalisierung der Leistungen des Rentensystems drängten, stieß dies auf den Widerstand der Arbeitgeber. Dies zeigt sich u. a. in der deutlichen Position der Arbeitgeber gegen den Finanzausgleich von Angestellten und Arbeiterrentenversicherung. (Muhr 1977a: 482)

Es ist festzuhalten, dass sich die Arbeitgeber die Steigerung des Lebensstandards der Arbeiter in der Szene des Aufbaus selbst als eigene Leistung anrechneten. Exemplarisch hier der BDI: „Die soziale Sicherung der Arbeitnehmer hat sich [...] erheblich verbessert, und das ist eine beachtliche soziale und wirtschaftliche Leistung, wenn es auch nicht ganz unbedenklich ist, daß diese Entwicklung gleichzeitig zu einer immer stärkeren Einschränkung der Privatinitiative auf dem Gebiet der sozialen Sicherung geführt und damit die Tendenz zum Wohlfahrtsstaat begünstigt hat." (BDI 1958: 68) Obwohl sich eine solche Position eher bei den Verbänden finden lässt, kann argumentiert werden, dass die Arbeitgeber durchaus getrennt von rein ökonomischen Überlegungen der sozialen Sicherung etwas abgewinnen konnten. Denn schließlich gibt es kein absolutes Interesse, möglichst niedrige Löhne zu zahlen, sondern nur, sich über den Lohn den Zugriff auf möglichst rentable Arbeit zu sichern.

Die Warnung vor der „Tendenz zum Wohlfahrtsstaat" verweist darauf, dass Kosten für soziale Sicherung dann befürwortet wurden, wenn sich der Staat mit

[75] „Die lohn- und beitragsbezogene Rente entspricht aus Sicht der Arbeitgeberverbände sowohl dem Leistungsgedanken als auch dem Prinzip der sozialen Gerechtigkeit und gilt daher als eine dem marktwirtschaftlichem System adäquate Sozialleistung." (Winter 1997: 186)

seinen Regelungen nicht über diese Rentabilitätsrechnung hinweg setzte. Auch in Bezug auf den Sozialstaat gingen die Arbeitgeber davon aus, dass durch Eigeninitiative die besten Resultate erreicht würden, wodurch auch ihre eigene gesellschaftliche Position legitimiert würde, die sich ja ihrer Eigeninitiative als Unternehmer verdanke.

Auch bezüglich der Arbeitgeber kann nicht ausschließlich von einer homogenen Position ausgegangen werden, auch wenn die Fraktionierung im Verhältnis zu den Arbeitnehmern geringer ausfällt. Dies zeigt sich u. a. an der Debatte um die Einführung einer dynamischen Rente. Denn während dieses Konzept zunächst auf Ablehnung von Seiten der Mehrzahl der Arbeitgeber stieß, hat der Bund der katholischen Unternehmer bereits 1955 im so genannten „Schreiberplan" eine generelle Zustimmung zu dem Konzept formuliert. (Sohn 1958: 245) Da Dr. Winfried Schreiber als erster eine mögliche Rentenformel für eine dynamische Rente veröffentlichte und seine Publikation großen Einfluss auf die Beratungen des „Sozialkabinetts" hatte, gilt er manchen sogar als „Vater der Rentenreform" (Hensen 1979: 140). Natürlich ist zu bedenken, dass auch die Akteure des politisch-administrativen Systems, insbesondere die SPD, bereits über eine Dynamisierung der Rente nachdachten. Trotzdem zeigt sich hier, dass der Einfluss der Arbeitgeber auf das Rentensystem eben weit über ihre verbandlichen Tätigkeiten hinausging. Dass einzelne Mitglieder der Unternehmerverbände eine Zustimmung zu einer Dynamisierung der Rente signalisierten, war einer der Gründe, warum die BDA ihren anfänglichen Widerstand aufgab. (Müller 1957: 11) Dennoch blieb es zunächst bei einer ablehnenden Haltung, wie der Jahresbericht 1956 verdeutlicht, in dem es heißt, dass „die ohnehin vorhandene Problematik der Aufrechterhaltung der Tarifautonomie der sozialen Partner mit einer lohngebundenen Rentendynamik unweigerlich weiteren, ihr Fundament gefährdeten Belastungen ausgesetzt" sein müsste. (BDA 1957: 38)

Die Dynamisierung der Renten wurde also von Teilen der Arbeitgeber besten Falls gebilligt, von anderen hingegen begrüßt. Im Nachhinein, nachdem die dynamische Rente eingeführt war, stellten sich auch die Wirtschaftsverbände weitgehend hinter dieses Konzept. „Der BDI hat stets den Standpunkt vertreten, daß der Arbeitnehmer voll an der Leistungssteigerung der Wirtschaft beteiligt werden muß. Daran hat auch der Unternehmer selbst ein unmittelbares Interesse, denn nur eine gute und gerechte Entlohnung sichert ihm die volle Mitarbeit seiner Arbeiter und Angestellten und schafft die für eine stetige Nachfrage auf den Märkten notwendige Kaufkraft." (BDI 1963: 115)[76] Neben der individuellen

[76] Ein Jahr später, 1964, wurde allerdings vom BDI die Dynamisierung – neben der demographischen Entwicklung – als Ursache für die Finanzierungsprobleme des Rentensystems ausgemacht. „Bestimmend hierfür [für die steigenden Kosten (Anmerkung S. H.)] ist nicht nur die «Rentendynamisie-

Leistungsbereitschaft wird hier auf die Kaufkraft verwiesen. Dies ist ein Argument, das nur in Bezug auf organisierte Unternehmerinteressen Sinn macht. Die Arbeitgeber insgesamt sind tatsächlich abhängig von der gesellschaftlichen Kaufkraft, um ihre Produkte abzusetzen. Der einzelne Unternehmer hingegen muss sich von dieser Überlegung unabhängig machen, da der Teil der gesellschaftlichen Kaufkraft, den er über Lohnzahlungen stiftet, nicht identisch ist mit der Kaufkraft, die er für seine Produkte auf sich ziehen will. Hinzu kommt, dass die Senkung der Lohnstückkosten eines der wichtigsten Mittel in der Konkurrenz um die Kaufkraft ist. Rein theoretisch müsste man also annehmen, dass eine Steigerung *der allgemeinen* Kaufkraft nicht im Interesse *des einzelnen* Kapitals ist. Allerdings geht es bei der Dynamisierung der Renten auch nicht um eine *Erhöhung* der Kaufkraft, sondern um ihren *Erhalt* in einer Situation, in der erstens die Wirtschaft enorm gewachsen war und zweitens die Kaufkraft durch Inflation sank. (Babel 2001: 25) Von den Arbeitgebern wurde in der Szene des Ausbaus an der dynamischen Rente hauptsächlich der Bezug auf die Bruttolöhne kritisiert. „Wir erkennen das Prinzip einer «dynamischen» Rente an, haben aber vorgeschlagen, in Zukunft die Rentenbemessung nicht mehr an den Brutto-, sondern an den Nettolöhnen zu orientieren. Das würde die Rentner durchaus auch in Zukunft am wirtschaftlichen Wachstum teilhaben lassen, aber dazu führen, das Wachstum der Einkommen der Erwerbstätigen und der Rentner an gleichen Kriterien auszurichten. Nur so kann auf Dauer die finanzielle Gesundheit der Rentenversicherung erhalten werden." (Balke 1967: 15)

Die Rentenreform von 1957 wurde von Seiten der Arbeitgeber hinsichtlich technischer Aspekte, wie z. B. dem Zeitpunkt der Einführung, kritisiert.

> In jedem Falle muß der Gesetzgeber auf die Leistungsfähigkeit der Wirtschaft Rücksicht nehmen. Dazu gehört auch, wichtige Sozialgesetze nach Möglichkeit zeitlich so zu verabschieden, daß plötzliche starke Mehrbelastungen der Wirtschaft ausgeschlossen bleiben. Die aus diesem Grunde gerade von wirtschaftspolitischer Seite geäußerten Bedenken gegen die starke Zusammendrängung einer ganzen Reihe solcher Gesetze in das erste Halbjahr 1957 wurde jedoch leider nicht beachtet. (BDI 1959: 68)

Ein weiterer Kritikpunkt bezog sich auf die Unübersichtlichkeit der Regelungen, also ebenfalls nicht auf ihren Inhalt, sondern auf einen technischen Aspekt. So heißt es: „Um so wichtiger ist es, möglichst bald größere Klarheit über das zum Teil undurchsichtige Geflecht der Sozialleistungen auf allen Gebieten und ihre

---

rung», sondern auch der ungünstige Altersaufbau unseres Volkes bei gleichzeitig steigender Lebenserwartung." (BDI 1964: 117)

finanziellen Auswirkungen zu gewinnen." (BDI 1964: 117) Diese Kritik nahm im Laufe der Szene des Ausbaus zu, da immer neue staatliche Regelungen ergänzt wurden. „Ferner ist es unerlässlich, größere Klarheit über das immer undurchsichtiger gewordene Geflecht der Sozialleistungen und ihre finanziellen Auswirkungen zu gewinnen." (BDI 1966: 120)

In der Szene des Ausbaus blieben die Stellungnahmen der Arbeitgeber zur sozialen Selbstverwaltung der Rentenkassen durchweg positiv. Grund hierfür war der Zugewinn an Einfluss für die Arbeitgeber im Vergleich zum Bismarckschen Sozialsystem durch die paritätische Besetzung. Der Hauptgeschäftsführer des Verbandes der Südbadischen Industrie e. V., Franz Müller, bemerkte dementsprechend auf der Geschäftsführerkonferenz der BDA 1957:

> Die gleichberechtigte Zusammenarbeit von Arbeitnehmern und Arbeitgebern hat selbstverständlich den Verantwortungsbereich und die tatsächliche Verantwortung auch der Arbeitgebervertreter in den Versicherungsträgern wesentlich stärker zum Tragen gebracht. Wenn früher die Arbeitgebervertreter in einer vom Gesetz bestimmten Minderheit waren, so hatten sie sich gegenüber Entscheidungen, die ihnen nicht gefielen, im wesentlichen auf Proteste und auf den Versuch zu beschränken, solche Entscheidungen durch Überzeugungskraft zu verhindern. Heute, bei der paritätischen Besetzung, trifft jeden einzelnen Vertreter der Arbeitgeberschaft die volle Verantwortung. (Müller, Franz 1957: 43-44)

Diese starke Position der Arbeitgeber führte dazu, dass die Versicherungsträger selbst keine fundamentalen Fragen der Sozialpolitik, die nicht im Konsens der Sozialpartner zu lösen sind, behandeln könnten. Dass die Arbeitgeber diesen Zustand begrüßten, verdeutlicht ihre generelle Zustimmung zum System der sozialen Sicherung in der Szene des Ausbaus.[77]

Die Finanzierung der Renten durch Steuermittel wurde von den Arbeitgebern bereits in der Szene des Ausbaus kritisiert. Die Zunahme des Bundeszuschusses wurde als Indiz dafür genommen, dass die Ausgaben der Rentenversicherung nicht mehr in Bezug zu den Einnahmen ständen, und dass deshalb der Allgemeinheit Kosten aufgebürdet würden, die eigentlich der Einzelne zu tragen hätte. Dabei wurde bereits die demografische Entwicklung antizipiert.

> Ohnehin ist damit zu rechnen, daß, wenn die von Jahr zu Jahr zunehmende Subventionierung der Rentenversicherungen aus Steuermitteln sich fortsetzt, künftig noch größere Lasten auf die Allgemeinheit und damit auch auf die Wirtschaft zukommen.

---

[77] „Ein besonderer Vorzug der paritätischen Zusammensetzung der Organe ist zweifellos, daß politische oder sozialpolitische Grundsatzfragen aus der Tagesarbeit in der Sozialversicherung ausgeschaltet bleiben." (Müller, Franz 1957: 45)

Bestimmend hierfür ist nicht nur die «Rentendynamisierung», sondern auch der ungünstige Altersaufbau unseres Volkes bei gleichzeitig steigender Lebenserwartung. Die Folge ist, daß eine gleichbleibende oder gar absinkende Zahl von Rentenempfängern die Mittel aufbringen muß. (BDI 1964: 117)[78]

Aus dieser Kritik folgt aber nicht, dass der Bundeszuschuss zu streichen wäre. „Es bedeutet aber auch keinen Ausweg für den Staat, die Bundeszuschüsse zu verringern oder zu streichen. Dann müssen die Mittel über die Beiträge der Versicherten und Arbeitgeber aufgebracht werden." (Balke 1966: 20) Schon in der Szene des Ausbaus wird also auf eine Konsolidierung der Rentenversicherung gedrungen. Dementsprechend haben die Arbeitgeber sich bereits in der Szene des Ausbaus gegen eine Beitragssatzerhöhung ausgesprochen. Von der Jahreshauptversammlung des Landesverbandes metallindustrieller Arbeitgeberverbände Nordrhein-Westfalens e. V. berichtet Sitzler: „Man warne vor zusätzlichen Steuererhöhungen und einer Heraufsetzung der Beiträge zu den sozialen Rentenversicherungen, denn damit wäre unsere internationale Wettbewerbsfähigkeit ernsthaft gefährdet. Die Ansprüche an das Sozialprodukt müßten mit den wirtschaftlichen Möglichkeiten in Einklang gebracht werden." (Sitzler 1966: 177)

In der Szene des Ausbaus setzten sich die Arbeitgeber für eine Verlängerung der Erwerbstätigkeit ein, um dem Arbeitskräftemangel entgegenzuwirken. Dafür sollte die Rentenversicherung funktionalisiert werden:

Trotz des im Vergleich zum Vorjahr [1957, Anmerkung S. H.] etwas ausgeglicheneren Verhältnisses zwischen Angebot und Nachfrage auf dem Arbeitsmarkt ist der Mangel an Fachkräften nach wie vor in vielen Industriebereichen fühlbar. Sicherlich sind manche Reserven noch kaum erschlossen. Das gilt insbesondere für den Bedarf an qualifizierten Angestellten und weiblichen Arbeitskräften. Unter den älteren arbeitslosen Angestellten befinden sich noch viele geeignete Fachkräfte. Eingehende Untersuchungen der Bundesanstalt für Arbeitsvermittlung und Arbeitslosenversicherung und neuere Erfahrungen von Unternehmen in den USA haben gezeigt, daß man den größten Teil dieser Arbeitnehmer uneingeschränkt verwenden kann und die Schwierigkeiten ihrer Wiedereingliederung oft überschätzt. (BDI 1958: 71)

Das Rentensystem sollte also in der Szene des Ausbaus für einen besseren Zugriff auf die Leistungen ältere Arbeitnehmer sorgen. Dazu gehört ein möglichst hohes Rentenalter und Anreize, auch nach der Pensionierung weiter tätig zu sein. „Manche geeigneten Fachkräfte befinden sich auch unter den immer noch arbeitslosen rd. 20 000 älteren Angestellten. In Betracht kommt ferner die

---

[78] Es wurde geschätzt, dass die Spitze der „Bevölkerungspyramide" etwa 1980 erreicht wäre. (Balke 1966: 20)

Beschäftigung über das Pensionsalter hinaus, zu der viele Arbeitnehmer bereit sind." (BDI 1961: 57)

Der Arbeitskräftemangel hat nach Ansicht der Arbeitgeber auch die Verhandlungsposition der einzelnen Unternehmen extrem geschwächt. „Tarifverhandlungen [können] nur dann zu vertretbaren Ergebnissen führen [...], wenn die gesamte Unternehmerschaft bereit ist, gemeinschaftlich zu handeln und zur Abwehr wirtschaftlich nicht tragbarer Forderungen der Gewerkschaften notfalls alle volkswirtschaftlich notwendigen Folgen auf sich zu nehmen. Insbesondere müssen die Unternehmensleitungen in stärkerem Maße als bisher aktiv in der Sozialpolitik, vor allem in der Lohn- und Arbeitszeitpolitik, mitwirken." (BDI 1962: 62) Die Schwächung der Arbeitgeber durch den Arbeitskräftemangel zeigte sich aber nicht nur an den Tarifverhandlungen. In Bezug auf die betriebliche Altersvorsorge wurde zum Beispiel das *Gesetz zur Förderung der Vermögensbildung der Arbeitnehmer* von den Verbänden kritisiert, das den Arbeitgebern im Prinzip alle Freiheiten ließ. Denn aufgrund der starken Konkurrenz um Arbeitskräfte wurde die Erlaubnis, die Vermögungsbildung der Arbeitnehmer durch das Unternehmen zu fördern, als eine Art Zwang interpretiert. „Dabei ist auch zu beachten, daß zwar der Entwurf [Gesetzentwurf zur Förderung der Vermögensbildung der Arbeitnehmer, Anmerkung S. H.] rechtlich dem Unternehmer völlige Freiheit läßt, ob er vermögenswirksame Leistungen im Sinne des Gesetzes gewähren will oder nicht, daß aber die gegenwärtige Arbeitsmarktlage doch praktisch einen weitgehenden Zwang ausübt; denn wenn ein Teil der Unternehmen von den Möglichkeiten des Gesetzes gebrauch macht, werden auch die anderen, um ihre Arbeitskräfte zu halten, zu ähnlichen Sozialleistungen gezwungen sein." (BDI 1961: 56) Von den Arbeitgebern wurde die betriebliche Altersvorsorge also im Anschluss an die Rentenreform von 1957 nicht mehr als orginärer Bestandteil des Rentensystems betrachtet, sondern als ein zusätzliches Instrument zur Leistungssteigerung und Bindung der Belegschaft an den Betrieb. Dementsprechend führte die Rentenreform von 1957 zu einem Rückgang der betrieblichen Altersvorsorge, der aber mit einer deutlichen Zunahme von Gratifikationen und Fortbildungsmaßnahmen zusammenfiel. (Spiegelhalter 1961: 228)

Ein weiteres wichtiges Moment in den Positionen der Arbeitgeber war der Bezug auf den Kalten Krieg. Während aus anderen Kreisen Vorschläge aufkamen, man müsse der „kommunistischen Gefahr" durch eine soziale Befriedung der Arbeiter entgegentreten, sahen die Arbeitgeber in der Systemkonkurrenz einen Grund für Lohnverzicht und mehr Eigeninitiative in der sozialen Absicherung. Paulssen[79] schreibt 1962:

[79] Hans-Constantin Paulssen trat 1953 in den Vorstand der Bundesvereinigung der Deutschen Arbeitgeberverbände ein, wurde dessen Präsident und blieb bis zu seinem Tode 1984 Ehrenpräsident.

> Die weltweite Auseinandersetzung zwischen den freien Völkern dieser Erde und den kommunistischen Mächten wird mit allen Mitteln auf allen Gebieten geführt. [...] Aus der Tatsache, daß die Sozialpolitik eine wichtige Position in dem Kampf um die Sicherung der freien Welt ist, ergibt sich, daß diejenigen, die Sozialpolitik aktiv betreiben, an das Gesamt- und außenpolitische Ziel ihrer Handlungen denken müssen. [...] Vielleicht erleichtert diese übergeordnete Betrachtung eine Annährung der Standpunkte und den Übergang zu einer Lohnpolitik, die auf das gesamtwirtschaftliche Wachstum und damit auch auf die Stabilität der Währung mehr Rücksicht nimmt als in der letzten Zeit. (Paulssen 1962: 2)

Der Anspruch, der weltpolitischen Lage gerecht zu werden, bezieht sich für Paulssen aber nicht nur auf die Tarifpolitik, sondern auch auf die direkte Gestaltung der Sozialpolitik. „Eine der großen künftigen Aufgaben wird die Fortsetzung der Sozialreform sein. Ich hoffe zuversichtlich, daß hierbei dem Grundsatz der Förderung der Selbsthilfe und Selbstvorsorge mehr Rechnung getragen wird als bisher. Wir dürfen nicht denken, daß wir uns gegen den Kommunismus leichter behaupten könnten, wenn wir uns selbst halb- oder ganzkollektivistische Formen zu eigen machen und uns bemühen, uns einem sozialistischem Schema anzunähern." (Paulssen 1962: 3) Neben der Subsumtion der Sozialpolitik unter den Systemgegensatz ist dieses Zitat auch dahingehend von Bedeutung, da es – trotz der deutlichen Kritik – eine generelle Zustimmung zum Rentensystem beinhaltet, da die „Fortsetzung der Sozialreform" als Aufgabe gesehen wird – und nicht etwa ihre Umkehrung.

Interessen der Arbeitgeber

Aus den Positionen der Arbeitgeber zum Rentensystem lassen sich für die Szene des Ausbaus die Interessen analysieren. Die Kernelemente des Rentensystems stießen auf prinzipielle Zustimmung und die Rentenreform von 1957 wurde als große Errungenschaft gefeiert. Unstrittig war die Rente als *Lohnersatzleistung*, sowie die *Umlagefinanzierung*. Dabei sollte aber, nach Ansicht der Arbeitgeber, auf die unbedingte Einhaltung des *Leistungsprinzips* geachtet werden und eine stärkere soziale Umverteilung unterbleiben. Daraus folgt eine generelle Skepsis gegenüber einer steuerfinanzierten Rente und gegen jede Ausweitung des Bundeszuschusses, die als Umverteilungsinstrumente gelten könnte. Ebenso kritisierten die Arbeitnehmer die *dynamische Rente*, da in ihr ein Automatismus zur unverhältnismäßigen Kostenausweitung gesehen wurde. Dass die Rentner an der Entwicklung des gesellschaftlichen Wohlstands partizipieren sollten, wurde jedoch von den Arbeitgebern nicht in Frage gestellt. Es ging demnach in erster Linie um das Verhältnis der Ausgabenseite zur Einnahmenseite.[80]

Die einzelnen Aspekte des Rentensystems fanden in diesem Rahmen dann den besonderen Zuspruch der Arbeitgeber, wenn sich ein wirtschaftlicher Nutzen ergeben konnte. Die Steigerung der Leistungsbereitschaft wurde hier ebenso geschätzt, wie die zusätzliche Versorgung mit Arbeitskräften in Zeiten der „Vollbeschäftigung".

Für die Arbeitnehmer war das Rentensystem in der Szene des Ausbaus entscheidend für den Erhalt der sozialen Ordnung der Bundesrepublik. Allerdings nicht in dem Sinne, dass eine Ausweitung der Sozialleistungen zu sozialem Frieden führen müsse, sondern dahingehend, dass durch die Orientierung am Leistungsprinzip und an der Eigenverantwortlichkeit allen „sozialistischen Experimenten" von vornherein die Stirn zu bieten sei.

Aus den hier dargestellten Positionen lässt sich auf die Interessen der Arbeitgeber hinsichtlich des Rentensystems in der Szene des Ausbaus schließen. Grundsätzlich besteht das Interesse der Arbeitgeber in der Erwirtschaftung von Profiten. Solange das Rentensystem dieses Interesse nicht behindert, stehen die Arbeitgeber ihm wohlwollend bis gleichgültig gegenüber. Da die Beiträge zur Rentenversicherung für den Unternehmer Lohnkosten sind, (Rüstow 1971: 24) werden sie zum Bestandteil seiner Lohnkostenkalkulation. Die insgesamt verausgabte Summe, inklusive der Rentenbeiträge, ist daher für die Arbeitgeber nicht in ihrer absoluten Höhe interessant, sondern im Verhältnis zu den Profiten, die sich mit ihr erzielen lassen. In der Szene des Ausbaus herrschte eine sehr positive wirtschaftliche Entwicklung vor – mit Ausnahme der Krise 1966/67. Der Reformdruck der Arbeitnehmer bezüglich des Rentensystems blieb daher, soweit er Resultat des Interesses an der Realisierung von Profiten war, relativ gering.

Damit ist aber nur die generelle Grundhaltung der Arbeitgeber in der Szene des Ausbaus charakterisiert. Wie sich aus den konkreten Positionen erschließen lässt, haben die Arbeitgeber durchaus ein Interesse, auf das Rentensystems einzuwirken. Die Arbeitgeber erhofften sich von der Gestaltung des Rentensystems positive Wachstumseffekte. Die Arbeitgeber können vom Ausbau des Rentensystems generell in dreifacher Weise profitieren: Zum einen wird die Motivation der Arbeitnehmer durch die vom Rentensystem ausgehenden Leistungsanreize

---

[80] Zu demselben Ergebnis kommt auch Winter in Bezug auf die BDA: „Die rentenpolitische Programmatik der BDA orientiert sich an den Prinzipien der individuellen Leistung und der Eigenverantwortung auf der einen Seite und dem Interesse der Unternehmen an deiner Begrenzung der Beitragslast auf der anderen Seite. Das bestehende, nach dem Versicherungs- und Äquivalenzprinzip ausgestattete Rentensystem wird von der BDA grundsätzlich befürwortet." (Winter 1997: 186)

gefördert, wodurch ein positiver Wachstumseffekt für das Unternehmen entstehen kann. Zusätzlich entstehen neue Absatzmöglichkeiten dadurch, dass die Rentner am Wachstum des gesellschaftlichen Wohlstands beteiligt werden. Letzteres ist im allgemeinen Interesse, nicht aber unmittelbar im Interesse der einzelnen Arbeitgeber. Beide Effekte werden darüber erzielt, dass ein Teil der Lohnkosten, also nicht des Kapitals, sozial umverteilt wird. (Rüstow 1971: 24) Eine solche Position setzt natürlich voraus, dass die Arbeitgeber eine eventuell damit einhergehende Steigerung der Löhne hinnehmen. Das Interesse, das Rentensystem für Wirtschaftswachstum zu funktionalisieren, erstreckt sich in der Szene des Ausbaus auf einen dritten Effekt – die Einbeziehung zusätzlicher Arbeitnehmer in den Arbeitsmarkt und daher eine Verringerung des Arbeitskräftemangels.

Das Interesse an einem wirtschaftlichen Nutzen durch die Rentenversicherung lässt sich auch negativ fassen, als die Befürchtung, über das Rentensystem könnte ein Schaden für die Wirtschaft entstehen. Ein Rentensystem, das Arbeitsanreize verhindert und die Lohnkosten so ansteigen lässt, dass sie auf Kosten der Profite gehen, oder das dazu führt, dass sich der Arbeitskräftemangel verschlimmern würde, war nicht im Interesse der Arbeitgeber.

Ein weiteres Interesse der Arbeitgeber bezieht sich nicht auf einen konkreten wirtschaftlichen Nutzen, sondern auf die Stabilisierung der gesellschaftlichen Verhältnisse. Dieses Interesse an Stabilität macht sich in zweifacher Weise bemerkbar. Zum einen gab es in der Szene des Ausbaus der Rentenversicherung ein generelles Bekenntnis der Arbeitgeber dazu, dass die Arbeitnehmer an der Steigerung des Wohlstands zu beteiligen seien. Das materielle Interesse der Arbeitnehmer sollte also durchaus bedient werden und ihnen somit ein „guter Grund" für ihre konstruktive Beteiligung an den gesellschaftlichen Verhältnissen gegeben werden. Andererseits sollte diese Partizipation am Reichtum der Gesellschaft vordringlich über die Lohnentwicklung (inklusive Rentenversicherung) organisiert sein und nicht durch eine „systemwidrige" Umverteilung. In einer Abkehr vom Leistungsprinzip sahen die Arbeitgeber ihr Interesse an stabilen Verhältnissen gerade nicht gefördert, sondern nahmen solche Vorschläge als eine Ermutigung für „sozialistische Aufwiegler".

Die hier aufgeführten Interessen zeigen, dass das Rentensystem für die Arbeitgeber in der Szene des Ausbaus keineswegs unwichtig war. Daraus leitet sich ein letztes Interesse ab: Partizipation an den Entscheidungen. Die starke Position der Arbeitgeber in den Versicherungsträgern wurde demnach begrüßt. Zugleich gibt es aber einen Faktor, der dazu führt, dass das Interesse an der Einbindung in die Rentenpolitik in Widerspruch zu den anderen Interessen gerät. Denn die Partizipation in den Entscheidungsgremien wurde „erkauft" durch das Bekenntnis zur paritätischen Besetzung.

Der Einfluss der Gewerkschaften auf das Rentensystem stellte wiederum eine potentielle Gefahr für die Interessen der Arbeitgeber dar. Daher waren die Arbeitgeber durchaus damit zufrieden, dass fundamentale Fragen der Sozialpolitik aus dem Wirkungsbereich der Versicherungsträger ausgeklammert wurden. (Müller, Franz 1957: 43-44)

Zusammenfassend lässt sich festhalten, dass von den Interessen der Arbeitgeber her ein Ausbau des Rentensystems nur unter sehr bestimmten Umständen sinnvoll erscheint. Eine Ausweitung der Leistungen muss generell durch zusätzliche Einnahmen gedeckt werden. Wenn diese sich über die wachsende Beschäftigung ergeben, sind die Arbeitgeberinteressen nicht tangiert. Die Ausdehnung in der Szene des Ausbaus war aber durch eine Erhöhung des Beitragssatzes und des Bundeszuschusses finanziert. Ersteres beeinflusste die Lohnkalkulationen der Unternehmen negativ, allerdings in einem hinnehmbaren Maße. Die zunehmende Finanzierung des Rentensystems über öffentliche Mittel widersprach den Arbeitgeberinteressen an der Funktionalisierung des Rentensystems für das Wirtschaftswachstum über das Leistungsprinzip und dem Interesse an einer stabilen Wirtschaftsordnung, die sich deutlich von allen sozialistischen Experimenten unterschied. Insofern kann für die Szene des Ausbaus ein Interesse der Arbeitgeber an einer Konsolidierung der Rentenversicherung festgehalten werden, welches sich z. B. an der Kritik der Dynamisierung und dem Vorschlag, die Renten an die Nettolohnentwicklung anzupassen, zeigt. Dieses Interesse wurde jedoch durch die anderen Interessen zum Teil abgemildert.

Abschließend ist zu bemerken, dass sich die Interessen der Arbeitgeber bezüglich des Rentensystems in der Szene des Ausbaus wesentlich homogener darstellen als bei den Arbeitnehmern. Differenzen wurden zwischen den Verbänden und den einzelnen Unternehmen an den Stellen deutlich, wo es um einen allgemeinen Nutzen der Arbeitgeber ging, der sich nicht notwendig mit den konkreten Kalkulationen der Unternehmer deckte. So wurde beispielsweise das Gesetz zur betrieblichen Altersvorsorge von den Verbänden kritisiert, obwohl ihre Mitglieder von dieser Regelung umfassend Gebrauch machten. Die Differenzen zwischen den Verbänden BDI und BDA, wie beispielsweise in Bezug auf die dynamische Rente, waren eher marginal. Hier ist vielmehr eine „Arbeitsteilung“ feststellbar, die darin besteht, dass der BDI mehr auf die betrieblichen Aspekte der Rentenpolitik abzielte, während die BDA der sozialen Selbstverwaltung stärkere Beachtung schenkte.

Da sich die anderen Spitzenverbände der Wirtschaft, der Deutsche Industrie- und Handelstag und der Bundesverband der deutschen Industrie, kaum mit rentenpolitischen Fragen befassen, kommt es hier auch nur äußerst selten zu Differenzen mit der

BDA. Ähnliches gilt für die innerverbandliche Willensbildung, die sich weitgehend konfliktfrei vollzieht. (Winter 1997: 186)

4.1.3 Interessen des politisch-administrativen Systems in der Szene des Ausbaus

Die (Neu-)Entstehung des deutschen Rentensystems war zunächst ein politischer Akt. Zwar haben sich auch Arbeitnehmer und Arbeitgeber bereits an den Diskussionen hinsichtlich einer „Sozialreform“ beteiligt, es war jedoch allgemein geteilte Auffassung, dass es zunächst an der Politik läge, die Rahmenbedingungen zu schaffen. Daher sind die Auffassungen der Akteure des politisch-administrativen Systems, insbesondere in Bezug auf die eigentliche Gründungsphase in den 1950er Jahren, von Interesse. Zu beachten sind hier die Parteien, Strömungen innerhalb der Parteien, politische Institutionen wie die Ministerien und ggf. Einzelpersonen, die richtungsweisend gewirkt haben. Wie bereits bei den anderen Kollektivakteuren ist erstens nach den Positionen zu fragen, die bezüglich der Rente vertreten wurden, und zweitens nach den Interessen, die diesen Positionen zugrunde liegen.

Positionen innerhalb des politisch-administrativen Systems

Die politische Debatte um den Ausbau des Rentensystems begann bereits Anfang der 1950er Jahre. Kanzler Adenauer erklärte in seiner Regierungserklärung vom 20. Oktober 1953 eine „umfassende Sozialreform“ für notwendig. Zwei Jahre später bekräftigte er, „eine «große Sozialreform» [...] sei nötig, und er sehe darin sogar die «innerpolitische Aufgabe Nr. 1 schlechthin».“ (Hockerts 1977: 341) Bei der Begründung der Notwendigkeit einer „umfassenden Sozialreform“ trat bereits in der Regierungserklärung vom Herbst 1953 „der Gedanke in Erscheinung, daß «an dem wirtschaftlichen Aufstieg in der Bundesrepublik nicht alle Bevölkerungskreise gleichmäßig teilgenommen» haben. «Es waren bisher in erster Linie die im Arbeitsprozeß Tätigen, die sichtbaren Nutzen aus den Erfolgen der sozialen Marktwirtschaft zogen.»“ (Jantz 1977: 109) Hier wird deutlich, dass die Rentenreform von Beginn an als Kernelement der Sozialreform verstanden wurde. Zudem zeigt sich die besondere Rolle der Person Adenauers, der die Frage der „Sozialreform“ in weiten Teilen in die eigene Hand nahm, indem er das „Sozialkabinett“ bildete, bei dem er selbst, im Gegensatz zu anderen Ausschüssen, den Vorsitz inne hatte. Damit setzte er dem Ringen um die Zuständigkeit für die Sozialreform zwischen dem Arbeitsministerium und dem Finanzministerium ein Ende. Diese Auseinandersetzung zwischen den Ministern Schäfer (Finanzen) und Storch (Arbeit) hatte die Arbeit der Regierung zuvor gelähmt. Zusätzlich schaffte Adenauer inhaltliche Fakten, indem er – unter strenger Geheimhaltung an seiner Partei vorbei – die so genannte „Rothenfelser Denkschrift" erstellen ließ, die sich inhaltlich am Subsidiaritätsprinzip orientierte und zu einem Prestigeerfolg der Regierung wurde. (Hockerts 1977: 359)

Während die SPD den Begriff der „umfassenden Sozialreform" selbst übernahm, um die Regierung in dieser Hinsicht festzulegen, war dieses Programm in Regierungskreisen zunächst umstritten, u. a. deshalb, weil der Begriff „Sozialreform" durchaus auch als eine grundlegende Veränderung der sozialen Verhältnisse verstanden werden konnte. Über das Bundesfinanzministerium wurde daher die Sprachregelung eingeleitet, es habe sich um eine Sozial*leistungs*reform zu handeln, also um eine Neugestaltung der Systeme der sozialen Sicherung, nicht aber um eine allgemeine gesellschaftliche Veränderung. (Hockerts 1977: 342) Diese Abgrenzung richtete sich gegen die SPD, von der die CDU befürchtete, sie wolle über den Umbau der Sozialsysteme den Sozialismus quasi durch die Hintertür einführen. Hierzu Ludwig Erhard:

> Wir lehnen den Wohlfahrtsstaat sozialistischer Prägung und die allgemeine kollektivistische Staatsbürgerversorgung nicht nur deshalb ab, weil diese anscheinend so wohlmeinende Bevormundung Abhängigkeiten schafft, die zuletzt nur Untertanen züchtet, die freie staatsbürgerliche Gesinnung aber abtöten muß, sondern auch darum, weil diese Art von Selbstentäußerung, d. h. die Preisgabe menschlicher Verantwortung, mit der Lähmung des individuellen Leistungswillens zu einem Absinken der volkswirtschaftlichen Leistung im ganzen führen muss. (Erhard 1957: 344)

Die SPD hatte sich zwar bereits in ihrem Aktionsprogramm von 1952 zur „sozialen Marktwirtschaft" bekannt,[81] hielt aber weiter an der langfristigen Verwirklichung des Sozialismus fest. Entscheidender waren jedoch die sachlichen Differenzen über die zukünftige Ausgestaltung des Rentensystems. Während sich die SPD an dem schwedischen Leitbild einer allgemeinen „Volkspension" orientierte, wollte die CDU „die «klassische» Sozialversicherung als Grundform der sozialen Sicherung beibehalten und durch möglichst reinliche Trennung von

[81] „Die Sozialdemokratie lehnt die Zwangswirtschaft ab und bejaht die freie Konsumentenwahl. Sie wird den echten Leistungswettbewerb in allen dafür geeigneten Wirtschaftszweigen fördern. Soweit die moderne arbeitsteilige Wirtschaft Marktwirtschaft ist, ist sie von sich aus noch keine sozialfortschrittliche und gerechte Marktwirtschaft. Es bedarf dazu insbesondere einer aktiven Wettbewerbspolitik aus einem Guß." (SPD 1952/54: 308) Vgl. hierzu Ott 1978: 239-244.

Versicherung, Versorgung und Fürsorge die Ausdehnung steuerfinanzierter Staatsleistungen begrenzen." (Hockerts 1977: 345)

Bezüglich der SPD ist hier eine wichtige Veränderung der Rentenprogrammatik zu beachten. Hatte sich die SPD in ihrem Godesberger Programm noch auf eine Mindestrente festgelegt und somit selbst den Begriff der Volkspension in die Nähe des schwedischen, vom Solidaritätsprinzip getragenen Modells gerückt, so betrieb ein Flügel der Partei unter maßgeblichem Einsatz von Ernst Schellenberg eine Umdefinition. Schellenberg befürchtete, eine am Solidaritätsprinzip orientierte Rentenversicherung wäre für die Arbeitnehmer, die vom Wirtschaftsaufschwung profitierten, zu unattraktiv. Der Begriff der „Volksversicherung" wurde von ihnen in einer sozialpolitischen Resolution aufgegriffen, die auf dem Parteitag von 1965 verabschiedet wurde.

> Die Formulierung war taktisch. Mit dem unbestimmten Begriff «Volksversicherung» sollte der Parteitag um eine Art Generalvollmacht gebeten werden, eine Rentenkonzeption zu entwickeln, ohne auf die Einzelheiten des offiziellen Parteiprogramms festgelegt zu sein. [...] Schellenberg war aus zwei Gründen gegen Mindestrenten [...]. [Die Bezeichnung] war in seinen Augen nur allzu leicht assoziierbar mit «Gleichmacherei» und «sozialpolitischem Eintopf». Die Angst vor der gegenerischen Propaganda, die aus dem Wort «mindest» Vorstellungen wie «Wertminderung» und «minderwertig» herauspräparieren würde, störte ihn. Die Leute wollen aber «Höchstrenten», nicht «Mindestrenten». (Bartholomäi 1977: 161)

Es ist jedoch festzuhalten, dass sich bis zur Rentenreform von 1957 weder bei der SPD noch bei der CDU ein von der ganzen Partei geteiltes Gesamtkonzept hinsichtlich des Rentensystems herausgebildet hatte. Hier zeigt sich, dass die Betrachtung der Parteiprogrammatik zu oberflächig bleibt. Denn in den sozialpolitischen Ausschüssen, die die Reform vorbereiteten, waren die Gemeinsamkeiten zwischen CDU und SPD wesentlich größer, als die jeweiligen Parteiprogramme hätten vermuten lassen.

> Im Unterschied zur schroffen Konfrontation in der Außen- und Wirtschaftspolitik bestand durchaus Aussicht auf eine Reihe von Übereinstimmungen: daß die Vorsitzenden der sozialpolitischen Ausschüsse der CDU bzw. der SPD, Heinrich Lünendonk und Ludwig Preller, engen Kontakt pflegten [FN] und Sozialpolitiker beider Parteien in überparteilichen Reformkommissionen zusammenarbeiteten [FN], ist dafür ebenso ein Indiz wie der Zusammenklang im Ruf nach Systematisierung und gezielterem Einsatz der Sozialleistungen. (Hockerts 1977: 344)

Einigkeit bestand generell darin, dass „[d]as Durcheinander der sozialen Einrichtungen und Leistungen in Sozialversicherung, Versorgung und Fürsorge [...]

unerträglich [ist].“ (SPD 1952/54: 318) „Als Mindestanforderung an die Sozialreform galt daher in allen Lagern eine Vereinfachung und Vereinheitlichung des Sozialrechts. Ein weiterer Hauptpunkt der Kritik betraf das niedrige Niveau eines wesentlichen Teils der Sozialleistungen.“ (Hockerts 1977: 347)

Bezüglich konkreter Fragen der Ausgestaltung des Rentensystems stellte sich sehr schnell ein Konsens hinsichtlich der dynamischen Rente heraus. „Neben die Finanzierung der laufenden Renten durch die Beiträge der Versicherten trat als «großer Gedanke» die Anpassung der Renten an den Fortschritt der Volkswirtschaft. Dieses Motiv war aus der damaligen Situation durchaus verständlich, denn die Löhne und Preise stiegen damals ständig an – Zeit des Wirtschaftswunders –, und die Renten verloren ständig an Kaufkraft.“ (Babel 2001: 25) Die Vorstellung einer dynamischen Rente wurde zuerst von der SPD als politische Forderung artikuliert. 1952 forderte sie in ihren „Grundlagen des sozialen Gesamtplans“ die Sicherung der Kaufkraft der Renten sowie die Beteiligung der Rentner an der Steigerung des Sozialprodukts entsprechend der Lohnentwicklung. Eine starke Fraktion innerhalb der CDU lehnte solche Pläne jedoch als „zu revolutionär“ ab. (Jantz 1977: 112) Die Kritiker der dynamischen Rente befürchteten, dass die Kopplung der Renten an die Lohnentwicklung zusätzlichen Druck auf die Tarifverhandlungen ausüben würde.

> Insbesondere wegen der Rentenanpassung war gegen die Rentenreform 1957 eine Reihe ernster Bedenken erhoben worden. […] Es war befürchtet worden, daß das Interesse der Rentner an der Entwicklung der Arbeitsentgelte die Tarifkämpfe verschärfen würde. Das ist nicht der Fall. In die Verhandlungen der Tarifpartner hat die Regierung zwischen Lohn, Rente und Arbeit keineswegs die befürchtete Verschärfung gebracht. (Jantz 1977: 112)

Trotzdem ist der Vorschlag einer dynamischen Rente in dem von Bundeskanzler Adenauer beauftragten Gutachten über die „Neuordnung der Sozialen Leistungen“ bereits zu finden. (Sohn 1958: 245) 1955 beschloss das „Sozialkabinett“ hinsichtlich der Neuordnung des bestehenden Rentensystems: „Das Kernstück der Neuordnung bildet der Übergang von der statischen zur sogenannten dynamischen Leistungsrente.“ (Jantz 1977: 110) Somit hatten sich der Bundeskanzler und sein Generalsekretär für die Sozialreform, Dr. Kurt Jantz, gegen die innerparteilichen Bedenken in der CDU durchgesetzt.

Mit der Einigung auf eine dynamische Rente war jedoch bloß ein Rahmen gesteckt, in dem sich das Rentensystem zukünftig bewegen sollte. Die genaue Ausgestaltung war weiterhin umstritten. So gab es beispielsweise Uneinigkeit zwischen CDU und SPD, wann und wie oft die Renten angepasst werden sollten. Während die CDU eine Anpassung alle fünf Jahre vorschlug, trat die SPD für eine jährliche Anpassung ein. (Hensen 1977: 142) Auch die Höhe dieser Anpassung war strittig.[82] Dass sich die Opposition mit dieser Forderung durchsetzte, zeigt, dass die zwischenparteilichen Debatten sich maßgeblich an dem Ziel einer bestmöglichen Umsetzung des geteilten Grundkonzepts – umlagefinanzierte, dynamische Rente als Lohnersatz – orientierten. Eine „Blockadehaltung“ wurde von keiner Seite angestrebt. „Die Rentenreform [mündete] in einen breiten politischen Konsens der Volksparteien CDU/CSU und SPD, ein Konsens, der auch für die Zukunft prägend wirkte. Es galt seitdem die Handlungsmaxime, daß beim Thema Rente die Parteien sich einigen und die Verantwortung gemeinsam tragen sollten.“ (Babel 2001: 21)

Zunächst an diesem Konsens nicht beteiligt waren die Liberalen, die sich anfangs für ein Versicherungsprinzip ausgesprochen hatten, das auf Eigenverantwortung beruhte und in dem der Staat wenn überhaupt eine verwaltende Rolle spielen sollte. „Sozialpolitik und Sozialversicherung sind endlich von den Fesseln eines bedrückenden, aus totalitärer Staatsauffassung geborenen Zentralismus zu befreien und wieder auf die verantwortliche Selbstverwaltung durch alle Beteiligten zu gründen.“ (FDP 1948: 418) 1963 legte die FDP ein Konzept für die Einführung einer steuerfinanzierten Grundrente vor, durch welche das Rentensystem in seiner derzeitigen Gestalt ersetzt werden sollte. (Nullmeier/Rüb 1993: 116) Hier zeigt sich, dass der Einfluss der FDP auf die Reform sehr gering gewesen ist, da die Regierung auf die Unterstützung der SPD bauen konnte.[83]

Schon in der Legislaturperiode 1957-1961 zeigte sich, dass dieser Konsens keineswegs eine Selbstverständlichkeit war. Zwar hatte man sich auf die Rentenreform geeinigt, damit waren die politischen Debatten um das Rentensystem jedoch nicht vom Tisch. Sehr früh wurde in der Öffentlichkeit der Ruf nach einer „Reform der Rentenreform“ laut, „worunter sich der Wunsch nach einem Bremsen der Rentenanpassungen verbarg.“ (Schewe 1977: 184) Hinzu kam, dass die Rentenreform von Seiten Adenauers ganz deutliche wahlkampftaktische Überlegungen beinhaltete, die nach gewonnener Wahl an Dringlichkeit verloren. (Hockerts 1977: 370) Der Gestaltungsspielraum für Sozialpolitik war daher bis 1965 sehr gering.

---

[82] „Die Höhe des aus diesen Zielsetzungen abgeleiteten Steigerungssatzes war im Verlauf des Gesetzgebungsprozesses zur Rentenreform 1957 äußert umstritten, da durch ihn weitreichende Verteilungs- und Finanzierungspositionen festgelegt wurden. Die SPD hatte in ihrem Gesetzentwurf einen Steigerungssatz von 1,8% vorgesehen.“ (Nullmeier/Rüb 1993: 101)

[83] „Auf der Ebene der politischen Parteien opponierten die Koalitionspartner DP und FDP bzw. FVP ebenso entschieden gegen die dynamische Rente wie sie auf der anderen Seite von der SPD gefördert wurde.“ (Hockerts 1977: 369)

> Einerseits mußte das Ergebnis der Rentenreform 1957, die von der Bevölkerung begrüßt wurde, akzeptiert, andererseits mußten die Grundsätze der Rentenreform sogar gegen die Mehrheitskoalition, deren Regierung 1957 die Rentenreform durchgesetzt hatte, verteidigt werden. Einerseits verbesserten auch nicht sehr bedeutsame Gesetze und die De-facto-Automatik der Rentendynamik [FN] die soziale Sicherheit, andererseits fand der soziale Impetus der Rentenreform keine Fortsetzung. (Schewe 1977: 185)

Durch die Wirtschaftskrise 1966/67 geriet das Rentensystem unter zusätzlichen Reformdruck. Zwar konnten die Finanzierungsprobleme durch den erhöhten Beitragssatz bewältigt werden, trotzdem wuchs die Unzufriedenheit mit der Verfassung des Rentensystems – insbesondere wegen des für 1980 prognostizierten „Rentenbergs". Umso erstaunlicher ist es, dass bis 1972 an der Politik der Ausdehnung der Leistungen und des Kreises der Leistungsempfänger festgehalten werden konnte. Ursächlich hierfür ist die Einschätzung, die Krise von 1966/67 sei eine bloß vorübergehende Phase, nach der sich das Wachstum wie zu Wirtschaftswunderzeiten fortsetzen würde. Insofern erschien eine grundlegende Veränderung des Rentensystems nicht als nötig. Bezüglich des Rentensystems ist außerdem anzumerken, dass die Lage der Rentenversicherung nicht im unmittelbaren Zusammenhang mit der wirtschaftlichen Konjunktur steht. Zwar führt ein Anstieg der Arbeitslosigkeit oder eine Verringerung des gesamtgesellschaftlichen Lohns zu einem Einnahmerückgang. Diesem steht aber keine unmittelbare Erhöhung der Ausgaben gegenüber, da die Zahl der Rentenempfänger zunächst konstant bleibt und die Anpassung der Renten sich auf das verringerte Lohnniveau bezieht.[84] Die deutliche Erhöhung des Beitragssatzes zur Rentenversicherung ist demnach auch nicht einzig als Krisenreaktion zu interpretieren. Bereits bei der Verabschiedung der Rentenreform von 1957 gingen die Parteien von einer Anhebung des Beitragssatzes im zweiten Deckungsabschnitt auf 16,25% aus. (Hensen 1977: 144) 1960 war der Beitragssatz noch bei 16%, und blieb in der Szene des Ausbaus bei 17%. (*Abbildung 4*, S. 307) Insofern ist der Einfluss der wirtschaftlichen Entwicklung in dieser Szene eher als gering einzuschätzen.

Schewe schreibt die Haltung, aus der Wirtschaftskrise keine rentenpolitischen Maßnahmen getrennt von einer Beitragserhöhung abzuleiten, maßgeblich dem Engagement Schellenbergs zu, „bei dem die Fäden der Entscheidung im Bundestag z. Z. der Großen Koalition zusammenliefen." (Schewe 1977: 186) Auch wenn bei der Beurteilung der Bedeutung von Einzelpersonen in komplexen Reformprozessen große Vorsicht geboten ist, so lässt sich zumindest belegen,

[84] Laut Keynes wird in Konjunkturkrisen in der Regel nicht der Nominallohn verringert, aber durchaus der Reallohn. (Keynes 1997: 257)

dass Schellenberg sich dafür einsetzte, das 3. Rentenversicherungsänderungsgesetz aufzuschieben, um nicht in wirtschaftlich schweren Zeiten richtungweisende Entscheidungen bezüglich des Rentensystems treffen zu müssen.[85] Unabhängig von der Frage nach dem persönlichen Einfluss zeigt sich hier, dass sich letzten Endes die Auffassung durchsetzen konnte, die Krise von 1966/67 sei ein Sonderfall. Daraus folgt eine Politik, die während der Krise in Notprogrammen bestand.

Hierzu ist auch die „Konzertierte Aktion" zu zählen. Denn anders als in der Korporatismusliteratur zumeist angedeutet,[86] lässt sich in den vom Wirtschaftsministerium organisierten Gesprächen mit Arbeitnehmer- und Arbeitgebervertretern und Akteuren des politisch-administrativen Systems keine auf Dauer angelegte Form der Gestaltung politischer Entscheidungsprozesse finden. Czada verweist darauf, dass die „Konzertierte Aktion" keine verbindlichen Handlungsergebnisse festgelegt hat, sondern es sich um eine „negative Koordination" handelte, durch die die Regierung einen Meinungsaustausch mit den Akteuren der Wirtschaft organisierte. (Czada 1994: 53) „Gesellschaftspolitische Themen, jegliche der Konjunkturpolitik übergeordneten Fragestellungen, haben in der Konzertierten Aktion keine Rolle zu spielen vermocht." (Seitenzahl 1976: 20) Alle beschlossenen Maßnahmen richteten sich darauf, Bedingungen für wirtschaftliches Wachstum (wieder)herzustellen. Ein Konsens in diesem Sinne konnte nur dadurch erreicht werden, dass die Arbeitnehmer und die Sozialdemokratie in den Maßnahmen, die sich zwar negativ auf die Arbeitnehmer auswirkten, dennoch ein Mittel sahen, die Verbesserung des Lebensstandards der Arbeiter, die mit der Sozialen Marktwirtschaft assoziiert wurde, fortzusetzen.[87] Die in der „Konzertirerten Aktion" beschlossenen Maßnahmen erschienen daher als „kleineres Übel" im Verhältnis zu einer andauernden wirtschaftlichen Stagnation. „Konjunktureller Pragmatismus, das nur aktuell bezogene wirtschaftspolitische «Hindurchwursteln» unter dem globalen steuerungspolitischen Dogma einer rein arbeitnehmernachfrageinduzierten Inflationserklärung, haben sich hier also mit Hilfe von Regierung und Unternehmerverbänden gegen die erklärt andersgerichtete Absicht der Gewerkschaften durchgesetzt." (Seitenzahl 1976: 20)[88] Insofern

---

[85] „Nicht zuletzt war es die Überlegung von Ernst Schellenberg als Ausschußvorsitzender, die Beratung des vorstehend geschilderten Gesetztes [3. Rentenanpassungsgesetz, Anmerkung S. H.] 3 Jahre lang hinauszuzögern, bis es in einer Zeit des Wiederanstiegs verabschiedet werden konnte." (Schewe 1977: 187)

[86] Siehe hierzu u. a. Lehmbruch 1982, Manow 1997.

[87] Den Arbeitgebern fällt es wesentlich leichter, an einer „Konzertierten Aktion" für mehr Wachstum teilzunehmen, obwohl auch hier unterschiedliche Positionen zwischen den einzelnen Unternehmen und den Verbänden festzustellen sind.

[88] Seitenzahl vergisst an dieser Stelle, dass die Gewerkschaft der Konzertierten Aktion bereitwillig zugestimmt hatte. Was er beklagt ist, dass sich die Gewerkschaft am „eigentlichen" Gewerkschaftsin-

ist es auch nicht verwunderlich, dass die „Konzertierte Aktion" in dem Moment scheiterte, in dem der negative Zusammenhalt, den die Wirtschaftskrise gestiftet hatte, überwunden schien. Für die Akteure des politisch-administrativen Systems bedeutete dies – trotz zunehmender Bedenken –, dass dann, als die Krise überwunden war, der alte Kurs der Ausweitung des Rentensystems wieder aufgenommen werden konnte. Denn das 3. Rentenversicherungsänderungsgesetz von 1972 beinhaltete nicht nur eine Erhöhung des Beitragssatzes, sondern auch einen Ausgleich zwischen der Rentenversicherung der Arbeiter und der der Angestellten. Dies war nach Ansicht der Regierung nötig geworden, da sich die Erwerbsstruktur veränderte, was zu einem Überschuss in der Rentenkasse der Angestellten und einem Finanzmangel bei der Rentenversicherung der Arbeiter führte. (Hensen 1977: 146, Schewe 1977: 186) Gegen diesen Bestandteil des Gesetzes gab es massiven Widerstand von Seiten der CDU, die den Tendenzen einer Universalisierung entgegenwirken wollte. (Muhr 1977a: 482) Die Flexibilisierung des Renteneintrittsalters und die Öffnung der Rentenversicherung für Selbstständige hingegen wurden trotz der damit verbundenen zusätzlichen Belastungen der Rentenkasse überwiegend begrüßt. Gerade die Arbeitnehmergruppe in der Union hatte sich für die Reform eingesetzt.

> Ein besonderer Erfolg für die Union, an der die Arbeitnehmergruppe, vor allem Hans Katzer, entscheidend mitgewirkt hat, war die Rentenreform von 1972. Die SPD-Vorstellungen fanden zum großen Teil keine Mehrheit, weil den Regierungsparteien eine Stimme, und zwar die des früheren Ministers Karl Schiller, fehlte. Dadurch wurden unsere Anträge angenommen. Vorziehen der Rentenanpassung um ein halbes Jahr, flexible Altersgrenze, Öffnung der Rentenversicherung für Hausfrauen, Selbstständige und andere Personen – alles das waren unsere Anträge! Diese – unsere – Erfolge wollte Minister Arend 1976 für die SPD verbuchen. (Müller 2002: 21)

Der Verweis darauf, dass die Rentenreform mit den Stimmen der CDU/CSU durchgebracht wurde, zeigt, wie sehr die Rentenpolitik in dieser Zeit durch parteiübergreifende Koalitionen geprägt war. Das Ergebnis ist in weiten Teilen als Kompromiss zu kennzeichnen, in dem die von der Union geforderte vorgezogene Rentenanpassung mit der von der SPD eingebrachten Flexibilisierung der Altersgrenze und den Renten nach Mindesteinkommen verknüpft wurde. „Die Regierungskoalition und der DGB sowie die anderen Gewerkschaften [haben sich] für den Vorrang der flexiblen Altersgrenze ausgesprochen. Die Opposition im Deutschen Bundestag gibt dagegen der Rentenniveauanhebung absolute Prio-

---

teresse vergangen habe, ein Interesse, das sich nicht in der konkreten Gewerkschaftspolitik findet, sondern bloß in der Idealisierung durch ihre Betrachter.

rität vor allen anderen rentenpolitischen Maßnahmen." (Wolf 1972: 168) Allen diesen Maßnahmen war gemein, dass sie zu einer Ausweitung des Rentensystems im besprochenen Sinne beitrugen.

Exkurs I: Die NPD in der Szene des Ausbaus

Ein Sonderpunkt in der Analyse des politisch-administrativen Systems in der Szene des Ausbaus des Rentensystems stellt die NPD dar. Sie hatte zwar zu keiner Zeit auch nur die Perspektive, an der Regierung beteiligt zu sein, zog aber durch die Wahlen 1966-68 in den hessischen, den bayrischen, den rheinland-pfälzischen, den niedersächsischen sowie den baden-württembergischen Landtag als Opposition ein. Zudem befürchtete man einen Einzug der NPD in den Bundestag bei den Wahlen 1969. (Stammen 1979: 461) Insofern wäre es denkbar gewesen, dass die NPD einen Einfluss auf die Positionen der anderen Parteien gehabt hätte, die eine Wählerwanderung hin zu den Rechtsextremen verhindern wollten. Die Position der NPD zum Rentensystem war jedoch sehr gemäßigt. Einerseits wurde gegen eine „Sozialpolitik nach dem Traumbild des totalen Wohlfahrtsstaates" gehetzt, „dessen Belastungen für alle Schaffenden zum Alpdruck werden", (NPD 1967: 471) andererseits zeigte sich die NPD mit dem Rentensystem prinzipiell zufrieden und forderte eine Mindestrente, die den Fürsorgesatz um mindestens ein Fünftel übersteigen sollte.[89] Die NPD weicht demnach in Bezug auf das Rentensystem nicht fundamental von den Positionen der anderen Parteien ab, woraus sich umgekehrt folgern lässt, dass der Erfolg der NPD auch keinen besonderen Einfluss auf die Rentenpolitik der anderen Akteure ausgeübt hat.

Interessen des politisch-administrativen Systems

Aus den hier dargestellten *Positionen* der Akteure des politisch-administrativen Systems hinsichtlich der Rentenreform lässt sich auf die zugrunde liegenden *Interessen* zurück schließen, die das Rentensystem in der Szene des Ausbaus prägten. Wie bereits bei den Akteuren Arbeitnehmer und Arbeitgeber soll der Versuch unternommen werden, die Vielzahl der unterschiedlichen Positionen zu bündeln und somit für die Szene des Ausbaus des Rentensystems zu einer Ein-

---

[89] „Das bewährte System der Unfall-, Kranken- und Rentenversicherung ist beizubehalten und den heutigen Erfordernissen anzupassen. [...] Den älteren oder erwerbsunfähig gewordenen Staatsbürgern muß eine gesetzliche Mindestrente zustehen. Die gesetzliche Mindestrente aus der Sozialversicherung soll mindestens ein Fünftel über dem Fürsorgesatz liegen." (NPD 1967: 471)

schätzung der Interessen des politisch-administrativen Systems zu gelangen. Diese aggregierten Interessen ersetzen die analysierten Positionen nicht, sondern gehen aus ihnen hervor. Wenn sich herausstellt, dass ein Interesse nicht von allen Fraktionen des Kollektivakteurs geteilt wird, oder sogar zu Konflikten zwischen den Unterakteuren führt, wird es dem Kollektivakteur schwerer fallen, sich für dieses Interesse einzusetzen. Die Analyse der konkreten Positionen bleibt demnach der grundlegende Ausgangspunkt.

Aus der Betrachtung der Positionen der unterschiedlichen Akteure des politisch-administrativen Systems lässt sich auf folgende Interessen schließen: Erstens ist zu bemerken, dass CDU/CSU und SPD sich als zuständig für die Regelung der sozialen Sicherung der Rentner sahen. Die Liberalen hingegen plädierten zunächst dafür, die Gestaltung des Rentensystems in erster Linie den Kräften des Marktes zu überlassen. Diese Zuständigkeit drückt selbst ein Interesse von Union und SPD aus: Das Rentensystem sollte nicht in privaten Händen liegen – wie zunächst von den Liberalen gefordert –, sondern durch das politisch-administrative System seine Gültigkeit erhalten. Zugleich bekannten sich die Parteien dazu, dass sie (und nicht die jeweils andere) für die Ausgestaltung des Rentensystems zuständig sein wollten. Der Streit um – und damit das Interesse an – dieser Zuständigkeit fand seine Fortsetzung auf der innerparteilichen Ebene, wie beispielsweise zwischen Finanz- und Arbeitsministerium, oder Adenauer und seiner Fraktion, oder Schellenberg und den Parteitagsdelegierten. Die Frage der Zuständigkeit bezieht sich also nicht bloß auf die Parteien, sondern bildet eine wesentliche Konfliktlinie innerhalb des politisch-administrativen Systems. Parallel zum Interesse an Zuständigkeit kannten alle Fraktionen des politisch-administrativen Systems das Interesse, die Selbstverantwortung der Versicherten nicht zu beschränken. Die von ihnen beanspruchte Zuständigkeit bezog sich daher nur auf die Rahmenbedingungen des Rentensystems, da für die konkrete Rente der Einzelne mit seiner Erwerbsbiographie selbst verantwortlich sein sollte.

Die Anerkennung der Zuständigkeit beinhaltet notwendig ein weiteres Interesse nach Funktionalität der Institution. Dafür stehen die Verweise, dass das Rentensystem „vereinfacht" werden muss. Für die Szene des Ausbaus bedeutet dies, dass es den Akteuren des politisch-administrativen Systems um die Einrichtung eines stabilen und verlässlichen Rentensystems ging, dessen Grundgedanke sich den Beteiligten erschließt. Diese Ansicht zeigt sich in den Formulierungen „umfassende Sozialreform" oder auch „große Rentenreform". Beide Begriffe enthalten die Konnotation, dass mit diesen Reformschritten das System als solches steht und nur noch *auf Basis seiner Grundkonzeption* zu verändern ist. Bei den Reformen innerhalb der Szene des Ausbaus handelte es sich stets um Ausweitungen, die sich aus den Grundgedanken der Reform von 1957 – Teilhabe der Rentner am gesellschaftlichen Wohlstand über die dynamische Verknüpfung der Renten mit den aktuellen Löhnen – ergaben. Das Interesse an Funktionalität ist daher weitgehend mit Stabilität der Institutionen des Rentensystems gleichgesetzt worden. Natürlich waren auch in der Szene der Anpassung Reformen möglich, sie mussten sich jedoch als funktionaler für dieselben Grundgedanken erweisen als die derzeitige Verfasstheit des Rentensystems.

Neben diesen Interessen, die sich auf grundlegende Fragen der Institutionalisierung beziehen, sind jene Interessen hervorzuheben, die direkt die inhaltliche Gestaltung der Institutionen des Rentensystems betreffen. Im Mittelpunkt stand hier zunächst die Lohnersatzfunktion der GRV. Zum einen wird deutlich, wie sich das politisch-administrative System auf die Rentner selbst bezog. Diese wurden als vollwertige Bürger anerkannt, die ein Recht haben, am gesellschaftlichen Wohlstand zu partizipieren und deren Lebensstandard sich an dem gesellschaftlich Üblichen auszurichten hat. Einerseits ließe sich – mit Marshall – argumentieren, dass die Rentner erst durch die Rentenreform von 1957 zu vollwertigen Bürgern aus der Sicht des politisch-administrativen Systems wurden. Denn als Bestandteil der Bürgerrechte sieht Marshall die sozialen Rechte. „By the social element I mean the whole range, from the right to a modicum of economic welfare and security to the right to share to the full in the social heritage and to live the life of a civilized being *according to the standards prevailing in the society*." (Marshall 1950: 33, Hervorhebung S. H.) Anderseits ist „citizenship" nicht an ein absolutes Maß sozialer Sicherheit gebunden. „There is no universal principle that determines what those rights and duties shall be, but societies in which citizenship is a developing institution create an image of an ideal citizenship against which achievement can be measured and towards which aspiration can be directed." (Marshall 1950: 36) Insofern ist es angebracht, von einer Veränderung der Vorstellung, was einen Bürger ausmacht, auf Seiten des politisch-administrativen Systems auszugehen. Diese Veränderung, und damit das Interesse, die Rentner dementsprechend anders zu stellen, hatte ihren Grund in dem wachsenden gesellschaftlichen Wohlstand zur Wirtschaftswunderzeit.

Die Rente als Lohnersatzleistung offenbart darüber hinaus eine besondere Haltung des politisch-administrativen Systems zur Erwerbsarbeit. Hier verweisen die Institutionen des Rentensystems deutlich auf das Interesse an Vollbeschäftigung, wobei sich das „voll" sowohl auf die Zahl der Beschäftigten als auch auf die Dauer der Beschäftigung – im Gegensatz zur Teilzeit – bezieht. Erstens wird die angestrebte Teilhabe der Rentner an eine, im genannten doppelten Sinne, *voll*ständige Erwerbsbiographie geknüpft. Zweitens wird Erwerbsarbeit damit als eine Vollzeittätigkeit definiert. Bezüglich des politisch-administrativen Systems lässt sich daher das Interesse festhalten, die Lohnarbeit als einziges anerkanntes, dafür aber auch brauchbares Erwerbsmittel der breiten Bevölkerung zu etablieren. (Decker/Hecker 2002: 96-99)

Als letztes sind noch die Interessen des politisch-administrativen Systems zu beachten, die das Rentensystem bereits unterstellen und es für andere Politikbereiche funktionalisieren wollen. Hierbei ist in der Szene des Ausbaus hauptsächlich auf den Ost-West-Gegensatz hinzuweisen. Aus dem (ebenfalls von allen Akteuren geteilten) Interesse, sich in diesem Gegensatz als die überlegene Macht darzustellen, ergaben sich zwei Verknüpfungen zum Rentensystem: Zum einen stand die soziale Lage der Arbeitnehmer im direkten Vergleich zum DDR-System. Daraus folgte ein zusätzlicher Impetus, das Rentensystem auszubauen. Zum anderen bezog sich die Rentenversicherung auch auf die Bürger der DDR und z. T. anderer osteuropäischer Länder. Denn über die großzügige Eingliederung von Fremdrenten wurde ein Anreiz für die Migration in die Bundesrepublik geschaffen. (Zöllner 1981: 150)

Ein weiteres Interesse, das durch den Ost-West-Gegensatz noch verstärkt wurde, ist die Sicherung des Sozialen Friedens. In diesem Sinne war die Sozialpolitik in der Szene des Ausbaus eine „staatspolitische Notwendigkeit". (Rüstow 1971: 25) Dieser Aspekt wird zwar in der Literatur immer wieder hervorgehoben (z. B. Frerich 1996: 83), es lässt sich jedoch kaum zeigen, welche konkrete Position des politisch-administrativen Systems bezüglich des Rentensystems hiervon geprägt gewesen ist.

> Sicherlich war die Adenauer-Regierung in der ersten Phase [1945 bis 1952, Anmerkung S. H.] unmittelbar nach der Gründung der Bundesrepublik auf schnelle Stabilisierung der wirtschaftlichen und sozialen Verhältnisse aus, um den gesellschaftlichen Frieden zu wahren. Schließlich hatte man dem sozialistischen Nachbarn zu beweisen, dass man in der Systemkonkurrenz auf marktwirtschaftlichem Wege selbstverständlich die sozial gerechtere Gesellschaft schaffen würde. In der zweiten Phase [1953 bis 1957, Anmerkung S. H.] traten aber die gesellschafts- und außenpolitischen Überlegungen in den Hintergrund. (Frevel/Dietz 2004: 34)

Der Grund, warum der Zusammenhang von Sozialpolitik und Ost-West-Gegensatz in weiten Teilen eine – theoretisch gut zu begründende – Vermutung bleibt, besteht u. a. darin, dass sich ein solcher Zusammenhang nur dann feststellen ließe, wenn Sozialpolitik als Reaktion auf soziale Unruhen betrieben würde, nicht aber, wenn es aufgrund einer Sozialpolitik, die den Sozialen Frieden präventiv zu ihrem Sorgeobjekt erklärt, gar nicht zu sozialen Unruhen kommt. Zu Bedenken ist aber auch, dass der Soziale Friede nie einfach „erkauft" werden sollte. Eine Gesellschaft, die ihr friedliches Zusammenleben allein vom materiellen Wohlergehen der Bevölkerung abhängig macht, erschien Politikern auch in der Szene des Ausbaus, in der die „Soziale Marktwirtschaft" ihren Siegeszug feiern konnte, – zu Recht – als instabil. Eine solche Position formulierte beispielsweise Ludwig Erhardt:

> Politisch hat die deutsche Gesellschaft den Charakter einer Klassengesellschaft verloren. [...] Gerade weil wir die Epoche sozialer Konflikte und radikaler Bewegungen, Bürgerkrieg und Diktatur überwunden haben, bedarf das deutsche Volk der Klarheit und Gewißheit, in welchen Formen und nach welcher Richtung sich unsere Gesellschaft entwickeln soll, welche Ziele sie sich setzen muß. Und eben diese Ziele können nicht nur materieller Art, sie müssen auch geistiger Natur sein. (Erhard 1965: 79)

Ein weiteres Interesse, das nahezu alle Akteure des politisch-administrativen Systems verfolgten und dessen Lokalisierung ähnliche Schwierigkeiten bereitet, wie zuvor das Interesse an Sozialem Frieden, ist die Motivation Wahlen zu gewinnen. Einerseits ist dieses Interesse unbestreitbar. Andererseits ist es beinah unmöglich, aus diesem Interesse Positionen bezüglich des Rentensystems abzuleiten. Denn in der Regel treten beispielsweise Parteien, aber auch andere Akteure des politisch-administrativen Systems, nicht bloß zu Wahlen an, um zu gewinnen, sondern um die Politik durchzusetzen, die sie für erstrebenswert halten. Wer den Ausbau des Rentensystems für erforderlich hält, wird daher normalerweise auch mit einer entsprechenden Programmatik kandidieren. Der Wahlerfolg wäre dann beispielsweise u. a. abhängig von der entsprechenden Position bezüglich des Rentensystems. Wird jedoch der Wahlerfolg als eigenständiges Interesse betrachtet, dann wird die Programmatik zur abhängigen Variable von ihrem prognostizierten Erfolg beim Wähler. Eine solche Umkehrung unterstellt eine gewisse Gleichgültigkeit bezüglich des Gegenstandes und kann daher im Prinzip nur dann stattfinden, wenn keine anderen Interessen verfolgt werden, aus denen heraus sich bezüglich des Rentensystems positioniert werden soll. Wird versucht, generell, und nicht in berechtigten Einzelfällen, die Positionen z. B. der Parteien zum Rentensystem aus einer solchen Konkurrenz um die Wähler zu erklären, schlägt sich die Gleichgültigkeit gegenüber dem Gegenstand Rente, die den Politikern implizit unterstellt wird, auf die Analyse durch. Wenn beispielsweise Schludi die Positionen der Parteien zum Rentensystem in einem zweidimensionalen Politikraum darstellt, beschränkt er erstens Rentenpolitik auf die Frage des Ausweitens oder Einschränkens, ohne den spezifischen Inhalt fassen zu können. Zudem bleibt zweitens unklar, wieso nicht alle Parteien sich exakt auf die Position des „Median-Wählers" platzieren, da sie dort die besten Erfolgschancen hätten. (Schludi 2001: 14-18) Die Frage, der mit einem solchen Modell nachgegangen werden kann, bezieht sich daher gar nicht auf die Positionen zum Rentensystem. Diese müssen als gegeben unterstellt werden. Dann lässt sich der Frage nachgehen, unter welchen Bedingungen eine Reform – deren Inhalt auf Ausweitung oder Einschränkung reduziert ist – erfolgreich sein kann. Als Bedingung für den Erfolg lassen sich dann verschiedene Koalitionen untersuchen. „Because coalitions with different centres of gravity to the left and right of the median voter may succeed each other, multi-party competition offers considerable possibilities for policy oscillation, while holding constant voters' preference distribution." (Kitschelt 2001: 268) Für die Frage nach den Reformkorridoren des deutschen Rentensystems ist der Verweis auf das Interesse an Wahlerfolgen daher wesentlich weniger produktiv, als z. T. angenommen werden könnte. Zwar lässt sich nicht leugnen, dass mit Rentenpolitik Wahlkampf betrieben wird. Gerade die Reformen von 1957 und 1972 verdeutlichen dies. Hier haben die Parteien für ihr Rentenkonzept geworben – durchaus darauf zielend, dass die Vorschläge beim Wähler „ankommen". Auch der Zeitpunkt einer rentenpolitischen Maßnahme mag abhängig sein von den Wahlterminen. Gerade jedoch dann, wenn eine Partei die Rentenpolitik zum Wahlkampfthema macht, wirbt sie aber mit bestimmten Inhalten. Sie präsentiert ihr Rentenkonzept als beste Alternative und stellt sich demnach nicht gleichgültig zu diesem Gegenstand, begründet vielmehr Reformnotwendigkeiten.

Zusätzlich ist zu bedenken, dass die meisten Akteure unter- oder oberhalb der Ebene der Parteien nur indirekt von den allgemeinen Wahlen abhängig sind. Sobald es um die konkrete Bewältigung rentenpolitischer Fragen geht, kann es sich kaum ein Akteur innerhalb des politisch-administrativen Systems leisten, seine Positionen von einer Wählerumfrage abhängig zu machen.

4.1.4 Reformkorridor in der Szene des Ausbaus

Nachdem nun die Positionen und Interessen der Akteure analysiert worden sind, stellt sich die Frage, welcher Reformkorridor sich für die Szene des Ausbaus ergibt. Mit der Formulierung „Reformkorridor" soll der Überlegung Rechnung getragen werden, dass einerseits die Rentenpolitik Resultat von Entscheidungen der relevanten Akteure ist, dass aber andererseits diese Entscheidungen nicht willkürlich getroffen werden, sondern sich aus den Interessen der Akteure ergeben, die sich auf eine bestehende institutionelle und gesellschaftliche Basis beziehen und daher die Zahl der reell zur Verfügung stehenden Entscheidungsmöglichkeiten eingrenzen. „If politics is the art of the possible, then it is first necessary to determine the structural boundaries that delimit the possible. And, since social policies for the elderly [...] are ultimately distributional policies, it follows that we must begin by concerning ourselves with the limits that the core institutions of modern society place on the distributional choices available to the policy makers and managers of the welfare state." (Myles 1984: 27) Diese Beschränkungen des Möglichen ergeben sich nicht nur aus den gesellschaftlichen Rahmenbedingungen, sondern auch aus dem Widerstand der anderen Akteure. Zur Erläuterung des Reformkorridors des Rentensystems in der Szene des Ausbaus sind demnach erstens die Interessen der Akteure zusammenzufassen, wodurch sich Übereinstimmungen und Konflikte aufzeigen lassen. Bezüglich letzterer ist zweitens zu fragen, welcher Akteur sich in welchem Maße durchsetzen konnte.

Ein Kernelement des Rentensystems in der Szene des Ausbaus war die Einführung eines klar vom Erwerbsleben geschiedenen Status des Ruhestands. Bezüglich der Arbeitnehmer ist festgestellt worden, dass sie ein Interesse an der Einführung dieses Status hatten, da es um die Absicherung ihres Lebensunterhalts im Alter geht und sie von der Pflicht entbunden werden, sich ihr Einkommen ausschließlich über Erwerbsarbeit verdienen zu müssen, obwohl sie dazu im Alter u. U. nicht mehr in der Lage sind. Der Status des Ruhestands ist demnach ein wichtiger Aspekt der „Dekommodifizierung"[90]. Dieses Interesse an einem gesicherten Ruhestand ist jedoch abhängig von der Lohnentwicklung. Denn wenn die Absicherung des Ruhestands das Erwerbsleben verunsichert, können die Arbeitnehmer keine einheitliche Position zu diesem Thema hervorbringen. (Myles 1984: 7-8)

Die Lohnentwicklung war in der Szene des Ausbaus jedoch so positiv, dass das Interesse an dem eigenständigen Ruhestandsstatus von den Arbeitnehmern nahezu einhellig geteilt wurde. Den Unterschieden in den individuellen Einkommen und den daraus entstehenden divergierenden Interessen wurde von Seiten der Arbeitnehmer durch die Forderungen nach einer nach unten flexiblen Altersgrenze und einer Aufstockung der Renten aus sehr niedrigen Einkommen Rechnung getragen. Der Ruhestandsstatus wird also weder von den Empfängern höherer Einkommen, noch von den weniger gut Verdienenden in Frage gestellt.

Obwohl die Gewährung eines Ruhestandsstatus kein genuines Interesse der Arbeitgeber ist, haben diese in der Szene des Ausbaus keine Opposition gegen die Einführung einer verbindlichen Altersgrenze formuliert. Wie bereits erläutert,

---

90 „Stripping society of the institutional layers that guaranteed social reproduction outside the labour contract meant that people were commodified. In turn, the introduction of modern social rights implies a loosening of the pure commodity status. De-commodification occurs when a service is rendered as a matter of right, and when a person can maintain a livelihood without reliance on market." (Esping-Andersen 1990: 157)

ist vom Standpunkt der Arbeitgeber nicht die absolute Lohnsumme, aus der auch der Ruhestand finanziert wurde, entscheidend, sondern die Frage, inwieweit die von ihnen verausgabten Kosten sich als Profit niederschlagen. Aufgrund des Wirtschaftswachstums in der Szene des Ausbaus sahen sich die Arbeitgeber daher durch die Gewährung eines allgemeinen Ruhestands nicht in ihren grundlegenden Interessen beeinflusst. Zudem ließen sich positive Wirtschaftseffekte bezüglich der Arbeitsmotivation und der gesellschaftlichen Kaufkraft erwarten. Negativ wurde der Ruhestand von Seiten der Arbeitgeber nur in Bezug auf den Arbeitskräftemangel gesehen. Hier forderten die Arbeitgeber, Anreize zum Arbeiten über die Altersgrenze hinaus zu etablieren.

Von Seiten des politisch-administrativen Systems wurde die Einführung des Ruhestandsstatus befürwortet.[91] Die Argumente hierfür waren die Notwendigkeit einer Beteiligung der älteren Menschen am Zugewinn des gesellschaftlichen Reichtums, welche mit der Verantwortung der Politik gegenüber dem gesamten Volk, aber auch wahltaktisch begründet wurde, (Frevel/Dietz 2004: 34) und gegebenenfalls die Überlegungen hinsichtlich der Sicherung des Sozialen Friedens. Den Bedenken der Arbeitgeber in Bezug auf den Arbeitskräftemangel wurde durch eine Zuwanderungspolitik Rechnung getragen, für die auch das Rentensystem funktionalisiert wurde.

Für die Szene des Ausbaus ist also festzuhalten, dass die Anerkennung des Ruhestandsstatus nicht zur Disposition stand, solange sich die Wirtschafts- und Lohnentwicklung nicht drastisch verschlechtert hätte. Nun ist die Szene des Ausbaus aber nicht nur durch die Gewährung eines Ruhestandsstatus gekennzeichnet, sondern dieser Status wurde qualitativ und quantitativ ausgedehnt.

Es schließt sich demnach die Frage an, welchen Umfang die Leistungen für den Ruhestandsstatus in der Szene des Ausbaus einnehmen konnten. Hier ist als Kernelement auf die dynamische Rente einzugehen. Von Seiten der Arbeitnehmer ist die Dynamisierung dann wünschenswert, wenn sie erstens mit der Lohnentwicklung zufrieden sind, und zweitens das Verhältnis von aktuellem Lohnabzug und späterer Rentenzahlung akzeptieren. Sind diese Grundprämissen gegeben, so wird der Automatismus der Rentenanpassung dem Arbeitnehmerinteresse gerecht. Müsste jedes Mal neu über eine Rentenanpassung entschieden werden, bestünde gerade für den individuellen Arbeitnehmer eine größere Gefahr, dass er zwar mit seinen Beiträgen die Renten auf ein erstrebenswertes Niveau hebt, seine

---

[91] Eine Ausnahme stellen u. U. die Liberalen zu Beginn der Szene des Ausbaus dar, die gegen ein staatlich kontrolliertes Rentensystem argumentierten. Allerdings begründeten sie diese Opposition mit der theoretischen Vorstellung, durch die private Initiative würde gesamtgesellschaftlich ein höherer Wohlstand – auch im Alter – erreicht. (Hockerts 1977: 369) Insofern wurde der Ruhestand selbst von der FDP nicht in Frage gestellt.

Rente später aber anderen Kalkulationen zum Opfer fällt. Da die Arbeitnehmer die einzigen Akteure sind, die in zwei verschiedenen, auseinander liegenden Zeitabschnitten sehr unterschiedlich vom Rentensystem betroffen sind, ist die Sicherheit des Systems für sie ein besonderes Anliegen, dem die automatische Dynamisierung gerecht wird. Es ist also nicht verwunderlich, dass die Arbeitnehmer in der Szene des Ausbaus an der dynamischen Rente uneingeschränkt festhielten und die Gewerkschaften darin sogar einen wesentlichen politischen Erfolg sahen. (Muhr 1977a: 480)

Die Arbeitgeber sahen in der dynamischen Rente eine potentielle Gefährdung. Zum einen befürchteten sie, die Kopplung der Renten an das Lohnniveau würde die Tarifauseinandersetzungen verschärfen. (Jantz 1977: 112) Zum anderen hielten sie den mit der Dynamisierung eingegangenen Automatismus für kritikabel, da sie eine unbegrenzte Ausweitung der Leistungen des Rentensystems fürchteten, die nicht mehr auf die aktuelle wirtschaftliche Entwicklung bezogen wäre. Im schlimmsten Falle – und der wurde aufgrund der prognostizierten Bevölkerungsentwicklung bereits in die Überlegungen mit einbezogen – würde die Dynamisierung zu einer Steigerung der Renten führen, die nicht mehr mit den laufenden Einnahmen zu decken wäre. Eine Erhöhung des Beitragssatzes würde sich dann als automatische Lohnerhöhung geltend machen. Einen Ausweg sahen die Arbeitgeber in der Kopplung der Renten an das Nettolohnniveau, da dann ein gesteigerter Beitragssatz wieder zu einer Verringerung des Rentenniveaus geführt hätte. Insofern zeigt sich, dass die Arbeitgeber gegen den Grundgedanken der Kopplung der Renten an das Lohnniveau keinen generellen Einspruch formulierten, sondern negative Effekte der Dynamisierung auf die Wirtschaft verhindern wollten.

Dass die Arbeitgeber sich mit der Forderung nach einer Kopplung der Renten an das Nettolohnniveau nicht durchsetzen konnten, ist besonders auf den Widerstand im politisch-administrativen System zurückzuführen. Die politischen Akteure lehnten solche Überlegungen aus Gründen der Gerechtigkeit ab.

> Die Wahl einer Netto-Bezugsgröße für die Erstfestsetzung bzw. Anpassung der Renten ist niemals ernsthaft in Betracht gezogen worden – wenngleich ausführlich erörtert. Es wurde argumentiert, daß die Beiträge der Versicherten vom Bruttolohn abgezogen würden und der dabei abgeführte Bruttoteil des Lohnes – also Sozialversicherungsbeiträge und direkte Steuern – auch persönlichen Gegenwert für den Versicherten enthalte [...].(Hensen 1977: 142)

Hier wird deutlich, dass es den Akteuren des politisch-administrativen Systems sehr auf die Legitimität des Rentensystems ankommt, was sich auch im „Generationenvertrag“ zeigt. Für die dynamische Rente sprach von Seiten des politisch-administrativen Systems auch, dass die Regierung für die Festlegung der Anpassung verantwortlich war. Zwar gab es die Vorgabe, dass die Renten so anzupassen seien, dass die Rente des Eckrentners 70% des durchschnittlichen Bruttolohns betrage, trotzdem blieb die Festsetzung selbst ein politischer Akt. Diese Regelung verrät, dass es gegen einen reinen Automatismus durchaus Einsprüche gab.

In der Szene des Ausbaus setzte sich daher die Dynamisierung der Renten als Kernelement durch, von dem nicht ohne weiteres abgewichen werden konnte. Im Gegenteil, die Anpassung der Renten wurde tendenziell vorgezogen. Zugleich ist den Akteuren aber bewusst, dass die dynamische Rente in ein System eingeführt wurde, in dem sich die Faktoren Rente, Lohn und Wirtschaftswachstum u. U. beeinflussen. Die Dynamik war deswegen – und so lange – geteiltes Interesse, weil das konkrete Verhältnis dieser Faktoren in der Szene des Ausbaus begrüßt wurde.[92]

Die strenge Lohnbezogenheit des deutschen Rentensystems ist nur von Teilen der Arbeitnehmer in Frage gestellt worden. Besonders die DGB-Gewerkschaften hätten lieber eine mehr universalistische Ausrichtung des Rentensystems gesehen. Diese Position wurde aber selbst von den Mitgliedern nicht wirklich geteilt. Die Arbeitgeber lehnten solche Gedanken als „sozialistische Gleichmacherei" ab und befürchteten Einbußen in der Leistungsbereitschaft. Die Akteure des politisch-administrativen Systems wollten die Marktwirtschafltlichkeit der Bundesrepublik in den Vordergrund stellen und an dem System der Subsidiarität festhalten. Durch die positive wirtschaftliche Entwicklung fanden die Verfechter eines stärker am Solidaritätsprinzip ausgerichteten Rentensystems Rahmenbedingungen vor, die zwar nicht ihre eigentliche Forderung, wohl aber teilweise die erstrebten Effekte möglich werden ließ. Denn durch den Ausbau des Rentensystems, der auf Basis des allgemeinen gesellschaftlichen Wohlstands von allen begrüßt wurde, konnten auch die Leistungen derer, die von der Lohnbezogenheit der Rente weniger profitierten, angehoben werden. Ein solches Verständnis des Solidaritätsprinzips wurde dann auch von den Arbeitnehmern insgesamt und von den Akteuren des politisch-administrativen Systems geteilt. Die Resultate zeigten sich in der Ausdehnung des Personenkreises, der vom Rentensystem profitierte, und darin, dass zusätzlich Anspruchsgründe auf den zugrunde liegenden Lohn angerechnet wurden – Rente nach Mindesteinkommen.

Die Debatte „Umlage versus Kapitaldeckung" die auch gegenwärtige Reformdiskussionen beeinflusst, hatte in der Szene des Ausbaus eine Ausrichtung, die den aktuellen Debatten diametral entgegensteht. Heute soll der Übergang zur

[92] In der Krise von 1966/1967 wurde eine Einschränkung der Dynamisierung diskutiert, aber die Situation wurde zu dieser Zeit als bloß vorübergehend eingeschätzt. (Hartwich 1977: 93)

Kapitaldeckung zu einer Erhöhung der dann zahlbaren Renten führen, während in der Szene des Ausbaus des Rentensystems davon ausgegangen wurde, dass über ein Umlageverfahren wesentlich höhere Renten möglich wären. Eine Kapitaldeckung der Rente wurde von keinem der Akteure als erstrebenswert angesehen. „Anfang der 70er Jahre bestand weithin Konsens, daß es volkswirtschaftlich nicht sinnvoll sei, größere Kapitalbestände anzusparen, sondern die laufenden Ausgaben direkt durch laufende Einnahmen zu decken. Der sogenannte Mackenrothsche Satz war unhinterfragtes Credo ohne Alternative." (Nullmeier/Rüb 1993: 107) Diese These von Gerhard Mackenroth besagt:

> Nun gilt der einfache und klare Satz, daß aller Sozialaufwand immer aus dem Volkseinkommen der laufenden Periode gedeckt werden muß. Es gibt gar keine andere Quelle und hat nie eine andere gegeben, aus der der Sozialaufwand fließen könnte [...]. (Mackenroth 1957: 45)

Auch wenn es vereinzelt Kritik an diesem Satz gab, ist sein Einfluss auf die Frage Umlage- versus Kapitaldeckung in der Szene des Ausbaus allgemein anerkannt. „Diese provokante Passage hat die deutsche Sozialpolitik stark geprägt und insbesondere die Expansion des Umlageverfahrens ab 1957 gewissermaßen sanktioniert." (Hombruch 2001: 3)

Zusammenfassend lässt sich festhalten, dass in der Szene des Ausbaus in der Rentenpolitik nur ein sehr geringes Konfliktpotential lag. Zwar waren nicht alle Elemente des Rentensystems unstrittig, die „grobe Richtung" wurde aber von allen geteilt. Konflikte um divergierende inhaltliche Ausrichtungen des Rentensystems gab es am ehesten innerhalb des Kollektivakteurs Arbeitnehmer. Zwischen den Akteuren Arbeitnehmer, Arbeitgeber und politisch-administratives System stieß das Rentensystem in seinen Grundzügen auf Konsens. Die Zustimmung der Akteure war jedoch Resultat sehr unterschiedlicher Interessen. Das „gemeinsame Band", bestand in erster Linie in der positiven wirtschaftlichen Entwicklung, die sich wegen der geringen Arbeitslosigkeit in eine positive Lohnentwicklung überführte.

Hinzu tritt der Aspekt, dass für die Szene des Ausbaus von einer in etwa gleichstarken Position von Arbeitnehmern und Arbeitgebern bezüglich ihres Einflusses auf Entscheidungen des politisch-administrativen Systems ausgegangen werden kann.

> Während wohl für die ersten zwanzig Jahre der Bundesrepublik galt, daß vorzugsweise die Arbeitgeber- und Unternehmerorganisationen Zugang zu den politisch staatlichen Entscheidungszentren besaßen [...], können die Gewerkschaften ihre eigene entsprechende Präferierung für die Zeit nach 1967/69 kaum bestreiten, obwohl

sich die Dinge seit der Kanzlerschaft Schmidt/Genscher zu verändern scheinen. (Hartwich 1977a: 97)

4.2 Anpassung des Rentensystems

Die Szene der Anpassung des deutschen Rentensystems ist geprägt von Konsolidierungsbemühungen, die die Ausgaben der Rentenversicherung mit den relativ schwindenden Einnahmen ins Gleichgewicht bringen sollen, ohne dabei aber die grundsätzliche Ausrichtung des Rentensystems zu verändern.[93] Hierfür stehen bereits die Einsparungsbemühungen 1973, vor allem aber die Reformen im Zeitraum von 1977 bis 1984, wobei Mitte der 1980er Jahre noch die Umgestaltung der Hinterbliebenenversorgung zu berücksichtigen ist. Wie bereits in der Szene des Ausbaus sollen nun die Interessen der Arbeitnehmer (4.1.1), der Arbeitgeber (4.2.2) und des politisch-administrativen Systems (4.2.3) in dieser Szene untersucht werden. Anschließend wird der Reformkorridor für die Szene der Anpassung bestimmt. (4.3.4)

4.2.1 Arbeitnehmerinteressen in der Szene der Anpassung

In der Szene der Anpassung mussten sich die Arbeitnehmer auf eine veränderte wirtschaftliche Lage einstellen, die statt beständigem Wachstum und Vollbeschäftigung von einer wachsenden Arbeitslosigkeit charakterisiert war. Im Folgenden soll analysiert werden, welche Interessen die Rentenpolitik der Arbeitnehmer in der Szene der Anpassung bestimmt hat. Dafür werden zunächst die von Arbeitnehmerseite bezogenen Positionen untersucht.

---

[93] Zur Analyse der Interessen der Akteure Arbeitnehmer, Arbeitgeber und des politisch-administrativen Systems kann insbesondere auf die ausführlichen Darstellungen von Thomas von Winter zurückgegriffen werden, der sich in seiner Untersuchung „Sozialpolitische Interessen" (Winter 1997) auf den in dieser Arbeit als Szene der Anpassung gekennzeichneten Zeitraum bezieht. „Der zeitliche Horizont der Analyse ist die Phase zwischen dem Ende der siebziger und dem Beginn der neunziger Jahre, also jene Periode, die durch einen starken Anstieg der Sozialleistungen gekennzeichnet ist." (Winter 1997: 22) Winter ist in seiner Analyse mit der Frage beschäftigt, welche Interessen die sozialpolitischen Akteure verfolgen, mit dem Ziel, beispielsweise *die* Arbeitgeberinteressen zur Rentenpolitik aufzuzeigen. Dynamische Elemente, die auf die Veränderung der Interessen zielen, bleiben bei ihm großteils unberücksichtigt.

Positionen der Arbeitnehmer

Der Wechsel in der Rentenpolitik vom Ausbau hin zur Anpassung wurde nicht von den Arbeitnehmern initiiert. Während die Arbeitgeber und Teile des politisch-administrativen Systems bereits 1973 Zweifel an der Finanzierbarkeit des Rentensystems anmeldeten, bestanden die Arbeitnehmer bis Ende der 70er Jahre auf eine Fortführung der bisherigen Politik. 1975 erklärte der stellvertretende DGB-Vorsitzende Gerhard Muhr, dass die Finanzkrise der GRV durch einen nur kurzfristig auftretenden „Rentenberg" verursacht sei, und dass es sich um ein von der BDA künstlich aufgeblähtes Problem handele. (Nullmeier/Rüb 1993: 118) Während es in der Szene des Ausbaus noch Kritik an der Leistungsbezogenheit der Rente von Seiten des DGB gegeben hatte, stand der deutsche Gewerkschaftsbund in der Szene der Anpassung hinter diesem Prinzip. „In der Verknüpfung von Lebensarbeitsleistung und Alterseinkommen wird ein wichtiges Prinzip gesehen, dem das System der gesetzlichen Rentenversicherung im wesentlichen seine Akzeptanz bei den Versicherten verdanke." (Winter 1997: 169) Von Seiten des DGB werden in der Szene der Anpassung keine Positionen formuliert, die sich über das Äquivalenzprinzip hinwegsetzen. In Bezug auf die gesamten Systeme der sozialen Sicherung formuliert der DGB zwar: „Die Finanzierung der Leistungen muß grundsätzlich nach dem Solidaritätsprinzip erfolgen, das eine Belastung entsprechend der jeweiligen Leistungsfähigkeit erforderlich macht." (DGB 1981: 351) Diese Forderung macht sich aber nicht in der generellen Leitlinie der Rentenpolitik des DGB bemerkbar.

Dennoch gab es unter Anerkennung des Leistungsprinzips in der Szene der Anpassung im DGB nach wie vor Strömungen, die sich dafür einsetzten, die Rentner, die nur über eine unzureichende Erwerbsbiographie verfügen, durch besondere Maßnahmen, wie beispielsweise eine steuerfinanzierte Grundrente, zu fördern. „Angesichts der innergewerkschaftlich noch unabgeschlossenen Debatte wurde jedoch selbst im Sozialpolitischen Programm des DGB von 1990 vollkommen auf Aussagen zu diesem Problemkreis verzichtet." (Winter 1997: 169) Das Solidaritätsprinzip wurde in der Szene der Anpassung hauptsächlich hinsichtlich der Zusammenlegung der Versicherungen der Arbeiter und der Angestellten vom DGB diskutiert. Die radikalsten Vertreter dieses Standpunkts forderten sogar eine Vereinheitlichung der GRV und der Beamtenpensionen. Solche Positionen vertrat am ehesten die IG Metall, deren Rentenpolitik von ihrer Stellung als Industriegewerkschaft und ihrem „linken" gesellschaftspolitischen Grundverständnis geprägt war.

> Bei der Alterssicherung geht es uns vor allem um die Harmonisierung der verschiedenen Alterssicherungssysteme, um einerseits Ungerechtigkeiten abzubauen und um andererseits eine dauerhafte Sanierung zu gewährleisten. Die Harmonisierung der Alterssicherungssysteme ist zentraler Bestandteil einer solidarischen Sozialpolitik. (Janzen 1988: 27, vgl. auch Winter 1997: 176, Kirch 1988: 125)

Aber bereits innerhalb des DGB scheiterten solche Positionen an den anderen Gewerkschaften, insbesondere der IG Chemie und der IG Bergbau und Energie, die sich für den Erhalt der Privilegien der knappschaftlichen Rentenversicherung einsetzte.[94] Auch die ÖTV sprach sich gegen solche Harmonisierungstendenzen aus, da sie sich als Vertreter der Beamten begriff und außerdem die Zusatzversorgung der Arbeiter und Angestellten im öffentlichen Dienst nicht gefährdet sehen wollte. „Hier scheint der übergreifende Solidaritätsgedanke der Gewerkschaften mit den spezifischen Mitgliederinteressen der Einzelgewerkschaften in einem bislang unlösbaren Konflikt zu liegen. Es ist daher auf absehbare Zeit kaum zu erwarten, daß der DGB in dieser Frage zu einer klaren und von allen Mitgliedsorganisationen getragenen Position findet." (Winter 1997: 172) Die unterschiedlichen Positionen der DGB-Gewerkschaften bezüglich der Betonung der Solidarität bzw. der Leistungsäquivalenz zeigt sich auch daran, dass die IG Metall bereits in den 1980ern eine steuerfinanzierte, bedarfsorientierte Mindestrente forderte, die deutlich über dem Sozialhilfesatz liegen sollte.

> Wir meinen, daß das Versicherungs- und Äquivalenzprinzip nicht verabsolutiert werden darf, sondern durch Elemente des Solidarausgleichs und des Bedarfsprinzips flankiert werden muß. Wir fordern deshalb die Einführung einer bedarfsorientierten Mindestrente. [...] Diese bedarfsorientierte Mindestsicherung ist keine originäre Versicherungsleistung der Rentenversicherung. Als Bundesleistung ist sie unser Auffassung nach allein über Steuermittel zu finanzieren und nicht aus dem Beitragsaufkommen. (Kirch 1988: 131; vlg. auch Winter 1997: 177)

Eine solche Mindestrente sollte aber nicht das bestehende System der Alterssicherung ersetzen, sondern das Solidarprinzip innerhalb des Rentensystems ausbauen. Dementsprechend wurden Forderungen nach einer steuerfinanzierten Grundrente, die nur durch private Leistungen ergänzt würde, entschieden abgelehnt. „Eine deutliche Absage erteilen wir allen Plänen, die auf die Einführung

---

[94] „Zu den Widersachern der IG Metall zählt dabei zum einen immer wieder die IGBE. Als Ende der siebziger Jahre auf eine Forderung der IG Metall hin die Eigenständigkeit der knappschaftlichen Rentenversicherung in Frage gestellt wurde, sah sich die IGBE dazu veranlaßt, mit der Aufkündigung ihrer Mitgliedschaft im DGB zu drohen. Im Konfliktfall hat die Erhaltung des Knappschaftssystems für die IG Bergbau offenbar eine höhere Priorität als die Zugehörigkeit zu dem Dachverband der Gewerkschaften." (Winter 1997: 178)

einer steuerfinanzierten Grundsicherung, die durch ein System der privaten Vorsorge ergänzt werden soll, hinauslaufen." (Kirch 1988: 128)

Die unterschiedlichen Positionen innerhalb des DGB ließen sich unter dem Stichwort einer „fortschrittlichen Harmonisierung der Systeme der Alterssicherung" (DGB 1981: 349) bündeln. Damit war gemeint, dass unter Beibehaltung des bestehenden Systems die Leistungen zwischen den verschiedenen Gruppen von Leistungsempfängern angepasst werden sollten, und zwar auf einem, den Lebensstandard sichernden, Niveau. (DGB 1979: 357)

Mit dieser Forderung geriet der DGB allerdings in einen Konflikt mit der DAG. Diese vertrat erstens in allen rentenpolitischen Fragen eine am Äquivalenzprinzip ausgerichtete Position.[95] Zweitens war eine Harmonisierung der Rentenversicherung der Arbeiter und der der Angestellten für sie nicht tragbar. (Winter 1997: 180-181)

Insofern ließ sich der Konflikt um Solidaritäts- versus Äquivalenzprinzips für die Gewerkschaften nur „auflösen" in der Forderung nach einer Wiederherstellung der Vollbeschäftigung, die es weiterhin ermöglichen sollte, die Leistungen für alle auszudehnen, um so, unter Beibehaltung der Leistungsbezogenheit, ein Niveau zu erreichen, welches allen eine solide Grundversorgung zusicherte. Karl-Heinz Janzen, zweiter Vorsitzender der IG Metall, vertrat 1988 auf dem Diskussionsforum „Ältere Menschen im Sozialstaat – für eine solidarische Sozialpolitik" dementsprechend die Ansicht:

> Kampf gegen Massenarbeitslosigkeit und Verteidigung des Normalarbeitsverhältnisses sind die Hauptaufgaben gewerkschaftlicher Sozialpolitik. Gleichzeitig ist unser System der sozialen Sicherung bei Beibehaltung des Lohnersatzprinzips und des versicherungstechnischen Äquivalenzprinzips durch weitere umverteilende Maßnahmen zugunsten benachteiligter Arbeitnehmer und sozial schwacher Gruppen zu ergänzen. (Janzen 1988: 17)

Angesichts der Kürzungen im Sozialbereich erschien es sogar der IG Metall notwendig, die Leistungsbezogenheit gegen Abweichungen *nach unten* zu verteidigen. „Im übrigen meinen wir, daß die Rentenversicherung in ihren Grundstrukturen erhalten bleiben muß, und dazu gehört vor allem die Lohn- und Beitragsbezogenheit. Forderungen nach einer Einheitsrente bzw. die Reduzierung des Leistungsniveaus auf eine Grundsicherung lehnen wir [...] ab." (Janzen 1988: 27)

---

[95] Die vielleicht einzige Ausnahme hierzu ist das Bestreben der DAG, Ausbildungszeiten großzügiger anzurechnen – eine Politik, von der besonders ihre Mitglieder mit überdurchschnittlichem Bildungsniveau profitieren würden. (Winter 1997: 181)

Die DGB-Gewerkschaften sprachen sich entschieden gegen eine Heraufsetzung der Altersgrenze und gegen versicherungsmathematische Abschläge aus.

> Eine Heraufsetzung der gesetzlichen Altersgrenze, wie sie offensichtlich in den Koalitionsparteien diskutiert wird, lehnen wir ebenso ab, wie die Einführung versicherungsmathematischer Rentenabschläge. [...] Die Anhebung der gesetzlichen Altersgrenze würde, so wie der Arbeitsmarkt jetzt und in absehbarer Zukunft aussieht, nur die Arbeitslosigkeit verschärfen und die Ausgaben der Bundesanstalt für Arbeit erhöhen. (Kirch 1988: 130; vgl. auch Janzen 1988: 27, DGB 1981: 349, Faupel 1987: 149)

Entscheidend ist hier der Bezug auf den Arbeitsmarkt. Die Gewerkschaften bekannten sich dazu, dass die Rentenpolitik dem Primat der Beschäftigungspolitik zu folgen habe. In der Szene der Anpassung war die Position der Gewerkschaft zum Rentensystem maßgeblich von dem Ziel geprägt, Beschäftigung zu schaffen und Arbeitslosigkeit zu verhindern um dann wiederum die Sozialleistungen weiter ausbauen zu können. Daher war das Mittel der Wahl für die Gewerkschaften nicht die Heraufsetzung der Altersgrenze, sondern die Herabsetzung und der vorgezogene Ruhestand. „Die Herabsetzung der flexiblen Altersgrenze von 63 auf 60 Jahre zählt zu den gerade in den letzten Jahren immer wieder erhobenen Forderungen. Um den unverändert abrupten Sprung vom Arbeitsleben in den Ruhestand abzumildern, soll darüber hinaus die Möglichkeit gewährt werden, schrittweise aus dem Arbeitsleben auszuscheiden." (Bäcker/Naegele 1981: 679) Das frühzeitige Ausscheiden älterer Arbeitnehmer aus dem Arbeitsmarkt wurde durch die Regelungen zum vorgezogenen Altersruhegeld für Frauen, dem vorgezogenen Altersruhegeld nach einem Jahr Arbeitslosigkeit und durch die Erwerbsunfähigkeitsrente in der Szene der Anpassung so weit ermöglicht, dass nur ein Drittel aller Arbeitnehmer über das 59. Lebensjahr hinaus tätig waren. (Bäcker/Naegele 1981: 681) Diese Politik wurde auf dreifache Weise begründet.

Erstens sei es eine soziale Errungenschaft für die Rentner, wenn sie früher ihren Ruhestand genießen könnten. „Die Herabsetzung der flexiblen Altersgrenze entspricht dem überwiegenden Wunsch der Arbeitnehmer, die Zeit des Ruhestandes zu verlängern, d. h. die Phase des «wohlerworbenen» Ruhestands in Gesundheit zu genießen." (Bäcker/Naegele 1981: 679)

Die Herabsetzung der Altersgrenze und der vorgezogene Ruhestand wurden zweitens mit der starken gesundheitlichen Belastung der Arbeitnehmer im Erwerbsprozess begründet. Ein Großteil „der älteren Arbeitnehmer, insbesondere der Arbeiter [ist] in ihrer [...] Leistungsfähigkeit derzeit so stark beeinträchtigt, daß ein Weiterarbeiten über 60 Jahre hinaus ohnedies nicht mehr möglich ist oder aber eine entscheidende Verschlechterung des gesundheitlichen Befindens zur Folge hätte [...]". (Bäcker/Naegele 1981: 680; vgl. auch DGB 1979: 364, DGB 1975: 378-379) Das vermehrte vorzeitige Ausscheiden aus dem Erwerbsleben wegen gesundheitlicher Probleme wurde einerseits für die Betroffenen gefordert, zugleich aber von den Gewerkschaften heftig kritisiert. Denn hierin sahen sie einen Beleg für unverträgliche Arbeitsbedingungen, die es zu ändern gälte. „Viele ältere Arbeitnehmerinnen und Arbeitnehmer leiden unter den Anforderungen eines auf Höchstleistungen zielenden Produktionsprozesses, der zu einem frühzeitigen Verschleiß der Arbeitskraft führt und häufig nicht wiedergutzumachende Gesundheitsschädigungen hervorruft." (Janzen 1988: 29) Die Frühverrentung sollte daher keine Legitimation des extremen Verschleißes der Arbeitskraft sein. „Die überaus hohe Zahl von Erwerbsunfähigkeitsrenten ist zunächst einmal als Indiz für die schlechte gesundheitliche Verfassung vieler Arbeitnehmer zu interpretieren, die eine Weiterbeschäftigung bis zum Erreichen der normalen Altersgrenze unmöglich macht [FN]. Diese schweren Gesundheitsbeeinträchtigungen sind aber nicht etwa dem individuellen Fehlverhalten [...], sondern vornehmlich den im Arbeitsprozeß hervorgerufenen und verstärkten physischen und psychischen Beeinträchtigungen geschuldet." (Bäcker/Naegele 1981: 685)

Drittens wurde die Politik der Frühverrentung wesentlich mit dem erhofften Effekt auf den Arbeitsmarkt begründet.[96]

> Neben diese sozial und gesundheitspolitischen Begründungen tritt das – aktuell dominierende – *arbeitsmarktpolitische* Motiv: Die Herabsetzung der Altersgrenze hat in der nunmehr schon seit Jahren andauernden Situation von Massenarbeitslosigkeit den positiven Effekt einer Reduzierung des Arbeitskräftepotentials und veranlasst die Unternehmen, neue Arbeitskräfte aus dem Potential der Arbeitslosen bzw. der stillen Reserve zu rekrutieren bzw. auf sonst drohende Entlassungen zu verzichten. (Bäcker/Naegele 1981: 680, Hervorhebung i. O.)

Von Seiten der Arbeitnehmer stieß diese Ausgliederungsstrategie allerdings auch auf Kritik. Verhindert werden sollte, dass die Unternehmen die Frühverrentung nicht zum Abbau der Arbeitslosigkeit, sondern allein aus ihren Profitinteressen heraus nutzten. Der vorgezogene Ruhestand sollte nicht dazu „missbraucht" werden, die Belegschaften „in Richtung der Schaffung «olympiareifer Mannschaften» auf Kosten der Sozialversicherung zu verjüngen." (Kirch 1988: 134) Ähnlich wie in Bezug auf die Gesundheit der Arbeitnehmer warnten die Ge-

[96] „Mit dieser sozialpolitischen Maßnahme [Herabsetzung der Altersgrenze, Anmerkung S. H.] wird in Zeiten hoher Arbeitslosigkeit zugleich eine positive Arbeitsmarktwirkung erreicht." (DGB 1981: 349)

werkschaften auch hinsichtlich des Effekts auf den Arbeitsmarkt vor der Instrumentalisierung des eigentlich positiven Mittels der Frühverrentung für negative Zwecke. „Andererseits muß durch arbeitsrechtliche Schutzmaßnahmen sowie durch die betriebliche Mitbestimmung verhindert werden, daß die Herabsetzung der Altersgrenze dazu benutzt wird, ältere Arbeitnehmer aus dem Erwerbsleben herauszudrängen.“(DGB 1981: 349) Da aber der vorzeitige Ruhestand von den Gewerkschaften selber als Mittel geschätzt wurde, folgte aus dieser Kritik keine Ablehnung, sondern die Forderung, die Frühverrentung durch eine umfassende aktive Arbeitsmarktpolitik zu ergänzen. Denn die Ausgliederung aus dem Arbeitsmarkt durch Frühverrentung verändere gar nicht das Angebot an Arbeitsplätzen, sondern könne nur eine Kompensation der Folgen leisten. (Bäcker/Naegele 1981: 687)

Zugleich enthält diese Kritik auch eine interessante Differenzierung zwischen den Arbeitnehmern. Bäcker/Naegele kritisieren die „[v]orzeitige Pensionierung als spezifische Form der missbräuchlichen Instrumentalisierung der vorgezogenen Altersruhegrenze auf Kosten der Versichertengemeinschaft“ (Bäcker/Naegele 1981: 683) und verweisen auf die Benachteiligung, die für bestimmte Gruppen der Arbeitnehmer daraus resultiert.

> Die Verstetigung und Verbreitung der Sozialplanausgliederungen bewirken zugleich eine nicht zu rechtfertigende Ungleichbehandlung der Arbeitnehmer und Arbeitslosen. Sie begünstigen Angehörige von Großbetrieben, auf die sich diese Regelung nahezu ausschließlich konzentrieren [FN], sowie Männer, während Frauen und Schwerbehinderte und die große Zahl der «normalen» Arbeitslosen leer ausgehen. Frauen und Schwerbehinderte sind insofern benachteiligt, als für sie ohnedies die Altersgrenze mit Jahren gilt, und die Betriebe in diesem Fall keine Ausgleichszahlungen mehr vorsehen. (Bäcker/Naegele 1981: 684)

Hier zeigt sich also, dass die Arbeitnehmer bezüglich der Frühverrentung in der Szene der Anpassung keine einheitliche Position aufwiesen. Während das frühe Ausscheiden meistens im Interesse der direkt Betroffenen lag, waren die übrigen, die von diesen Regelungen nicht Gebrauch machen konnten, negativ affiziert. Diese Zersplitterung zeigt sich auch zwischen den Gewerkschaften. So verabschiedete die Gewerkschaft Nahrung Genuss Gaststätten (NGG) für die Zigarettenindustrie 1981 einen Tarifvertrag, der zu einer faktischen Senkung der Altersgrenze in der Branche führte. (Bäcker/Naegele 1981: 688)

Auch wenn die Frühverrentung generell begrüßt wurde, zeigten sich deutliche Differenzen zwischen den einzelnen Gewerkschaften. Ein wichtiger Streitpunkt lag in der Frage, ob Frühverrentungsmaßnahmen durch Regelungen auf betrieblicher, branchenweiter oder bundesweiter Ebene angesiedelt sein sollten.

Betriebliche Regelungen wurden kritisiert, weil sie nur einem Teil der Arbeitnehmer zur Verfügung standen. Die IG Metall setzte sich mit denselben Argumenten gegen brancheninterne Lösungen ein während die Industriegewerkschaft Chemie, Papier, Keramik (IG CPK) bereits 1975 erste tarifliche Vereinbarungen zur Frühverrentung traf, die kontinuierlich ausgebaut wurden. „Besonders hinsichtlich der Frühverrentung und Altersvorsorge klafften ab Mitte der 1970er die Positionen der IGM und der IG CPK zur Sozialpolitik durch Tarifvertrag stark auseinander. Während die Chemiegewerkschaft Tarifvereinbarungen zur sozialen Absicherung von älteren Arbeitnehmern schloss, konnte sich dies in der IG Metall [...] nicht durchsetzen." (Trampusch 2004: 242)

Auch die Belastung der Rentenkasse durch die Frühverrentung – insbesondere die Zunahme der Frühinvalidität – wurde von Seiten der Arbeitnehmer thematisiert. (DGB 1982: 417) Dieses Problem aber durch Abschläge von der Rente zu lösen, wurde abgelehnt, da die durchschnittlichen Renten durch die verkürzte Anrechnungszeit bereits gesenkt wären und eine weitere Absenkung daher nur den Empfängern von sehr hohen Renten den frühzeitigen Übergang in den Ruhestand ermöglichen würde. Damit würde aber die Frühverrentung als sozial- und arbeitsmarktpolitisches Instrument versagen. (Bäcker/Naegele 1981: 687)

In der Szene der Anpassung haben sich die Vorstellungen der Arbeitnehmer bezüglich des Rentenniveaus stark verändert. Während der DGB 1982 noch ein „Alterseinkommen, das nicht unterhalb von 90 Prozent des Nettoeinkommens eines vergleichbaren Erwerbstätigen liegt" (DGB 1982: 349) forderte, rückte er zum Ende der Szene der Anpassung von dieser Zielvorgabe ab, mit dem Argument, „daß es nicht den sozialpolitischen Interessen der Gewerkschaften entspreche, ein das durchschnittliche Nettoarbeitseinkommen übersteigendes Rentenniveau anzustreben". (Winter 1997: 169) Daraus folgt auch eine relative Zurückhaltung der Gewerkschaften bezüglich der Frage nach einer Nettolohnanpassung der Renten. Obwohl die breite Öffentlichkeit sich über dieses Thema unter dem Stichwort „Rentenlüge" massiv empörte, als die Bundesregierung 1976 eine Anpassung der Renten vorschlug, die mindestens auf Nettobasis und höchstens auf Bruttobasis stattfinden sollte, fiel die Kritik der Gewerkschaften eher verhalten aus. „Während die Kritik der Verbände, auch die des DGB und der DAG, an diesen Beschlüssen äußerst zurückhaltend waren, reagierte die Öffentlichkeit ausgesprochen heftig." (Nullmeier/Rüb 1993: 122) Auch hier zeigt sich also, dass die Positionen der Gewerkschaften nicht in allen Fällen mit denen der Arbeitnehmer identisch sind.

In der Szene der Anpassung geriet die Rentenversicherung in massive Finanzierungsprobleme. Die Positionen der Arbeitnehmer umfassten einerseits

Vorschläge zur Behebung dieser misslichen Lage, andererseits wurden bestimmte Sanierungskonzepte entschieden abgelehnt. Besonders die DGB-Gewerkschaften forderten, der Bund solle durch eine Erhöhung des Bundeszuschusses einen Beitrag zur Bewältigung der Kosten leisten.

> Der Bund hat über die Finanzierungsverpflichtungen in einzelnen Bereichen hinaus eine generelle Finanzgarantie für das System sozialer Sicherung zu übernehmen. [...] Der Bund übernimmt ein Drittel der Aufwendungen [der GRV, Anmerkung S. H.] unter Einbeziehung der derzeitigen Defizithaftung des Bundes für die knappschaftliche Rentenversicherung. (DGB 1982: 351).

Dieser Bundeszuschuss sollte zusätzlich – wenn nötig – ausgeweitet werden. (Schmidt 1987: 294, Winter 1997: 171) Von der IG Metall wurde sogar eine automatische Dynamisierung des Bundeszuschusses gefordert. „Wer einen höheren und ausgabendynamischen Bundeszuschuß nicht akzeptiert, der blockiert die dauerhafte Sicherung des beitrags- und leistungsorientierten Rentensystems." (Kirch 1988: 133; vgl. auch Janzen 1988: 27) Zudem diskutierte die IG Metall über einen Wertschöpfungsbeitrag der Unternehmen. „Nur durch einen zusätzlichen Wertschöpfungsbeitrag fließen der Rentenversicherung zusätzliche Einnahmen zu. Die Wertschöpfung errechnet sich aus der Summe von Löhnen und Gehältern und Gewinnen, Zinsen und Abschreibungen." (Kirch 1988: 134; vgl. auch Janzen 1988: 27) Innerhalb des DGB konnte sich diese Position aber nicht durchsetzen.

Angesichts der Finanzierungsprobleme der GRV veränderte sich in der Szene der Anpassung die Haltung der Gewerkschaften bezüglich der Eingliederung von Nichtarbeitnehmern in das Rentensystem. Hierin sah der DGB eine zusätzliche Belastung seiner Mitglieder. „Soweit Nicht-Arbeitnehmern der Eintritt in die gesetzliche Rentenversicherung ermöglicht wird, kann dies nur zu gleichen Rechten und Pflichten, wie sie für die Arbeitnehmer bestehen, erfolgen." (DGB 1982: 350; vgl. auch Winter 1997: 171) Damit geriet das Ziel in der Szene des Ausbaus, durch eine Ausweitung des Personenkreises das Niveau der sozialen Umverteilung anzuheben, in den Hintergrund.

Für den DGB stand in der Szene der Anpassung die Bruttolohnbezogenheit der Rente im Prinzip nicht zur Diskussion. Begründet wurde dies mit dem Prinzip der ausgewogenen Lastenverteilung zwischen Staat und Leistungsempfängern. (Muhr 1989: 1) „Die bruttolohnbezogene Anpassung soll gewährleisten, daß die Renten aus der gesetzlichen Rentenversicherung allmählich in die Lebensstandardsicherungsfunktion hineinwachsen [...]." (DGB 1982: 350)

In der Szene der Anpassung begann – hauptsächlich innerhalb des politisch-administrativen Systems – eine Debatte, die die reine Umlagefinanzierung in

Frage stellte. „In dem Maße, wie in den letzten Jahren verstärkt die zukünftigen Probleme der gesetzlichen Rentenversicherung (GRV) durch den Rückgang der Bevölkerung sichtbar wurden, gewann die – angebliche – Stabilität der privaten Lebensversicherungen in der Diskussion an Bedeutung." (Färber 1988: 286) Dabei wurde die „ergänzende Absicherung der Risiken des Generationenvertrags durch private Kapitallebensversicherungen" (Färber 1988: 286) diskutiert. Diesen Tendenzen traten die Gewerkschaften auch in der Szene der Anpassung mit der Mackenrothschen These entgegen, dass auch jedes kapitalgedeckte Verfahren letzten Endes auf einer Umlage basiere. Diese These war aber in der Szene der Anpassung auch für die Arbeitnehmer kein unumstößliches Dogma mehr, sondern musste finanztechnisch begründet werden.

> Wenngleich bei LVs [Lebensversicherungen, Anmerkung S. H.] für jeden Versicherten ein individueller Kapitalstock angesammelt wird, erweist sich bei genauerem Hinsehen dieses Verfahren auch versicherungsintern als Umlageverfahren; selbst wenn die Versicherungsunternehmen beständig reinvestieren, können bei wachsendem Abschlußvolumen die Zahlungsverpflichtungen aus fälligen Verträgen[…] aus den laufenden Beiträgen gedeckt werden, ohne daß der Gesamtkapitalstock der Versicherung *netto* getilgt werden muß. (Färber 1988: 189, Hervorhebung i. O.)

Bezüglich der Betriebsrente forderte der DGB, dass sie allen Arbeitnehmergruppen zur Verfügung gestellt, und die Ansprüche als unverfallbar erklärt werden solle. (Winter 1997: 171) Die betriebliche Altersvorsorge war deshalb aus der Perspektive der Gewerkschaften in der Szene der Anpassung „ungeeignet zur Schließung von Lücken in der Rentenversicherung." (Kirch 1988: 127) Auch hier divergieren allerdings die Positionen innerhalb des Kollektivakteurs Arbeitnehmer, denn während sich die Gewerkschaften für allgemein gültige Regelungen einsetzten, stieß dies u. a. bei den Betriebsräten erfolgreicher Unternehmen wie Siemens und Hoechst auf Ablehnung. (Trampusch 2004: 240)

Die Rentenreform 1984 nimmt in der Szene der Anpassung eine besondere Stellung ein, da sie auf der Grundlage eines Urteils des Bundesverfassungsgerichts (BVG) nötig wurde. Hier zeigt sich, wie die Arbeitnehmer den Übergang von einem geforderten Ausbau zu einer reinen Konsolidierung der Finanzen mittrugen.

> Gerade von gewerkschaftlicher Seite waren mit der Rentenreform 1984 weitreichende Vorstellungen zum Ausbau der *eigenständigen* Alterssicherung der Frau verbunden worden. Es wurden detaillierte Forderungen entwickelt, gezielt die niedrigen Renten erwerbstätiger Frauen zu erhöhen. Mittlerweile jedoch dreht sich die Diskus-

sion um die 84er Reform fast ausschließlich um die *Hinterbliebenen*versorgung, so als ob die Defizite der Einkommenssicherung von Frauen im Alter alleine in der Versorgung nicht erwerbstätiger und verwitweter Hausfrauen und Mütter läge. (Koeppinghoff 1984: 40, Hervorhebungen i. O.)

Im Sozialpolitischen Programm des DGB von 1982 finden sich noch beide Positionen nebeneinander. Einerseits heißt es: „Zur Beseitigung der häufig unzureichenden finanziellen Sicherung älterer Frauen ist ein Ausbau eines eigenen Rentenanspruchs der Frauen [...] erforderlich, welche dem Grundsatz der Gleichbehandlung von Mann und Frau Rechnung trägt." (DGB 1982: 350) Zugleich wird aber auch die „neue Linie" vertreten, die die Frage der Gleichbehandlung auf die Reform der Hinterbliebenenversorgung im Sinne des BVG beschränkt. „Die Reform der Hinterbliebenenversorgung hat sich an den Prinzipien einer partnerschaftlichen Konzeption, die im Hinterbliebenenfall keine Leistungsunterschiede für Mann und Frau vorsieht, zu orientieren." (DGB 1982: 350) Die ursprüngliche Überlegung eines Ausbaus einer eigenständigen Alterssicherung der Frauen wurde also – obwohl zunächst von den Gewerkschaften im Konsens mit den Parteien gefordert – auf ein Modell beschränkt, dass das bestehende Rentensystem den Vorgaben des Bundesverfassungsgericht anpasste, ohne neue Kosten zu produzieren. „Da Wirtschaftskrise und demographische Veränderungen aktuelle wie langfristige Finanzierungsprobleme der Rentenversicherung anzeigen [FN], wurde Kostenneutralität zum obersten Gebot für die anstehende Reform." (Koeppinghoff 1984: 44-45)

In der Szene der Anpassung wurde verstärkt über die Bevölkerungsentwicklung diskutiert. Für die Arbeitnehmer standen Überlegungen bezüglich der demografischen Entwicklung aber eher im Hintergrund. Mit dem Verweis, „daß für die Zukunft der Alterssicherung weniger die Altersstruktur der Bevölkerung maßgeblich ist, sondern vielmehr das Verhältnis von Rentnern zu beitragszahlenden Versicherten" (Kirch 1988: 125), wurde die Bevölkerungsentwicklung dem Beschäftigungsproblem subsumiert.

Interessen der Arbeitnehmer

Bezogen auf die Szene des *Ausbaus* konnten folgende Interessen der Arbeitnehmer aus den Positionen erschlossen werden: Ein Interesse an der Einführung des Ruhestands als eigenständigen Status, eine Ausweitung der Leistungen im Rahmen der Lohnsteigerung, daher eine Rentenpolitik, die sich wirtschaftsfördernd auswirkt. Diese Interessen wollten die Arbeitnehmer innerhalb des bestehenden Rentensystems durchsetzen, daher bezogen sie sich positiv auf dessen Institutionen und setzten sich – unter Anerkennung der staatlichen Regelungskompetenzen und der Beteiligung der Arbeitgeber – für eine Stärkung ihres Einflusses ein. Die Positionen in der Szene der *Anpassung* zeigen, dass diese Interessen sich teilweise änderten oder auf andere Bedingungen bezogen wurden.

Der Ruhestandsstatus kennzeichnete auch in der Szene der Anpassung ein Interesse der Arbeitnehmer. Im Fordergrund stand eine zeitliche Ausdehnung des Ruhestands, die erstens den Rentnern zugute käme und zweitens auch den Beitragszahlern, da über die Frühverrentung ein positiver Effekt auf den Arbeitsmarkt erwartet wurde. Eine Ausdehnung der Leistungen für den Ruhestand stand in der Szene der Anpassung von Seiten der Arbeitnehmer nur als Milderung von sozialen Härten zur Diskussion und selbst diese Position wurde intern heftig kritisiert. Angesichts der gravierenden Finanzierungsprobleme wurde die „Harmonisierung“ des Rentensystems immer deutlicher als eine Absenkung der Leistungen der „Begünstigten“ zwecks Anhebung der niedrigen Renten verstanden. Solche Überlegungen stießen jedoch auf die Kritik der Bessergestellten und ihrer Organisationen.

Der Aspekt des positiven Effekts auf den Arbeitsmarkt gewann in der Szene der Anpassung eine nahezu vorrangige Rolle innerhalb der Arbeitnehmerinteressen. Die Arbeitnehmer gingen davon aus, dass eine effektive Sozialpolitik in dem Produktionsprozess selbst ansetzen müsse, da hier die sozialen Notlagen wie Arbeitslosigkeit und Gesundheitsschädigungen ihre Ursache hätten.

> Deswegen muß Sozialpolitik stärker als bisher in den Produktionsprozeß zurückverlagert werden, muß auf die konkrete Arbeits- und Lebenswelt abstellen, muß berücksichtigen, daß eine Strategie der sozialpolitischen Beeinflussung des ökonomischen Sektors zu sinnvolleren Ergebnissen führt als die gegenwärtige Aufteilung zwischen Produktions- und Reproduktionsbereich sowie die starre Abgrenzung zwischen Arbeitswelt einerseits und Sozialpolitik und Sozialleistungsträgern andererseits. (Muhr 1977b: 219)

Im Vergleich zur Szene des Ausbaus zeigt sich hier eine bedeutende Verschiebung. Bis 1972 war der Produktionsprozess von den Arbeitnehmern als das Mittel gesehen worden, welches eine Ausweitung der Sozialpolitik möglich machen würde. In der Szene der Anpassung wurde dieser Gedanke dahingehend verlängert, dass die Sozialpolitik – insbesondere die Rentenpolitik – den Produktionsprozess so zu gestalten habe, dass sich daraus wiederum ein positiver Effekt für die Sozialpolitik ergebe. Die Sozialpolitik erscheint in dieser Argumentation doppelt: Einmal als eine Variable, die das Wachstum und die Beschäftigung beeinflusst, und dann als positiv abhängig von Wachstum und Beschäftigung. Das Interesse der Arbeitnehmer an Sozialleistungen war in der Szene der Anpassung daher nur indirekt maßgebend. Deutlich wird dieser Zusammenhang an der Frühverrentung. Diese sollte zu mehr Beschäftigung führen. Andererseits erscheint die „von den Gewerkschaften seit Jahren geforderte aktive Beschäftigungspolitik [... als] die wichtigste Voraussetzung für eine stabile Alterssicherung." (Kirch 1988: 125) Somit hatten die Arbeitnehmer in der Szene der Anpassung nicht bloß ein Interesse an günstigen wirtschaftlichen Bedingungen als Mittel einer Sozialpolitik, sondern das Interesse an der Sozialpolitik selbst hatte sich verändert. Die Rentenpolitik sollte sich nicht mehr an ihrer aktuellen Wirkung auf das Rentensystem messen lassen, sondern an den davon erwarteten längerfristigen Effekten auf den Arbeitsmarkt und darüber vermittelt auf das Rentensystem selbst.

Die Arbeitnehmer waren in der Szene der Anpassung also nicht einfach an einem kurzfristigen Ausgleich von Einnahmen und Ausgaben des Rentensystems interessiert. Sie waren aber davon überzeugt, dass sich auf Basis von Anpassungen, die sie dann auch mittragen würden, eine langfristige Konsolidierung des Rentensystems erreichen ließe. „Unter den Prämissen einer aktiven Beschäftigungspolitik und einer fortschrittlichen Harmonisierung der verschiedenen Alterssicherungssysteme besteht unseres Erachtens kein Anlaß für eine grundlegende Umwälzung der gegebenen Strukturen." (Kirch 1988: 128) Hier ist sowohl eine Kontinuität, als auch eine Veränderung hinsichtlich der Szene des Ausbaus festzuhalten. Auch in der Szene des Ausbaus haben sich die Arbeitnehmer für den Erhalt des Rentensystems eingesetzt. Maßgebliche Änderungen am Rentensystem wie die Abkehr von der Bruttolohnbezogenheit, die Relativierung der Umlagefinanzierung oder die reine Steuerfinanzierung ohne Beiträge der Arbeitgeber wurden nach wie vor entschieden abgelehnt.

Zugleich ist die Rentenpolitik der Arbeitnehmer in der Szene der Anpassung wesentlich *konservativer* als zuvor. Der (langfristige) *Erhalt* steht gänzlich im Vordergrund, während einer *Weiterentwicklung* nur marginale Bedeutung zugemessen wird. Dieser Interessenwandel lässt sich zum Teil aus der Kontinuität bezüglich des Interesses an der Aufrechterhaltung der Institutionen des Rentensystems erklären. Denn dadurch, dass für die Arbeitnehmer eine Abkehr von den eingerichteten Institutionen nicht zur Diskussion stand, waren sie gezwungen, den maßgeblichen Sachzwang der gesetzlichen Rentenversicherung anzuerkennen, dass nur ausgegeben werden kann, was zuvor eingenommen wurde. Da aber eine Erhöhung der Einnahmen die Beitragszahler – und damit die Arbeitnehmer selbst – tangiert, wird diese nur zum Erhalt des Status Quo in Kauf genommen, nicht aber für eine interne Umverteilung. Für die Arbeitnehmer bestand daher der Ausweg in der Szene der Anpassung darin, sowohl die Einschnitte bei den Rentnern, als auch die Erhöhung der Leistungen der Beitragszahler dadurch möglichst gering zu halten, dass auf eine stärkere Beteiligung der Arbeitgeber und des politisch-administrativen Systems an der Bewältigung der Finanzierungsprobleme gedrungen wurde. Während sich aber die Belastung der Arbeitnehmer als systemimmanenter Automatismus durchsetzte, konnte eine stärkere Beteiligung der anderen Akteure nur über Reformen erreicht werden.

Zusammenfassend lässt sich festhalten, dass die Arbeitnehmer in der Szene der Anpassung ein vorwiegendes Interesse an der Aufrechterhaltung des Rentensystems in seinem derzeitigen Zustand hatten. Daraus folgte ein Interesse an einer Orientierung der Rentenpolitik an ihren Wirkungen auf den Arbeitsmarkt. Zudem wurden die Arbeitgeber und die Politik aufgefordert, sich stärker für den Erhalt des Rentensystems zu engagieren. Das Interesse an einem Ausbau der Leistungen konnte in der Szene der Anpassung nicht mehr als ein allgemeines Interesse der Arbeitnehmer gelten, auch wenn es nach wie vor Fraktionen gab, die sich für eine entsprechende Rentenpolitik stark machten. Stattdessen wurden verschiedene Versuche unternommen, die Lasten unter den Arbeitnehmern besser zu verteilen, was jedoch zu internen Konflikten führte.

4.2.2 Arbeitgeberinteressen in der Szene der Anpassung

Die Szene des Ausbaus hatte bereits gezeigt, dass die Rentenpolitik der Arbeitgeber maßgeblich durch die wirtschaftliche Gesamtsituation beeinflusst ist. Die veränderten wirtschaftlichen Rahmenbedingungen in der Szene der Anpassung führten daher zu veränderten Interessen der Arbeitgeber, denen es nun vorrangig darum ging, eine Verringerung des Leistungsniveaus der Rentenversicherung zu erreichen und einen (weiteren) Anstieg des Beitragssatzes zu verhindern. Um die Veränderung der Interessen der Arbeitgeber analysieren zu können, bedarf es zunächst der Untersuchung ihrer rentenpolitischen Positionen.

Positionen der Arbeitgeber

Auch in der Szene der Anpassung bekannten sich die Arbeitgeber generell zum Erhalt des Rentensystems. (Muhr 1981: 326) Zwar wurden Einschnitte als notwendig erachtet, der Ruhestand als eigenständiger Status sollte davon aber nicht tangiert werden. „Denn ungeachtet des Entlastungsziels will man gewährleistet sehen, daß ein Durchschnittsverdiener nach 40 bis 45 Versicherungsjahren eine Rente erhält, die über dem Sozialhilfeniveau liegt." (Winter 1997: 187) Dennoch stand für die Arbeitgeber in der Szene der Anpassung fest, dass die bisherigen

Leistungen des Rentensystems zurückgefahren werden müssen. Angesichts der gravierenden Finanzierungsprobleme bestand aus der Sicht der Arbeitgeber die Hauptaufgabe in der Konsolidierung des Systems, welche nicht ohne erhebliche Einschnitte möglich sei. „Nachdem das Sozialsystem durch Leistungs- und Kostenexplosion jahrelang in eine krisenhafte Entwicklung hineingetrieben wurde, sind schmerzliche und unpopuläre Operationen unvermeidlich." (Esser 1982a: 333)

Dieser Standpunkt, das bestehende System beizubehalten, aber zugleich die Leistungen zu verringern, zeigt sich bezüglich der Position der Arbeitgeber hinsichtlich der Dynamisierung. „Die Renten sollen auch weiterhin an der wirtschaftlichen Entwicklung teilhaben. Die Rentendynamik muß aber künftig – schon aus Gründen der Gerechtigkeit – in der Weise gestaltet werden, daß die Einkommenszuwächse bei Aktiven und Rentnern im Gleichklang stehen." (BDA 1980: 103; vgl. auch BDA/DGB/DAG 1987: 126, BDA 1976: 1005)

Auch hinsichtlich des Äquivalenzprinzips sahen die Arbeitgeber in der Szene der Anpassung keinen prinzipiellen Änderungsbedarf. Die Betonung der Leistungsbezogenheit wurde allerdings explizit gegen die Vorstellungen aus Kreisen der Arbeitnehmer bezüglich einer Mindestrente gewandt. „Das Versicherungsprinzip mit der Äquivalenz von Beitrag und Leistung muß als wichtigstes ordnungspolitisches Ziel der Rentenversicherung erhalten werden. Damit sind Mindestrenten, unterschiedliche Anpassungssätze nach der Rentenhöhe und das Abgehen der Beitragsbemessung vom Lohn unvereinbar." (BDA 1980: 103) Mindestrenten wurden in der Szene der Anpassung von den Arbeitgebern generell abgelehnt, und zwar unabhängig davon, ob an eine steuerfinanzierte Grundrente oder eine Aufstockung der bestehenden Renten auf Sozialhilfeniveau gedacht war. „Die Gewährung einer Grundrente würde der Einstieg in einen allgemeinen Versorgungsstaat sein. Eine beträchtliche Schwächung des marktwirtschaftlichen Anreizsystems sowohl für die Begünstigten als auch für die Steuerzahler (Beschäftigte und Unternehmer) wäre die Folge. Leistung würde nicht mehr honoriert, Nichtleistung aus Steuermitteln subventioniert." (BDA 1986b: 85) Diese Haltung entspricht der in der Szene des Ausbaus formulierten Präferenz einer starken Leistungsbezogenheit. Die Ausrichtung des Rentensystems am Äquivalenzprinzip stellte demnach auch in der Szene der Anpassung eine grundlegende Forderung der Arbeitnehmer dar.[97]

[97] „Das Versicherungs- und Äquivalenzprinzip ist soweit wie eben möglich zu erhalten. Die Orientierung der Leistungen an den jeweiligen Vorleistungen durch Beiträge entspricht dem Leistungsgedanken, ist sozial gerecht und hat sich tief in der Vorstellungswelt der Versicherten eingewurzelt." (BDA 1985: 79)

In der Szene der Anpassung ging die Verteidigung des Äquivalenzprinzips durch die Arbeitgeber jedoch über den *qualitativen* Aspekt, die Leistungen der Höhe nach an die erbrachten Beiträge zu binden, hinaus. Gegen Vorschläge von Seiten der Arbeitnehmer und Teilen des politisch-administrativen Systems ging es den Arbeitgebern insbesondere darum, die mit dem Äquivalenzprinzip bestehende *Qualität* zu erhalten: Die Bemessungsgrundlage der Beiträge sollte weiterhin ausschließlich im Lohn bestehen. „Der Weg einer Entlastung über das Abgehen von der Lohnbezogenheit der Sozialabgaben ist [...] in vielerlei Hinsicht ein falscher. Dies haben eingehende wissenschaftliche Untersuchungen gezeigt [...]. Diese gelangten zu dem Ergebnis, daß eine geeignetere Bezugsgröße als der Lohn nicht vorhanden sei." (BDA 1979: 7) Für die Arbeitgeber bedeutete die Lohnbezogenheit eine sichere Kalkulationsgrundlage der Sozialbeiträge, da diese nur dann und nur in dem Maße anfielen, wie Lohnzahlungen erfolgten. Dass diese einheitliche Regelung Unternehmen mit hohen Lohnkosten belasteten, während Unternehmen, die „kapitalintensiv" produzierten relativ profitierten, wurde von den Arbeitgeberverbänden zwar anerkannt, galt aber nicht als Problem, da die Sozialabgaben nicht auf Kosten der Wettbewerbsfähigkeit gehen sollten.

> Das Abgehen vom Lohn wäre eine gefährliche sozialpolitische Weichenstellung. Die Verbindung zwischen Beitrag bzw. Lohn und Sozialleistungen würde zumindest teilweise zerstört, was der Nivellierung Vorschub leisten würde. [...] Das Abgehen vom Lohn birgt die Gefahr in sich, daß die Beitragsparität über kurz oder lang auf der Strecke bleibt und alle Betriebe mehr zahlen. (BDA 1979: 100-101)

Insbesondere im Rahmen der Reformüberlegungen zur Änderung der Hinterbliebenenversorgung waren u. a. vom Bundesarbeitsministerium Vorschläge unterbreitet worden, die den Arbeitgeberanteil nicht mehr am Lohn, sondern an der Wertschöpfung festmachen wollten. Solchen Überlegungen standen die Arbeitgeber in der Szene der Anpassung jedoch in keiner Weise aufgeschlossen gegenüber. Der positive Bezug auf die Lohnbezogenheit war daher zum Teil der Befürchtung geschuldet, dass im Rahmen einer sozialen Umverteilungspolitik mehr Kosten auf die Arbeitnehmer zukämen. „Die erwogene Erschließung neuer Finanzierungsquellen durch die Bemessung der Arbeitgeberbeiträge nach neuen Kriterien (sog. «Maschinensteuer») würde einen schweren Eingriff in das Wirtschaftsgefüge zur Folge haben, der auch den Arbeitnehmern zum Nachteil gereichen müßte." (Dräger 1980: 346) Da eine „Maschinensteuer" bestimmte Unternehmen auch entlastet hätte, ist davon auszugehen, dass sich diese Position am ehesten bei den Verbänden und den großen Unternehmen finden lässt, die kapitalintensiv produzieren. Dennoch gab es von Arbeitgeberseite keine relevante Position, die die Einführung einer „Maschinensteuer“ unterstützt hätte.

Wie bereits dargestellt ist das Rentensystem in der Szene der Anpassung sehr stark als Hebel der Arbeitsmarktpolitik instrumentalisiert worden.[98] Hier sind die Positionen der Arbeitgeber uneinheitlich. Denn einerseits ist festzustellen, dass obwohl die Arbeitgeber Arbeitszeitverkürzungen in der Szene der Anpassung in der Regel ablehnten, sie der Forderung nach „der Verkürzung der Lebensarbeitzeit geradezu aufgeschlossen gegenüber“ (Bäcker/Naegele 1981: 691) standen. Die Regelungen zum Vorruhestand wurden intensiv von den Unternehmen genutzt, besonders in der Chemie- und Zigarettenindustrie, sowie bei großen Betrieben in der Metallindustrie, wie Siemens und Mercedes Benz. (Trampusch 2004: 241-242) Andererseits sprach sich die BDA deutlich gegen eine allgemeine Verkürzung der Lebensarbeitszeit aus. Aus der Sicht der Bundesvereinigung würden auf diese Weise die Probleme des Rentensystems nur verschärft. „Bei einer Verkürzung der Lebensarbeitszeit durch einen früheren Eintritt in den Ruhestand ist der arbeitsmarktpolitische Entlastungseffekt nicht vorhersehbar [...]. Sicher aber ist, daß sich die schon jetzt schwierige Finanzlage der Rentenversicherung bei einer Herabsetzung der flexiblen Altersgrenze weiter verschärfen müßte.“ (BDA 1977c: 70) Die Zunahme der Kosten in der Rentenversicherung war für die BDA angesichts der bereits bestehenden Finanzierungsprobleme nicht tragbar. Im Fordergrund aller Überlegungen sollte daher die Konsolidierung des Rentensystems stehen; einen Spielraum für weitere Ausweitungen sah die BDA nicht.

> Unabhängig davon, wie eine weitere Senkung der Altersgrenze und eine Früh- oder Tarifrente auch konstruiert sein mag: Sie läßt einen zusätzlichen Finanzierungsbedarf aus, der auch durch noch so ausgeklügelte Umverteilungssysteme nicht zum Verschwinden gebracht werden kann. Daher stellt sich die Frage, wer dies bezahlen soll: Beim Staat oder den Sozialsystemen ist angesichts der bereits bestehenden Finanzprobleme nichts zu holen. [...] Ebenso wäre es widersinnig, die Unternehmen zusätzlich zu belasten, weil dies der Verbesserung der Investitionsbedingungen di-

---

98 „Vorzeitige Pensionierung als spezifische Form der missbräuchlichen Instrumentalisierung der vorgezogenen Altersruhegrenze auf Kosten der Versichertengemeinschaft gehören zwar schon seit längerem zum personalpolitischen Flexibilisierungsinstrumentarium der Arbeitgeber zum Abbau oder zur Verjüngung der Belegschaften, blieben aber bis Anfang/Mitte der 70er Jahre auf bestimmte Branchen [...] beschränkt [FN]. In das öffentliche Interesse sind die Pensionierungsaktionen jedoch geraten, als im Zuge der allgemeinen Wirtschafts- und Beschäftigungskrise ihre Verstetigung als personalpolitische Strategie und ihre Ausweitung sowohl auf andere Wirtschaftsbereiche [...] bei gleichzeitiger Verbesserung der materiellen Absicherung eingeleitet wurde.“ (Bäcker/Naegele 1981: 683)

> rekt entgegenlaufen würde. [...] Bleibt also die Frage: Wären die Arbeitnehmer selbst bereit, ein früheres Rentenalter zu finanzieren? (Esser 1982b: 484)

Vor diesem finanziellen Hintergrund kam für die Bundesvereinigung auch eine Unterordnung der Rentenpolitik unter Gesichtspunkte der Beschäftigungspolitik oder der Wirtschaftspolitik nicht in Frage.

> Eine Verkürzung der Lebensarbeitszeit darf nicht unter kurzfristigen beschäftigungspolitischen Gesichtspunkten gesehen werden. Die Erwartung, hierdurch neue Arbeitsplätze zu gewinnen, wird sich außerdem nach aller Erfahrung allenfalls in geringem Umfang erfüllen. [...] Für die Rentenversicherung wäre eine weitere Senkung der gesetzlichen Altersgrenze mit erheblichen finanziellen Konsequenzen verbunden, da Beitragsausfälle und verlängerte Leistungsverpflichtungen mit steigender Lebenserwartung zusammenträfen. (BDA 1982d: 81)

Diese Differenz zwischen der Position des Dachverbandes und der Praxis der Unternehmen erklärt sich daraus, dass viele Arbeitgeber die Frühverrentung eben nicht aus rentenpolitischen oder arbeitsmarktpolitischen Überlegungen heraus befürworteten, sondern weil sie darin ein geeignetes Instrument zur Verjüngung der Belegschaft, und so vermittelt zur Leistungssteigerung des Betriebs, sahen. „Losgelöst von konkreten Betriebsänderungen können im Grundsatz alle Älteren von der Regelung gebrauch machen. Eine solche Dauerregelung führt zu einer gezielten Umschichtung und Verjüngung der Belegschaft und etabliert in den Unternehmern neue «innerbetriebliche» Altersgrenzen, die außerbetrieblich dadurch sanktioniert werden, daß für den ausgeschiednen Arbeitslosen eine Vermittlungsfähigkeit faktisch nicht mehr besteht[...]. Das betriebliche Interesse an einer Ausdünnung und Verjüngung der Beschäftigten läuft dabei mit den Interessen der Beschäftigten weitgehend parallel.“ (Bäcker/Naegele 1981: 684)

Diese Kalkulation lässt sich beispielsweise an der Zigarettenindustrie verdeutlichen:

> Die Zigarettenindustrie befand sich in einer ausgeprägten Innovations- und Rationalisierungsphase. Neue Techniken wurden eingeführt. Der Bedarf an spezialisierten Fachkräften stieg, während ungelernte und angelernte Arbeitnehmer weniger gebraucht wurden. Manche älteren Arbeitnehmer hatten Schwierigkeiten, sich den neuen Maschinen und Anlagen anzupassen. Diese waren zwar objektiv leichter zu bedienen, weil sie stärker automatisiert und weil neueste ergonomische Erkenntnisse berücksichtigt waren. Ihre größere Produktionsgeschwindigkeit und der damit zusammenhängende riesige Schaßanfall in Störfällen löste gerade bei älteren Frauen zuweilen psychische Belastungen aus. Die sozialverträgliche Beendigung der Ar-

beitsverhältnisse älterer Arbeitnehmer lag deshalb im Interesse aller Beteiligten. (Schwahn 1988: 89)

Die Differenzen unter den Arbeitgebern in der Bewertung der Frühverrentung resultiert jedoch nicht allein daraus, dass die BDA die Rentenpolitik als wichtigen Bestandteil ihrer Kompetenz wahrnahm, während für einzelne Unternehmen kein direkter Zusammenhang zwischen ihren betrieblichen Kalkulationen und dem Rentensystem bestand. Hinzu kommt, dass die BDA sich gegen eine *generelle* Verkürzung der Lebensarbeitszeit aussprach, die Regelungen zur Frühverrentung aber gerade auf Basis der existierenden Altersgrenze ausgehandelt wurden. Insofern ist die Differenz gar nicht so gravierend. Vielmehr ist festzuhalten, dass sich in der Szene der Anpassung eine „Arbeitsteilung" unter den Arbeitgebern zeigt, in der die BDA für Fragen der Rentenpolitik zuständig ist, während sich die einzelnen Unternehmen (und übrigens auch der BDI) mit betrieblichen und tariflichen Fragen befassen.[99]

In der Szene des Ausbaus hatte sich die BDA generell kritisch zu einem Automatismus bezüglich der Rentenerhöhung geäußert. „In der Folgezeit wandelte man diese Position zu der Forderung hin ab, die bruttolohnbezogene durch die nettolohnbezogene Rentenanpassung abzulösen." (Winter 1997: 188) Diese Idee war bereits zuvor vereinzelt von Seiten der Arbeitgeber aufgebracht worden. In der Szene der Anpassung wurde diese Position dann zu einer offiziellen Forderung der BDA ausgebaut. „Seit den 70er Jahren setzte sich die BDA deshalb und mit dem Ziel einer gerechteren Lastenverteilung zwischen den Generationen für eine Verlangsamung des Rentenanstiegs durch den Übergang zur Nettolohnanpassung ein." (Barthel 1999: 12) Begründet wurde diese Position damit, dass auch die Rentner an der Bewältigung der finanziellen Probleme der Rentenversicherung beteiligt werden sollten.

Dabei war unterstellt, dass eine Absenkung des Rentenniveaus nötig wäre, da auf Basis der bestehenden Regelungen die Einnahmen die Ausgaben nicht decken würden und eine Erhöhung der Beiträge zu verhindern sei. „Eine Nettolohnorientierung der Renten würde die Einkommenszuwächse von Rentnern und Aktiven in einen Gleichklang bringen. Damit trage sie zugleich dazu bei, die kommenden zusätzlichen Lasten aus der Bevölkerungsentwicklung gleichmäßig auf die Generationen zu verteilen." (BDA 1982c: 647; vgl. auch BDA 1976: 1006, BDA 1979: 7, BDA 1982d: 80, Esser 1982a: 333, BDA 1985: 79) Wichtig an der Debatte um die Abkehr von der Bruttolohnbezogenheit ist, dass die netto-

[99] Vgl. hierzu auch Winter 1997: 186-190, der in dieser „Arbeitsteilung" ein Prinzip sieht, das für das Rentensystem generell gilt. Allerdings wird von ihm auch nur der Zeitraum von 1972 bis 1992 behandelt, für den diese Arbeitsteilung tatsächlich weitestgehend zutrifft.

lohnbezogene Rente auf der Sichtweise basiert, die Beiträge für die soziale Sicherung seien einfach *Abzug vom Lohn*, und nicht, wie es noch in der Szene des Ausbaus die vorherrschende Auffassung war, ein *Lohnbestandteil*, der nicht verloren geht, sondern mit dem Leistungen für die Zukunft erkauft werden.

Die Konsolidierungsbestrebungen der Arbeitgeber in der Szene der Anapassung wurden besonders an den Vorstellungen zur Finanzierung des Rentensystems deutlich. Grundsätzlich lässt sich sagen, dass es der BDA in der Szene der Anpassung darum ging, „Erhöhungen des Beitragssatzes entweder ganz zu verhindern oder weitestmöglich in Grenzen zu halten." (Winter 1997: 188; vgl. auch BDA 1979: 6) Zwar hatten die Arbeitgeber auch schon in der Szene des Ausbaus gegen eine Erhöhung des Beitragssatzes protestiert, hielten sie aber – angesichts der positiven Geschäftsentwicklung – dennoch für tragbar. Die generelle Kritik an einer Erhöhung der Beiträge zur GRV war somit in dieser Form ein Novum der Szene der Anpassung. Direkt wirkte sich diese Position auf die Haltung der Arbeitgeber zur Rentenreform 1984 aus, in der auf der Grundlage des Beschlusses des Bundesverfassungsgerichts die Hinterbliebenenversorgung neu geregelt werden musste.

Seit Ende der 1970er bestanden die Arbeitgeber darauf, dass eine Neuregelung nicht mit zusätzlichen Beitragssteigerungen verbunden sein dürfe. „Die jetzt schon hohe Abgabenbelastung der Versicherten und Betriebe zwingt dazu, diese Materie beitragsneutral zu gestalten." (BDA 1979: 6; vgl. BDA 1980: 103) Damit stellten sich die Arbeitgeber gegen die anfangs von den Arbeitnehmern vertretenen Vorstellungen, die Reform müsse mit einer Förderung einer eigenständigen Altersvorsorge der Frauen einhergehen. Solche Überlegungen wurden als „nur langfristig" denkbar aus dem Reformkatalog ausgeklammert. „Kurzfristig ist in der Rentenversicherung die Gleichstellung von Mann und Frau zu regeln. Dies muß beitragsneutral geschehen." (Esser 1982a: 332-333) Diese Gleichstellung bezog sich damit nur auf die vom Bundesverfassungsgericht geforderte rechtliche Gleichstellung und nicht auf materielle Aspekte. Die Position, der Beitragssatz dürfe nicht weiter steigen, ließ andere Aspekte der Finanzierung des Rentensystems nicht unberührt.

Denn eine Veränderung der Positionen der Arbeitgeber in der Szene der Anpassung lässt sich auch bezüglich des Bundeszuschusses feststellen. War es den Arbeitgebern in der Szene des Ausbaus um eine Begrenzung der Bundesmittel gegangen, da darin eine Abweichung vom Äquivalenzprinzip und der Übergang zum „Versorgungsstaat" gesehen wurde, setzten sie sich in der Szene der Anpassung für eine Ausweitung des Bundeszuschusses ein, sofern dadurch ein Ansteigen des Beitragssatzes verhindert würde. Insbesondere die versicherungsfremden Leistungen der GRV wurden als Belastung ausgemacht, die nicht den

Beitragszahlern zuzumuten sei. „Die Arbeitgeber halten zwar soziale Ausgleichmaßnahmen wie die Anrechnung von Ausbildungs-, Ausfall- und Kindererziehungszeiten oder das Rentensplitting für grundsätzlich vertretbar, lehnen aber deren Finanzierung aus dem Beitragsaufkommen ab. Demgegenüber wird vorgeschlagen, den Bundeszuschuß zur Rentenversicherung so weit zu erhöhen, daß er die sogenannten versicherungsfremden Leistungen voll abdeckt." (Winter 1997: 189) Zugleich gab es von Seiten der Arbeitgeber aber auch Verständnis für die angespannte Haushaltslage des Bundes, woran sich zeigt, dass die Position nicht auf eine Ausweitung des Rentensystems hinauslief, sondern auf eine Konsolidierung der Versicherung. „Der Bundeszuschuß zur Rentenversicherung bedarf einer neuen Abgrenzung, bei der aus öffentlichen Mitteln der Anteil der versicherungsfremden Leistungen an den Rentenausgaben voll zu überführen ist. Angesichts der Auswirkungen auf den Haushalt des Bundes kann dies nur schrittweise und durch eine entsprechende Umgestaltung der öffentlichen Ausgaben geschehen." (BDA 1980: 104) Hier zeigt sich erstens, dass die Arbeitgeber auch in der Szene der Anpassung den sozialen Auftrag der Rentenversicherung, der über reine Versicherungsleistungen hinausgeht, akzeptierten. Zugleich wird zweitens eine veränderte Haltung zum Bundeszuschuss deutlich. Denn in der Szene der Anpassung sind die Arbeitgeber bereit, eine Ausweitung des Bundeszuschusses hinzunehmen, wenn darüber eine Erhöhung der Beiträge verhindert werden kann. Dabei sollte vor allem abgewendet werden, dass der Bund seinen Haushalt auf Kosten der GRV sanieren würde. Bereits 1973, also noch bevor die Finanzierungsprobleme der Rentenversicherung frappant wurden, protestierte die BDA entschieden, als der Bund die Finanzierung der GRV zurückfahren wollte. „Die Bundesregierung beabsichtigt, sich mit dem neuen Haushaltsgesetz für 1973 aus ihrer gesetzlich festgelegten Verpflichtung gegenüber der Rentenversicherung zur Zahlung eines Bundeszuschusses in Höhe eines Teilbetrags von 2,5 Milliarden DM zu lösen und diesen Betrag erst im Jahre 1981 zu entrichten. Gegen dieses Vorhaben hat die Bundesvereinigung der Deutschen Arbeitgeber erhebliche Bedenken anzumelden." (BDA 1973: 224) Das Beharren darauf, dass auch der Bund seinen Beitrag zur Finanzierung der Rentenversicherung zu leisten habe, steht im Widerspruch zu der in der Szene des Ausbaus bedeutenden Polemik der Arbeitgeber gegen den „Versorgungsstaat". Das Bild, dass der Staat über eine steuerliche Versorgung wirtschaftliche Anreize zerstört, wurde in der Szene der Anpassung von der BDA nur noch dann eingebracht, wenn die Verwendung der Steuermittel nicht zu einer Stabilisierung der Beiträge führen würde.

> Kein geeignetes Mittel, die Finanzschwierigkeiten zu beheben, sind die Überlegungen aus dem Bundesarbeitsministerium zur Änderung des Finanzierungssystems in der Rentenversicherung. Hierbei war daran gedacht, auf die Rücklage in der Rentenversicherung ganz zu verzichten, den Beitragsatz statt dessen variabel zu gestalten und [...] mögliche Defizite aus dem Bundeshaushalt, d. h. aus Steuermitteln zu decken. Der Weg zu einer Einheitsversorgung mit Steuerfinanzierung würde dadurch langfristig vorprogrammiert. (BDA 1976: 1006)

Die Zielsetzung, die Beiträge trotz steigender Kosten konstant zu halten, bewirkte nicht nur eine Veränderung der Position der Arbeitgeber zum Bundeszuschuss, sondern auch zu anderen Formen der Finanzierung des Rentensystems.

Erstmalig wurde in der Szene der Anpassung von den Arbeitnehmern auf einen Ausbau der privaten und der betrieblichen Altersvorsorge gedrungen, um so die wachsenden Belastungen der gesetzlichen Rentenversicherung aufzufangen. „Die Altersvorsorge beruht auf drei Säulen. Je größer die Probleme der gesetzlichen Rentenversicherung werden, je mehr muß alles daran gesetzt werden, die Vorraussetzungen und Anreize für die individuelle Vorsorge zu verbessern. Dies gilt ebenso für die betriebliche Altersvorsorge, die nicht noch mehr in ihren Handlungsbedingungen eingeschnürt werden darf." (BDA 1985: 79) Diese Überlegungen zielten zum einen darauf, die betriebliche Rente im Interesse der Arbeitnehmer als flexible Zusatzversorgung, die an betriebliche Kalkulationen gebunden ist, weiterzuentwickeln. Zum anderen war damit – wenn auch unter dem Stichwort „Strukturreform", also als langfristige Perspektive – an den Ausbau einer von den Arbeitgebern gänzlich unabhängigen Säule der Altersversorgung gedacht. „Um eine Entwicklung in diese Richtung in Gang zu setzen, will die BDA das Rentenniveau absenken und die Dynamik der Beitrags- und Leistungsbemessungsgrenze von der Einkommensentwicklung abkoppeln. Außerdem wird gefordert, die Fähigkeit und Bereitschaft zur privaten Altersvorsorge durch eine steuerliche Begünstigung sowie durch die Verminderung der Abgabenlast zu fördern." (Winter 1997: 187) Der Ausbau einer privaten Altersvorsorge wurde also direkt mit einer Entlastung der Arbeitgeber verknüpft. Ähnlich wie schon bei den versicherungsfremden Leistungen handelte es sich bei der Förderung der privaten Altersvorsorge um einen Posten, den die Arbeitgeber auch durch Steuern finanziert sehen wollten, ohne dass die „Gefahr des Versorgungsstaates" beschworen wurde. Während die Arbeitnehmer sich in der Szene des Ausbaus noch entschieden gegen die Verwendung von Steuergeldern für rentenpolitische Aufgaben ausgesprochen hatten, waren solche Maßnahmen in der Szene der Anpassung für sie vertretbar, wenn dadurch eine Entlastung der GRV durch eine private Altersvorsorge entstünde. Auch die betriebliche Altersvorsorge geriet in der Szene der Anpassung neu in den Blick der Arbeitgeber. In der Szene des

Ausbaus waren diesbezüglich die Positionen der Unternehmen und der Verbände auseinander gegangen. Erstere nutzten entsprechende Arrangements um die Belegschaft zu motivieren und an den Betrieb zu binden. Letztere sahen in der positiven Lohndrift, die durch Zusatzversorgungen entstand, eine Schwächung der Position der Arbeitgeber in den Tarifverhandlungen. In der Szene der Anpassung fielen die Lohnsteigerungen wesentlich geringer aus, als in der Szene des Ausbaus. Daher war es für die Arbeitgeber möglich, tarifliche Zahlungen durch eine betriebliche Altersvorsorge zu ersetzen, anstatt die ausgehandelten Löhne und Gehälter zu ergänzen. Solche Perspektiven ließen u. a. Dr. Marcus Bierich, Vorstandsmitglied der Mannesmann AG, frohlocken:

> Eine Vermögensumverteilung über Lohn und Gewinn sollte durch einen Ausbau der tariflichen, betrieblichen Vermögensbildung ersetzt werden. Eine solche Vermögensbildung beteiligt die Arbeitnehmer dauerhaft am Wirtschaftswachstum, schont die Liquidität der Unternehmen, stärkt die zu knappe Eigenkapitaldecke, vermindert die Inflationsraten und führt zu einer besseren Streuung des Produktivvermögens. (Bierich 1976: 8-9)

Vom Standpunkt der Verhinderung einer Zunahme der Sozialkosten erschließt sich, warum die BDA in der Szene der Anpassung mit Maßnahmen, die eine bloße Umverteilung zwischen den Sozialkassen beinhalteten, höchst unzufrieden war. Einer Entlastung der Rentenversicherung durch eine Belastung der Bundesanstalt für Arbeit oder der Krankenkassen wollte die BDA nicht zustimmen, da sie befürchtete, dass dadurch eine Beitragserhöhung der Arbeitslosenversicherung bzw. der Krankenversicherung anstünde. (BDA 1976: 1006)

Interessen der Arbeitgeber

Aus den hier dargestellten Positionen der Arbeitgeber in der Szene des Ausbaus kann nun auf die bestimmenden Interessen zurück geschlossen werden. In der Szene des Ausbaus hatte man gesehen, dass die Arbeitgeber einer Ausweitung der sozialen Sicherung unter der Bedingung zustimmten, dass diese Mehrkosten durch ein entsprechendes Wachstum ausgeglichen wurden. In der Szene der Anpassung geht es den Arbeitgebern in erster Linie darum, eine weitere Erhöhung der Kosten des Rentensystems zu verhindern. Es ist also zunächst festzuhalten, dass die Arbeitgeber nicht an eine Abschaffung des Rentensystems denken. „Das soziale Sicherungssystem als solches steht für die Arbeitgeber nicht zur Disposition. Es ist grundlegendes Element unserer freiheitlichen Ordnung und entscheidende Voraussetzung für den sozialen Frieden. Unsere Aufgabe lautet vielmehr: Sicherung der sozialen Sicherheit auch für die Zukunft. Dazu sind Maßnahmen notwendig, um vorhandene Ausuferungen zu beseitigen, das System insgesamt zu straffen und den Sozialstaat wieder steuerbar zu machen." (Esser 1982a: 332; vgl. auch BDA 1982c: 646) Die Arbeitgeber richteten sich in der Szene der Anpassung also nicht gegen das System der sozialen Sicherung, sondern gegen den Umfang der sozialen Kosten. Dabei wurde aus dem systemimmanenten Sachzwang, dass steigende Ausgaben für die Renten durch zusätzliche Einnahmen ausgeglichen werden müssen, gefolgert, dass dann die Leistungen des Rentensystems den Beiträgen angepasst werden müssen, und nicht – wie in der Szene der Anpassung – der Beitragssatz an das ausgedehnte Leistungsniveau. Im Unterschied zur Szene des Ausbaus hatten sich in der Szene der Anpassung zwei Faktoren verändert, die eine solche Umorientierung bedingten. Zum einen sahen die Unternehmen zum Teil einen geringeren Spielraum für Lohnnebenkosten, da auch für sie die Wirtschaftswunderzeiten mit exorbitanten Wachstumsraten vorbei waren. Die Arbeitgeber hatten immer darauf bestanden, dass Sozialleistungen vom wirtschaftlichen Erfolg abhängig seien. Diese Abhängigkeit klagten sie in der Szene der Anpassung negativ ein. „Soziale Sicherung und wirtschaftliche Entwicklung sind wechselseitig voneinander abhängig. Alle sozialpolitischen Maßnahmen müssen daher unter dem Gesichtspunkt der weiteren ökonomischen Entwicklung gesehen werden." (BDA 1979: 7) Zum anderen hatte sich die Situation auf dem Arbeitsmarkt verändert. Sahen sich die Unternehmen in der Szene des Ausbaus noch genötigt, aufgrund des Arbeitskräftemangels die Belegschaft durch Sonderleistungen an den Betrieb zu binden, und hohe Lohnabschlüsse zu akzeptieren, so fiel dieses Hindernis spätestens Mitte der 80er Jahre immer mehr fort. Der z. T. engere Verteilungsspielraum und das daraus erwachsene Interesse die Lohnkosten zu senken, wurde so überhaupt erst durchsetzbar.

Dass es den Arbeitgebern in der Szene der Anpassung vordringlich nicht um das Rentensystem, sondern um das System der sozialen Sicherung insgesamt und die daraus entstehenden Kosten ging, zeigt sich auch an der ablehnenden Haltung gegenüber Maßnahmen, die das Finanzierungsproblem der Rentenversicherung auf andere Zweige der sozialen Sicherung verlagern würden. Hieraus lässt sich für die Szene der Anpassung auf ein Interesse der Arbeitgeber schließen, die Lohnkosten insgesamt – also inklusive Lohnnebenkosten – nicht stärker zu belasten, sondern, wenn möglich zu senken. Deshalb hatten die Arbeitgeber auch ein Interesse daran, die erreichten Kürzungen zu verallgemeinern, auch wenn beispielsweise im öffentlichen Dienst gar kein Finanzierungsproblem bestand.

> Rechtsänderungen im Bereich der gesetzlichen Rentenversicherung können nicht ohne Einfluß auf die Alterversorgung im öffentlichen Dienst bleiben. [...] Die Leistungen für die Altersvorsorge der im öffentlichen Dienst Tätigen wie der gesetzlichen Rentenversicherung der Arbeitnehmer der privaten Wirtschaft stellen wirtschaftlich gesehen Sozialaufwand dar [...]. Kürzungen der Leistungen oder Erhöhungen der Beiträge dürfen nicht nur für die gesetzliche Rentenversicherung gelten [...]. (BDA 1983: 82)

Diese Stellungnahme verweist darauf, dass es nicht um ein einfaches Kassenproblem ging, sondern um das Verhältnis von Wirtschaftswachstum und Lohnkosten.

Aus diesem Interesse folgte eine Rentenpolitik, die einerseits konservativ war, wenn es darum ging, Veränderungen abzuwehren, die mit Kosten verbunden waren. Zugleich brachten die Arbeitgeber aber Vorschläge ein, die auf eine Veränderung der bestehenden Institutionen im Sinne einer Kostensenkung drang. „Vorrangiges Ziel muß es sein, das Erreichte zu bewahren; dazu gehört auch die Erhaltung des lohnbezogenen Finanzierungssystems. Zusätzliche Leistungsversprechungen bzw. -forderungen sind auch dann nicht zu vertreten, wenn sie unter einem Finanzierungsvorbehalt stehen, weil hierdurch unerfüllbare Hoffnungen geweckt werden." (BDA 1980: 103) Diese Haltung bezog sich auf alle Grundsätze des Rentensystems, die den Arbeitgebern erstens erhaltenswert erschienen, deshalb aber zweitens an die Finanzlage angepasst werden sollten. „Im Hinblick auf die längerfristigen Finanzprobleme der Rentenversicherung ist keine Änderung des Systems an Haupt und Gliedern notwendig. An der beitrags- und leistungsbezogenen dynamischen Altersrente kann im Prinzip festgehalten werden." (BDA 1982d: 80) Dem Prinzip der Dynamik wird aus Sicht der Arbeitgeber aber auch eine nettolohnbezogene Rente gerecht. Die Leistungsbezogenheit wurde gegen eine Mindestrente, die zusätzliche Kosten bedeutet hätte, hochgehalten und zugleich gefordert, die versicherungsfremden Leistungen müssten verbindlich vom Staat erbracht werden, um den Beitragssatz stabil zu halten.

In der Szene des Ausbaus konnte gezeigt werden, dass die Interessen der Arbeitgeber divergieren, wenn mit rentenpolitischen Maßnahmen andere, betriebliche Ziele verbunden werden. Die betriebliche Altersvorsorge war daher in der Szene des Ausbaus ein Streitpunkt zwischen den Unternehmen, die dieses Mittel aus betrieblichen Kalkulationen heraus einsetzten und den Verbänden, die darin eine Schwächung ihrer Stellung sahen. Da in der Szene der Anpassung die betriebliche Altersversorgung zum Teil Leistungen aus der GRV substituieren sollte, gab es diesen Streitpunkt im Prinzip nicht mehr.

Nur hinsichtlich der Auseinandersetzung zum Thema Frühverrentung waren in der Szene der Anpassung divergierende Interessen zwischen Unternehmen und Verbänden entscheidend. Die Unternehmen nutzten den vorzeitigen Ruhestand als Mittel ihrer betrieblichen Kalkulation, während die Verbände darin zusätzliche Kosten für die soziale Sicherung sahen. Ansonsten war die Interessendivergenz der Arbeitgeber in der Szene der Anpassung sehr gering, zumal die Zuständigkeit der BDA allgemein anerkannt wurde.

Aus der heutigen Perspektive ist es hilfreich, zu unterstreichen, dass die Arbeitgeber in der Szene der Anpassung keine grundlegende Reform des Rentensystems forderten. Ihr Interesse an einer Konsolidierung beinhaltete auch den langfristigen Erhalt des Rentensystems auf Basis seiner Grundprinzipien. „Das zur Verfügung stehende systemimmanente Anpassungsinstrumentarium dürfte ausreichen, um die Rentenfinanzen auch langfristig, nach dem Jahr 2000, zu sichern." (Dornbusch 1986: 864)

4.2.3 Interessen des politisch-administrativen Systems in der Szene der Anpassung

War das politisch-administrative System in der Szene des Ausbaus in erster Linie bezüglich der Gestaltung der grundlegenden Elemente des Rentensystems gefordert, so musste sich in der Szene der Anpassung innerhalb dieses Kollektivakteurs mit Finanzierungsproblemen auseinandergesetzt werden, die die bestehenden Institutionen z. T. in Frage stellten. Die entsprechenden Positionen werden im Folgenden untersucht, um darauf aufbauend zu Aussagen über die Interessen in dieser Szene zu gelangen.

Positionen innerhalb des politisch-administrativen Systems

Innerhalb des politisch-administrativen Systems war die Szene der Anpassung von einer Vielzahl von Konflikten geprägt.[100] In der Szene des Ausbaus war die generelle Entwicklungslinie relativ unstrittig und der Reformdruck beschränkte

[100] Diese Bemerkung ist nicht unstrittig. Trampusch geht davon aus, dass es „wenig Konflikte" zwischen den Parteien gab, was sie auf die korporatistische Verankerung der Rentenpolitik im Ausschuss für Arbeit und Sozialordnung zurückführt. (Trampusch 2003: 43-45) Diese Auffassung ist jedoch im starken Maße dadurch geprägt, dass mehr der Frage nachgegangen wird, wer sich an Rentenpolitik beteiligt, als dass der Inhalt dieser Politik analysiert wird. Wird aus der Feststellung, dass die Verbände der Arbeitgeber und der Arbeitnehmer als Akteure auftreten, darauf geschlossen, dass es sich um Korporatismus handelt, bleibt kein analytischer Rahmen zur Untersuchung der Interessen der beteiligten Akteure und die Akteure des politisch-administrativen Systems erscheinen als bloße Vermittler. (Vgl. 2 Korporatismus und das deutsche Rentensystem)

sich auf eine Ausweitung des Systems. Die Akteure des politisch-administrativen Systems wurden tätig, um ihre Vorstellungen des Rentensystems zu verwirklichen. In der Szene der Anpassung nahmen die Konflikte schon deshalb zu, weil isch nun aus dem eingerichteten Finanzierungssystem „Sachzwänge" ergaben, die das politisch-administrative System zum Handeln veranlassten. „Große politische Ideen", die in der Szene des Ausbaus mit dem Rentensystem in Verbindung gebracht worden waren, traten für die Akteure des politisch-administrativen Systems in der Szene der Anpassung in den Hintergrund. Hinzu kam eine verstärkte Institutionalisierung des Politikfelds Rentenpolitik im Vergleich zur Szene des Ausbaus. Beides führte dazu, dass Rentenpolitik zunehmend von Experten gestaltet wurde und sich von einer offenen politischen Debatte immer mehr abschloss.[101]

Schon im Vorfeld der Bundestagswahlen 1976 entstand ein Streit zwischen den Akteuren des politisch-administrativen Systems bezüglich der Rentenpolitik. Die sozialliberale Bundesregierung ging davon aus, dass die Wirtschaft sich schon bald wieder erholen und das vorherige Wachstum sich fortsetzen würde. Diese Position wurde auch vom Bundesminister für Arbeit und Sozialordnung, Walter Arendt (SPD) geteilt. (Nullmeier/Rüb 1993: 118) Gegen diese Auffassung stellte sich die CDU/CSU-Fraktion, die vermehrt Anfragen an die Regierung bezüglich der Finanzlage der GRV stellte. Auch der VDR kritisierte die optimistische Einschätzung des BMA und forderte eine Stabilisierung des Bundeszuschusses, eine Verschiebung der Rentenanpassung nach hinten sowie die Rückzahlung von Überzahlungen der GRV an die Krankenversicherung der Rentner. Nullmeier/Rüb beschreiben den VDR sogar als „aggressivsten Gegner" der Rentenpolitik der Bundesregierung in den Jahren 1975/76. (Nullmeier/Rüb 1993: 120) Dieser Konflikt war nicht nur in der unterschiedlichen Auffassung bezüglich der zukünftigen wirtschaftlichen Entwicklung begründet, sondern ergab sich maßgeblich dadurch, dass die Bundesregierung das Rentensystem als einen Bestandteil eines allgemeinen Finanzproblems sah und damit – aus Sicht des VDR – die Selbstständigkeit der GRV gefährdete. Während die Bundesregierung sich bemühte, unterschiedliche Haushaltsposten auszugleichen, bestand der VDR auf die Eigenständigkeit der GRV.

> Grundsätzlich geht es nach unserer Auffassung [des VDR, Anmerkung S. H.] nicht an, die Finanzen der [...] Rentenversicherung [...] zu einer Manövriermasse des Bundes zu machen, wie dies zur Übung zu werden scheint. Die Erfahrung zeigt, daß

[101] Dieser Prozess ist für die Szene des Ausbaus und den Übergang in die Szene der Umstrukturierung ausführlich von Nullmeier und Rüb analysiert worden, so dass auf ihre Erkenntnisse hier konstruktiv zurückgegriffen werden kann. (Nullmeier/Rüb 1993)

mit dem Stopfen eines Loches nahezu immer ein neues an anderer Stelle aufgerissen wird. (Doetsch 1982: 57)

Der Versuch, unterschiedliche Sozialkassen auszugleichen, affizierte die Rentenversicherung in der Szene der Anpassung in doppelter Weise. Erstens „wurde die Bundesanstalt für Arbeit mit Wirkung vom 1. Juli 1978 verpflichtet, für die Bezieher von Arbeitslosengeld, Arbeitslosenhilfe und Unterhaltsgeld Beiträge an die Rentenversicherung abzuführen. Bemessungsgrundlage dieser Beiträge war das frühere Bruttoarbeitsentgelt der Arbeitslosen [...].“ (Seffen 1985: 33) Auf diese Weise sollte den Finanzierungsproblemen der Rentenversicherung begegnet werden. Eine solche Maßnahme hat jedoch nur kurzfristig eine entlastende Wirkung. Denn wenn die Arbeitslosigkeit nicht mehr als Ausfallzeit gilt, ergeben sich aus diesen Zeiten Ansprüche, die zu einer zusätzlichen Belastung der GRV führen, sobald die entsprechenden Personen in Rente gehen. Kombiniert mit der ausgiebig genutzten Möglichkeit der Frühverrentung beschleunigte und verstärkte sich dieser Effekt. Zudem bedeutete die Regelung eine erhebliche Belastung der Arbeitslosenversicherung und damit des Haushalts der Bundesanstalt für Arbeit. Die Folge war, dass ab 1983 nicht mehr das frühere Bruttoarbeitsentgelt als Bemessungsgrundlage der Rentenbeiträge herangezogen wurde, die die Bundesanstalt der GRV zu überweisen hatte, sondern nur noch die Leistungen, die die Arbeitslosen von der BfA erhielten. Dies bedeutete eine Senkung der entsprechenden Beiträge an die GRV um durchschnittlich 44% (Seffen 1985: 34), wodurch sich die Finanzprobleme der GRV wieder verschärften. Zusätzlich ist zu berücksichtigen, dass eine Zunahme der Finanzierungsprobleme in der Bundesanstalt die Frühverrentung vom finanzpolitischen Standpunkt attraktiver werden ließ.

Nachdem 1979 die Rentenversicherungsbeiträge der Bundesanstalt für Arbeit eingeführt worden waren, setzte die Verschlechterung der Arbeitsmarktsituation Anfang der achtziger Jahre der Verschiebung der Finanzkrise der Rentenversicherung in die Bundesanstalt Grenzen. Bereits mit dem Haushaltsbegleitgesetz von 1983 wurden die Rentenversicherungsbeiträge, die die Bundesanstalt der Rentenversicherung zu zahlen hatte, durch die Umstellung auf die Höhe der Leistungen als Bemessungsgrundlage wieder radikal gekürzt. (Trampusch 2003: 38)

Ein ähnlicher Ausgleich wurde zweitens auch mittels der Krankenversicherung der Rentner (KVdR) versucht. Die KVdR hatte im Zeitraum von 1971 bis 1975 etwa zehn Milliarden DM mehr aus der GRV bekommen, als verausgabt wurden. Um aber die KVdR nicht zu destabilisieren verabschiedete die Bundesregierung keinen Erlass über die Rückzahlung. (Nullmeier/Rüb 1993: 120) Ab 1983 wurden die Rentner an den Beiträgen zur KVdR beteiligt, womit die GRV entlastet werden sollte. (Steffen 2002: 15)

Die unterschiedlichen Auffassungen über die zukünftige finanzielle Entwicklung der Rentenversicherung spalteten auch den Sozialbeirat. Zwar stimmte eine Mehrheit der 1975 von der Bundesregierung vorgeschlagenen Anpassung der allgemeinen Bemessungsgrundlage um 11% zu,[102] eine große Minderheit aber wollte den Termin der Anpassung wieder nach hinten, auf den 1. Januar, verlegen. Zudem wurde die Umstellung auf die Nettoanpassung der Renten diskutiert. (BT-Drucksache 7/4250: 106) Dieser Konflikt konnte erst nach der Bundestagswahl gelöst werden. Offensichtlich hatte die sozialliberale Regierung sich dagegen gesträubt, das heikle Thema Rentenfinanzen vor der Wahl anzugehen.[103] In seinem Gutachten vom 15. Oktober 1976 forderte der Sozialbeirat einheitlich gesetzgeberische Sofortmaßnahmen zur Sicherung der Rentenfinanzen. (BT-Drucksache 7/4250: 12; vgl. auch Nullmeier/Rüb 1993: 121) Diese Konflikte sind deshalb von Bedeutung, da sie den Übergang vom Ausbau hin zur Anpassung markieren. Einerseits teilten alle Akteure des politisch-administrativen Systems die Einschätzung, dass die Rentenfinanzen höchst prekär waren. Strittig war jedoch zur Beginn der Szene der Anpassung, ob sich die Finanzprobleme der GRV durch eine Belebung der Konjunktur von selbst lösen würden. Zudem entstand ein Konflikt zwischen den unterschiedlichen Akteuren des politisch-administrativen Systems, wie die Kosten der Anpassung aufgebracht werden sollten.

Auch in der Szene der Anpassung sind die Parteien als wichtige Akteure des politisch-administrativen Systems zu untersuchen. Zwar reicht der Blick auf die Parteien nicht aus, da sie zum Teil unterschiedliche Strömungen repräsentieren und es innerhalb des politisch-administrativen Systems noch weitere wesentliche Akteure gibt, die auf die Rentenpolitik Einfluss haben, wie z. B. das Bundesministerien für Arbeit und Sozialordnung (BMA) und das Wirtschaftsministerium, sowie die Parlamentsausschüsse. Der Blick auf die Parteien kann jedoch einen

[102] Diese Anpassung entsprach den geltenden Bestimmungen auf Basis der Annahme, die finanzielle Situation würde sich wieder bessern und setzte sich daher über die Bedenken bezüglich der Finanzierbarkeit hinweg.

[103] In dem beschränkten Sinne, dass Entscheidungen bezüglich des Rentensystems, die bei dem Median-Wähler als unliebsam gelten, eher nach einer Wahl durchgesetzt werden als im Wahlkampf, wohingegen populäre Entscheidungen oft vor der Wahl getroffen werden, lässt sich das Modell der „partisan competition" also teilweise bestätigen. (Vgl. auch 4.1.3) Umgekehrt zeigt sich aber auch, dass auch unliebsame Entscheidungen beschlossen werden – spätestens nach der Wahl, so dass der Median-Wähler die Rentenpolitik nicht, wie z. B. von Schludi angenommen, (Schludi 2001) maßgeblich bestimmt.

guten Überblick über die Spannbreite der Positionen innerhalb des politisch-administrativen Systems eröffnen.

Im Vergleich zur Szene des Ausbaus hatte die SPD ihre Positionen zum Rentensystem in der Szene der Anpassung grundlegend verändert. Eine Ausweitung der Leistungen oder gar die Etablierung eines am Solidaritätsprinzip ausgerichteten Rentensystems stand für die SPD nicht mehr zur Diskussion. Zugleich taten sich die Sozialdemokraten mit einer Konsolidierung der GRV relativ schwer, weil sie die damit verbundenen Kosten scheuten.

In den Koalitionsverhandlungen zwischen FDP und SPD 1976 verständigte man sich zwar darauf, „die Rentenerhöhung in der Zukunft mindestens auf Nettobasis, höchstens auf Bruttobasis vorzunehmen“ (Nullmeier/Rüb 1993: 122) und die Rentenanpassung nach hinten zu verschieben. Von der SPD-Fraktion wurde diese Vereinbarung jedoch als Bruch des Wahlversprechens gewertet, die Rentenanpassung nicht zu verschieben, und als Abkehr vom bisherigen Rentensystem interpretiert und nicht geduldet. Der Koalitionsvertrag, der dann zustande kam, beinhaltete weiterhin die Bruttolohnbezogenheit. Die Verschiebung der Rentenanpassung sollte zwar durchgesetzt werden, wurde aber um ein Jahr nach hinten (auf den 1. Januar 1979) verschoben. (Nullmeier/Rüb 1993: 123) Dieser Fall zeigt, dass die Parteilinie innerhalb der SPD keineswegs einheitlich war. Der Regierung fiel es schwer, ihre Position gegen die SPD-Fraktion durchzusetzen.

Erst als sich die SPD in der Opposition befand, gelang es ihr, eine relativ einheitliche Position zum Rentensystem zu formulieren. 1984 brachte die SPD einen eigenen Gesetzentwurf zur Rentenversicherung ein. (BT-Drucksache 10/2603) Es handelte sich um eine überarbeitete Fassung eines Gesetzentwurfes aus dem BMA von 1982, der jedoch nie eingebracht worden war, „weil fast allen Beteiligten zum damaligen Zeitpunkt klar war, daß wegen der damit verbundenen Mehrkosten diese Konzeption politisch nicht durchsetzbar war.“ (Nullmeier/Rüb 1993: 148)

Allerdings enthielt der neue Entwurf eine bedeutende Erweiterung bezüglich der GRV. Nach den Vorstellungen der SPD-Fraktion sollte ein Mechanismus etabliert werden, der die Rentenanpassung automatisieren sollte und somit Gesetzesänderungen überflüssig machen würde. „Für die Funktionsweise des Regelmechanismus war die Vorstellung grundlegend, daß der *Beitragssatz zur variablen Stellgröße* wird.“ (Nullmeier/Rüb 1993: 140, Hervorhebung i. O.) Laut Nullmeier/Rüb wurde diese Idee von den Mitgliedern des sozialpolitischen Arbeitskreises Egert und Ebert (beide SPD) als Kritik an der Koalitionsvereinbarung mit der FDP von 1980 entwickelt. (Nullmeier/Rüb 1993: 140)

Aus dem Bundesarbeitsministerium kamen allerdings schon 1976 Vorschläge, „auf die Rücklage in der Rentenversicherung ganz zu verzichten, *den*

Beitragsatz statt dessen variabel zu gestalten und [...] mögliche Defizite aus dem Bundeshaushalt, d. h. aus Steuermitteln zu decken." (BDA 1976: 1006, Hervorhebung S. H.)

Aber der Gesetzentwurf enthielt weiterreichende Elemente: Der Bundeszuschuss und die Mindestreserve sollten konstant gehalten werden. Um ein Ansteigen des Beitragssatzes zu verhindern, sollte eine „Nettoquote" errechnet werden, die die Belastung der Löhne und Gehälter durch Sozialabgaben und die Lohnsteuer widerspiegelte. Die Renten würden dann durch den steigenden Beitragssatz gesenkt, wodurch eine erneute Anpassung möglich würde. „Der Grundgedanke besteht in einer Verkoppelung von Beitragssatzentwicklung und Rentendynamik. Ausgehend vom Gesichtspunkt der sozialen Ausgewogenheit der Lastenverteilung zwischen den Generationen soll eine etwaige aus finanziellen Gründen erforderliche Beitragssatzerhöhung nicht mehr – wie dies nach geltendem Recht der Fall wäre – zu einem steigenden Nettorentenniveau führen." (BT-Drucksache 10/2603: 86) Bemerkenswert an diesem Entwurf ist zum einen die Forderung nach einer de facto Nettolohnanpassung. Zum anderen wird aber auch durch den Anpassungsmechanismus deutlich, dass die SPD-Fraktion weitere Änderungen damit für überflüssig erklärt und sich generell darauf verlässt, dass die Einnahmen der Rentenversicherung im Prinzip ausreichen, um dieses System zu finanzieren.

In Bezug auf die Frühverrentung vertrat die SPD in der Szene der Anpassung eine Position, die sich weitgehend mit der der Gewerkschaften deckte. Vorstellbar waren ein Herabsetzen der flexiblen Altersgrenze auf 60 Jahre, sowie der „schrittweise Übergang" in den Altersruhestand. Versicherungsmathematische Abschläge wurden von der SPD in der Szene der Anpassung nicht gefordert. (Bäcker/Naegele 1981: 679) Auch hinsichtlich des Themas „Harmonisierung des Rentensystems" war die SPD in der Szene der Anpassung nahe an der vom DGB formulierten Position. (Kirch 1988: 127)

Die FDP erarbeitete in der Szene der Anpassung keine eigenen umfassenden Konzepte zur Rentenpolitik. Trotzdem beeinflussten auch die Liberalen die Umstellung hin zu einer Anpassung des Rentensystems an die verringerten Einnahmen. „Die Finanzkrise der Rentenversicherung 1976/1977, die den Akteuren deutlich machte, dass die Beitragseinnahmen der Rentenversicherung in Zukunft bei weitem nicht ausreichen würden, die Leistungen zu finanzieren, und bei der die FDP-Fraktion die Zustimmung zu einer weiteren Erhöhung des Rentenversicherungsbeitrages versagte, machte aus der Stabilisierungspolitik schließlich eine Konsolidierungspolitik." (Trampusch 2003: 25) Innerhalb der FDP war es hauptsächlich der wirtschaftsliberale Flügel, der Einfluss auf die Rentenpolitik gewann. Otto Graf Lambsdorff hatte bereits vor der „Wende" in seinem „Konzept für eine Politik zur Überwindung der Wachstumsschwäche und zur Bekämpfung der Arbeitslosigkeit" eine Flexibilisierung der Altersgrenze mit versicherungsmathematischen Ab- und Zuschlägen gefordert. (Lambsdorff 1982; vgl. Faupel 1987: 149) Dieses Papier, das oft als der Anstoß für den Regierungswechsel gewertet wird, (Nullmeier/Rüb 1993: 132; vgl. auch Glotz 1989: 93) setzte sich für eine umfassende Konsolidierungspolitik in allen Bereichen der sozialen Sicherheit ein. Lambsdorff forderte die „Festlegung und Durchsetzung einer Anpassung der sozialen Sicherungssysteme an die veränderten Wachstumsmöglichkeiten und eine längerfristige Sicherung ihrer Finanzierung (ohne Erhöhung der Gesamtabgabenbelastung), um das Vertrauen in die dauerhafte Funktionsfähigkeit der sozialen Sicherung wieder herzustellen". (Lambsdorff 1982: 6) Trotz seiner „Vordenkerrolle" blieb Lambsdorff mit seinen auf kurzfristige Veränderung zielenden Vorschlägen bezüglich des Rentensystems im Rahmen der in der Szene der Anpassung gängigen Rentenpolitik. Für die Rentenreform von 1984 forderte er Kostenneutralität. Ansonsten beinhaltete sein Konzept die volle Beteiligung der Rentner an den Krankenkassenbeiträgen, sowie die Verschärfung der Kriterien für einen vorgezogenen Ruhestand. (Lambsdorff 1982: 8) Diese Position ist schon deshalb bemerkenswert, weil die Liberalen sich 1981 noch mehrheitlich für ein Herabsetzen der flexiblen Altersgrenze eingesetzt hatten, „wobei allerdings die FDP die Altersgrenze ab 60 Jahren (neuerdings ab 55 Jahren) unter Berücksichtigung versicherungsmathematischer Abschläge berechnet wissen will." (Bäcker/Naegele 1981: 679) Die langfristigen Maßnahmen, die der Wirtschaftsminister vorschlug, wiesen jedoch bereits teilweise über die Szene der Anpassung hinaus. Zwar setzte sich Lambsdorff auch für die Einführung von versicherungsmathematischen Abschlägen als langfristiges Konzept ein – eine Forderung, die in der Szene der Anpassung bereits verschiedentlich aufgetreten war. Er forderte aber auch die „Berücksichtigung des steigenden Rentneranteils in der Rentenformel" sowie die Heraufsetzung der Altersgrenze. (Lambsdorff 1982: 8-9)

Insgesamt stand für die FDP die Rentenpolitik in der Szene der Anpassung nicht im Mittelpunkt. Die rentenpolitischen Aktivitäten der FDP beschränkten sich hauptsächlich auf die Arbeit des Wirtschaftsministeriums, dass die FDP in der Szene der Anpassung fast durchgängig besetzte.[104] Das Wirtschaftsministerium war aber, anders als das Bundesministerium für Arbeit und Sozialordnung, weniger mit rentenspezifischen Fragen beschäftigt, als mit der allgemeinen Verfasstheit der sozialen Sicherungssysteme. Daher stand die FDP auch „der Politik des Beitragssatztausches vergleichsweise offen gegenüber, weil sich dieser unter

[104] Vom 17.09.1982 bis zum 01.10.1982 war Manfred Lahnstein (SPD) Wirtschaftsminister.

ihrem Ziel der Stabilität des Gesamtsozialbeitrages betiteln ließ. Die FDP favorisierte zudem eine Beitragssatzanhebung in der Bundesanstalt gegenüber einer in der Rentenversicherung, weil die Rentenversicherung mit der Reform von 1972 für Selbstständige geöffnet worden war. Eine Anhebung des Beitragssatzes zur BA beschränkte sich auf die Arbeiter und Angestellten und traf damit die Kernklientel der FDP, den mittelständischen Selbstständigen, weit weniger, als wenn die Abgaben zur Rentenversicherung gestiegen wären." (Trampusch 2003: 32) Der sozialliberale Flügel innerhalb der FDP spielte in der Szene der Anpassung für die Rentenpolitik nahezu keine Rolle, da ihn die FDP Anfang der 1980er selbst „schwer dezimiert hatte" (Glotz 1989: 78).

Die CDU/CSU ist besonders für die zweite Hälfte der Szene der Anpassung ein Entscheidender rentenpolitischer Akteur.[105] Bei der Analyse der Positionen der CDU/CSU in der Szene der Anpassung wird oft auf die Vielzahl der unterschiedlichen Strömungen bezüglich der Sozialpolitik innerhalb dieser Parteien verwiesen. Nullmeier/Rüb stellen fest, dass in der CDU verschiedene Fronten verliefen, „zwischen Wirtschaftsliberalismus, familien- bis bevölkerungspolitischem Konservatismus, katholischer Soziallehre mit starkem familienpolitischen Einschlag, konservativer Frauenbewegtheit, sozialpolitischem Traditionalismus und dem bloßen Interesse an Status-quo-Erhaltung der Sozialversicherungen." (Nullmeier/Rüb 1993: 391) Dies zeigt allerdings nur die *mögliche* Bandbreite der CDU/CSU Positionen. Nachzuweisen bleibt, welche Überlegungen sich bezüglich der Rentenpolitik innerhalb der Union durchsetzen konnten. Eine weitere Besonderheit der C-Parteien besteht darin, dass ihnen eine Politik nachgesagt wird, die besonders auf die Rentner ausgerichtet ist, da es sich bei ihnen um eine wichtige Wählergruppe der Union handelt. Tatsächlich lässt sich feststellen, dass in der Szene der Anpassung überdurchschnittlich viele Rentner die Unionsparteien wählen. „Betrachtet man das Wahlverhalten der Älteren im Zeitverlauf, so zeigt sich, daß die CDU/CSU in diesem Wählersegment durchgehend um etwa 10 Prozentpunkte überrepräsentiert ist, wohingegen SPD und FDP hier ein leichtes und die Grünen ein großes Defizit aufweisen." (Winter 1997: 208) Dieser Befund allein beweist aber nicht, dass die Politik der CDU/CSU besonders an den Interessen der Rentner ausgerichtet ist. Eine solche Vorstellung geht davon aus, dass Wählerentscheidungen in erster Linie nach persönlichen materiellen Abwägungen getroffen werden. Dagegen ist allerdings einzuwenden, dass „peo-

---

105 Nullmeier/Rüb sehen in der CDU sogar *den entscheidenden Akteur*: „Die Kombination nationalkonservativer Überzeugungen, wirtschaftsliberaler Instrumentarien und einer deutlichen familien- bzw. bevölkerungspolitischen Ausrichtung, die auf Deutungsmuster aus dem Arsenal katholischer Soziallehre zurückgreifen kann, bildet innerhalb des Parteiensystems der BRD die wohl einzige Kraft, die der Rentenpolitik eine grundlegende Wendung geben könnte." (Nullmeier/Rüb 1993: 395)

ple not only make judgements according to their private interests (as members of 'civil society'), but also by their state-idealistic interests (as members of 'political society'). The question therefore is not only 'Do I profit?', but also 'Does the nation profit?'." (Hegelich 2004: 99) Die Affinität der Rentner zur CDU/CSU muss daher nicht bedeuten, dass diese Parteien eine besonders rentnerfreundliche Politik vertreten – geschweige denn vertreten müssen. Ebenso gut kann dieses Wahlverhalten Ausdruck einer konservativen Grundhaltung der Rentner sein, ohne dass rentenpolitische Aspekte im Vordergrund stehen. Zu einer ähnlichen Einschätzung gelangt auch Winter, wenn er anmerkt:

> Insgesamt betrachtet sind die Rentner offenbar bereit, selbst gravierende Leistungsverschlechterungen hinzunehmen, solange sie den Eindruck haben, daß die Belastungen gleichmäßig auf Leistungsempfänger und Beitragszahler sowie auf die verschiednen Gruppen von Altersruhegeldbeziehern verteilt werden. Da ihr Wahlverhalten durch strukturelle Faktoren weitgehend festgelegt und nur in geringem Umfang durch politische Streitfragen beeinflußbar zu sein scheint, kommt die wahlpolitische Interessenvermittlung in der Alterssicherungspolitik bislang kaum durch das tatsächliche Stimmverhalten der Älteren [...] zur Geltung. (Winter 1997: 209)

Entscheidend bleibt demnach die Analyse der konkret zum Rentensystem vertretenen Positionen.

Die Rentenpolitik innerhalb der CDU war stark von der Christlichen Deutschen Arbeitnehmerschaft (CDA) und der Mittelsstandvereinigung (MIT) geprägt. Während sich die CDA für eine „armutspolitische Reform der Alterssicherung" einsetzte, bestand die MIT auf eine „Lohnnebenkostenstabilisierung". (Nullmeier/Rüb 1993: 393; 395) Zur CDA gehörte neben dem früheren Arbeitsminister Norbert Blüm auch Generalsekretär (und von 1982-1985 Bundesminister für Jugend, Familie und Gesundheit) Heiner Geißler. Diese Fraktion wurde zusätzlich von der Frauen-Union um Rita Süßmuth unterstützt (ab 1985 Bundesministerin für Jugend, Familie, Frauen und Gesundheit). Die Differenzen zwischen diesen Gruppen beschränkten sich bezüglich der Rentenpolitik weitgehend auf die Frage nach den „Wahlmöglichkeit zwischen Familientätigkeit und Erwerbstätigkeit". Während Blüm und die CDA sich für eine Stärkung der familienpolitischen Aspekte der Rentenversicherung einsetzten – und in Bezug auf die Reform der Hinterbliebenenversorgung auch durchsetzten –, standen die „modernen Modernisierer" Geißler und Süßmuth für eine Förderung der Stellung der Frau. (Nullmeier/Rüb 1993: 401)

Die innerparteiliche Gegenkonzeption einer rein wirtschaftsliberalen Rentenpolitik wurde von Kurt Biedenkopf vertreten. Das rentenpolitische Konzept von Biedenkopf blieb zwar sehr vage.[106] Dennoch war seinen Vorstellungen klar zu entnehmen, dass er einen radikalen Bruch mit dem bestehenden Rentensystem anstrebte. „Allgemein wird der Sozialstaat der Zukunft auf die Fiktion verzichten müssen, es sei Aufgabe staatlicher kollektiver Zwangssysteme, bei jeder Unterbrechung oder Beendigung einer Erwerbstätigkeit Einkommensumverteilungen vorzunehmen. Die Organisation der Erwerbstätigkeit und die Bewältigung der sozialen Aufgaben werden zunehmend unabhängiger voneinander werden müssen." (Biedenkopf 1984: 500) Dieser Vorschlag stellte sich polemisch gegen alle Kernelement des Rentensystems: Den staatlich garantierten Ruhestandsstatus, die Zwangsversicherung und das Äquivalenzprinzip. Besonders der Vorschlag, die „Organisation der Erwerbstätigkeit" von der „Bewältigung der sozialen Aufgaben" zu trennen, war mit dem bisherigen Rentensystem unvereinbar. Eine Durchsetzung dieses Modells wäre deshalb auch nicht als „Anpassung" des Rentensystems zu charakterisieren. Diese radikale Position innerhalb der CDU zeigt, wie stark der Reformdruck aufgrund der Finanzierungsprobleme der GRV bereits in der Szene der Anpassung war. Dennoch handelte es sich um eine Position, die in der Szene der Anpassung als „abweichende Meinung" zu werten ist.[107] Seine Wirkung entfaltete dieses Modell daher nur indirekt. Es verstärkte den Druck innerhalb des politisch-administrativen Systems zu einer „finanzierbaren" Lösung der Probleme der Rentenversicherung zu gelangen. Umgekehrt erschien die familienpolitisch und konservativ-sozial ausgerichtete Rentenpolitik eines Norbert Blüm dadurch in einem relativ freundlichen Licht. „Biedenkopf als Vertreter des modern-konservativen Flügels präsentierte sein wirtschaftsliberales Gegenmodell zur Alterssicherungsreform und gerierte sich in der Öffentlichkeit als Gegenspieler Blüms." (Nullmeier/Rüb 1993: 394)

Die Vorstellung, dass die Rentenpolitik nicht isoliert zu betrachten sei, wurde von der gesamten CDU/CSU geteilt. Auch Blüm merkte an, „daß die großen Fragen der Zeit nicht gelöst werden können, wenn Wirtschafts-, Finanz- und Sozialpolitik nicht zusammen denken." (Blüm 1985: 9)

Die CSU wird – besonders bezogen auf die erste Hälfte der Szene der Anpassung – einerseits dem national-konservativen Flügel der Union zugeordnet. (Glotz 1989: 78) Diese Einschätzung beruht zu großen Teilen auf der Rolle von Franz Josef Strauß. In der Sozialpolitik war der Einfluss Strauß jedoch kaum spürbar, mit Ausnahme der Frage der Mitbestimmung. In der Rentenpolitik zeigte sich, dass die CSU eine zweite Seite aufwies, „sie ist zwar in ihrer Mehrheit nationalkonservativ, aber eben gleichzeitig «sozial»." (Glotz 1989: 78) Der wirt-

[106] Vgl. hierzu Nullmeier/Rüb 1993: 394.

[107] Biedenkopf gelang es nicht einmal, die Wirtschaftsverbände auf seine Seite zu bringen. (Nullmeier/Rüb 1993: 394)

schaftsliberale Kurs der FDP veranlasste beispielsweise den damaligen ehrenamtlichen CSU-Generalsekretär Edmund Stoiber zur scharfen Kritik. „So warf er der FDP im April 1985 vor, sich in der Arbeitsmarkt- und Rentenpolitik mehr und mehr als «gnadenlose» und unsoziale Wirtschaftspartei zu profilieren [...]." (FTD 25.4.2002)

In der Szene der Anpassung traten zwei neue Akteur innerhalb des politisch-administrativen Systems hinzu, von denen sich einer nahezu ausschließlich mit Fragen der Rentenpolitik beschäftigte: Die Grünen und der Senioren-Schutz-Bund „Graue Panther" (SSB). Mitte der 1980er gingen diese Organisationen ein Bündnis ein. Die „Grauen Panther" unterstützten den Wahlkampf der Grünen und diese machten sich für die rentenpolitischen Forderungen des SSB stark. (Die Grünen/Graue Panther 1985) Durch dieses Bündnis können die Grauen Panther dem politisch-administrativen System zugerechnet werden.[108] „Der Verbandszweck des SSB besteht darin, für die Älteren und insbesondere für die interessenpolitisch bislang vernachlässigte Gruppe der Heimbewohner ein Recht auf individuelle Lebensgestaltung durchzusetzen." (Winter 1997: 198) Damit vertraten die Grauen Panther in der Szene der Anpassung explizit die Interessen einer Gruppe, die zwar vom Rentensystem in besonderer Weise betroffen war, sich aber durch einen extrem geringen Organisationsgrad auszeichnete. Die Positionen des SSB unterschieden sich maßgeblich von denen anderer Akteure. „Die Programmatik der Grauen Panther enthält eine Reihe von rentenpolitischen Forderungen, die auf eine grundlegende Umstrukturierung des bestehenden Alterssicherungssystems in Richtung auf ein stärker am Bedarf und an egalitären Prinzipien orientiertes Modell abzielen." (Winter 1997: 195) Dabei haben sich die Grauen Panther insbesondere gegen die Leistungsbezogenheit des Rentensystems gerichtet, die sie für soziale Ungerechtigkeit und Altersarmut verantwortlich machten. Aufgrund dieser radikalen, egalitären Grundhaltung geriet der SSB mit seinem Umfeld immer wieder in Konflikt. Die Arbeiterwohlfahrt beispielsweise verabschiedete Anfang der 1980er Jahre eine Unvereinbarkeitserklärung, welche die Doppelmitgliedschaft in beiden Verbänden ausschloss. (Winter 1997: 199) Innerhalb des Bündnisses mit dem SSB legten die Grünen besonderen Wert darauf, die Rentenproblematik mit den Fragen von Wirtschaftswachstum und Arbeitslosigkeit zu verbinden. „Wer über Perspektiven der Sozialversicherungssysteme spricht, der muß den heutigen Zustand des Wirtschaftssystems betrachten. Dieses Wirtschaftssystem ist gekennzeichnet: 1. durch fehlendes Wirtschaftswachstum, 2. durch Massenarbeitslosigkeit". (Bueb 1985: 10) Dieser

[108] Als das Bündnis mit den Grünen zerbrach, gründete der SSB 1989 die Partei „Die Grauen - Graue Panther", die jedoch bislang nicht zu einem entscheidenden Akteur der deutschen Rentenpolitik wurde.

Ansatz stand nicht im Widerspruch zu den anderen Akteuren des politisch-administrativen Systems. Die Inhalte, die die Grünen rentenpolitisch jedoch forderten waren in der Szene der Anpassung sehr verschieden von den Vorstellungen anderer Parteien.

> Die drei zentralen Perspektiven grüner Rentenpolitik sind [...]: Eine Mindestsicherung, die bedarforientiert ist und die aus dem allgemeinen Solidarfonds der Gesellschaft, dem Steuerhaushalt, finanziert werden muß. Eine eigenständige Sicherung der Frau, die nach Vorstellungen der GRÜNEN durch die steuerfinanzierte Grundrente und die Zusatzversicherung mit Beitragssplittung und Kindererziehungszeiten zu erreichen ist. Eine radikale Harmonisierung der Alterssicherungssysteme; die privilegierten Sondersysteme, u. a. für Beamte, Selbstständige, müssen der gesetzlichen Rentenversicherung gleichgestellt werden. Nur so sind zudem die Ressourcen für eine eigenständige Sicherung der Frau sowie zur Verhinderung der Altersarmut freizuschaufeln. (Bueb 1985: 13)

Diese, am Solidaritätsprinzip ausgerichteten Vorstellungen, wurden im Zuge der Spaltungen innerhalb der Grünen immer weiter dem existierenden Rentensystem angepasst. Für die Szene des Ausbaus ist aber festzuhalten, dass es weder den Grünen noch den Grauen Panthern gelang, einen maßgeblichen Einfluss auf das Rentensystem auszuüben.

Die an den Parteien orientierte Darstellung hat bereits gezeigt, dass das Rentensystem in der Szene der Anpassung innerhalb des politisch-administrativen Systems Gegenstand einer Vielzahl von Auseinandersetzungen war. Durch die Analyse der Positionen des Bundesministeriums für Arbeit und Sozialordnung, der Sozialausschüsse und der Bundesanstalt für Arbeit (BA) kann dieses Bild noch an Schärfe gewinnen.

Eine besondere Rolle nimmt in der Szene der Anpassung das Bundesministerium für Arbeit und Sozialordnung (BMA) ein. Über die Regierungswechsel hinweg etablierte sich das Ministerium in der Szene der Anpassung als Schaltstelle der Rentenreformen. Bis 1984 wurden die im BMA ausgearbeiteten Vorschläge zwar oft nicht verwirklicht, dennoch führten diese Vorschläge zu einem Kompetenzvorsprung gegenüber anderen Akteuren des politisch-administrativen Systems. Mit seinen Vorschlägen erntete das BMA in erster Linie Kritik von den Wirtschaftsverbänden und von konservativen Kreisen innerhalb der Politik. So unterstützte beispielsweise der Bundesarbeitsminister Ende der 1970er Jahre Überlegungen, den Arbeitgeberanteil an der Rente nicht mehr vom Lohn, sondern von der Wertschöpfung abhängig zu machen. Gegen diese so genannte „Maschinensteuer" sprachen sich nicht nur die Arbeitgeber, sondern auch der VDR aus. (BDA 1979: 100-101) 1982 erarbeitete das BMA einen Rentengesetzentwurf, der jedoch aufgrund der implizierten Kosten nicht zur Abstimmung kam. (Nullmeier/Rüb 1993: 148) Mit der Reform der Hinterbliebenenrente von 1984 gelang es dem BMA jedoch, sich als entscheidender Akteur in der Rentenpolitik zu etablieren, wobei „das vom BMA vertretene administrative Interesse an der Steigerung von rententechnischen Optionen" (Nullmeier/Rüb 1993: 157) besonders maßgeblich wurde.

Aufgrund des Witwenrentenurteils des Bundesverfassungsgerichts von 1975 wurde die Regierung verpflichtet, die Anspruchsvoraussetzungen bei der Hinterbliebenenversorgung für Mann und Frau bis 1984 neu zu regeln.

> Das Bundesverfassungsgericht hatte es auf Dauer als nicht mehr verfassungskonform angesehen, daß hinterbliebene Ehefrauen in jedem Fall eine unbedingte Witwenrente erhalten, während hinterbliebene Ehemänner nur dann eine abgeleitete Witwenrente [...] beziehen können, wenn die verstorbene Frau zuvor Hauptverdiener war. [...] Allerdings begründete das Bundesverfassungsgericht die Reform nicht mit einer abstrakten Gleichstellungsforderung. Seiner Auffassung nach mache nicht die Existenz unterschiedlicher Regelungen für Männer und Frauen an sich eine Neuordnung der Hinterbliebenensicherung erforderlich, sondern die Tatsache, daß diese Unterschiede angesichts einer langfristig zunehmenden Erwerbsbeteiligung verheirateter Frauen nicht mehr gerechtfertigt seien. (Koeppinhoff 1984: 42)

Die Akteure des politisch-administrativen Systems stellte die Neuregelung des Hinterbliebenenrechts vor eine wesentlich grundlegendere Frage, als die Arbeitgeber, die vorwiegend den Aspekt der Kostenneutralität betonten und auch als die Arbeitnehmer, die zwar zunächst eine eigenständige Altersvorsorge der Frau gefordert hatten, von dieser Position aber abwichen. Unter den Akteuren des politisch-administrativen Systems entbrannte an der Reform des Hinterbliebenenrechts ein Streit um das System der Alterssicherung. „Zentral wurde die Frage, ob das vom BMA angestrebte Reformmodell «systemgerecht» oder «systemwidrig» sei. Die Systemfrage bildete den nicht zu überbrückenden Graben zwischen Gegnern und Befürwortern des schließlich neu eingeführten *Anrechnungsmodells*." (Nullmeier/Rüb 1993: 144, Hervorhebung i. O.) Die von der sozialliberalen Regierung 1977 berufene „Sachverständigenkommission für die soziale Sicherung der Frau und der Hinterbliebenen" (SVKO) hatte sich zunächst auf das so genannte *Teilhabemodell* verständigt, nach dem der hinterbliebene Ehepartner an der Gesamtversorgung beider Ehepartner partizipiert. Diskutiert wurde ein Niveau zwischen 65% und 75% der gemeinsamen Rentenansprüche. Über diese Rente sollte der/die Hinterbliebene verfügen können, wenn entweder für die eigenen Ansprüche ein Rentengrund vorlag, oder durch Kindererziehung oder vorgerücktes Alter eine besondere Bedarfssituation gegeben war. (Nullmeier/Rüb 1993: 146) Diese Vorschläge, die nur bezüglich ihrer konkreten Ausgestaltung innerhalb der Kommission strittig waren, wären mit Mehrausgaben für die GRV verbunden gewesen. Solche Kosten wären mit dem Beschluss der Bundesregierung über die Bildung der SVKO durchaus vereinbar gewesen, denn 1977 hatte es noch geheißen: „Ziel dieses Vorhabens ist es, [...] – eine Neuordnung der sozialen Sicherung der Frau zum Ausbau eigener Sicherungsansprüche für Alter und Invalidität zu erreichen, – hierbei unter dem Gesichtspunkt der Beitragsäquivalenz soziale Ungerechtigkeiten zu korrigieren." (Bundesregierung 1977: 5) Da sich jedoch die Finanzierungsprobleme des Rentensystems verfestigt hatten, galt ein Ausbaus der Leistungen nicht mehr als realistisch. Daher geriet das Teilhabemodell in den Mittelpunkt der Kritik. „Den ersten öffentlichen Anstoß zur Entwicklung des später Gesetz gewordenen Anrechnungsmodells gab der Direktor der BfA, H. Kaltenbach, indem er dem Teilhabemodell eine neue Formulierung und mathematische Fassung gab." (Nullmeier/Rüb 1993: 148) Anders als in den bisherigen Überlegungen sollte nur dann und in dem Maße eine Hinterbliebenenrente gezahlt werden, wenn nachweislich Unterhalt entfallen wäre. Dieser Vorschlag – erstmals vorgestellt im Februar 1982 – reagierte bereits auf die anhaltenden Finanzierungsprobleme der GRV, die Mehrausgaben in ein kritisches Licht rücken ließen. Der „Vorteil" des Anrechnungsmodells bestand darin, dass Leistungen aus der GRV nur in dem Maße geleistet werden mussten, wie kein eigenes Einkommen für den Unterhalt zur Verfügung stand. Eine Zunahme eigener Einkommen – z. B. durch eine Zunahme der Beschäftigung von Frauen – würde sogar zu einer Entlastung der GRV führen. Dass sich das BMA mit einem Vorschlag durchsetzen konnte, der in dem Gutachten der SVOK nicht auftaucht, (BMA 1979a) führen Nullmeier/Rüb auf die Anpassungsmöglichkeiten des Anrechnungsmodells zurück.

> Entscheidend wirkte, daß es dem BMA gelungen war, an Stelle der starren und unflexiblen Beziehung des geltenden Rechts und des Teilhabemodells eine variable Beziehung zwischen Hinterbliebenen und GRV zu institutionalisieren. Die statische Konstruktion des Teilhabemodells hätte bei der zukünftig erwarteten Zunahme der Frauenerwerbstätigkeit zu immer höheren Ausgaben [...] geführt, da jede Zunahme eigener Ansprüche der Frau unvermeidlich auch zu höheren Teilhabe- bzw. Gesamtversorgungsrenten beiträgt. Beim Anrechnungsmodell ist dies nicht möglich, hier verhält es sich umgekehrt. (Nullmeier/Rüb 1993: 151)

Für die Positionen der Akteure des politisch-administrativen Systems ist die Einführung des Anrechnungsmodells in die Hinterbliebenenversorgung aus mehreren Gründen bedeutend: Erstens wird hier deutlich, wie stark der Druck zur Anpassung der Ausgaben der GRV an die verringerte Basis der Einnahmen war.

Auf Grund dieses Druckes war ein Ausbau selbst eines beschränkten Subsystems wie bei der Hinterbliebenenrente nicht länger möglich. Im Gesetzentwurf der Bundesregierung heißt es dazu:

> Die Berücksichtigung von eigenen Erwerbs- und Erwerbsersatzeinkommen ist nicht nur wegen der Unterhaltsersatzfunktion der Hinterbliebenenrenten gerechtfertigt, sondern auch aus finanziellen Gründen erforderlich. Die Einführung der unbedingten Witwenrente würde im Beharrungszustand ungefähr 2 Milliarden DM für jedes Jahr [...] kosten. Damit wäre eine solche Lösung angesichts der heutigen Finanzlage [...], aber auch angesichts der in Zukunft aus demographischen Gründen auf die Rentenversicherung zukommenden Belastungen nicht finanzierbar, zumal die Kosten steigende Tendenz hätten. (BT-Drucksache 10/2677: 24)

Zweitens zeigt sich, dass das „wie" der Anpassung bei den Akteuren des politisch-administrativen Systems ziemlich umstritten war, und die Konfliktlinien dabei die Parteigrenzen überschritten. Der vom BMA vorgelegte Gesetzentwurf hatte die Unterstützung der Führungsspitze der BA auf seiner Seite und wurde im Großen und Ganzen von den Fraktionen der CDU/CSU und der FDP unterstützt. Dabei gab es aber innerhalb der Fraktionen Gruppen, denen der Vorschlag nicht weit genug ging, da sie angesichts des gewachsenen privaten Wohlstands auf die gesetzliche Versicherungspflicht im Bereich der Hinterbliebenenrente lieber verzichtet hätten.

> Der Dreißigjährige und seine berufstätige Frau müssen auch dann für eine Rente mit Lohnersatzfunktion Zwangsbeiträge zahlen, wenn sie wissen, daß sie im Alter im eigenen Haus wohnen, Immobilien- und Geldvermögen erben und deshalb in der Lage sein werden, einen Teil ihres Alterseinkommens selbst zu finanzieren. [...] Die zukünftigen Generationen werden kaum bereit sein, eine Vollversorgung aus dem von ihnen erwirtschafteten Bruttosozialprodukt für die Älteren bereitzustellen, wenn diese in erheblichem Umfang eigenes Vermögen und Einkommen haben. (Biedenkopf 1984: 498)

Der modern-konservativen Gruppe können noch Weizsäcker, Späth, Rommel, Riesenhuber und Töpfer zugeordnet werden. (Vgl. Nullmeier/Rüb 1993: 393) Außerdem stellten sich die SPD sowie die Geschäftsführung des VDR gegen das Anrechnungsmodell, weil sie darin einen Systembruch sahen. (Nullmeier/Rüb 1993: 144) Drittens lässt sich an diesem Fall etwas über die Art der Anpassung erschließen. Nullmeier/Rüb gehen davon aus, dass der Selbststeuerungsmechanismus des Anrechnungsmodells, der bei steigender Erwerbstätigkeit der Frauen Mehrkosten verhindern würde, sowie die Einführung eines weiteren Steuerelements in Form des Freibetrags, die entscheidenden Argumente waren, warum dieses Modell ausreichende Zustimmung fand. (Nullmeier/Rüb 1993: 152) Das bedeutet aber, dass die entscheidenden Akteure in der Szene der Anpassung davon ausgingen, dass permanent steuernde Eingriffe in das Rentensystem nötig wären. Die Anpassung war also nicht darauf gerichtet, ein für alle mal ein „angemessenes" Niveau der Rentenleistungen zu finden, sondern das systemimmanente Gleichgewicht herzustellen und durch ständige Anpassung an Veränderungen zu bewahren. Daher macht die Reform des Hinterbliebenenrechts viertens deutlich, dass es in der Szene der Anpassung nicht um einen Bruch mit dem System der Rentenversicherung ging. Zwar haben die Gegner der Reform diesen Vorwurf erhoben, die Regierung wehrte sich jedoch vehement gegen diese Behauptung.

> Die Berücksichtigung von Erwerbs- und Erwerbsersatzeinkommen bedeutet im übrigen ein Aufgreifen von im Rentenrecht bereits vorhandenen Systemelementen. Sie ist damit systemgerecht. Das geltende Recht der Rentenversicherung kennt in einer Vielzahl von Fällen die Berücksichtigung von Erwerbs- und Erwerbsersatzeinkommen bei Renten, und zwar sowohl bei Versicherten- als auch bei Hinterbliebenenrenten. (BT-Drucksache 10/2677: 24; vgl. auch Nullmeier/Rüb 1993: 153-154)

Hinzu kam, dass 1984 auf drängen des BMA die Rentenniveausicherungsklausel gestrichen wurde. (Nullmeier/Rüb 1993: 138) Diese war zwar nie verbindlich gewesen, ihr Wegfall ermöglichte jedoch den „schleichenden Übergang" zur Nettolohnanpassung. Die Rentenniveausicherungsklausel sollte ein Rentenniveau von 70% des durchschnittlichen Bruttoentgelts garantieren.

Die Reform des Hinterbliebenenrechts sorgte auch dafür, dass das BMA seine Rolle als Schaltstelle der Rentenreformen festigen konnte wodurch der Bundestagsausschuss für Arbeit und Sozialordnung, sowie das Wirtschaftsministerium rentenpolitisch an Bedeutung verloren. Der Ausschuss war „bis zum Ende der 70er Jahre [...] an der Entwicklung und Ausarbeitung von programmatischen Lösungen beteiligt, er bildete das Zentrum der sozialpolitischen, speziell der rentenpolitischen Gesetzgebung und stellte ein institutionalisiertes und damit dauerhaftes Gremium dar, in dem in engem Wechselspiel zwischen Ministerialbürokratie und sozialpolitischen Experten der Parteien Lösungsstrategien ausgearbeitet und entwickelt wurden." (Nullmeier/Rüb 1993: 165) Seit Mitte der 1980er Jahre wird diese Funktion jedoch zunehmend vom BMA ausgeübt, wodurch das Politikfeld Rentenpolitik wesentlich geschlossener erscheint. Der Ausschuss für Arbeit und Sozialordnung wurde zunehmend zu einem reinen Abstimmungsgremium. Dieser Kompetenzverlust bezog sich jedoch nur auf die Erarbeitung von Konzepten, denn der Ausschuss war nach wie vor an den rentenpolitischen Entscheidungen beteiligt. (BT-Drucksache 9/2290: 12) Trampusch geht hingegen davon aus, dass der Ausschuss in den „achtziger Jahren [...] zum Fixpunkt der Interessenvermittlung" (Trampusch 2003: 42) wurde. Als Beleg hierfür führt sie die Verflechtungen des Ausschusses mit den Gewerkschaften und Arbeitgeberverbänden an. Dem liegt die Vorstellung einer im klassischen Sinne korporatistischen Rentenpolitik zugrunde. Gerade in der Szene der Anpassung zeigt sich jedoch, dass die Interessen der Arbeitnehmer und Arbeitgeber von denen der Akteure des politisch-administrativen Systems stark divergieren. Trampusch verweist selbst darauf, dass die Rentenpolitik seit Mitte der 1970er Jahre zunehmend mit der allgemeinen Haushaltslage in Verbindung gebracht wurde. (Trampusch 2003) Dieser Standpunkt ist für die Vertreter der Arbeitnehmer und der Arbeitgeber jedoch nicht selbstverständlich. Gerade bei der Reform von 1984 zeigt sich, dass die Interessen sehr auseinander gehen. Während DGB, DAG und die BfA den Entwurf von CDU/CDU und FDP unterstützen, stellen sich die BDA und die Geschäftsführung des VDR auf die Seite der SPD. (Nullmeier/Rüb 1993: 144) Dass der Ausschuss für Arbeit und Sozialordnung „in der 8. (1976–1980) und 9. Wahlperiode (1980–1983)[...] die meisten Öffentlichen Anhörungen durch[führte]" (Trampusch 2003: 42) ist noch kein Beleg für eine korporatistische Verhandlungspolitik, zumal wenn die Entscheidung am Ende gegen die angehörten Gruppen getroffen wird. Nach 1983 nahm die Zahl der Anhörungen im Übrigen wieder rapide ab. (Tenhaef 1992: 186) Insofern erscheint die These einer Kompetenzverschiebung zu Gunsten des BMA, wie sie von Nullmeier/Rüb vertreten wird, konsistenter.

Für die Analyse des Rentensystems ist es hilfreich, neben den entscheidenden Akteuren des politisch-administrativen Systems auch die Positionen zu den Kernthemen der Szene der Anpassung zu betrachten. Wie bereits dargestellt (3.3) war die Szene der Anpassung maßgeblich durch die Benutzung der Frühverrentung zur Bekämpfung der Arbeitslosigkeit geprägt. Die Akteure des politisch-administrativen Systems standen dieser Entwicklung aber sehr kritisch gegenüber. Aufgrund einer Entscheidung des BSG wurde der Bezug von Erwerbsunfähigkeitsrente für Minderleistungsfähige wesentlich erleichtert. Die „konkrete Betrachtungsweise" bedeutete, dass jemand, der zwar noch teilerwerbsfähig ist, dann als erwerbsunfähig gelten kann, wenn der Teilzeitarbeitsmarkt für ihn verschlossen ist, d. h. wenn er nicht innerhalb eines Jahres auf einen Teilzeitarbeitsplatz verwiesen werden konnte. (Bäcker/Naegele 1981: 685) Auf der Grundlage dieses Beschlusses des Großen Senats des Bundessozialgerichts vom 10.12.1976, hatten einige CDU-Abgeordnete die Anfrage an die Bundesregierung gestellt, ob sie es für vertretbar halte, „mittelfristige und strukturelle Arbeitslosigkeit durch Verrentung der betroffenen Arbeitslosen zu lösen" (BT-Drucksache 8/252: 1). Die Bundesregierung antwortete darauf: „Die Bundesregierung sieht in der daraus resultierenden Verrentung von Arbeitslosen kein anzustrebendes Mittel, die gegenwärtigen und zukünftigen Beschäftigungsprobleme zu lösen." (BT-Drucksache 8/252: 1; vgl. auch BDA 1977a: 744)

Gegen die Frühverrentung als Methode der Bekämpfung der Arbeitslosigkeit sprachen vom Standpunkt des politisch-administrativen Systems in erster Linie die dadurch entstehenden Kosten für die Rentenversicherung. Zugleich wurde aber auch darauf verwiesen, dass die entsprechenden Maßnahmen zu einer Entlastung der Arbeitslosenversicherung führen würden. Dieses Argument wird besonders aus Kreisen der Bundesanstalt für Arbeit geteilt. (Kühlewind 1977: 440) Insofern nimmt die Bundesanstalt eine Sonderrolle in der Szene der Anpassung ein, da hier die Rentenpolitik explizit mit der Arbeitsmarktpolitik verknüpft wurde und somit die eigenen Interessen dieser Institution – z. B. Finanzierung ihrer Aufgaben – einen Effekt auf das Rentensystem hatte. (Vgl. z. B. BT-Drucksache 10/335: 2) Aus der Perspektive der Bundesanstalt war es demnach sinnvoll, sowohl durch finanzielle Umschichtungen als auch durch die Anwendung von Frühverrentungsregelungen den eigenen Haushalt zu entlasten.

> Insbesondere von Regierungsinstanzen und Politikern wird häufig die Auffassung vertreten, eine Erweiterung der flexiblen Altersgrenze dürfte ausschließlich unter sozialen Gesichtspunkten gesehen werden und keinesfalls unter dem Gesichtpunkt der arbeitsmarktpolitischen Zweckmäßigkeit. [...] Daß die flexible Altersgrenze zum 1.1.1973 nicht als arbeitsmarktpolitischer, sondern als sozial und gesellschaftlich wünschenswerter Fortschritt eingeführt wurde, kann kein Grund sein, in Zukunft nicht mehrere Fliegen mit einer Klappe zu schlagen. (Kühlewind 1977: 441-442)

Das Bedenken der anderen Akteure des politisch-administrativen Systems gegenüber solchen Ausgleichmaßnahmen erklärt sich aus ihrem übergeordneten Standpunkt. Für die Regierung, die Minister und die Parteien ging es nicht darum, das Verhältnis der Sozialkassen abzustimmen, sondern die Ausgaben für Sozialleistungen an die geringeren Einnahmen anzupassen. Daher erschien auch die Frühverrentung als ein kritisches Mittel. Denn dem Konsolidierungsanspruch wurden solche Maßnahmen nur dann gerecht, wenn der vorgezogene Ruhestand insgesamt zu einer Verringerung der Ausgaben führte. Dies war aber nur in den Fällen gegeben, in denen die Rentenleistungen geringer waren als das entsprechende Arbeitslosengeld bzw. die Arbeitslosenhilfe. Versicherungsmathematische Abschläge hätten dazu beigetragen (und wurden deshalb auch z. T. gefordert), waren aber andererseits mit der bis dato gültigen Lesweise des Äquivalenzprinzips nicht vereinbar, da die geringeren Erwerbszeiten im Falle einer Frühverrentung bereits in die Berechnung der Rente eingingen, und zusätzliche

Abschläge daher eine doppelte Belastung dargestellt hätten. Zudem sollte auch der Zugang in die Frühverrentung nicht über Gebühr erschwert werden, da so immerhin zum Teil ein Konsolidierungseffekt erreicht werden konnte.

Interessen des politisch-administrativen Systems

Anhand der dargestellten Positionen innerhalb des politisch-administrativen Systems lassen sich für die Szene der Anpassung folgende Interessen festhalten: Das maßgebliche Interesse, das von den entscheidenden Akteuren geteilt wurde, war die Konsolidierung der Finanzen des Rentensystems. Die Ausgaben sollten an die gesunkenen Einnahmen angepasst werden. Überlegungen, die einen weiteren Ausbau des Rentensystems oder auch nur eines Subsystems wie der Hinterbliebenenversorgung vorsahen, konnten sich nicht durchsetzen und wurden aufgegeben. Der maßgebliche Gesichtspunkt dieser Anpassung war die Wiederherstellung und die Aufrechterhaltung des Gleichgewichts von Kosten und Einnahmen. Auf der Seite der Einnahmen wurden verschiedene Modelle einer Umstrukturierung diskutiert, die das Verhältnis von sozialen Sicherungssystemen untereinander betrafen. In erster Linie ging es um einen Lastenausgleich zwischen Rentensystem und Arbeitslosenversicherung, wobei allerdings das Interesse bestand, über entsprechende Verschiebungen von Leistungen insgesamt zu Einsparungen zu gelangen. Überlegungen hinsichtlich einer Erhöhung der Einnahmen des Rentensystems stießen auf sehr enge Grenzen. Denn erstens sollte eine stärkere Belastung der Wirtschaft verhindert werden, weshalb eine Erhöhung des Beitragssatzes oder eine zusätzliche Belastung der Unternehmen (Maschinensteuer) kritisch erschien. Zweitens sollte aber auch der Staatshaushalt nicht weiter belastet werden. Dieser Standpunkt wurde in dem Interesse an „Kostenneutralität" zusammengefasst. Nullmeier/Rüb verweisen darauf, dass dieser Begriff nur in einer bestimmten Konnotation auftrat, die sich ausschließlich auf die Ausgaben bezog, welche nicht steigen sollten. „Neutralität" in einem weiteren Sinne wäre schließlich auch gegeben gewesen, wenn Kosten an der einen Stelle durch Einsprangen an einer anderen, oder aber durch höhere Einnahmen ausgeglichen würden. (Nullmeier/Rüb 1993: 156) Eine Ausdehnung der Einnahmen war nur dann im Interesse des politisch-administrativen Systems, wenn sie aufgrund akuter Finanzierungsprobleme als unvermeidlich erschien.

Aus dem geteilten Interesse einer „kostenneutralen" Anpassung ergeben sich zum Teil Interessendivergenzen zwischen den unterschiedlichen Akteuren des politisch-administrativen Systems. Die Maßnahmen, die auf Umstrukturierungen der unterschiedlichen Sozialsysteme beruhten, wurden zum

Streitgegenstand zwischen den beteiligten Institutionen. Strittig war zum einen die Verteilung der Lasten, zum anderen die Frage der Zuständigkeit. Das Interesse, die Reformen selber zu gestalten, führte zu einer Vielzahl von unterschiedlichen Konzepten der einzelnen Akteure, die sich zwar im übergeordneten Ziel, nicht jedoch im einzuschlagenden Weg einig waren.

Geteilt war, dass die Konsolidierungsmaßnahmen nicht zu einer Gefährdung des bestehenden Rentensystems führen sollten. Zwar wurde bei der Auslegung von Kernelementen wie Leistungsbezogenheit, dynamische Rente und Partizipation der Rentner am gesellschaftlichen Wohlstand ein ziemlich großer Interpretationsspielraum zugestanden, dennoch blieb das eindeutige Bekenntnis zu diesen Leitsätzen vorherrschend. Selbst die Abkehr von der Bruttolohnbezogenheit, die immer wieder faktisch vorgeschlagen wurde, wurde aus den Reihen des politisch-administrativen Systems nicht als Bruch mit dem bestehenden System dargestellt. Außerdem wurde die Nettolohnanpassung von den Regierungen in der Szene der Anpassung zwar immer wieder angedacht, jedoch nicht durchgesetzt. Stattdessen bedienten sich sowohl Schmidt als auch Kohl der Formulierung, die Renten sollten sich wie die verfügbaren Einkommen entwickeln. (Nullmeier/Rüb 1993: 133) Vorschläge, die mit dem Erhalt des bestehenden Systems unvereinbar waren – wie das Sozialstaatsmodell von Biedenkopf oder die langfristigen Vorstellungen bezüglich des Rentensystems von Lambsdorff – konnten sich innerhalb des politisch-administrativen Systems nicht durchsetzen. Sie leisteten aber als „größeres Übel“ einen Beitrag zur Legitimation der Konsolidierungsmaßnahmen.

Die Maßnahmen, die getroffen wurden, verweisen auf ein weiteres Interesse, das in einem engen Zusammenhang zu dem Interesse am Erhalt des bestehenden Systems steht. Die Akteure des politisch-administrativen Systems waren darauf bedacht, das Rentensystem dergestalt zu ändern, dass die „kostenneutrale“ Anpassung der Ausgaben an die Einnahmen zukünftig politisch einfacher zu gestalten wären. Für dieses Interesse erschienen zum einen Maßnahmen als geeignet, die einen Automatismus der Selbststeuerung beinhalteten.[109] Zum anderen wurde die Einführung von zusätzlichen „Stellschrauben“ begrüßt, wie z. B. dem Freibetrag bei der Anrechnung der Einkommen für die Hinterbliebenenrente. Beide Maßnahmen verweisen darauf, dass die Anpassung nicht als ein einmaliger Akt gesehen wurde, mit dem das Rentensystem dann auf ein bestimmtes Niveau von Leistungen und Einnahmen gesetzt werden sollte, sondern dass die Akteure des politisch-administrativen Systems davon ausgingen, dass dieser Anpassungsprozess kontinuierlich zu betreiben sei. Umgekehrt enthält das Inte-

[109] Hierzu hätte auch die Nettolohnanpassung gehört, weswegen sie auch in der Diskussion in der Szene der Anpassung immer wieder auftauchte.

resse an zusätzlicher Flexibilität aber auch das Zugeständnis, dass im Prinzip das Rentensystem in seiner derzeitigen Form bestehen bleiben sollte. Die Auffassung des VDR, dass es „nicht anzuraten [wäre], zur Bewältigung der auf die Rentenversicherung zukommenden, gewiß nicht geringen Schwierigkeiten den Weg einer grundlegenden Änderung des derzeitigen Systems zu gehen", ist insofern charakteristisch für die Akteure des politisch-administrativen Systems in der Szene der Anpassung. Denn: „Notwendige Korrekturen unseres Rentenrechtes aufgrund der demographischen Entwicklung lassen sich im System der Rentenversicherung selbst finden." (Doetsch 1982: 57)

4.2.4 Reformkorridor in der Szene der Anpassung

Aus den hier dargestellten Interessen der Akteure lässt sich nun ein Reformkorridor für die Szene der Anpassung entwickeln. Ziel ist es, zu begründen, warum sich die Reformen des Rentensystems in der Szene der Anpassung in einem bestimmten Rahmen bewegt haben. Die Analyse der Interessen der Kollektivakteure hat gezeigt, dass der Reformdruck auf die Akteure des politisch-administrativen Systems am stärksten gewesen ist, da sie für die „tägliche" Aufrechterhaltung der Funktionalität der Institutionen des Rentensystems verantwortlich sind. Das Interesse an einer „kostenneutralen" Entwicklung hat daher einen besonderen Stellenwert in der Analyse des Reformkorridors. Die vom politisch-administrativen System geforderte „Kostenneutralität" deckte sich weitgehend mit dem Interesse der Arbeitgeber, eine Ausweitung ihrer Kosten zu verhindern. Beide Akteursgruppen setzten sich gegen eine Ausweitung der Kosten für das gesamte soziale Sicherungssystem ein. Rentenpolitik wurde in zunehmendem Maße nicht mehr als unabhängiges Politikfeld betrachtet, sondern als lediglich *ein* Bereich der Sozialpolitik. In der Szene des Ausbaus hatte die Rentenpolitik einen eigenständigeren Stellenwert, da um die Frage gestritten wurde, welche Leistungen das Rentensystem erbringen soll. In der Szenen der Anpassung erscheinen diese Leistungen gar nicht mehr als die Zielvorgabe, die es zu erreichen gilt, sondern umgekehrt sollen die Leistungen sich nach den finanziellen Mitteln richten, die zur Verfügung stehen.

Von diesem Standpunkt her erschien den Akteuren des politisch-administrativen Systems und den Arbeitgebern eine Leistungskürzung bei der Rente als gleichwertig zu einer Kürzung in der Arbeitslosenversicherung. Von den Arbeitnehmern wurde diese Sichtweise in der Szene der Anpassung nicht geteilt. Ihnen ging es u. a. um den Erhalt und wenn möglich die Ausdehnung des Ruhestandsstatus. Für dieses Ziel waren sie bereit, Leistungseinschnitte hinzunehmen. Zwar legten auch die Arbeitnehmer sehr viel Wert darauf, dass die Rentenpolitik im Kontext der gesamten Sozialpolitik, sowie der Arbeitsmarkt- und Wirtschaftspolitik zu betrachten sei. Das verbindende Element war aus ihrer Perspektive aber nicht die nötige Finanzleistung, sondern ein konkreter positiver Effekt: Die Sozialpolitik sollte die Wirtschaft fördern und den Arbeitsmarkt entlasten um damit bessere Bedingungen für eine erneute Ausweitung der Sozialpolitik zu schaffen.

Die Einigkeit zwischen diesen Standpunkten bestand also zunächst nur darin, dass eine *Abhängigkeit* der Rentenpolitik von anderen Politikfeldern unterstellt wurde und deshalb die Anpassung des Rentensystems im Kontext ihrer Wirkungen auf andere Bereiche zu betrachten sei. Der Inhalt dieser Abhängigkeit wurde jedoch von den Akteuren sehr unterschiedlich gefasst. Aber auch zwischen den Arbeitgebern und den Akteuren des politisch-administrativen Systems lassen sich bezüglich des Verhältnisses von Rentenpolitik zur sonstigen Sozialpolitik Differenzen festhalten. Denn die Arbeitgeber gingen in ihren Forderungen weiter als die von Seiten der Politik umgesetzte Praxis. In der Szene der Anpassung zeigte sich bereits ein starkes Interesse der Arbeitgeber, die Lohnkosten zu senken. Die Akteure des politisch-administrativen Systems hingegen wollten die zusätzlich nötigen Leistungen in erster Linie ohne *zusätzliche* Kosten abwickeln. Maßnahmen, die zu einer bloßen Umverteilung zwischen den Kassen führten, wurden von den Arbeitgebern abgelehnt, von Seiten der Politik aber als Mittel genutzt, die Finanzierbarkeit der sozialen Sicherung zu gewährleisten. Für den Reformkorridor in der Szene der Anpassung lassen sich daraus drei Aspekte folgern. Erstens musste jeder Reformvorschlag bezüglich der Rentenpolitik eine Verbindung zu anderen Feldern der Sozialpolitik und wenn möglich auch zur Wirtschaftspolitik herstellen, um Erfolg haben zu können. Zweitens war die Zustimmung zu einem Reformvorschlag dann am größten, wenn mit ihm eine Entlastung der Wirtschaft, keine zusätzlichen Kosten für den Staatshaushalt und eine Stabilisierung der Leistungen der Rentenversicherung einherging, wobei letztere sich auch über zukünftig erwartete positive Effekte hätte einstellen können, wie z. B. durch eine Verringerung der Arbeitslosigkeit. Drittens gab es ein erhebliches Widerstandspotential gegen Reformen, die die Arbeitgeber zusätzlich belasten, die im erheblichen Maße[110] zu Mehrausgaben des Staatshaushalts führen, oder die das Rentensystem in seinen Kernelementen in Frage stellen würden.

[110] „Kostenneutralität" hat von Seiten des politisch-administrativen Systems nicht bedeutet, dass es auf keinen Fall zu zusätzlichen Kosten kommen darf, sondern dass Reformen, von denen zumindest keine Kostensteigerung erwartet wird, bevorzugt werden. (Nullmeier/Rüb 1993: 156)

Die von den Akteuren verfolgten Strategien zielten zumeist darauf, die Vereinbarkeit ihrer Vorschläge mit den Aspekten Entlastung der Wirtschaft, Kostenneutralität und Erhalt des Rentensystems durch stabilisierende Effekte hervorzuheben. Alle drei Punkte beinhalten einen Interpretationsspielraum, da es sich in den meisten Fällen nicht um eindeutige Zusammenhänge handelt. Beispielsweise kann argumentiert werden, dass eine allgemeine Verkürzung der Lebensarbeitszeit der Wirtschaft nutzt, *obwohl* sie zu höheren Belastungen in der Rentenversicherung führt. Ob eine rentenpolitische Maßnahme kostenneutral ist, hängt von den langfristigen Effekten ab, die mit ihr verbunden sind, und lässt sich nicht durch ein einfaches Finanzierungsmodell ermitteln. Am umstrittensten ist die Frage, welche Veränderungen einen Systembruch beinhalten. Dies wurde besonders an der Diskussion um die Einführung der Nettolohnanpassung deutlich.

Die Formulierung „Nettolohnanpassung" wurde von den Arbeitnehmern und den Akteuren des politisch-administrativen Systems bewusst vermieden, weil sie als Abkehr vom geltenden System der Bruttolohnbezogenheit aufgefasst werden konnte. „Faktisch war bereits seit Ende der 70er Jahre – trotz Festhaltens an der Brutto-Formel – der Übergang zur Nettolohnorientierung der Renten vollzogen. So stiegen die durchschnittlichen Nettolöhne von 1977 bis 1991 um 69%, während sich die verfügbare Standardrente um lediglich 58% erhöhte [...]." (Steffen 2002: 17) Auch wenn die Formulierung nur bei den Arbeitgebern auftauchte, stimmten auch die Arbeitnehmer zum Ende der Szene der Anpassung der Forderung nach einer Nettolohnbezogenheit der Renten zu. In der gemeinsamen Erklärung der Sozialpartner heißt es: „Verfügbare Renten und Arbeitnehmerverdienste müssen sich im Gleichklang entwickeln. Dadurch wird bewirkt, daß Belastungsveränderungen bei den Aktiven sich entsprechend auf die Renten auswirken und die Rentner an den demographisch bedingten Belastungen beteiligt werden." (BDA/DGB/DAG 1987: 126) Durch diese Formulierung wurde auf eine Vereinbarkeit der Nettolohnanpassung mit dem bestehenden System gedrungen, da der Aspekt der Dynamisierung (Entwicklung im Gleichklang) unterstrichen wurde, auch wenn nun der Maßstab nur noch die „verfügbaren" Einkommen waren.

Reformvorschläge, die den oben aufgeführten Kriterien in der Wahrnehmung der anderen Akteure nicht gerecht wurden, waren einer heftigen Kritik ausgesetzt. So wandte sich beispielsweise die SPD offen gegen die Arbeitgeber, weil sie in ihrer Politik einen Angriff auf das bestehende System der sozialen Sicherung sah. „Arbeitgeber- und Industrieverbände sind zu einem Kreuzzug gegen den Sozialstaat angetreten. [...] Wer glaubt, die Gunst der Stunde zu einem sozialen Bürgerkrieg nutzen zu können, der täuscht sich in der Langmut der

Arbeitnehmer. Die SPD wird an der Seite der Gewerkschaften stehen, wenn es gilt, unser vorbildliches System der sozialen Sicherung zu verteidigen und, wo nötig Korrekturen sozial verantwortlich vorzunehmen." (Glotz 1982: 646) Umgekehrt hatten Vorschläge, die mit zusätzlichen Kosten verbunden waren, wie z. B. die geplante Reform der Hinterbliebenenversorgung keine Chance auf Durchsetzung. Auch die „Harmonisierung des Rentensystems", die von der Gewerkschaft angestrebt wurde, um entstehende Belastungen auch auf besser gestellte Gruppen zu verteilen, war nur insofern konsensfähig, wie sie mit dem bestehenden System der Leistungsbezogenheit vereinbar erschien. Daher sprach sich die BDA gegen „von der IG Metall geäußerte Vorstellung [... aus], die gesamte Alterssicherung in einem Einheitstopf zu verrühren" (Doetsch 1977: 850)

Besonders innerhalb des politisch-administrativen Systems war die Interpretation von Reformvorschlägen ein Gegenstand politischer Auseinandersetzungen. Gerade der Aspekt der Systemkonformität wurde dabei immer wieder in Frage gestellt. „Die eigentümlichen Konfliktlinien zwischen der SPD, der BDA und der Geschäftsführung des VDR auf der einen Seite, der CDU/CSU, FDP, DGB und DAG sowie der Verwaltungsspitze der BfA in Berlin auf der anderen Seite, entfaltete sich an rentensystematischen Gesichtspunkten." (Nullmeier/Rüb 1993: 144) Hinzu kam, dass der hier skizzierte Reformkorridor eine Vielzahl von konkreten politischen Umsetzungsmöglichkeiten offen lässt. Somit gab es zusätzlich – besonders *innerhalb* des politisch-administrativen Systems, aber auch *zwischen* den Kollektivakteuren – Auseinandersetzungen um die Frage, welcher Reformvorschlag den angestrebten Zielen am besten gerecht würde. Welches Reformprogramm aber das „beste" war, entschied sich in erster Linie darüber, inwieweit sich eine Interpretation der Vorschläge durchsetzen konnte, die eine Vereinbarkeit der Reform mit den unterschiedlichen Interessen der Kollektivakteure verdeutlichte. Obwohl also Einigkeit darüber bestand, dass an dem Rentensystem festgehalten werden sollte, indem man die Ausdehnung beendete und stattdessen die Leistungen an die verringerten Einnahmen anzupassen hätte, gab es zwischen und innerhalb der Kollektivakteure ein großes Potential für politische Auseinandersetzungen.

Gerade weil die Konfliktlinien in der Szene der Anpassung sich bei allen Reformprojekten neu bildeten, je nachdem, welche Interpretation sich durchsetzen konnte, setzten die Akteure in besonderem Maße darauf, diese Maßnahmen im Konsens zu verabschieden. Der Referenzpunkt, auf den sich alle Akteure immer wieder bezogen, war die Vereinbarkeit mit dem bestehenden System. Dadurch, dass man sich gegenseitig versicherte, eine Abkehr vom etablierten Weg wäre nicht gewollt, wurden Entscheidungen als mit dem derzeitigen Rentensystem vereinbar interpretiert, auch wenn sie wesentliche Änderungen enthielten. Ein Beispiel hierfür ist die „Gemeinsame Erklärung der Sozialpartner zur Strukturreform in der Rentenversicherung", in der es heißt: „Die der Rentenversicherung eigenen Prinzipien der Lohn- und Beitragsbezogenheit der Renten, der Lebensstandardsicherung und des sozialen Ausgleichs haben sich bewährt und sind zu erhalten. Ein Abbau bzw. Umbau der gesetzlichen Rentenversicherung zu einer bloßen Grundsicherung wird abgelehnt." (BDA/DGB/DAG 1987: 126) Auch die BDA sagte über die Rentenpolitik: „In diesem, für den sozialen Frieden so wichtigen Bereich sollte nach Möglichkeit ein Grundkonsens der politischen und gesellschaftlichen Gruppen gefunden werden." (BDA 1980: 104)

Ebenso äußerten sich die Akteure zur Rentenreform 1984. „Die Neuordnung der Hinterbliebenenversorgung in der gesetzlichen Rentenversicherung ist eine der herausragenden sozialpolitischen Aufgaben der nächsten Zeit. Sie muß mit Besonnenheit und Augenmaß angegangen werden. Es kommt darauf an, eine langfristig tragfähige Regelung zu finden. Dafür ist ein weitgehender Konsens der politischen und gesellschaftlichen Gruppen notwendig. Die Arbeitgeber sind bereit, an einer solchen gemeinsamen Konzeption mitzuarbeiten." (BDA 1979: 7; vgl. auch Janzen 1988: 29)[111] Das Beschwören eines Konsenses kann jedoch nicht als Beleg gewertet werden, in der Szene der Anpassung hätte es keine unterschiedlichen Interessen bezüglich der Rentenpolitik gegeben. Wenn ein Konsens *eingefordert* werden muss, dann ist dies zunächst ein Indiz dafür, dass er erstmal nicht besteht. Wer auf Einigkeit dringt, will die anderen auf seine Linie bringen oder sieht seine Interessen in dem eingeschlagenen Weg zuwenig berücksichtigt. Die BDA beispielsweise unterstrich bei der Reform von 1984 die Notwendigkeit eines Konsenses und opponierte zugleich gegen den Vorschlag von BMA und Regierung. Zugleich macht der Verweis auf die Dringlichkeit von Einigkeit auch nur dann Sinn, wenn die Zustimmung der anderen Akteure tatsächlich von Bedeutung ist. Die Verwiesenheit der Akteure aufeinander für eine funktionale Umsetzung der Anpassung des Rentensystems an die veränderten Interessen war also keineswegs aufgehoben. Gerade weil keine Einigkeit zwischen den Interessen bestand, zugleich aber jeder Akteur ein entscheidendes politisches Gewicht aufbrachte, ging es allen Akteuren darum, Konzepte zu entwickeln, die einerseits ihren Interessen am ehesten entsprachen, andererseits von den anderen aber nicht abgelehnt wurden.

Konflikt und *Konsens* sind daher in der Rentenpolitik kein Gegensatzpaar. Auseinandersetzungen werden geführt, um Einigkeit herzustellen. Diese Einig-

---

[111] Ebenso äußerte sich der VDR: „Deshalb appellieren die Rentenversicherungsträger an die Bundesregierung, Opposition und gesetzgebende Körperschaften, in diesem wichtigen Bereich unserer Gesellschaftspolitik das Gemeinsame in den Vordergrund des politischen Handelns zu stellen." (Doetsch 1982: 57)

keit, wenn es überhaupt zu ihr kommt, besteht nicht in identischen Interessen, sondern in einem Kompromiss, in dem jede Seite soviel von ihren Positionen durchgesetzt sieht, wie sie unter den gegebenen Umständen für realisierbar hielt. Konsens ist daher gar kein Selbstzweck, sondern das Ideal jedes Akteurs, seine Interessen von den anderen unterstützt zu sehen. Nur wenn gar nicht die Interessen und der Prozess der Entwicklung von Politiken betrachtet werden, sondern einfach nur aus dem Ergebnis auf das Verhältnis der Akteure untereinander zurückgeschlossen wird, wie im Korporatismus üblich, erscheint das Politikfeld Rentenpolitik als harmonisches Zusammenspiel der Akteure des politisch-administrativen Systems, der Arbeitgeber und der Arbeitnehmer, bzw. in einer verkürzten Sichtweise der Parteien und Verbände. Eine solche Sichtweise wird z. B. von Trampusch vertreten:

> In der Sozialpolitik gab es [...] zwischen den Parteien in der Programmatik wenig Konflikte [...]. Dabei war es zu jener Zeit nicht die Verbandsmitgliedschaft der Sozialpolitiker allein, die eine Abstimmung der Verbandsinteressen mit denen der Parteien garantierte. Es war vielmehr der Umstand, dass die Abgeordneten in den Verbänden groß geworden sind, der Parteikarriere also eine in den Verbänden voraus gegangen war. (Trampusch 2003: 43)

Die personellen Verflechtungen von Verbänden mit dem Sozialausschuss werden von Trampusch zwar eindrucksvoll belegt, können aber einen Konsens im Sinne einer Einigkeit der Interessen bestenfalls plausibel erscheinen lassen, nicht aber belegen. Werden jedoch umgekehrt die Interessen als Ausgangspunkt der Analyse genommen, so zeigt sich, dass ein Konsens im Sinne einer Vereinbarung, die unterschiedliche Interessen berücksichtigt, zwar von allen Akteuren angestrebt wurde, in der Szene der Anpassung jedoch einen begrenzten inhaltlichen Rahmen hatte.

4.3 Umstrukturierung des Rentensystems

In der Szene der Umstrukturierung werden grundlegende Elemente des deutschen Rentensystems modifiziert. Ähnlich wie bereits in der Szene der Anpassung gibt es ein Finanzierungsproblem der Rentenversicherung, insbesondere in Bezug auf die perzipierte Entwicklung bis 2040. Diese Probleme werden aber nicht mehr durch eine Anpassung der Ausgaben an die Einnahmen unter Beibehaltung der grundlegenden institutionellen Merkmale zu lösen versucht, sondern, wie bereits dargestellt, (3.4) durch eine Umstrukturierung des Rentensystems. Um diesen Wechsel in der Rentenpolitik zu erklären, sollen nun analog zu den vorherigen Szenen die Interessen der Arbeitnehmer (4.3.1), der Arbeitgeber (4.3.2) und des politisch-administrativen Systems (4.3.3) in dieser Szene untersucht werden, um anschließend den Reformkorridor für die Szene der Umstrukturierung zu entwickeln. (4.3.4)

4.3.1 Arbeitnehmerinteressen in der Szene der Umstrukturierung

Bereits in der Szene der Anpassung setzten die Finanzierungsprobleme der Rentenversicherung die Arbeitnehmer erheblich unter Druck. In der Szene der Umstrukturierung wurde diese Situation noch dahingehend verschärft, dass sich die Arbeitnehmer nun für den Erhalt der bestehenden institutionellen Arrangements einsetzen mussten. Anhand der Positionen der Arbeitnehmer lässt sich auf die Interessen schließen, die in der Szene der Umstrukturierung von diesem Kollektivakteur verfolgt wurden.

Positionen der Arbeitnehmer

In der Szene der Umstrukturierung wurden die Arbeitnehmer zunächst in eine defensive Position gedrängt. Der Ausgangspunkt der Umstrukturierung bestand in den erwarteten Finanzierungsproblemen, die u. a. von der OECD prognostiziert wurden. (Schludi 2001: 10-11) Für das deutsche Rentensystem ergab sich ein Szenario, in dem entweder der Beitragssatz verdoppelt oder aber die Renten halbiert hätten werden müssen.

> [B]efore enacting the reform of 1992, the equally unacceptable alternatives were either to exempt retirees from any benefit cuts, and then gradually have to increase the contribution rate from 18 to 36% in 2030, or to cut benefits by half while maintaining a stable contribution rate. (Hinrichs 2000b: 370)

Beide Extreme sind aus der Position der Arbeitnehmer – einmal als Beitragszahler, einmal als Rentenempfänger – nicht wünschenswert. Insofern ist es verständlich, dass die Arbeitnehmer den Reformüberlegungen zunächst skeptisch gegenüberstanden. Hinzu tritt in der Szene der Umstrukturierung das Problem, dass es unter der Vorgabe, Einschnitte vornehmen zu müssen, sehr schwer fällt, die unterschiedlichen Fraktionen der Arbeitnehmer zu organisieren. Je enger die Bindung einer Arbeitnehmerorganisation an ihre spezifische Mitgliederbasis ist, umso schwieriger wird es ihr unter diesen Bedingungen fallen, Reformvorschläge zu produzieren, die von anderen Arbeitnehmern nicht als „klientelistisch" abgelehnt werden. Insofern gewann der DGB in der Szene der Umstrukturierung an Bedeutung gegenüber anderen Arbeitnehmerorganisationen, gerade dadurch, dass er in seiner Politik eine große Distanz zu den Mitgliedern hat, die er vertritt. Dieser Effekt wurde noch verstärkt, da es um die Erörterung von Gesamtkonzepten für die Umstrukturierung des Rentensystems ging. Ein solcher Diskurs ist aber schon aufgrund des hohen Grades an erforderlichem Expertenwissen nicht allen Akteuren offen. (Vgl. Nullmeier/Rüb 1993)

Diese Konstellation machte sich bereits bezüglich der Rentenreform 1992 bemerkbar: Da die Reform mit deutlichen Einschnitten für die Arbeitgeber verbunden war, gab es innerhalb der Arbeitnehmerschaft wenig Begeisterung. Besonders die IG Metall lehnte die Rentenreform 1992 ab. (Winter 1997: 177) Die Position, die es Teilen der Arbeitnehmer erlaubte, der Reform dennoch zuzustimmen, ergab sich aus der Überlegung der *gerechten Verteilung* der Lasten. Damit sollte einerseits der Konflikt zwischen Rentnern und Beitragszahlern vermieden werden. Beide würden zwar schlechter gestellt, aber eben im selben Umfang, also ohne dass die eine oder andere Gruppe bevorzugt würde. Noch wichtiger war aber, dass dieser Maßstab der Gerechtigkeit über die Arbeitnehmer hinaus ausgedehnt werden konnte. Auch der Staat sollte seinen gerechten Beitrag zu den Kosten leisten, um sicherzustellen, dass es nicht darum ging, dass die Politik ihren Haushalt auf den Schultern der Arbeitnehmer saniert. „Für uns darf die Reform [...] keine Fortsetzung des Sozialabbaus vergangener Jahre sein. [...] Die aus der demographischen Entwicklung resultierenden finanziellen Lasten müssen sozial ausgewogen auf alle Schultern, die an der Rentenversicherung beteiligt sind, verteilt werden. Das sind auf der Seite der Mittelaufbringung die Beitragszahler und der Bund. Auf der Seite der Leistungsempfänger sind es die Rentner." (Muhr 1989: 1) Die wichtigste Forderung des DGB bestand daher in der Anhebung des Bundeszuschusses. „Der DGB kritisiert weiterhin die zu geringe Beteiligung des Bundes an der Finanzierung der Rentenversicherung." (DGB 1989a: 66; vgl. auch DGB 1989b: 149, Muhr 1989: 2, Faupel 1989: 5) Auf der Basis eines erweiterten Bundeszuschuss konnte dann der DGB dem Reformprojekt zustimmen.

> Der DGB begrüßt das Bemühen der Regierungsparteien sowie der SPD, die Alterssicherungssysteme in der Bundesrepublik Deutschland an die geänderten wirtschaftlichen und demographischen Verhältnisse anzupassen. Denn Anpassungsmaßnahmen sind erforderlich, wenn die Alterssicherungssysteme auch noch nach der Jahrhundertwende ihre Funktion, Sicherheit im Alter zu gewährleisten, aufrecht erhalten sollen. (DGB 1989b: 149)

Dabei wurden die vorgesehenen Schritte jedoch sehr skeptisch begutachtet. In Bezug auf die Nettolohnanpassung fiel das Urteil zweischneidig aus. Denn einerseits wurde kritisiert, dass das Rentenniveau dadurch gesenkt würde, anderseits würde mit der Nettolohnanpassung das Ziel der Niveausicherung – nun bezogen auf die Nettogehälter – immerhin verbindlich festgeschrieben. (DGB 1989b: 154)

Einhellige Kritik von Seiten der Arbeitnehmer gab es an der Heraufsetzung der Altersgrenze und der Einführung versicherungsmathematischer Abschläge. „Der DGB sieht gegenwärtig keinerlei Handlungsbedarf für eine Heraufsetzung der Altersgrenze – und zwar weder ab dem Jahr 1995 noch ab dem Jahr 2001, denn so lange es nicht genügend Arbeitsplätze gibt, ist und bleibt es sozialpolitisch sinnvoll, daß ältere Arbeitnehmer ihre Arbeitsplätze freimachen für jüngere Arbeitslose. Dies gilt auch unter «geänderten demographischen» Verhältnissen." (DGB 1989a: 66) Zwar wurde prinzipiell zugestanden, dass sich angesichts der demografischen Entwicklung die Lebensarbeitszeit verlängern müsse, dies setze aber voraus, dass es auch die entsprechenden Arbeitsplätze gäbe und dass die Gesundheit der Arbeitnehmer ein verlängertes Erwerbsleben aushalten könne. Ohne diese Bedingungen würden versicherungsmathematische Abschläge dem Prinzip des sozialen Ausgleichs zuwider laufen. (Muhr 1989: 2) „Mit der Einführung von versicherungstechnischen Abschlägen wird der vorzeitige Rentenbezug zum Luxus derjenigen, die ihn sich leisten können." (DGB 1989b: 188-189) Auch die Heraufsetzung der Altersgrenze war aus der Sicht des DGB „kein geeigneter Weg […], um die Lebensarbeitszeit zu verlängern" (DGB 1989b: 188), solange sich die Situation am Arbeitsmarkt nicht grundlegend verändern würde.

Die Heraufsetzung der Altersgrenze und die Einführung von Abschlägen wurden von den Arbeitnehmern z. T. sogar als Systembruch gewertet. „Die geplante ersatzlose Streichung der Altersgrenze 60 für Frauen und Arbeitslose ist […] ein Schritt rückwärts hinter das Jahr 1957 – in eine Zeit also, in der die Rentenversicherung noch die Funktion von Altersalmosen und nicht die der Lebensstandardsicherung hatte." (Muhr 1989: 3) Trotz dieses harten Tonfalls wurde – zumindest vom DGB – die generelle Zustimmung zur Rentenreform 1992 nicht in Frage gestellt. „Mit einer Anhebung der Altersgrenze unter gleichzeitiger Einführung von Abschlägen bei vorzeitigem Rentenbezug können sie [die Gewerkschaften, Anmerkung S. H.] sich niemals einverstanden erklären, weil das sozialer Rückschritt ist und das Gebäude der Rentenversicherung dadurch in seinen Grundpfeilern ernsthaft erschüttert wird. Die verantwortlich Politiker, die im Augenblick um den großen Rentenkonsens bemüht sind, sollten den Appell des DGB ernsthaft prüfen." (Faupel 1989: 8) Interessant ist hier, dass der Konsens nicht gekündigt und entsprechende (z. B. tarifliche) Gegenmaßnahmen eingeleitet wurden, sondern der DGB die Politiker weiterhin als Verantwortliche ansprach, die sich aus ihrem Interesse an einem Konsens nicht über die Position der Gewerkschaften hinwegsetzen sollten. Hinzu kommt, dass die Anhebung der Altergrenze zwar 1989 beschlossen wurde, aber erst im Jahr 2001 vollständig verwirklicht werden sollte. Insofern konnten die Arbeitnehmer trotz ihrer Kritik dem Reformprogramm zunächst zustimmen, in der Hoffnung, bis zu diesem Zeitpunkt entweder eine Verbesserung der Situation auf dem Arbeitsmarkt vorzufinden, oder aber Veränderungen des Reformvorhabens durchsetzen zu können.

Beide Hoffnungen wurden aber enttäuscht. Nach dem durch die Vereinigung ausgelösten Boom verschlechterte sich die Lage auf dem Arbeitsmarkt seit Mitte der 1990er rapide, wodurch der Reformdruck auf das Rentensystem noch wuchs. Hinzu kam die zusätzliche Belastung des Rentensystems durch die Transferleistungen, die zur Zahlung der Ost-Renten nötig wurden. Die Rentenreform von 1997 der CDU-Regierung, die den demografischen Faktor einführte, stieß bei den Gewerkschaften auf einhellige Ablehnung. Der DGB sah sich daher in seiner Position bestätigt, die SPD im „Rentenwahlkampf“ 1998 massiv zu unterstützen, um einen Regierungswechsel herbeizuführen. (DGB 2000: 53)

Neben der Kritik am demografischen Faktor blieben die Gewerkschaften bei ihrem „Nein“ zu einem höheren Renteneintrittsalter. Dem Vorschlag, auf diese Situation mit einem Vorziehen der Heraufsetzung der Altersgrenze und einer Ausweitung der Abschläge zu reagieren, standen die Gewerkschaften weiter ablehnend gegenüber. „[D]ie zukünftig geltende starre Altersgrenze von 65 Jahren stößt bei den Gewerkschaften [...] nach wie vor auf entschiedenen Widerstand [...]. Entschieden abgelehnt wird auch eine im neuen Rentenrecht enthaltene Regelung, nach der ein vorzeitiger Rentenbezug mit versicherungsmathematischen Abschlägen beim Altersruhegeld verbunden ist, weil man darin eine gravierende Benachteiligung von Arbeitnehmern mit niedrigen Arbeitseinkommen sieht.“ (Winter 1997: 170, vgl. auch Hinrichs 2000a: 311)

Auch nach dem Regierungswechsel blieb die Zustimmung zu einer Heraufsetzung der Altersgrenze für den DGB an die Entwicklung auf dem Arbeitsmarkt gebunden. „So lange die Lage auf dem Arbeitsmarkt in der Tendenz durch hohe Arbeitslosigkeit bestimmt wird, so lange wäre es ein horrender Unsinn, die Altersgrenze nach oben zu setzen und auf diese Weise das Arbeitsangebot noch auszuweiten.“ (Engelen-Kefer 2000a: 92) Diese Position beschränkt sich nicht nur auf die Gewerkschaften, sondern findet innerhalb der Arbeitnehmerschaft eine breite Zustimmung. „Die starke Abneigung in der Bevölkerung [FN] gegen eine künftige schrittweise Anhebung der Regelaltersgrenze auf 67 ist [...] vor allem dadurch zu erklären, dass die Menschen diese Vorschläge vorwiegend mit

Blick auf die dann bei gleichem persönlichen Ausstiegsalter ansteigenden Rentenabschlägen bewerten; zugleich aber heute positive Wirkungen einer chancenorientierten Strategie für Ältere kaum zu erkennen sind." (Döring 2003: 380)

Durch die verschärfte arbeitsmarktpolitische Situation Mitte der 1990er Jahre erschien sogar die Rentenreform 1992 als „geringeres Übel". Selbst die IG Metall, die die Reform immer abgelehnt hatte, wurde zum Ende der 1990er Jahre zum Verteidiger des Blümschen Reformwerks.

> Die erfolgreiche Minderung der Massenarbeitslosigkeit ist der wichtigste Beitrag zur Stabilisierung der sozialen Rentenversicherung. Angesichts der Arbeitsmarktsituation ist die Anhebung der Altersgrenzen bzw. die Einführung von versicherungstechnischen Abschlägen nur eine Scheinalternative. Aus Sicht der IG Metall müssen diese «Reformen» ausgesetzt werden. Die IG Metall schlägt vor, zumindest zu den Regelungen nach dem Rentenreformgesetz 1992 zurückzukehren. (IG Metall 1999)

Diese Veränderung in den Positionen ist symptomatisch für die defensive Position, in die die Arbeitnehmer in der Szene der Umstrukturierung gedrängt sind. Solange die Vorgabe akzeptiert wird, dass es nichts zu verteilen gibt außer Lasten, sind die Arbeitnehmer in einen Abwehrkampf verwickelt, der den Gewerkschaften zudem das Etikett des „Bremsers und Blockierers" einbringt. Um auf die Rentenpolitik im Interesse der Arbeitnehmer Einfluss zu nehmen, ist dies eine sehr missliche Situation. Zum einen kann eine Arbeitnehmerorganisation schnell den Zuspruch ihrer Mitglieder verlieren, wenn sie von ihnen nur weitere Opfer fordert. Zum anderen werden aber Vorschläge politisch nur ernst genommen, wenn sie den Vorgaben der Umstrukturierung entsprechen, also zu einer Verringerung der Finanzlast des Rentensystems beitragen. Dieser Situation versuchten die Gewerkschaften dadurch zu entrinnen, dass sie eigene Reformprojekte formulierten, die eine Alternative oder eine Ergänzung zum eingeschlagenen Weg in der Rentenpolitik darstellen sollten.

Zu den gewerkschaftlich entwickelten Konzepten in der Szene der Umstrukturierung gehört die Forderung nach einer steuerfinanzierten Mindestrente, die in den 90er Jahren wieder auf kam, und bis heute eine wesentliche Position innerhalb des Kollektivakteurs Arbeitnehmer darstellt. (Döring/Koch 2003: 388, Bäcker 2000: 43) Für die Gewerkschaften ergab sich bislang jedoch ein Vermittlungsproblem hinsichtlich einer solchen Grundsicherung. Denn unter diesem Titel werden auch Konzepte vorgetragen, die eine allgemeine Absenkung der Renten auf ein reines Grundsicherungsniveau beinhalten. (Bäcker 2000: 43-44) „Der IG Metall-Vize Walter Riester [...] hat vorgeschlagen, das Rentensystem um eine vom individuellen Bedarf des Rentners abhängige Grundsicherung zu ergänzen, die er vor allem über Steuererhöhung finanzieren will. Die Irritationen über diese Ankündigung waren groß. Manche sahen Riester schon an der Seite des CDU-Ministerpräsidenten Kurt Biedenkopf, der seit mehr als einem Jahrzehnt für eine steuerfinanzierte Grundrente wirbt." (Kannengießer 1998: 1) Den Gewerkschaften ging es aber darum, angesichts der durchgesetzten Rentenkürzungen ein Mindestrentenniveau zu sichern. Angesichts der Finanzierungsprobleme der Rentenversicherung stellte sich dabei jedoch sofort die Frage, wie die nötigen Mittel aufgebracht werden sollten. Hier zeigte sich innerhalb der Arbeitnehmer ein großes Konfliktpotential. Denn es gab einerseits eine Fraktion, die eine Umverteilung innerhalb der Arbeitnehmer befürwortete, entweder, weil sie selbst zu den unteren Einkommensgruppen gehörten, oder aus dem gewerkschaftlichen Ideal der Solidarität heraus. Die andere Fraktion lehnte angesichts der bereits durchgesetzten Rentensenkungen weitere Belastungen ab. Ein erhöhter Arbeitgeberanteil war jedoch kaum durchsetzbar und wurde zudem mit dem Verweis auf die „zu hohen Lohnnebenkosten" und die Situation auf dem Arbeitsmarkt konfrontiert. Eine Finanzierung durch den Staat hätte ebenfalls entweder zu einer vermehrten steuerlichen Belastung der Arbeitnehmer – wie durch die Ökosteuer –, oder der Arbeitgeber geführt und damit – zumindest laut öffentlicher Debatte – zu einer Verschlechterung der Arbeitsmarktsituation. Bislang ist es den Gewerkschaften noch nicht gelungen, diese Probleme zu lösen. Zugleich nimmt aber mit der fortschreitenden Rentensenkung der Druck zu, ein Mindestniveau festzuschreiben, da sonst mit der Sicherung des Ruhestands als eigenständiger Status des Erwerbslebens ein Kernelement des deutschen Rentensystems verloren ginge und mit ihm eventuell die Legitimität der einkommensbezogenen Zwangsversicherung.

Mit eigenen Vorstellungen konnten sich die Arbeitnehmer insbesondere im Rahmen der Debatten um die Rentenreform 2001 einbringen. Die Forderung nach einem Ausbau der zweiten und dritten Säule des Rentensystems berührte unmittelbar Bereiche, in denen die Gewerkschaften bereits tätig waren.

> Ergänzend zur gesetzlichen Rentenversicherung sind Möglichkeiten weiterer Formen zur Alterssicherung zu erweitern. […] Für die Gestaltung der Zusatzversorgung müssen gesetzliche Mindestanforderungen festgelegt werden. Dazu gehören mindestens paritätische Finanzierung, Elemente des sozialen Ausgleichs und die Förderung unterer und mittlerer Einkommen, flexible Mitnahmemöglichkeiten bei Betriebswechsel, kurze Unverfallbarkeitsfristen, gesetzlicher Insolvenzschutz. (DGB 2000: 53-54)

Hier wird deutlich, dass der DGB bei „weiteren Formen zur Alterssicherung" in erster Linie an den Ausbau der betrieblichen Altersvorsorge dachte. So beispielsweise Engelen-Kefer: „Wenn man über ergänzende Systeme redet, so hat für die Gewerkschaften der Ausbau der 2. Säule, die betriebliche Altersvorsorge, eindeutig Priorität." (Engelen-Kefer 2000b: 186) Der Vorteil bezüglich des Ausbaus der betrieblichen Altersvorsorge für die Arbeitnehmer ist, dass die zusätzlichen Mittel, die von den Arbeitnehmern dafür aufzuwenden sind, an die Person geknüpft sind, die später von den Rentenansprüchen profitiert. Das Verteilungsproblem unter den Arbeitnehmern würde somit umgangen. Zudem forderten die Gewerkschaften eine paritätische Beteiligung der Arbeitnehmer an der betrieblichen Altersvorsorge. Da Betriebsrenten von der gesetzlichen Rentenversicherung unabhängig sind, konnten die Gewerkschaften hier sogar eine Ausweitung fordern, ohne mit den Finanzproblemen der GRV konfrontiert werden. Von Seiten der Regierung sollte der Ausbau der 2. und 3. Säule jedoch eine Absenkung des Rentenniveaus in der GRV kompensieren. (Vgl. 4.3.3) Dies war mit den Vorstellungen des DGB nicht vereinbar. „Auch die Gewerkschaften sehen die Notwendigkeit einer zusätzlichen Altersvorsorge. Sie darf jedoch nicht zu Lasten der Ansprüche aus der gesetzlichen Rentenversicherung gehen, da sie dann nicht Zusatz sondern Ersatz ist." (Engelen-Kefer 2000c: 550) Bispinck erläutert die Relevanz der Betonung von Zusatz und Ersatz:

> Die Kritik der Gewerkschaften an dieser Reform [Rentenreform 2001, Anmerkung S. H.] bezog sich nicht nur auf die Niveauabsenkung, sondern auch auf den Systemwechsel, der mit dem Umstieg von der paritätischen Finanzierung auf den künftig allein von der Arbeitnehmerseite zu finanzierenden privaten Anteil verbunden ist. Auf diese Weise ändert sich die bisherige zusätzliche Alterssicherung – ob privat oder betrieblich – in ihrem Charakter grundsätzlich: Hatte sie bislang eine Ergänzungsfunktion, bekommt sie in Zukunft vor allem eine Ersatzfunktion für die vorgesehenen Kürzungen bei der gesetzlichen Rente. Die Tarifpolitik fungiert gewissermaßen als sozialpolitischer Lückenbüßer. (Bispinck 2004: 12)

Obwohl also der Ausbau der betrieblichen Altersvorsorge in der Rentenreform 2001 explizit vorgesehen war, gab es von Seiten der Gewerkschaften Kritik an der Umsetzung dieses Zusatzmodells. Erstens wurde die Aufgabe der paritätischen Beitragsfinanzierung für den Teil der Rente, der künftig über private oder betriebliche Altersvorsorge finanziert werden soll, kritisiert. „Die Gewerkschaften sehen es zudem als inakzeptabel an, dass die Arbeitgeber nicht an der Finanzierung der kapitalgedeckten Vorsorge beteiligt werden, obwohl diese das bisherige paritätisch finanzierte Umlageverfahren partiell *substituieren* soll." (WSI 2000: 6, Hervorhebung i. O.)[112] Besonders der Vorschlag, die private Vorsorge

[112] „Die Notwendigkeit ergänzender Vorsorge wird auch von den Gewerkschaften nicht bestritten. Der Dissens liegt jedoch darin, daß sie die (Fiktion der) Beitragsparität bei der Aufbringung der dafür vorgesehenen Mittel gewahrt wissen wollen." (Hinrichs 2000a: 310)

verpflichtend einzuführen und somit die Arbeitgeber nicht an einem festen und verbindlichen Bestandteil des Rentensystems ideell[113] zu beteiligen, stieß auf heftige Kritik, wobei die IG Metall eine Vorreiterrolle einnahm. „Die Einschnitte in die Leistungshöhe der Renten und die obligatorische, nur von den Arbeitnehmern zu finanzierende Privatversicherung müssen zurückgezogen werden." (Schmitthenner 1999: 207)

Die zweite Beanstandung, die mit der Formulierung „Ergänzung statt Ersatz" gemeint war, bezog sich auf die Entgeltumwandlung. Die Rentenreform 2001 sieht vor, dass Betriebsrenten künftig nicht mehr ein Zusatz zum Lohn sind, sondern Lohnbestandteile in eine betriebliche Altersversorgung fließen. Bezüglich dieses Punktes gingen die Positionen der Arbeitnehmer auseinander. Einerseits wurde der damit verbundene Rechtsanspruch begrüßt, andererseits ergeben sich dadurch für die Arbeitnehmer überhaupt keine neuen finanziellen Mittel, sondern es wird nur die gesamte Lohnsumme anders verteilt und anders genutzt. Die Arbeitnehmer, die in eine betriebliche Altersvorsorge nach dem Modell der Rentenreform 2001 einzahlen, bekommen nicht mehr Lohn, sondern verwenden einen Teil ihres Einkommens dafür, die Kürzungen in der GRV aufzufangen. Dafür steht für die aktuellen Rentenempfänger weniger an finanziellen Mitteln zur Verfügung, weil die Lohnsumme, die der GRV zur Verfügung steht, gemindert wird. Zudem werden Beiträge zu einer privaten oder betrieblichen Rente nicht in der Anpassung der laufenden Renten berücksichtigt.

> Der Rechtsanspruch auf Entgeltumwandlung im Umfang der staatlich geförderten privaten Altersvorsorge erscheint geeignet zur Erhöhung des Deckungsgrades der betrieblichen Alterssicherung, die im internationalen Vergleich in Deutschland (vor allem in Ostdeutschland) einen erheblichen «Nachholbedarf» hat. Der Rechtsanspruch auf Entgeltumwandlung hat allerdings unmittelbar Folgen für die Finanzierung der GRV, insofern hier der GRV Beiträge entzogen werden. Dies führt zu höheren Beitragssätzen und niedrigeren Rentenanpassungen gegenüber den Projektionen. (WSI 2000: 8)

Für den Ausbau der betrieblichen Altersvorsorge sprach für einige Gewerkschaften – insbesondere die IG Metall –, dass sie sich durch die Einführung von Pensionsfonds einen stärkeren Einfluss auf Unternehmen versprachen, die Aktienge-

[113] Da der Arbeitgeber den Lohn zahlt, kommt er reell auch für den Teil auf, der in eine private Altersvorsorge überführt wird. (Vgl. Hinrichs 2000a: 310) Fraglich ist nur, ob sich eine solche zusätzliche Belastung auch in steigenden Löhnen niederschlägt. Die Gewerkschaften befürchteten zumindest, dass ohne eine gesetzliche Regelung, die eine Beteiligung der Arbeitgeber beinhaltete, die Kosten für die zusätzliche Altersvorsorge in ihrer Gänze von den bisherigen Löhnen aufzubringen wäre.

sellschaften sind. Von Seiten der Gewerkschaften wurde diskutiert, ob der Ausbau der betrieblichen Rente durch gewerkschaftliche Pensionsfonds nicht zu einer Zunahme des gewerkschaftlichen Einflusses auf die Unternehmenspolitik führen kann. „Der Kollege als Aktionär" (Huber 2000) wurde als Leitbild einer neuen Form der Mitbestimmung gesehen. Die zugrunde liegende Überlegung war, dass die Arbeitnehmer einerseits an der Wertsteigerung der Aktien partizipieren und andererseits als „kollektiver Shareholder" die Unternehmenspolitik beeinflussen können.[114] Für die IG Metall stellte die Einführung einer gewerkschaftlich organisierten tariflichen Altersvorsorge einen Strategiewechsel dar, denn die Industriegewerkschaft hatte bisher einer tariflichen Regelung der Rentenpolitik sehr skeptisch gegenübergestanden. Walter Riester hatte „Mitte der 1990er Jahre in seiner Funktion als Zweiter Vorsitzender mit seiner Idee zur Gründung von «Tariffonds» zur Finanzierung der Frühverrentung erhebliche Vorarbeit geleistet, weil er damit die tarifpolitische Wende der IG Metall von der Wochen- zur Lebensarbeitszeitverkürzung einläutete." (Trampusch 2004: 244)

Die Entgeltumwandlung wurde besonders von der IG BCE sehr positiv bewertet. Bereits 1998 vereinbarte die Gewerkschaft einen Tarifvertrag, der die Möglichkeit zur Entgeltumwandlung zwecks betrieblicher Altersvorsorge vorsah. (Förster 1999: 58) Auch die IG BAU und die IG Metall schlossen sich diesen Bestrebungen an. (Schütt 1999: 61; vgl. auch Trampusch 2004: 243) Bemerkenswert ist besonders die Argumentation der IG BAU bezüglich einer kapitalgedeckten, tariflich abgesicherten Zusatzrente. „Unser Hauptziel ist es nicht, durch die Zusatz-Rente etwa Beschäftigungsimpulse zu geben oder Beschäftigung für Jüngere möglich zu machen, sondern wir wollen eine Rentenaufbesserung für unsere Mitglieder im Rentenfall erreichen." (Laux 2001: 339)

Da die IG BAU hauptsächlich Arbeitnehmer mit mittleren und niedrigen Einkommen vertritt, machten sich die in der Szene der Umstrukturierung beschlossenen Rentenkürzungen für ihre Klientel bereits in anderer Weise bemerkbar, als bei besser verdienenden Arbeitnehmern. Obwohl gerade Arbeitnehmer mit geringem Einkommen kaum auf Bestandteile ihres Lohnes verzichten können, wurde die Lage der Rentner im Baugewerbe als so prekär eingestuft, dass der Aufbau einer zusätzlichen Altersvorsorge als unumgänglich erschien. Durch die tarifliche Verpflichtung der Arbeitnehmer und die kapitalgedeckte Finanzierung erhoffte sich die IG BAU einen Zugewinn an Sicherheit für ihre Rentner.

---

[114] Inwiefern diese Einschätzung gerechtfertigt ist, ist für die Untersuchung der Positionen der Arbeitnehmer unerheblich. Trotzdem sei darauf verwiesen, dass sich die beiden von Arbeitnehmerseite her erwünschten Effekte, Partizipation an den höheren Kapitalrenditen und Zunahme des gewerkschaftlichen Einflusses, innerhalb des Shareholder Value-Konzepts partiell ausschließen. (Young/Hegelich 2003: 91-92)

Die klare Ausrichtung der IG BAU an einer kapitalgedeckten betrieblichen Zusatzrente stellte die Gewerkschaft innerhalb des DGB teilweise ins Abseits, da andere Arbeitnehmer die Position vertraten, dass die Ersetzung von Leistungen des Umlageverfahrens durch kapitalgedeckte Lösungen das Rentensystem als Ganzes weiter destabilisieren. „Gerade die Diskussion um eine kapitalgedeckte [...] Rente hat unsere tarifvertraglichen Bemühungen häufig an den Rand des gewerkschaftlichen Spektrums gestellt." (Laux 2001: 340) Selbst in Bezug auf den Ausbau der betrieblichen Rente, der im Prinzip von allen Gewerkschaften geteilt wird, zeigt sich also nicht bloß ein möglicher Konflikt zwischen Arbeitnehmern, die aufgrund ihrer Einkommenssituation unterschiedlich durch diese Veränderung affiziert werden, sondern auch zwischen einzelnen Gewerkschaften, die sich an ihren unterschiedlichen Mitgliederbasen orientieren. Hinzu kommt noch, dass davon auszugehen ist, dass sich die unterschiedlichen Standpunkte hinsichtlich des Ausbaus der zweiten und dritten Säule der Alterssicherung verschieden gut organisieren lassen, und dass somit die „Hauptlinie" der Rentenpolitik der Arbeitnehmer nicht unbedingt die Interessen der meisten Arbeitnehmer widerspiegeln muss. „Kollektiver Protest gegen die Neugewichtung der Komponenten des Alterssicherungssystems, die eine Absenkung des Leistungsniveaus der Rentenversicherung einschließt, ist am wenigsten von denen zu erwarten, die heute schon mangels entsprechender finanzieller Mittel und/oder unsteter Erwerbskarriere keine (betriebliche) Ergänzungs- oder (private) Zusatzvorsorge aufbauen können." (Hinrichs 2000a: 314)

In der Rentenreform 2001 lag der Hauptschwerpunkt nicht auf dem Ausbau der betrieblichen, sondern der privaten Altersvorsorge. Die Umsetzung des Ausbaus dieser dritten Säule wurde hauptsächlich wegen der dadurch entstehenden einseitigen Belastung der Arbeitnehmer kritisiert. „Gegenüber den bisherigen Projektionen[...] führt die nun geplante Umstrukturierung zu einer Entlastung der Arbeitgeber um rund einen Prozentpunkt, während sich die Gesamtbelastung der Arbeitnehmer durch die erforderlich werdende Kombination von gesetzlicher und privater Vorsorge um ca. 3 Prozentpunkte erhöht (ca. 11% + 4% = 15% statt 12%). Hiermit wird die paritätische Beitragsfinanzierung einer «Lebensstandardsicherung im Alter» aufgegeben und das Sicherungsziel der GRV offen gelassen." (WSI 2000: 2) Diese Argumentationslinie passt zu den allgemeinen Positionen des DGB in der Szene der Umstrukturierung, da einerseits einer höheren Belastung der Arbeitnehmer zugestimmt wird, andererseits aber diese Zustimmung mit der Forderung nach einer „gerechten Verteilung der Lasten" verknüpft wird.[115] Daher wurde insbesondere die Einbeziehung der Arbeitnehmer gefordert. (WSI 2000: 3) Zusätzlich wurde aber auch bemängelt, dass die Riester-Rente innerhalb der Arbeitnehmer Ungleichheiten verschärfen würde. Laut WSI begünstigt die Riester-Rente „Besserverdienende, die i.d.R. ohnehin schon besser für das Alter abgesichert sind, und ist insofern verteilungspolitisch äußerst problematisch." (WSI 2000: 6) Zudem würden Frauen benachteiligt, da die privaten Altersvorsorgemodelle die biometrischen Risiken nicht ausgleichen würden.

> Bei der Errechnung des durch Kombination von gesetzlicher und privater Vorsorge erreichbaren «Gesamtversorgungsniveaus» werden zudem Äpfel und Birnen addiert, insofern typische Leistungen der GRV bezüglich der Abdeckung biometrischer Risiken (wie Invalidität, Sicherung von Hinterbliebenen) in der Privatvorsorge nicht berücksichtigt sind. (WSI 2000: 7)

Außerdem stellten die gewerkschaftsnahen Institute in Frage, ob die vom Bundesministerium für Arbeit und Sozialordnung angenommene Rate der Substitution der Rentenkürzungen innerhalb der GRV überhaupt erreicht werden könnte. „Die vorliegenden Berechnungen zur Entwicklung der Ansprüche aus der anvisierten privaten Vorsorge unterstellen eine Verzinsung von 6%, die angesichts der Tatsache, dass die Lebensversicherer nur (noch) von einer Mindestverzinsung von 3,25% ausgehen, unrealistisch erscheint." (WSI 2000: 7) Der Ausbau der dritten Säule wurde von den Gewerkschaften auch deshalb kritisiert, weil sie – offensichtlich zu Recht – befürchteten, dass trotz staatlicher Förderung der Aufbau einer eigenständigen privaten Vorsorge nicht allen Arbeitnehmern gelingen würde, da ihnen die finanziellen Spielräume dafür fehlten. „Der Verweis darauf, dass die umlagefinanzierte Rente in Zukunft durch private Altersvorsorge ergänzt werden muss, um ein ausreichendes Sicherungsniveau zu erreichen, ignoriert, dass viele nicht über die dafür notwendigen Mittel verfügen." (Wiesehügel 2004: 34)

Bezüglich der anderen Bestandteile der Rentenreform 2001 sind die Positionen der Arbeitnehmer sowohl von Ablehnung als auch von Zustimmung bestimmt. Der DGB erklärte sich generell mit einer Veränderung der Rentenformel einverstanden und befürwortete die modifizierte Bruttolohnanpassung. (Standfest 2000: 336)

---

[115] „Relative Gewinner sind vor allem die Arbeitgeber, deren Beiträge festgeschrieben werden, während bei den Arbeitnehmern dem einen Beitragspunkt Entlastung eine Mehrbelastung von vier Prozentpunkten für die private Vorsorge entgegensteht." (WSI 2000: 3)

> Allerdings scheint die Rede von einer «Nettoanpassung» unter den gegebenen Umständen kaum noch gerechtfertigt. Durch die neue Berechnungsgrundlage, die Ersetzung des «realen» durch ein «fiktives» Netto vor allem durch die Berücksichtigung des freiwilligen Vorsorgesparens i.S. einer quasi-obligatorischen Abgabe, wird das tatsächliche Rentenniveau weit unter das «offizielle» Rentenniveau von 64% abgesenkt, nämlich basierend auf der heutigen Berechnungsweise auf unter 61%. (WSI 2000: 3)

Der Anpassungsfaktor, durch den das Rentenniveau schrittweise reduziert werden soll, stieß jedoch auf heftige Kritik. „Aus unserer Sicht sollte zumindest auf diesen Ausgleichsfaktor verzichtet werden. Sein Einsparvolumen ist im Zeitraum bis 2030 zu vernachlässigen, seine Wirkung auf das Rentenniveau der jüngeren Generation unzumutbar." (Standfest 2000: 336) Der DGB argumentierte dahingehend, dass durch den Ausgleichsfaktor die positiven Effekte der zusätzlichen privaten Vorsorge kompensiert würden, wodurch die jüngere Generation zu stark belastet würde. Aus der Position der Gewerkschaften sollte der Ausbau der zweiten und dritten Säule das bestehende Rentenniveau erhöhen und nicht eine Absenkung kompensieren. Die Einigkeit über den Ausbau der zusätzlichen Altersvorsorgesysteme mit den Regierungsparteien und der Opposition war demnach rein formell, da entgegengesetzte Zielvorstellungen mit diesem Instrument verbunden waren. Daher überwog die Ablehnung des Reformprogramms. „Das WSI kommt [...] zu dem Ergebnis, dass die Reform zwar in einigen Feldern punktuelle Verbesserungen beinhaltet, insgesamt jedoch aus der Perspektive der Arbeitnehmer/Versicherten mehr Probleme verschärft als löst. Damit bleibt die rotgrüne Regierungskoalition weit hinter den ursprünglich selbst gesteckten Ansprüchen zurück." (WSI 2000: 1)

Besonders die generelle Ausrichtung der Rentenreform 2001 war mit den Vorstellungen der Arbeitnehmer nicht vereinbar. Weder die Einschätzung, es gäbe eine akute Dringlichkeit das Rentenniveau zu senken, noch die Zielvorgabe einer unbedingten Stabilisierung des Beitragssatzes, wurden von den Arbeitnehmern geteilt. Selbst der DGB, der, wie beschrieben, am ehesten zu Zugeständnissen bereit war, äußerte sich sehr ablehnend. „Die Gewerkschaften sehen keine Notwendigkeit, das Rentenniveau weiter zu senken." (Engelen-Kefer 2000a: 92) Die Fixierung auf einen stabilen Beitragsatz wurde vom DGB als „politischer Fetisch" bezeichnet. (Engelen-Kefer 2000a: 93) Zwar richtete sich die Kritik der Gewerkschaften nicht generell gegen das Ziel einer Stabilisierung der Beiträge. Diese sollte aber erstens mit der Zielsetzung einer langfristigen Sicherung des Rentensystems abgestimmt werden. Zweitens wurden die Mittel kritisiert, mit denen der Beitragssatz stabil gehalten werden sollte. „Während die Gewerkschaften eine Beitragssatzstabilisierung durch höhere Bundeszuschüsse befürworten, lehnen sie es ab, dieses Ziel durch (weitere) Absenkungen des Rentenniveaus zu erreichen.“ (Hinrichs 2000a: 310) Auch eine Ausweitung der Versicherungspflicht wurde von den Gewerkschaften als Möglichkeit eingebracht. (DGB 1999: 329) Die Vorschläge der Arbeitnehmer zielten demnach auf eine Ausweitung der Einnahmen – ohne eine wesentliche Veränderung des Beitragssatzes – zur Überwindung der Finanzierungsprobleme und nicht auf eine Verringerung der Ausgaben.

Die ablehnende Haltung gegenüber der Rentenreform 2001 manifestierte sich u. a. in Protestveranstaltungen. Die Gewerkschaften, der Sozialverband VdK und der Sozialverband Deutschland e. V. organisierten eine Gegenveranstaltung zum Rentengipfel von Regierung und Opposition, auf dem heftige Kritik an den Reformvorstellungen formuliert wurde. „Aus Sicht der Teilnehmerinnen und Teilnehmer des alternativen Rentengipfels sind die bisher von Koalition und Opposition diskutierten Reformvorstellungen nicht geeignet, die Rentenversicherung gerecht, sozial und zukunftsorientiert zu gestalten.“ (Engelen-Kefer u. a. 2000: 233) Insbesondere wurde die Absenkung des Rentenniveaus bei gleichzeitiger zusätzlicher privater Vorsorge kritisiert, die als sozial ungerecht erschien.

> Die vorgelegten Pläne zur stärkeren Förderung der privaten Altersvorsorge sind abzulehnen. Sie werden nicht nur Beitragszahlerinnen und Beitragszahler deutlich stärker belasten, sondern sollen nach den Plänen dazu dienen, Einschnitte im Sicherungsniveau der gesetzlichen Rentenversicherung vorzunehmen. Der Aufbau privater oder betrieblicher Vorsorge darf aber nicht zu Lasten der gesetzlichen Rentenversicherung erfolgen. Diese soll die erste Säule ergänzen, nicht ersetzen. (Engelen-Kefer u. a. 2000: 233)

Auch bezüglich der Rentenreform 2001 zeigte sich dasselbe Muster wie bereits zuvor bei der Rentenreform 1999: Da eine weitere Absenkung des Rentenniveaus durchgesetzt werden sollte, wurden die Akteure, die bislang die Blümsche Rentenreform von 1999 kritisiert hatten, zu Verteidigern des mit ihr erreichten Standes. „Infolge dieser Maßnahmen [Rentenreform 2001, Anmerkung S. H.] wird das Rentenniveau stärker abgesenkt, als es noch in der Blümschen Reform mit dem Demografiefaktor vorgesehen war. Hiergegen haben sich die Gewerkschaften mit allen Mitteln zur Wehr gesetzt.“ (Engelen-Kefer 2000c: 549-550)

Am konkretesten wurden diese Vorstellungen einer alternativen Rentenpolitik im „Modell einer universalen Rente“ der IG BAU. Die Vorschläge der IG BAU zu einem universellen Rentensystem laufen im Kern auf eine Art „Bürgerrentenversicherung“ hinaus.

> Um die Sozialversicherungssysteme zukunftsfähig zu machen, müssen sie auf eine erheblich breitere Basis gestellt werden – durch die Erweiterung des versicherten Personenkreises sowie durch die Heranziehung anderer Einkommensarten über die Arbeitseinkommen hinaus. [...] Leider hat die Rürup-Kommission in ihrer Mehrheit eine andere Entscheidung getroffen und nicht nur die konkreten gewerkschaftlichen Vorschläge zur Ausgestaltung einer Bürgerversicherung abgelehnt. (Wiesehügel 2004: 27)

Die Ausweitung des Personenkreises soll einhergehen mit einer stärkeren Belastung der höheren Einkommen. „Das Konzept der IG BAU sieht vor, die Beitragsbemessungsgrenze entfallen zu lassen, denkbar wäre auch eine schrittweise Aufhebung.“ (Wiesehügel 2004: 29) Dadurch sollte es möglich werden, den Beitragssatz deutlich – um 5,4 Prozentpunkte – zu senken. (Wiesehügel 2000: 231, vgl. auch Laux 2001: 336) Zudem sollte die Möglichkeit und die Verpflichtung zum Aufbau eigenständiger Anwartschaften ausgebaut werden. „Der Aufbau einer Grundlage für eine individuelle Altersversorgung wird dadurch ermöglicht, dass jeder in der Bundesrepublik Lebende ab dem 16. Lebensjahr einen Mindestbeitrag in Höhe von DM 200,- als Rentenversicherungsbeitrag entrichten muss.“ (Wiesehügel 2000: 231)

Innerhalb des DGB konnte sich dieses Konzept bislang nicht als gemeinsame Linie durchsetzen, was u. a. auf die unterschiedlichen Vorstellungen der IG Metall zurückzuführen ist. (Schmitthenner 1999: 207) „Auch die Kontroversen innerhalb der Gewerkschaften und innerhalb des Deutschen Gewerkschaftsbundes wurden mit harten Bandagen ausgetragen, ohne dass eine Seite hätte nachhaltig überzeugen können.“ (Laux 2001: 336)

Ein weiterer wesentlicher Bestandteil des „Modells einer universalen Rente“ besteht in der Einführung eines flexiblen Rentenalters. „Zum Rentenkonzept der IG BAU gehört neben dem Plädoyer für ein universelles Rentensystem, das die gesamte Bevölkerung umfasst, das Recht, nach 44 Versicherungsjahren abschlagsfrei in Rente gehen zu können. [FN] Wer solange gearbeitet und in die Rentenversicherung einbezahlt hat, darf für die verschlissene körperliche Verfassung oder den verlorenen Arbeitsplatz nicht noch mit erheblichen Abschlägen bestraft werden.“ (Wiesehügel 2004: 32) Dieser Vorschlag richtet sich einerseits explizit gegen die Vorstellung, die versicherungsmathematischen Abschläge müssten noch ausgeweitet und das Renteneintrittsalter erhöht werden. Zugleich ist aber auch – wie schon bei der tariflich vereinbarten Zusatzrente in der Bauindustrie – ein deutlicher Bezug auf die spezifische Erwerbsbiographie im Baugewerbe enthalten.

Kaum einem Bauarbeiter z. B. gelingt es, bei der harten körperlichen Arbeit, den schweren gesundheitlichen Belastungen und der hohen Arbeitslosigkeit in dieser Branche vom 15. bis zum 65. Lebensjahr durchzuarbeiten. Die Lebenserwartung dieser Gruppe liegt unter dem gesellschaftlichen Durchschnitt. Gerade die niedrige Lebenserwartung der langjährig Versicherten, die in ihrem Arbeitsleben im gewerblichen Bereich hohen Belastungen ausgesetzt sind, muss beim Renteneintritt berücksichtigt werden. (Wiesehügel 2004: 32)

Offensichtlich vergrößert sich bei zunehmendem Reformdruck auf die Rentenversicherung das Konfliktpotential unter den Arbeitnehmern, das in 4.1.1 abstrakt bestimmt wurde. Die Flexibilisierung der Altersgrenze wurde auch von der IG Metall gefordert. Mit ihrem Entwurf für eine „Rente mit 60" entfernte sich die IG Metall innerhalb des Kollektivakteurs Arbeitnehmer am weitesten von den von Bundesarbeitsminister Riester vorgegebenen Eckpunkten einer Strukturreform der Rentenversicherung.[116] Begründet wurde die Forderung nach einer Rente mit 60 mit der schlechten Situation auf dem Arbeitsmarkt.

Die Finanzschwierigkeiten der öffentlichen Haushalte und der Sozialversicherungen sind in der Hauptsache durch die anhaltende Massenarbeitslosigkeit verursacht. Ohne nachhaltigen Beschäftigungszuwachs wird es keine Sanierung der Haushalte geben. Wir brauchen daher einen sofortigen Abbau der Überstunden, die Förderung sozial geschützter Teilzeitarbeitsverhältnisse und sozial akzeptable Regelungen für eine Rente mit 60. (Schmitthenner 1999: 207)

Die „Rente mit 60" sollte einen abschlagsfreien Eintritt in den Ruhestand ab 60 ermöglichen. Zwar würden dadurch die Renten derjenigen gesenkt, die von dieser Regelung Gebrauch machen würden, da weniger Entgeltpunkte in die Rentenberechnung eingingen. Diese Minderung sollte aber zum Teil durch tarifliche Vereinbarungen aufgefangen werden. Die Argumentation verblieb demnach in dem Muster, das in der Szene der Anpassung entwickelt wurde: Über eine Rentenpolitik, die auf einen früheren Ausstieg aus dem Arbeitsmarkt zielt, soll das Angebot an Arbeitskräften verknappt werden, wodurch bislang Arbeitslose einen Arbeitsplatz finden können und dann mit ihren Beiträgen die Rentenversicherung entlasten. Die „Rente mit 60" wurde vom DGB in den Forderungskatalog für eine Rentenreform übernommen, hatte aber innerhalb der DGB-Positionen von Anfang an ein geringeres Gewicht als von der IG Metall gewünscht.[117] Im Vor-

---

[116] Wobei allerdings zu bemerken ist, dass die IG Metall ihre Vorschläge erarbeitete, bevor die „Eckpunkte" von Riester bekannt wurden.

[117] „Für die Gewerkschaften hat *zunächst* die «Rente mit 60» (d. h. der Abschlagsausgleich bei vorzeitigem Rentenbeginn) eindeutig Priorität." (DGB 1999: 329, Hervorhebung S. H.)

dergrund stand für den DGB zunächst die Ablehnung der obligatorischen Zusatzversicherung unter Aufhebung der paritätischen Beiträge. (DGB 1999: 329) Die Überlegung der IG Metall, den flexiblen Ruhestand dadurch zu fördern, dass auf tariflicher Ebene Ausgleichszahlungen für Abschläge wegen vorzeitigem Ruhestand ausgehandelt werden, wurde auch unabhängig von der Rente mit 60 verfolgt. (Engelen-Kefer 2000a: 93) Die IG BAU stellte sich zwar nicht gegen die „Rente mit 60", hatte aber selbst einen anderen Weg eingeschlagen. „Auch die Diskussion um die Rente mit 60, die von der IG Metall geprägt worden ist, hat auf unsere Tarifgespräche ausgestrahlt, da die Arbeitgeber vermuteten, dass auch unser Hauptziel eigentlich die Rente mit 60 sei, die über das Instrument der tariflichen Zusatz-Rente abgewickelt werden sollte." (Laux 2001: 340) Für die IG BAU stand an aller erster Stelle, dass die Rente ihrer Mitglieder aufgestockt werden sollte. Eine – wenn auch tariflich abgefederte – Rentensenkung stand daher für diese Gewerkschaft nicht zur Diskussion.

Mit ihrer Kritik an der Rentenreform 2001 konnten sich die Arbeitnehmer nur in Teilbereichen durchsetzen. So flossen bei der Gestaltung der Regelungen für die betriebliche Altersvorsorge und bei der Festlegung der Niveausicherungsklausel gewerkschaftliche Vorstellungen in das Reformprogramm ein. (BT-Drucksache 14/1561)

Insgesamt ist jedoch festzuhalten, dass der Einfluss der Arbeitnehmer auf die Umstrukturierung des Rentensystems sehr gering gewesen ist. Deutlich wird dies u. a. daran, dass auch nach der Rentenreform 2001 die Absenkung des Rentenniveaus weiter vorangetrieben wurde, so dass der DGB sich genötigt sah, den Stand von 2001 zu verteidigen. „Nach Einschätzung des DGB darf das Rentenniveau nicht unter das Niveau nach der Riester-Reform fallen." (Nürnberger/Stapf-Finé 2004: 42) So wird z. B. an der Reform von 2004 kritisiert, dass mit der Einführung des Nachhaltigkeitsfaktors „ein Durchschnittsverdiener fast 37 Jahre in die Sozialversicherung einzahlen [müsste], um eine Rente auf Sozialhilfeniveau zu erreichen. [...] Das ist ein faktischer Systemwechsel, weil bei einem solchen «Sicherungsniveau» die Legitimation des Rentensystems endgültig erodiert." (Wiesehügel 2004: 34)

Eine inhaltlich fundierte Einigkeit mit den anderen Kollektivakteuren haben die Arbeitnehmer in der Szene der Umstrukturierung bislang nur in Bezug auf die Organisationsreform herstellen können. „Der Deutsche Gewerkschaftsbund hat das Bekenntnis des Bundeskanzlers und der Ministerpräsidenten zu einer Organisationsreform ausdrücklich begrüßt, da hiermit nicht nur die Verwaltungskosten der Rentenversicherungsträger vermindert würden, sondern auch die historisch überkommene Trennung von Arbeitern und Angestellten endlich überwunden werden könne." (Roggenkamp 2004: 48) Einsprüche gab es nur von der Gewerkschaft ver.di. Diese bezogen sich jedoch nicht auf die Reform an sich, sondern auf die Befürchtung eines Stellenabbaus bei der BfA. (Roggenkamp 2004: 49)

Interessen der Arbeitnehmer

Aus den hier dargestellten Positionen der Arbeitnehmer soll nun auf die Interessen geschlossen werden, die für die Szene der Umstrukturierung für diesen Kollektivakteur entscheidend waren und sind. Im Mittelpunkt der Bemühungen der Arbeitnehmer steht hierbei der Erhalt des bestehenden Systems. Durch die – von den anderen Kollektivakteuren angestrebten – Reformprogramme zur Umstrukturierung der Alterssicherung in Deutschland gerieten die Arbeitnehmer zunächst in eine defensive Position. Ihr Interesse am Erhalt des bestehenden Systems mussten sie gegen Versuche eines „Systemwechsels" verteidigen.[118] In erster Linie bezog sich dieser *konservative* Gedanke der Arbeitnehmer auf das mit dem Rentensystem verbundene Leistungsniveau. Während von Arbeitgebern und aus den Reihen des politisch-administrativen Systems die Reformvorschläge immer wieder mit Rentenkürzungen verknüpft wurden, ging es den Arbeitnehmern darum, eine solche Politik so weit wie möglich zu verhindern. Jede neue Reform brachte die Arbeitnehmer daher in die Verlegenheit, dass sie nun den Stand verteidigen mussten, gegen den sie zuvor protestiert hatten. Zugleich bestand aber das bereits in der Szene des Ausbaus charakterisierte Interesse an der politischen Beteiligung an der Gestaltung des Rentensystems fort. Für die Arbeitnehmer entstand so ein Konflikt. Einerseits lehnten sie Reformprogramme, die die Finanzierungsprobleme der Rentenversicherung durch eine Verringerung der Leistungen erreichen wollten, ab. Andererseits konnten sie sich aber nicht generell gegen die vordefinierte Problemlage wenden, das Rentensystem sei in seiner bisherigen Form auf Dauer nicht finanzierbar, da sie sonst mit ihren Positionen nicht anschlussfähig gewesen wären. Besonders die Gewerkschaften bekamen in der Szene der Umstrukturierung dieses Problem zu spüren, da ihnen ihr „Nein" zu den angestrebten Reformen den Ruf eines Blockierers einbrachte. Aus dem Interesse an politischer Beteiligung folgte deshalb für die Gewerkschaften, dass auch sie sich zu einer „Reformnotwendigkeit" bekannten – jedoch mit einer anderen Zielrichtung. Während die anderen Kollektivakteure deutlich auf eine

118 Die bisherige Untersuchung hat bereits gezeigt, dass der Begriff „Systemswechsel" in den Auseinandersetzungen der Akteure dahingehend instrumentalisiert wird, dass einer unliebsamen Position der Bruch mit dem bestehenden System vorgeworfen wird, den der entsprechende Akteur eigentlich doch nicht wollen kann.

Reduzierung des Leistungsniveaus des Rentensystems hinarbeiteten – und dies z. T. unabhängig von Finanzierungsproblemen –, erklärten die Gewerkschaften die Sicherung des derzeitigen Niveaus zum Ziel ihrer Reformbemühungen.

Dieses Interesse an der Sicherung des Rentensystems war für die Gewerkschaften auch deshalb entscheidend, da der Abbau von Leistungen die Konflikte innerhalb der Arbeitnehmer verschärfte und somit ihre eigene Position schwächte. Zu Beginn der Szene der Umstrukturierung gelang es am ehesten dem DGB, Positionen zu vertreten, die als Ausdruck der Interessen *der* Arbeitnehmer gewertet werden konnten. Durch die beständige Verschlechterung ihrer Lage wurde aber die Solidarität innerhalb der Arbeitnehmerschaft auf zweifache Weise belastet. Erstens machte die Absenkung des durchschnittlichen Rentenniveaus eine größere Umverteilung hin zu den unteren Einkommensklassen notwendig, wenn auch für sie der Ruhestand als eigenständiger Status erhalten werden sollte. Zweitens wurde aber der Verteilungsspielraum zwischen den Arbeitnehmern immer enger, da auch mittlere und höhere Lohngruppen durch die Reformen negativ affiziert wurden und daher wenig Bereitschaft aufbrachten, zusätzlich für eine soziale Umverteilung einzustehen. Eine Folge davon war, dass die einzelnen Gewerkschaften mehr auf die spezifischen Interessen ihrer Mitglieder achteten, wodurch die Vertretung eines einheitlichen Arbeitnehmerstandpunktes erschwert wurde.

Auf diese Lage reagierten die Arbeitnehmervertreter einerseits mit der Forderung nach einer gerechten Verteilung der Lasten. (Muhr 1989: 1) Das bedeutete, dass sie bei ihren Mitgliedern für den Standpunkt warben, eine Verschlechterung, die alle Betroffenen gleichermaßen träfe, sei hinzunehmen. Außerdem schafften sie sich so die Möglichkeit, an die anderen Akteure Forderungen zustellen: Die Botschaft lautete, die Arbeitnehmer sind zu Zugeständnissen prinzipiell bereit, Arbeitgeber und politisch-administratives System (in Form des Bundeszuschusses) müssen aber auch ihren Beitrag leisten. Weil aber die Ausrichtung der Reformen u. a. eine Entlastung der Lohnnebenkosten beinhalten sollte, war auch diese Position so nicht durchsetzbar. Aus dem Interesse an einer weiteren Beteiligung an der Gestaltung der Reformen des Rentensystems wurde die Position der gerechten Lastenverteilung hinsichtlich der Arbeitnehmer dahingehend abgewandelt, dass nicht eine gleiche Belastung der Arbeitnehmer, immerhin aber die formelle Anerkennung der paritätischen Finanzierung gefordert wurde. Auch wenn also kein finanzielles Zugeständnis eingefordert wurde, war es den Arbeitnehmern sehr wichtig, die Mitverantwortung der Arbeitgeber für die Kosten der Rentenversicherung festzuhalten.

Die zweite Antwort der Gewerkschaften auf die zunehmenden Verteilungskonflikte innerhalb der Arbeitnehmerschaft bestand in Vorschlägen, die das

Rentensystem auf eine breitere Einnahmebasis stellen sollten. In diesem Zusammenhang wurden die steuerfinanzierte Grundsicherung und die Bürgerrente von den Gewerkschaften für sich entdeckt. Diese Instrumente erinnern an Diskussionen in der Szene des Ausbaus, als es von Teilen der Arbeitnehmer noch die Vorstellung eines am Universalitätsprinzip ausgerichteten Rentensystems gab. Die in der Szene der Umstrukturierung damit verknüpfte Zielvorgabe hatte jedoch einen anderen Inhalt. Durch einen höheren Anteil an steuerfinanzierten Mitteln in der Rentenversicherung und durch die Ausweitung der Beitragszahler sollte gewährleistet werden, dass das Rentensystem trotz aller Finanzierungsprobleme seinen Charakter als lebensstandardsichernde Altersversorgung behalten konnte. Aus diesem Interesse heraus wurde auch die Einführung eines Mindestrentenniveaus gefordert. Der Verweis der Gewerkschaften, das Rentensystem würde seine Legitimität verlieren, wenn dieses Niveau nicht länger garantiert würde, (Engelen-Kefer 2000a: 93) beinhaltet einerseits die Drohung, die Gewerkschaften würden sich nicht mehr hinter die Institutionen der Altersvorsorge stellen. Andererseits sind auch die Gewerkschaften selber von diesem Legitimitätsverlust betroffen, da sie ihre Beteiligung gegenüber ihren Mitgliedern rechtfertigen müssen.

Die entscheidende Frage für die Arbeitnehmer in der Szene der Umstrukturierung blieb die Entwicklung der Arbeitslosigkeit. Dies lässt sich u. a. an den Interessen bezüglich der Altersgrenze zeigen. Obwohl Arbeitnehmer in der Szene der Umstrukturierung konstant gegen eine Anhebung der Altersgrenze protestierten und diese Position nach wie vor intern kaum strittig ist, bleibt die Ablehnung relativ: Würde zugleich eine positive Entwicklung der Beschäftigungsverhältnisse älterer Arbeitnehmer registriert, so wären – aller Voraussicht nach – viele Arbeitnehmer einverstanden mit der Perspektive eines längeren Erwerbslebens und anschließend „gesicherter" Rente. Da die Arbeitnehmer in diesem Punkt also eine prinzipielle Zustimmungsbereitschaft aufweisen, können die Gewerkschaften hier Verhandlungspositionen ausbauen und ihre Ablehnung mit Forderungen an die Arbeitgeber verbinden. Aus gewerkschaftsnaher Perspektive stehen die Unternehmen in der Pflicht, die Beschäftigungssituation älterer Arbeitnehmer zu verbessern.

> So müssen zum einen die Voraussetzungen dafür verbessert werden, dass ältere Beschäftigte hinsichtlich ihrer gesundheitlichen Konstitution, ihres beruflichen Leistungspotentials und ihrer qualifikatorischen Fähigkeit überhaupt in der Lage sind, länger zu arbeiten. Zum anderen muss sich die Arbeitsnachfrage der Unternehmen stärker auf die Älteren ausrichten, statt den bequemen Weg der Frühausgliederung zu beschreiten. (Bäcker 2003: 383)

Die Rentenpolitik stand für die Arbeitnehmer demnach auch in der Szene der Umstrukturierung im engen Zusammenhang mit der Arbeitsmarktpolitik. Dabei wurden aber abhängige und unabhängige Variable im Vergleich zur Szene der Anpassung vertauscht. Die Rentenpolitik sollte nicht mehr einen (positiven) Effekt auf den Arbeitsmarkt ausüben, sondern der Arbeitsmarkt wird als bestimmende Größe der Rentenpolitik behandelt. Einerseits wird dadurch ein breiteres Spektrum an Positionen möglich, denn Rentenpolitik muss sich nicht mehr daran messen lassen, ob sie Arbeitsplätze schafft. Andererseits wird aber anerkannt, dass die Möglichkeiten der Rentenpolitik durch die Situation am Arbeitsmarkt beschränkt sind. Gerade wenn sich daher die Arbeitslosigkeit verschärft, entsteht ein – von den Arbeitnehmern anerkannter – Reformdruck auf das Rentensystem. Solange sich die Lage auf dem Arbeitsmarkt daher nicht verbessert, sind die Arbeitnehmer in weiten Teilen ihrer rentenpolitischen Positionen auf eine defensive Abwehrhaltung beschränkt, die sie allerdings selbst in Frage stellen.

Eine Abweichung von diesem Standpunkt findet sich in dem Vorschlag einer „Rente mit 60“. Diese Überlegung basierte auf der, in der Szene der Anpassung maßgeblichen, Definition der Rentenpolitik als Instrument der Arbeitsmarktpolitik. In der Szene der Umstrukturierung ließ sich eine Rentenpolitik unter diesen Vorzeichen jedoch immer schlechter gegenüber den Arbeitnehmern rechtfertigen, da erstens nicht ersichtlich wurde, dass bereits geleistete Zugeständnisse zu einer positiven Entwicklung auf dem Arbeitsmarkt führen würden, und zweitens durch die zunehmende finanzielle Belastung der Arbeitnehmer wenig Spielraum für interne Umverteilungspolitik bestand.

Insgesamt muss festgehalten werden, dass die Arbeitnehmer in der Szene der Umstrukturierung zunehmend Schwierigkeiten bekommen, einheitliche Interessen zu formulieren. Das Problem besteht darin, dass die Arbeitnehmer von der Logik der angestrebten Sozialreformen – erst müssen die Arbeitgeber entlastet werden, dann gibt es Wachstum, dann kann es auch wieder Arbeitsplätze geben – nur negativ betroffen sind. Daher ist es nicht verwunderlich, wenn sich die Gewerkschaften kritisch gegen eine Politik wenden, die damit begründet wird, „dass durch die finanzielle Entlastung der Arbeitgeber ein höheres Wachstum und eine positive Beschäftigungsentwicklung ermöglicht werde. Seit einem Jahrzehnt müssen die Menschen diese Politik der Umverteilung über sich ergehen lassen, ohne dass es zu einer besseren Entwicklung auf dem Arbeitsmarkt gekommen ist.“ (Nürnberger/Stapf-Finé 2004: 42) Hier wird deutlich, dass sich die Gewerkschaften dieser Logik gar nicht generell versagen. Sie kritisieren nur das Ausbleiben des positiven Effekts und sind deshalb damit konfrontiert, dass den Arbeitnehmern immer neue Opfer abverlangt werden. Ausgangspunkt der Kritik der Arbeitnehmer bleibt deshalb, dass sie die maßgeblichen Zielrichtungen der Reformen in der Szene der Umstrukturierung, die Stabilisierung des Beitragssatzes und die Entlastung der Arbeitgeber, nicht teilen.

> Ist in der aktuellen politischen Diskussion von «Rentenreform» die Rede, liegt man nur selten falsch, wenn man dies mit «Leistungskürzungen» übersetzt. Ob es z. B. um die Heraufsetzung des gesetzlichen Renteneintrittsalters auf 67 Jahre geht oder um den so genannten «Nachhaltigkeitsfaktor», der das Rentenniveau noch über das im Zusammenhang mit der Riester-Rente schon beschlossene Maß hinaus absenken soll – die Leistungen aus der umlagefinanzierten Rente sollen in jedem Fall sinken, mit der Begründung, dies sei der einzige Weg, um die Beitragssätze stabil zu halten. (Wiesehügel 2004: 26)

Gleichzeitig gelingt es den Arbeitnehmern aber bislang nicht, eine andere Ausrichtung der Reformen durchzusetzen. So bleibt die Kritik darin verhaftet, dass auf die negativen Auswirkungen für die Arbeitnehmer hingewiesen wird.

4.3.2 Arbeitgeberinteressen in der Szene der Umstrukturierung

In der Szene der Umstrukturierung treten die Arbeitgeber sehr offensiv mit Forderungen an das Rentensystem heran. Während die Arbeitnehmer ihre Positionen im Verlauf der Szene den neuen Gegebenheiten beständig anpassen mussten, lässt sich bei den Arbeitgebern in erster Linie auf kontinuierliche Positionen verweisen, die in den einzelnen Reformetappen nur leicht modifiziert – zumeist konkretisiert – werden. Daher ist es sinnvoll, die Positionen nicht chronologisch, sondern thematisch zu entwickeln, um dann auf die Interessen der Arbeitgeber in der Szene der Umstrukturierung eingehen zu können.

Positionen der Arbeitgeber

In der Szene der Anpassung hatte sich die Politik der Arbeitgeber in erster Linie auf die Verhinderung von Erhöhungen des Beitragssatzes bezogen. In der Szene der Umstrukturierung hingegen bekommt die Rentenpolitik eine wesentlich offensivere Ausrichtung, die sich u. a. an der Position zum Beitragssatz zeigt. „Angesichts schwierig werdender wirtschaftlicher Gegebenheiten hält es die BDA in neuerer Zeit sogar für notwendig, den Beitragssatz in der gesetzlichen Rentenversicherung zu senken oder, falls sich Erhöhungen als unvermeidbar erweisen, durch finanzielle Entlastungen in anderen Bereichen auszugleichen.“

(Winter 1997: 188) Aus der Sicht der Arbeitnehmer war es in der Szene der Umstrukturierung erforderlich, Veränderungen am Rentensystem vorzunehmen, die ihre finanziellen Belastungen verringern würden. Es ging also nicht mehr um die Bewältigung interner Probleme des Rentensystems, sondern um eine gezielte Veränderung.

Diese Haltung machte sich erstmals bezüglich der Rentenreform 1992 bemerkbar. Bereits hier galt von Seiten der Arbeitgeber, dass, getrennt von akuten Finanzierungsproblemen, die „Reform der gesetzlichen Rentenversicherung [...] unabweislich und zugleich dringlich [ist]." (BDA 1989: 98) Anders als in der Szene der Anpassung zeigte sich in der Szene der Umstrukturierung eine Unzufriedenheit der Arbeitgeber mit dem Status Quo des Rentensystems. Diese äußerte sich in einer fortwährenden Kritik des „zu hohen" Leistungsniveaus der Rentenversicherung. Getrennt von den zu bewältigenden Zielen der Rentenversicherung sollten die dazu aufzubringenden Mittel reduziert werden. Alle Reformen innerhalb der Szene der Umstrukturierung wurden von den Arbeitgebern auf ihre Wirkung auf das Leistungsniveau der Rentenversicherung hin überprüft, wobei senkende Maßnahmen positiv bewertet wurden. Die Kritik an diesen Reformen bezog sich in der Regel auf den zu *geringen* Umfang der eigentlich richtigen Schritte. (Vgl. BDA 2004b: 3, Henkel 1989: 25) Dies zeigte sich bereits in Bezug auf die Rentenreform 1992, in der die Entwicklung der Renten an das Nettolohnniveau gekoppelt wurde, wodurch eine Absenkung des Rentenniveaus erreicht werden sollte. (BDA 1989: 98)

Auch 1998 forderten die Arbeitgeber die Absenkung des Rentenniveaus, diesmal auf 60% der Durchschnittseinkommen. (Kannengießer 1998: 3) Entsprechend stieß sowohl die Einführung des demografischen Faktors als auch die Maßnahme der rotgrünen Bundesregierung, den demografischen Faktor der Kohlregierung aufzuheben und stattdessen die Renten nur um die Preissteigerungsrate anzugleichen, bei den Arbeitgebern auf Zuspruch. (Hinrichs 2000a: 303) Denn beiden Maßnahmen war gemein, dass sie zu einer Senkung des Leistungsniveaus im Verhältnis zum jeweils vorigen Stand beitrugen. Analog hierzu werden in den aktuellen Diskussionen von Seiten der Arbeitnehmer – insbesondere vom DIHK – die Überlegungen zur Einführung eines Mindestrentenniveaus heftig kritisiert. (Schwenn 2004)

Eine Untergrenze der Reduzierung des Volumens der Rentenversicherung wurde in der Szene der Umstrukturierung nur im Verhältnis zum Sozialhilfeniveau formuliert. „Das Rentenniveau lässt sich jedoch nicht beliebig absenken. Es muß spürbar über dem Sozialhilfeniveau liegen, da ansonsten Leistungsanreize verlorengingen [...]." (BDA 1994: 32) Bei allen Absenkungen soll demnach die Funktionalität des Rentensystems als Motiv der Arbeitnehmer zusätzliche Leistungen zu erbringen nicht gefährdet werden. Daher wird auch in Bezug auf die Rente (als Lohnersatzleistung) und die Sozialhilfe die Einhaltung des Lohnabstandsgebotes eingefordert. Diese Relation lässt sich allerdings auch durch eine Absenkung der Sozialhilfe waren, woran deutlich wird, wie relativ die Kritik der Arbeitnehmer an einer möglicherweise „übertriebenen" Rentensenkung ist.

Aus der Zielsetzung, die Kosten für die Rentenversicherung zu verringern, folgt die Ablehnung aller Vorschläge, die die Bereitstellung von zusätzlichen Mitteln für das Rentensystem beinhalten. Hierzu gehören Beitragssatzerhöhungen, Ausweitung des Bundeszuschusses und zusätzliche Belastungen für die Arbeitgeber wie eine „Maschinensteuer". Obwohl die Rentenreform 2001 das Ziel verfolgte, den Beitragssatz nicht über 22% steigen zu lassen, wurde sie daher von den Arbeitgebern kritisiert. „Ein Beitragssatz von 22 Prozent in 2030 (bis 2020: höchstens 20 Prozent) und damit von 2,7 Prozentpunkten über dem heutigen Wert ist sowohl aus wirtschaftlicher als auch aus sozialpolitischer Sicht nicht akzeptabel." (BDA 2000: 1; vgl. auch BDA 2004b: 2)

Dass diese Kritik sich nicht gegen die angestrebten Reformziele, sondern gegen das zu geringe Ausmaß richtete, ist besonders deutlich an der Position der Arbeitgeber zum Rentennachhaltigkeitsgesetz zu zeigen. „Auch wenn das im Gesetzentwurf vorgesehene Maßnahmenpaket nicht ausreicht, um die genannten bzw. unverzichtbaren Beitragssatzziele zu erreichen, sind die vorgesehenen Regelungen richtige und notwendige Maßnahmen zur Fortentwicklung der gesetzlichen Rentenversicherung." (BDA 2004b: 3) Diese Grundhaltung zeigt sich im Bezug auf die einzelnen Maßnahmen des RV-Nachhaltigkeitsgesetzes. Am Nachhaltigkeitsfaktor kritisierten die Arbeitgeber, dass die Gewichtung durch einen Steuerungsparameter $\partial = 0{,}25$ zu gering ausfiele.[119] (BDA 2004b: 3; vgl. *Formel 4*, S. 309) Zudem wurden die Niveausicherungsklauseln kritisiert, die u. a. beinhalten, dass der aktuelle Rentenwert bei einer positiven Entwicklung der Bruttolöhne nicht unter das Niveau des Vorjahres sinken darf.

Eine Ausweitung der Mittel der Rentenversicherung war für die Arbeitgeber in der Szene der Anpassung nicht tragbar. Daher richtete sich ihre Kritik insbesondere gegen alle Maßnahmen, die zu einer höheren Belastung der Arbeitgeber geführt hätten, wie die sog. Maschinensteuer. „Der Vorschlag der Einführung einer Wertschöpfungsabgabe («Maschinensteuer») anstelle oder zur Ergänzung

[119] „Der Nachhaltigkeitsfaktor wird ermittelt, indem der um die Veränderung des Rentnerquotienten im vergangenen Kalenderjahr gegenüber dem vorvergangenen Kalenderjahr verminderte Wert eins mit einem Parameter ∂ und um den Wert eins erhöht wird." (BT-Drucksache 15/2149: 7) Nimmt die Zahl der Rentner im Verhältnis zu den Beitragszahlern also zu, wird der erste Faktor negativ. Ein höheres ∂ senkt daher den aktuellen Rentenwert.

des lohnbezogenen Arbeitgeberbeitrages ist unverändert als untaugliches Instrument abzulehnen." (BDA 1994: 31)

Auch die Erhöhung des Bundeszuschusses, die in der Szene der Anpassung noch gefordert worden war, erschien den Arbeitgebern in der Szene der Umstrukturierung als ungeeignetes Mittel. „Die Stabilisierung des Rentenbeitrages durch die Einführung und die ständige Erhöhung der Ökosteuer [löst] kein Strukturproblem der Altersvorsorge. Wir zahlen heute eben Teile unserer Rentenbeiträge an der Tankstelle." (BDI 2001: 7) Auch die Kopplung des Bundeszuschusses an den Beitragssatz wurde abgelehnt, da so durch ein – zu erwartendes – Steigen des Beitragssatzes das Leistungsniveau der Rentenversicherung zusätzlich ausgedehnt würde. Die Belastungen für die Steuerzahler durch diese Maßnahme wurden auf über 4 Mrd. € geschätzt. (BDA 2004b: 2) Eine Ausweitung des Bundeszuschusses war für die Arbeitgeber in der Szene der Umstrukturierung nur dann vertretbar, wenn ansonsten die Beiträge zur Rentenversicherung hätten steigen müssen. Die Kosten der Integration der ostdeutschen Rentner wollten sie daher durchaus durch einen zusätzlichen Bundeszuschuss gedeckt wissen.

> Der Bundeszuschuß deckte nach sachverständigen Berechnungen schon in der Zeit vor der Wiedervereinigung das Volumen derartiger [versicherungsfremder, Anmerkung S. H.] Leistungen nur teilweise ab. Seitdem sind den Beitragszahlern der Rentenversicherung weitere einigungsbedingte Kosten auferlegt worden. Von daher bedarf der Zuschuß des Staates einer Anhebung [...]. (BDA 1994: 34)

Die Senkung des Leistungsniveaus der Rentenversicherung wurde von Beginn der Szene der Umstrukturierung an als langfristiges Projekt verstanden. Die Arbeitgeber begrüßten daher einerseits, dass die Rentenreform 1992 sich in ihren Prognosen „nur" auf den Zeitraum bis 2010 beschränkte, da durch eine Verlängerung der Zeitspanne die Ungewissheit über die Entwicklung der Rahmenbedingungen wachse. Andererseits wiesen die Arbeitgeber bereits zu Beginn der Szene der Umstrukturierung darauf hin, dass langfristig die Reformbemühungen bezüglich des Rentensystems weitergehen müssten. „Deshalb ist das Rentenreformgesetz 1992 so anzulegen, daß sich hieran weitere Schritte nahtlos anschließen können. Nach Auffassung der Arbeitgeber werden in der Phase der besonders starken demographischen Belastung Überprüfungen des Leistungsniveaus und eine verstärkte private Altersvorsorge nicht zu vermeiden sein." (BDA 1989: 99) Dieser Hinweis ist deshalb von großer Bedeutung, da hier deutlich gemacht wurde, dass sich die neue Qualität der Rentenreform 1992 nicht allein aus den konkreten Veränderungen – insbesondere der Nettolohnanpassung – ergibt, sondern daraus, dass nun eine andere Zielvorgabe für das Rentensystem gilt. Nicht mehr die Anpassung an derzeitige Veränderungen ist geplant, sondern eine Umstrukturierung, die auf die prognostizierten Probleme bis zum Jahr 2040 reagiert. Hinrichs geht davon aus, dass diese Position der Arbeitgeber erst Mitte der 1990er auftaucht und somit im Zusammenhang mit den Kosten der Vereinigung zu sehen ist. (Hinrichs 2000a: 310; vgl. auch Kaufmann 2000: 176). Auch wenn die Arbeitgeber mit der Rentenreform 1992 insgesamt zufrieden waren, ist dennoch bereits zum Beginn der Szene der Umstrukturierung festzuhalten, dass eine Veränderung des Rentensystems angestrebt war, die über die konkret beschlossenen Reformen hinaus ging. In noch vehementerer Form als von der BDA wurde dieser Standpunkt vom BDI und von einzelnen Arbeitgebern vertreten, die die Haltung der Bundesvereinigung zur Rentenreform 1992 kritisierten. Strittig war, ob die mit der Rentenreform 1992 eingeleiteten Schritte angesichts der prognostizierten Entwicklung nicht zu gering ausfielen. „Die Verantwortung, die wir heute Berufstätigen hätten nehmen sollen, schiebt diese Reform einfach auf unsere Kinder. Aber die können ja noch nicht wählen." (Henkel 1989: 24) Damit endete auch der in der Szene der Anpassung geltende Trend, dass sich die Arbeitgeber in Fragen der Rentenpolitik weitgehend geschlossen hinter die von der BDA formulierten Positionen stellten. Obwohl die Grundrichtung unter den Arbeitgebern unstrittig blieb, gab es immer wieder Kritik von einzelnen wichtigen Unternehmern und auch vom BDI an der „zaghaften" Position der BDA. Zum Teil lässt sich hier eine bewusste „Arbeitsteilung" zwischen BDA und BDI vermuten, da der BDI als nicht an der Selbstverwaltung der Rentenversicherung und damit am Tagesgeschäft beteiligter Verband sich wesentlich deutlichere Positionen erlauben konnte.

Die erforderlichen Maßnahmen für eine Senkung des Leistungsniveaus der Rentenversicherung wurden von den Arbeitgebern wie folgt zusammengefasst:

> Zur langfristigen Sicherung der Rentenversicherung tragen wohl nur Vorschläge bei, die darauf abzielen, die Leistungen des sozialen Ausgleichs einzuschränken, die Altersgrenze nach 2015 über 65 Jahre hinaus anzuheben, die Anpassungsregeln noch restriktiver zu fassen (Steuersenkungen sollen z.B. nicht zu Rentenerhöhungen führen), das Rentenniveau schrittweise auf höchstens 60 Prozent der durchschnittlichen Netto-Lebenseinkommen zu beschränken. Dazu gehört unverzichtbar die Förderung der individuellen und kapitalbildenden Vorsorge. (Kannengießer 1998: 4)

Eine wichtige Position, die schon zu Beginn der Szene der Umstrukturierung formuliert wurde, bezieht sich demnach auf die Verlängerung der Arbeitszeit. „Letzten Endes bestimmt die geleistete Arbeit die Höhe der Renten. Und die wird neben der Anzahl der Arbeitskräfte und der Produktivität eben auch von der Arbeitszeit bestimmt. [...] Ganz besonders wegen der Renten müssen wir eher mehr in unserem Leben arbeiten als weniger.“ (Henkel 1989: 25) Die Forderung, die Lebensarbeitszeit zu verlängern, war zwar bereits Bestandteil der Rentenreform 1992; einigen Arbeitgebern und dem BDI gingen die beschlossenen Veränderungen jedoch nicht weit genug. „Die Bundesregierung und die Opposition haben sich gemeinsam zur Sicherung der Renten darauf verständigt, daß nach dem Jahr 2001 die Altersgrenze wieder auf 65 Jahre angehoben wird. Dies ist zwingend notwendig, künftig muß die Altersgrenze darüber hinaus auch noch stärker flexibilisiert werden.“ (Necker 1989: 13-14) Auch die BDA hätte lieber eine sofortige Anhebung der Altersgrenze gesehen. (BDA 1989: 100)

Das Drängen der Arbeitgeber auf eine möglichst schnell wirksam werdende Lebensarbeitszeitverlängerung steht z. T. im Widerspruch zur vorgetragenen Begründung hinsichtlich der demografischen Entwicklung. Denn eine Verlängerung der Lebensarbeitszeit, die Mitte der 1990er bereits ansetzen würde, müsste – alles andere als konstant vorausgesetzt – zu einer noch stärkeren Belastung der Rentenkasse im Jahr 2040 führen, da sich die längere Erwerbstätigkeit in einer Kulminierung von Ansprüchen niederschlagen würde. Hier zeigt sich, dass für die Arbeitgeber offensichtlich die Sicherung des Wirtschaftsstandorts Priorität gegenüber der Sicherung der Sozialsysteme hatte – ein Umstand, der allerdings auch von Arbeitgeberseite nicht bestritten wurde.

Auch nach der Rentenreform 1992 galt eine Verschiebung der Altersgrenze den Arbeitgebern als adäquates Mittel, die Finanzprobleme des Rentensystems zu lösen. „Eine Verlängerung der Beitragszeit und eine Verkürzung der Rentenbezugsdauer können erheblich zu einer finanziellen Entlastung der Rentenversicherung beitragen.“ (BDA 1994: 33) Bei einer gegebenen Lebenserwartung wirkt sich eine Erhöhung der Altersgrenze positiv auf die Einnahmeseite der Rentenversicherung aus, da mehr Beitragszahler zur Verfügung stehen, zugleich werden die Ausgaben reduziert, da die durchschnittliche Rentenbezugsdauer sinkt. (Vgl. *Abbildung 1*, S. 58) Geht man von einer steigenden Lebenserwartung aus, so hat diese den umgekehrten Effekt. „Die auch in den nächsten Jahren und Jahrzehnten weiter zunehmende Lebenserwartung der Rentner erfordert, dass die abschlagsfreien Altersgrenzen nach dem Auslaufen der bisherigen Regelung 2010 schrittweise weiter von dann 65 auf 67 Jahre angehoben werden.“ (BDA 2000: 1; vgl. auch BDA 2004a) Entsprechende Maßnahmen, wie die Einführung von versicherungsmathematischen Abschlägen 1992, das Vorziehen der Heraufsetzung der Altersgrenze 1998 und die Anhebung der Altersgrenze für Renten wegen Arbeitslosigkeit 2004, wurden demnach von den Arbeitgebern in der Szene der Umstrukturierung begrüßt. Kritik wurde auch hier nur in dem Sinne formuliert, dass die beschlossenen Regelungen noch nicht weit genug gingen. (BDA 2004b: 3-4)

Neben Leistungskürzungen zur Stabilisierung des Beitragssatzes wurde bereits zu Beginn der Szene der Umstrukturierung die Substitution von Versorgungsaufgaben, die vormals der GRV zugeschrieben waren, durch private und betriebliche Renten angedacht.

> Angesichts der finanziellen Probleme der gesetzlichen Rentenversicherung und des gestiegenen Wohlstands breiter Bevölkerungsschichten muß und kann die Eigenvorsorge für das Alter im Rahmen der gesamten Altersvorsorge einen größeren Platz einnehmen. Dafür wäre es einmal richtig, die private Altersvorsorge zu fördern. Daneben muß die betriebliche Altersversorgung [...] wieder attraktiver gemacht werden. (BDA 1989: 99)

Hierfür forderten die Arbeitgeber „gesetzgeberische Anreize arbeits-, steuer- und gesellschaftsrechtlicher Art“ (BDA 1989: 99) Damit wird der GRV eine neue Rolle zugewiesen. Galt bis in die Szene der Anpassung, dass gerade über die GRV die Beteiligung der Rentner am gesellschaftlichen Wohlstand organisiert werden sollte, so wurde nun die Idee umgedreht: Der gestiegene gesellschaftliche Wohlstand sollte die Rentenversicherung entlasten. Diese Position ging zwar noch nicht in die Rentenreform 1992 ein – offensichtlich wollten die Arbeitgeber die Reform, deren grundlegende Ausrichtung sie teilten, nicht durch zusätzliche Forderungen erschweren. Dennoch waren mit der Einführung der Nettolohnbezogenheit und den prospektierten versicherungsmathematischen Abschlägen die Reformnotwendigkeiten für die Arbeitgeber nicht erfüllt.

> Ging der [sic!] BDA zwei Jahre nach Inkrafttreten der *Rentenreform 1992* – in nahezu völliger Übereinstimmung mit den anderen Akteuren in der Rentenpolitik – noch davon aus, daß erst in der nächsten Dekade ein Paket von wiederum «systemimmanenten» Reformen auf der Basis eines breiten Konsenses geschnürt werden müsse, so wurden vier Jahre später [...] die Überführung in ein noch strikter beitragsäquivalentes System der «Basissicherung» (*nicht*: eine steuerfinanzierte Grundrente), die Anhebung der Regelaltersgrenzen und nachdrücklicher als zuvor die Verbesserung der Rahmenbedingungen für die private und betriebliche Altersvorsorge gefordert (weshalb man dem Vorschlag einer verpflichtenden kapitalgedeckten Vorsorge positiv gegenüberstand [...]). (Hinrichs 2000a: 310)

Diese Positionen bezüglich der zweiten und dritten Säule waren zwar bereits 1989 angedacht, damals allerdings tatsächlich erst für den Zeitraum ab 2010. (BDA 1989: 99) Neben der generellen Forderung, die zweite und dritte Säule des Rentensystems auszubauen, (BDA 1994: 32, 36) konkretisierte die BDA im Verlauf der Szene der Anpassung ihre Vorstellungen insbesondere in Bezug auf die betrieblichen Renten.

Zur Weiterentwicklung der betrieblichen Versorgungssysteme gehören Überlegungen zur Anpassung von Versorgungsregelungen an die veränderten finanziellen und personalpolitischen Bedingungen der Unternehmen. Dazu zählen auch die jüngsten Diskussionen über eine finanzielle Beteiligung der Arbeitnehmer an der betrieblichen Altersversorgung. Von betrieblicher Altersversorgung kann jedoch nur dann gesprochen werden, wenn neben der Gehaltsumwandlung eine vom Arbeitgeber finanzierte Grundversorgung steht. (BDA 1994: 37)

Diese Position nimmt einerseits den Gedanken der Entgeltumwandlung bereits auf. Andererseits bekennen sich die Arbeitgeber hier noch dazu, dass eine betriebliche Altersversorgung Bestandteile enthalten muss, die nicht aus der eigentlichen Lohnsumme kommen. Mit der Rentenreform 2001 wurde dann nur der Rechtsanspruch auf Entgeltumwandlung festgeschrieben. Insofern besteht nun die Möglichkeit, eine „betriebliche Altersversorgung" rein aus Lohnbestandteilen zu finanzieren. In den tariflichen Vereinbarungen mit der IG Chemie, der IG BAU und der IG Metall finden sich jedoch bislang auch darüber hinausgehende Leistungen der Arbeitgeber. „Auf Seiten der Unternehmen sprechen vor allem personalwirtschaftliche Ziele für die Ruhestandszahlungen. So erwarten 56 Prozent der Firmen, die zuletzt eine Betriebsrente einführten, ein Plus an Mitarbeiter-Motivation. Den seit Januar 2002 bestehenden Rechtsanspruch auf Entgeltumwandlung nannte knapp jedes zweite Unternehmen als Grund für sein Engagement." (iw 2003b: 2)

Die Arbeitgeberverbände setzten sich dafür ein, die betriebliche Altersvorsorge in die Tarifverträge zu integrieren. So sollte erreicht werden, dass die betriebliche Altersvorsorge ein fester Bestandteil der Lohnsumme wird, mit der der Unternehmer kalkuliert. Zudem konnten nun die Leistungen der Arbeitgeber für die Betriebsrente als Verhandlungsmasse in den Tarifverhandlungen eingesetzt werden. (BDA 2000: 4) Für den einzelnen Arbeitgeber kann die tarifliche Verankerung jedoch auch nachteilig sein, da die Möglichkeiten individueller Regelungen eingeschränkt werden. Die Rentenreform 2001 wurde von den Arbeitgebern in Bezug auf die Förderung der betrieblichen Altersvorsorge nur hinsichtlich der konkreten Umsetzung kritisiert.

Die Beschränkung der steuerlichen Förderung durch die Sonderausgabenabzugsfähigkeit bzw. die Zulagenförderung auf die versicherungsförmigen Durchführungswege Direktversicherung und Pensionskasse macht die nicht geförderten Durchführungswege der Direktzusage und der Unterstützungskassen für die Bezieher kleiner und mittlerer Einkommen unattraktiv. Dadurch würden die Absichten von Tarifvertragsparteien unterlaufen, die betrieblich organisierte Alterssicherung gerade für die Bezieher kleiner und mittlerer Einkommen zum Bestandteil tariflicher Lohnfindung zu machen und dabei das Leistungsspektrum der betrieblichen Altersversorgung in seiner vollen Breite zu nutzen. (BDA 2000: 4)

Die Kritik richtet sich also darauf, dass nicht alle Möglichkeiten der betrieblichen Altersvorsorge so gefördert werden, dass sie gleich attraktiv für die Unternehmen sind. Die Position der Arbeitgeber bestand demnach darin, innerhalb eines möglichst breiten Spektrums die beste Lösung für das entsprechende Unternehmen wählen zu können. Diese Position wurde auch bezüglich der Übertragbarkeit der Anwartschaften deutlich.

> Die steuerrechtlichen Bedingungen für eine Übertragung von Anwartschaften auf einen anderen Arbeitgeber oder einen anderen Versorgungsträger sind nach wie vor unzulänglich. [...] Dadurch wird die Flexibilität der Altersversorgung und die Mobilität der Arbeitnehmer eingeschränkt, indem finanzielle Mittel in untereinander inkompatible und steuerlich nicht aufeinander abgestimmte Finanzierungswege geleitet werden. Gleichzeitig werden die Bemühungen der Tarifvertragsparteien ignoriert, die betrieblich organisierte Alterssicherung unter Ausschöpfung des vollen Leistungsspektrums flächendeckend umzusetzen. (BDA 2000: 5)

Besonders attraktiv erschien den Arbeitgebern die Anlage der Mittel der betrieblichen Altersvorsorge in Pensionsfonds, die in anderen Ländern – insbesondere den USA – bereits zur bedeutendsten Anlageform avancierten. (Young/Hegelich 2003: 94) „Um der betrieblichen Altersversorgung zusätzliche Handlungs- und Gestaltungsspielräume zu erschließen, bedarf es einer Weiterentwicklung der Durchführungswege Unterstützungs- und Pensionskasse in Richtung auf Pensionsfonds." (BDA 2000: 5) Einzelne Unternehmen standen der Einführung von Pensionsfonds z. T. skeptisch gegenüber. „So meint Manfred Gentz vom Vorstand der Daimler Benz AG, daß, selbst wenn keineswegs bei allen Pensionsfonds die kurzfristige Realisierung von Wertsteigerungen im Vordergrund stehe, der Performance-Druck zu einer Überbetonung des Shareholder-Value-Prinzips führen könnte." (Zander 1997b: 44) Durch die Übernahme des Shareholder Value-Konzepts kann tatsächlich ein Konflikt zwischen Anteilseignern und Unternehmensführung entstehen, weswegen ein vermehrtes Setzen auf die Aktienmärkte nicht immer unstrittig ist. Der Kern dieses Konflikts liegt jedoch nicht in dem vermeidlichen Gegensatz von kurzfristigen versus langfristigen Strategien, sondern in der Trennung von Eigentum und Verfügungsgewalt über es in der Form der Aktie.

> Der Shareholder hat nur die Vermehrung seines Kapitals im Auge, während das Management mit der Vermehrung des gesamten Unternehmenskapitals beschäftigt

ist. Beim traditionellen Aktienmarkt sind diese Interessen zunächst antagonistisch [...]. Der Aktionär hat ein Interesse an der Vermehrung seines Kapitals, erhofft sich also eine möglichst hohe Rendite [...]. Das Management hat die Vermehrung des Unternehmenskapitals insgesamt im Sinn und wertet daher jede Ausschüttung von Dividenden als Abzug vom Kapital. Andererseits vertragen sich die Interessen dahingehend, dass sie sich gegenseitig zum Mittel haben. Damit auch in Zukunft Gewinne zu verteilen sind, muss der Erfolg des Unternehmens gewährleistet sein. [...] Es zeigt sich bereits an dieser Stelle, dass die Differenz zwischen langfristiger und kurzfristiger Wertsteigerung eine konstruierte ist [...]. (Young/Hegelich 2003: 82)

Neben dem Ausbau der betrieblichen Altersversorgung wurde von den Arbeitgebern auch die Förderung der privaten Alterssicherung begrüßt, da durch die Rentenreform 2001 auch diese Säule die GRV entlastete. „Positiv zu bewerten ist die Einbeziehung der betrieblichen Altersversorgung und anderer Anlageformen der privaten Altersvorsorge in ein gemeinsames säulenübergreifendes Förderkonzept." (BDA 2000: 3)

Für die zweite und die dritte Säule sprach von Seiten der Arbeitgeber auch, dass diese Elemente kapitalgedeckt waren. „Im Prinzip positiv zu beurteilen ist ein Kapitaldeckungsverfahren, das insbesondere die demographischen Risiken weitgehend ausblendet." (BDA 1994: 31) Auch diese Position wird in der Szene der Umstrukturierung konstant von den Arbeitgebern vertreten, wobei auch hier die anfängliche Idee in Forderungen überführt wird. So richteten sich die Arbeitgeber beispielsweise gegen Überlegungen, alle Einkommen in die Rentenversicherung einzubeziehen mit dem Verweis, dass ein solcher Ausbau des Umlagesystems die finanziellen Probleme der Rentenversicherung nur verschärfen würde.[120]

Wer jedoch daran denkt, alle Einkommen (und nicht nur das Arbeitsentgelt) in die Beitragspflicht zur Sozialversicherung einzubeziehen oder auf Versicherungsleistungen anzurechnen oder die Besteuerung der privaten Altersvorsorge zu verschärfen, der begibt sich der Chance, das Alterssicherungssystem zwischen den umlagefinanzierten und kapitalbildenden Elementen, zwischen den öffentlich-rechtlichen und privaten Formen neu zu tarieren und damit zukunftssicherer zumachen. (Kannengießer 1998: 4)

Die Attraktivität kapitalgedeckter Anlageformen ergab sich für die Arbeitgeber auch dadurch, dass dieses Kapital schließlich ihnen zur Verfügung stehen würde – entweder als Eigenkapital in den Unternehmen oder als zusätzliche Nachfrage

---

[120] Durch die Beitragsbezogenheit würde die Einbeziehung höherer Einkommen auch zu einer Steigerung der Ausgaben der Rentenversicherung führen.

auf den Aktienmärkten. Bereits 1997 konnte man daher feststellen: „Seit etwa zwei Jahren gibt es seitens der Kreditwirtschaft Bestrebungen, die exorbitant hohen Finanzmittel der betrieblichen Altersversorgung für die Belebung des deutschen Aktienmarktes einzusetzen. Auf diese Weise könnte die betriebliche Altersversorgung eine höhere Rendite erwirtschaften und damit für Unternehmer und Arbeitnehmer attraktiver werden.“ (Zander 1997b: 43)

Durch die in der Szene der Umstrukturierung eingeleiteten Überlegungen, die GRV durch kapitalgedeckte Zusatzversicherungen zu entlasten, wurde die Rentenpolitik innerhalb des Arbeitgeberlagers auch für den Gesamtverband der deutschen Versicherungswirtschaft (GDV) ein wichtiges Betätigungsfeld. Der GDV setzte sich hauptsächlich für die Förderung der privaten und betrieblichen Altersvorsorge ein. (GDV 1998: 11, 15)

Bezüglich der Überlegung, eine Grundrente einzuführen, scheint sich die Position der Arbeitgeber in der Szene der Umstrukturierung geändert zu haben. Zu Beginn der Szene wurden solche Überlegungen von den Arbeitgebern abgelehnt. „Die Ablösung durch eine für alle Bürger gleiche Grundrente ist [...] sozial- und wirtschaftspolitisch kein geeigneter Weg. Auch ein Grundrentensystem würde mit der demographischen Belastung konfrontiert.“ (BDA 1994: 30) Dem gegenüber stehen die Forderungen in den letzten Jahren nach einer schrittweisen „Zurückführung auf eine beitragsorientierte Basissicherung durch Einbau eines vollen Demographiefaktors sowie steuerlichen Korrekturfaktors in die Rentenanpassungsformel.“ (BDA 2000b: 26) Diese Aussagen erscheinen zunächst widersprüchlich. Allerdings ist zu bedenken, dass sich hinter den Begriffen „Grundrente“ und „Basissicherung“ unterschiedliche Modelle verbergen. Zu Beginn der Szene der Umstrukturierung richteten sich die Arbeitgeber gegen Vorschläge, eine „Rente für alle“ einzuführen, die dann durch Beiträge aus allen Einkommen eine Grundsicherung auf hohem Niveau garantiert. Dagegen wandten die Arbeitgeber ein, dass damit zusätzliche Kosten verbunden wären.

> Eine einheitliche, bedarfsunabhängige Grundrente würde [...] den Empfängerkreis noch wesentlich vergrößern und den Einstieg in den allgemeinen Versorgungsstaat bedeuten. [...] Auch die bedürftigkeitsorientierte Mindestsicherung kann nicht Aufgabe der gesetzlichen Rentenversicherung sein. [...] Die Rentenversicherung hat [...] die Aufgabe, finanzielle Sicherheit im Alter nach einem erfüllten Arbeitsleben zu gewährleisten. Die Beseitigung von Armut im Alter zählt nicht zu ihren Aufgaben. (BDA 1994: 30-31)

Eine solche Grundsicherung soll daher über die Sozialhilfe abgedeckt werden. Eine Belastung der Rentenbeitragszahler und damit eine Ausweitung der Lohnkosten erschien den Arbeitgebern als Bruch mit dem eigentlichen Rentensystem.

„Für die soziale Grundsicherung im Alter und bei dauerhafter Erwerbsunfähigkeit (altersunabhängig) ist im gegliederten Sozialsystem die Sozialhilfe zuständig. Sie darf keinesfalls zu Lasten der Beitragszahler gehen." (BDA 2000: 1) Insofern ist auch diese Position in der Szene der Umstrukturierung konstant, da die Arbeitgeber nach wie vor eine „Sozialhilfe de luxe" (BDA 2000b: 26) ablehnen.

Dennoch hat die BDA einen eigenen Vorschlag entwickelt, wie die Leistungen der GRV langfristig auf eine Basissicherung zurückgefahren werden könnte: „Die BDA will die Beitragsbemessungsgrenze, die bislang mit den Einkommen der Versicherten steigt, auf das in Westdeutschland erreichte Niveau von 8400 Mark Monatseinkommen festschreiben, bis diese Grenze dem durchschnittlichen Bruttoarbeitsentgelt in ganz Deutschland entspricht. Das bedeutet: Da sich die Höhe der Rente nach der Beitragsvorleistung richtet, steigen auch die Rentenanwartschaften der Höherverdiener nicht mehr – deren Rentenniveau sinkt. Am Ende wird die dem Durchschnittseinkommen entsprechende Rente auch die Höchstrente sein." (Kannengießer 1998: 3) Dieser Vorschlag strebt die Veränderung der GRV hin zu einer reinen Basisrente an, die dann durch individuelle Zusatzversicherungen ausgebessert werden kann. Allerdings ist dies ein sehr langfristig angelegtes Modell, das dazu führt, dass Löhne und Gehälter nur bis zum Betrag des Durchschnittslohns in die GRV einbezogen werden. Ob sich darüber die Finanzierungsprobleme des Rentensystems lösen ließen, ist allerdings fraglich, da mit der Verringerung der Leistungsniveaus im gleichen Maße die Beitragszahlungen gesenkt würden.

Trotz solcher Überlegungen ist festzuhalten, dass sich die Arbeitgeber auch in der Szene der Umstrukturierung grundsätzlich zum Erhalt des Rentensystems bekannten. Aus der Perspektive der Arbeitgeber erfüllte das Rentensystem in der Szene der Umstrukturierung im Prinzip nach wie vor seine Funktionen. „Die lohn- und beitragsbezognene Rente fördert den Leistungsgedanken und fügt sich damit in unsere soziale Marktwirtschaft ein." (BDA 1994: 30) Deshalb galt auch in der Szene der Umstrukturierung bislang, dass die angestrebten Veränderungen keinen Systembruch beinhalten sollten. „Künftig zu treffende Maßnahmen in der gesetzlichen Rentenversicherung sollten Reformen im bestehenden System sein." (BDA 1994: 32) Allerdings bezog sich der Gedanke des Systemerhalts ausschließlich auf das „Äquivalenzprinzip von Leistung und Gegenleistung" (BDA 2000b: 28), welches gestärkt werden sollte. Eine Abkehr von diesem Prinzip wurde hingegen als Systembruch ablehnt, was sich bereits an der Position zu einer Grundrente zeigen ließ. „Ein grundlegender Systemwandel (z. B. in Form einer Grundrente) würde das Vertrauen der Rentner und Beitragszahler in hohem Maße beeinträchtigen." (BDA 1989: 99) Hinzu kam die Befürchtung, dass der

Systemwechsel selbst Kosten verursachen würde, die zusätzlich von der Rentenversicherung aufzufangen wären. Dieses Szenario widersprach aber dem Ziel der Arbeitgeber, die Belastungen durch die Rentenversicherung zu minimieren.

> Ein gänzlich neues System zu schaffen, würde große Probleme vor allem in einer längeren Übergangsphase aufwerfen. Entweder müßte ein Teil der bisher erworbenen Rentenansprüche enteignet werden, oder es wären über Jahrzehnte zwei Alterssicherungssysteme nebeneinander zu finanzieren, wodurch die erwerbstätige Bevölkerung und die Unternehmen überfordert würden. (BDA 1994: 30)

Das Bekenntnis zum Systemerhalt ist demnach in der Szene der Umstrukturierung keineswegs ein rhetorisches. Tatsächlich bezogen sich alle Positionen der Arbeitgeber auf die existierende Alterssicherung und können für sich genommen nicht als Systembruch gewertet werden. Entscheidend ist aber, dass für die Arbeitgeber die Definition von „systemimmanent" auf die Bereiche der Lohn- und Leistungsbezogenheit und des Äquivalenzprinzips beschränkt wird. Ein bestimmtes Niveau, das beispielsweise den Ruhestand als eigenständigen Status absichert, ist in diesem „System" nur dann vorgesehen, wenn die Beiträge Leistungen in dieser Höhe rechtfertigen.

Diese Beschränkung der Rentenversicherung auf *Lohnersatz*leistungen zeigt sich auch hinsichtlich weiterer Bereiche. So galt für die Arbeitgeber in der Szene der Umstrukturierung nach wie vor: „Familienpolitik ist Aufgabe der Gesamtgesellschaft und entsprechend aus dem allgemeinen Steueraufkommen zu finanzieren." (BDA 2000b: 26) Diese Position überwog selbst dann, wenn durch die Verknüpfung von Familienpolitik und Rentenpolitik eine Leistungssenkung in der Rentenversicherung erreicht werden sollten. So wurden Vorschläge aus Kreisen der Union von den Arbeitgebern abgelehnt, die Kinderlose stärker belasten sollten. „Unter dem Blickwinkel der Generationengerechtigkeit ist die Überlegung zu sehen, den Beitragssatz in der Rentenversicherung nach der Kinderzahl zu staffeln. Eine solche Komponente des Familienlastenausgleichs wäre mit den bewährten ordnungspolitischen Elementen der Rentenversicherung nicht vereinbar. Familienlastenausgleich ist eine Aufgabe der Allgemeinheit, d. h. sie ist vom Staat über Steuern zu finanzieren." (BDA 1994: 31) Passend hierzu setzten sich die Arbeitgeber in der Szene der Umstrukturierung für den Wegfall von Anrechnungszeiten ein, da diese nicht durch eigene Beiträge finanziert würden, sondern eine soziale Umverteilung darstellten, die in der Rentenversicherung fehl am Platz seien. (BDA 1994: 33)

Interessen der Arbeitgeber

Die hier dargelegten Positionen der Arbeitgeber lassen Rückschlüsse auf die in der Szene der Umstrukturierung verfolgten Interessen zu. Stand in der Szene der Anpassung die Forderung im Mittelpunkt, die Leistungen des Rentensystems an die verschlechterte finanzielle Basis anzupassen, so muss für die Szene der Umstrukturierung konstatiert werden, dass die Interessen der Arbeitgeber über ein Festhalten an dem eingerichteten Verhältnis von Einnahmen und Ausgaben hinausgingen. Die Reformen des Rentensystems sollten in erster Linie zu einer Verringerung des Leistungsniveaus und damit der Belastung der Arbeitgeber führen. Während bislang die Leistungen der sozialen Sicherung als abhängig vom wirtschaftlichen Erfolg definiert wurden, kehrten die Arbeitnehmer dieses Verhältnis nun um: In der Szene der Umstrukturierung wurden die Leistungen der sozialen Sicherung, insbesondere die Lohnnebenkosten, zur unabhängigen Variable erklärt, die die wirtschaftliche Leistung beeinflusse. Schon im Zuge der Rentenreform 1992 setzten sich die Arbeitgeber für eine Verknüpfung der Sozialreformen mit einer Senkung der Lohnnebenkosten ein.

> Im Rahmen der vom BDI wiederbelebten Diskussion um den Wirtschaftsstandort Deutschland hat die drohende Kostenexplosion in nahezu allen Bereichen der Sozialpolitik einen hohen Stellenwert eingenommen. Die grundsätzliche Frage nach einer wirtschafts- und beschäftigungspolitisch verantwortbaren Finanzierung unseres Sozialstaates verlangt neue Antworten. Sie lassen eine bloße Fortschreibung von Leistungen auf höherem Niveau nicht mehr zu. Insbesondere die Entwicklung der sozialen Nebenkosten ist dramatisch. (BDI 1992: 62)

Hier wird die offensive Ausrichtung der Sozialpolitik der Arbeitgeberverbände deutlich: Während das Sorgeobjekt in der Szene der Anpassung noch die soziale Sicherung selbst war, wurde in der Szene der Umstrukturierung die Sozialpolitik von den Arbeitgebern unter die Vorgabe gesetzt, den Wirtschaftsstandort Deutschland zu stärken.[121] Damit bekommt die Rentenpolitik der Arbeitgeber eine sehr offensive Ausrichtung. Denn das aufgemachte Verhältnis, die Senkung des Leistungsniveaus der Rentenversicherung solle sich als Mittel der Standortpolitik bewähren, enthält in sich selbst gar kein Maß. Denn erstens hängt der wirtschaftliche Erfolg an weit mehr als schlicht der Höhe der Lohnnebenkosten. Diese ist eine von vielen Bedingungen, die ein Unternehmer in seine Kalkulation einzubeziehen hat. Ob sich der Erfolg seines Wirtschaftens einstellt, liegt des-

[121] Interessant ist auch, dass der BDI die „Wiederbelebung der Standortdebatte“ als seinen Verdienst kennzeichnete.

halb genauso sehr an anderen Faktoren, wie den Bedingungen, mit denen seine Konkurrenten kalkulieren können – also z. B. die Lohnnebenkosten im Ausland, aber auch die Produktivität oder die Verfügbarkeit von Kredit. Zweitens ist wirtschaftlicher Erfolg nicht als ein absolutes Maß zu verstehen, sondern ergibt sich immer nur im Verhältnis zu allen Konkurrenten und zu vorherigen Perioden. Jede durchgesetzte Reform, mit der ein neues Niveau der Lohnkosten festgesetzt wurde, war daher vom Interesse der Leistungssenkung nur ein erster Schritt. Wäre dies das einzige Interesse der Arbeitgeber, so müsste argumentiert werden, dass sie sich für die Abschaffung des Rentensystems einsetzen.

Das Interesse an einer Leistungssenkung wurde jedoch nicht nur mit dem direkten Verweis auf den Wirtschaftsstandort begründet, sondern auch in Hinblick auf aktuelle Entwicklungen, wie die Vereinigungskosten und auf prognostizierte Finanzierungsprobleme. Hier wird einerseits eine gewisse Rhetorik der Arbeitgeber deutlich. Denn an den konkreten Positionen lässt sich zeigen, dass z. T. Forderungen, die sich aktuell gar nicht auswirken würden, mit akuten Finanzproblemen begründet wurden – z. B. die Anhebung der Altersgrenze im Zuge der Rentenreform 1992. Umgekehrt wurden langfristige Kürzungen vorgeschlagen – wie die Festschreibung der Beitragsbemessungsgrenze – die auf die prognostizierten Entwicklungen, die unter dem Stichwort demografischer Wandel zusammengefasst werden, gar keine – oder nur eine geringe – Wirkung hätten. Dennoch beinhalten selbst diese Beispiele einen positiven Bezug auf das Rentensystem. Offensichtlich gibt es weder das Interesse, die Rentenversicherung an aktuellen Finanzierungsproblemen scheitern zu lassen, noch einer langfristigen Entwicklung beizuwohnen, die von dieser Institution nicht bewältigt werden kann. Die Arbeitgeber hatten also auch in der Szene der Umstrukturierung ein generelles Interesse am funktionalen Bestehen der Rentenversicherung, dass sich nicht zuletzt darin zeigte, dass sich die Arbeitgeber weiterhin an den Institutionen des Rentensystems beteiligten. Diese Beteiligung beschränkte sich nicht nur auf die eingegangenen Verpflichtungen und die Selbstverwaltung. Gerade die eigenständigen Reformvorschläge der Arbeitgeber und das Einbringen in die Reformdiskussionen machen deutlich, dass die Arbeitgeber auch in der Szene der Umstrukturierung dem Rentensystem nicht den Rücken zukehrten.

Die Bemerkung, dass die Arbeitgeber nicht zu Protagonisten der Abschaffung des Rentensystems wurden, ist durch positive Interessen an den Institutionen zu begründen. So hielten die Arbeitgeber auch in der Szene der Umstrukturierung daran fest, dass das Rentensystem einen Leistungsanreiz stiften soll. Dies ist nur möglich, wenn die Renten, die sich aus den Einzahlungen ergeben, sich für die Arbeitnehmer auch lohnen. Ob durch die gesetzliche Rente allein der Ruhestand als eigenständiger Status erhalten bleiben kann, ist von diesem Standpunkt her unwesentlich, da der entsprechende Anreiz auch dann bestünde, wenn nur die Ergänzung von gesetzlicher und privater Vorsorge ein entsprechendes Niveau erreichen würde, der Bestandteil der GRV dafür jedoch weiter notwendig bliebe. Deutlich wird hier, dass sich das Interesse der Arbeitgeber in erster Linie auf die Organisationsform des Rentensystems bezieht und nicht auf die Leistungen.

Aus dem Interesse, über das Rentensystem Anreize zu installieren, erklärt sich auch teilweise der positive Bezug der Arbeitgeber auf den Ausbau der betrieblichen Altersvorsorge. Denn wenn diese ein elementarer Bestandteil der individuellen Altersvorsorge würde, wäre somit eine stärkere Bindung an den jeweiligen Betrieb erreicht. Diesem Interesse laufen Regelungen zur Unverfallbarkeit der Betriebsrenten zwar tendenziell entgegen, da erstens der Arbeitnehmer seine Rentenansprüche behält und zweitens die Ansprüche in eine neue Betriebsrente bei einem anderen Arbeitgeber überführt werden können. Aber auch solche Regelungen setzen den zusätzlichen Arbeitsanreiz, der durch die Verwiesenheit auf eine Betriebsrente entsteht, nicht außer Kraft. Selbst die private Altersvorsorge entwickelt einen entsprechenden Anreiz, da die kontinuierliche Zahlung der Beiträge eine dauerhafte Beschäftigung voraussetzt. Durch die Entgeltumwandlung verband der Ausbau der betrieblichen Rente sogar das Interesse an einem zusätzlichen Anreiz mit dem an einer Senkung der Belastung der Arbeitgeber. Ein weiteres Interesse der Arbeitgeber am Ausbau der zweiten und dritten Säule ergibt sich aus der Verbesserung ihrer Geschäftsmöglichkeiten. Die betrieblichen Pensionskassen können teilweise als Eigenkapital genutzt werden, Pensionsfonds investieren in Aktien und private Rentenversicherungen beleben zumindest das Geschäft der Versicherungsunternehmen.

Diese Interessen waren in der Szene der Umstrukturierung innerhalb der Arbeitgeberschaft sehr homogen vertreten. Die meisten Differenzen zwischen den Arbeitgebern lassen sich auf die Frage zurückführen, wie deutlich die unterschiedlichen Reformvorhaben als nicht weitreichend genug kritisiert werden. Während die BDA eher dazu neigte, entsprechende Vorschläge als einen ersten wichtigen Schritt zu werten, betonten BDI und DIHK eher die Notwendigkeit weiterer Reformen.

4.3.3 Interessen des politisch-administrativen Systems in der Szene der Umstrukturierung

Die Rentenreform 1992 wurde von den Akteuren des politisch-administrativen Systems unter einem neuen Stichwort eingeleitet, welches die Qualität dieser

Reform und ihre Bedeutung für die Szene der Umstrukturierung deutlich macht: Zum ersten Mal seit 1957 ging es wieder um eine *Strukturreform*. Diese Formulierung macht bereits deutlich, dass sich die Interessen des politisch-administrativen Systems gegenüber der Szene der Anpassung geändert hatten. Zur Analyse werden wieder zunächst die Positionen charakterisiert, um dann auf die Interessen in der Szene der Umstrukturierung schließen zu können.

Positionen innerhalb des politisch-administrativen Systems

Ammermüller, damaliger Referatsleiter im Bundesministerium für Arbeit und Sozialordnung, führt die Verwendung des Begriffes „Strukturreform" im Zusammenhang mit den Reformüberlegungen auf die internen Kreise der Ministerialbürokratie zurück. „Wenn ich es recht sehe, ist das Wort «Strukturreform» von der Ministerialbürokratie erfunden worden, gerade auch für den Bereich der Rentenversicherung, als man erkannte, daß es wohl nicht mehr ganz so weitergeht, wie es nun seit vielen Jahren gelaufen ist. Es reicht nicht mehr aus, mit immer neuen Gesetzen der jeweiligen Krise zu begegnen." (Ammermüller 1988: 114) Diese Position wurde von den Akteuren innerhalb des politisch-administrativen Systems einhellig geteilt. Strittig waren nur einzelne Punkte der Reform, nicht aber das allgemeine Vorhaben einer grundlegenden Umstrukturierung, das mit dem Stichwort „Strukturreform" charakterisiert wurde.

Erarbeitet wurde der Gesetzentwurf von der CDU, genauer vom Arbeitsministerium unter Norbert Blüm. Innerhalb der Union musste sich dieser Entwurf jedoch erst durchsetzen, insbesondere gegen den Reformvorschlag des damaligen Postministers Schwarz-Schilling. Dieser hatte den Aufbau eines Kapitalstocks für die GRV und die Stafflung der Beiträge nach Kinderzahl gefordert. (Nullmeier/Rüb 1993: 284) Hinter diesen Vorschlag brachte Schwarz-Schilling die einflussreiche Mittelstandsvereinigung (MIT).

Obwohl die Koalitionsarbeitsgruppe Rentenreform bereits ein Konzept ausarbeitete, und dies unter Beteiligung des „sozialpolitischen Sprechers" der MIT Elmar Kolb, brachte die MIT einen eigenen Vorschlag ein, der die Ideen von Schwarz-Schilling integrierte. Für dieses Konzept konnte die MIT auch die Junge Union gewinnen, die innerhalb der Union eher zu den Modernisierern zählte. (Nullmeier/Rüb 1993: 396-397) Hinzu kam, dass der Einfluss der CDA – und damit auch Blüms – durch die Demontage von Geißler und die Abwahl von Fink aus dem CDU-Parteipräsidium sehr geschwächt war. (Glotz 1989: 107)

Dass sich der Arbeitsminister mit seinem Vorschlag innerhalb der Union durchsetzen konnte, ist sicher in weiten Teilen der Tatsache geschuldet, dass dieser Entwurf auf einen breiten gesellschaftlichen Konsens setzen konnte, der neben den Arbeitnehmern und den Arbeitgebern auch die SPD mit einschloss. Dem Inhalt nach konnte sich die CDA in den meisten Aspekten des Gesetzentwurfs wieder finden, während die Ideen von Schwarz-Schilling und auch die Vorstellungen des neoliberalen konservativen Lagers der CDU keine Berücksichtigung fanden. „Dieser Erfolg verdankt sich außer der Übereinstimmung von Gewerkschaften und Arbeitgeber vor allem der von Blüm gesuchten Unterstützung durch die SPD, die ein weiteres Vordringen der mittelständischen, neoliberalen und konservativen Interessen in der CDU verhindern konnte.“ (Nullmeier/Rüb 1993: 402) Zu dieser Konsensstrategie zählte auch, dass Blüm die anderen Parteien bewusst in den Formulierungsprozess integrierte.

> Der Bundesarbeitsminister legte Mitte November 1988 einen Diskussions- und Referentenentwurf für ein solches Gesetz [Rentenreformgesetz 1992, Anmerkung S. H.] vor. Er enthielt bewusst keine abschließenden Festlegungen, sondern sollte eine konkrete Grundlage für weitere Gespräche mit der SPD über die inhaltliche Ausgestaltung der Reform darstellen. Nach mehreren Gesprächsrunden verständigten sich die Verhandlungsdelegationen von CDU, CSU, FDP und SPD am 3. Februar 1989 auf ein Maßnahmenpaket, das den Weg frei machte für eine gemeinsame Gesetzesinitiative im Deutschen Bundestag. (BDA 1989: 98)

Die strittigen Punkte dieses Gesetzes waren marginal. Die SPD hatte Bedenken gegen eine Anhebung der Altersgrenze, solange die Arbeitslosigkeit nicht zurückginge, stimmte aber dem Entwurf des Arbeitsministers schließlich zu. (Faupel 1989: 7) Wichtig war der SPD, den Bundeszuschuss an die Ausgaben zu koppeln, was zu einem deutlichen Anstieg der Ausgaben des Bundes für die Rentenversicherung in der Szene der Umstrukturierung führte. (Vgl. *Abbildung 5*, S. 307) „Dieses starke Wachstum ist das Ergebnis der großen Rentenreform, die CDU/CSU, SPD und FDP gemeinsam im Jahr 1989 verabschiedet haben. Damals setzten die Sozialpolitiker der beiden großen Parteien ihr lang verfolgtes Ziel durch, den Bund als «dritten Beitragszahler» an allen künftigen Ausgabensteigerungen in der Rentenversicherung zu beteiligen und somit auch einen Teil der Kosten schultern zu lassen, die durch die demografischen Veränderungen entstehen.“ (Hering 2004: 363)

Die Erhöhung des Bundeszuschusses führte bereits bei der Rentenreform 1992 zu einer Auseinandersetzung zwischen Arbeitsminister Blüm und dem damaligen Finanzminister Stoltenberg. Blüm konnte sich zwar mit seinem Konzept durchsetzen, die Erhöhung des Bundeszuschusses wurde aber auf Drängen Stoltenbergs auf 2,3 Mrd. DM beschränkt. „Alle weitergehenden Mehranforderungen an den Bund, die auch nach den Vorstellungen des Bundesarbeitsministers notwendig und begründet waren, sind an Herrn Stoltenberg gescheitert. Der Bundeshaushalt gibt angeblich nicht mehr her." (Muhr 1989: 2) Obwohl die Ausdehnung des Bundeszuschusses hinter den eigentlichen Vorstellungen von Blüm und der CDA zurückblieb, war somit die Basis für eine Kooperation mit der SPD geschaffen.

Das einhellige Verfahren der Gesetzgebung wurde besonders von BfA und VDR begrüßt:

> Die Verbände [BfA und VDR, Anmerkung S. H.] sehen in dem Konsens einen hohen Wert für die Rentenversicherung, würde doch dadurch den Versicherten deutlich gemacht, daß das bestehende System der Alterssicherung von einer breiten parlamentarischen Basis getragen wird und seine grundsätzliche Ausrichtung nicht in Frage stehe. Dies schaffe Vertrauen in die Stabilität der Alterssicherung und setze zudem eine Tradition gemeinsam getragener Rentenreform-Vorhaben fort. Diesmal freilich mit anderen Vorzeichen. Denn während 1957 und 1972 den Versicherten erhebliche Leistungsverbesserungen ins Haus standen, geht es heute darum, Leistungsbeschränkungen vorzunehmen und Belastungen angemessen zu verteilen. (Murda 1989: 69-70)

Trotzdem gab es von Seiten des VDR, der sich mit seinem eigenen Rentenreformkonzept nicht durchsetzen konnte, auch deutliche Kritik an der Rentenreform 1992. Der VDR kritisierte hauptsächlich die zu geringe Beteiligung des Bundes an den Kosten der Reform. Zudem würden die Beitragszahler in größerem Umfang durch die Reform belastet als die Rentner.

> [Die] Lastenverteilung ist schief. Denn [...] während nach dem Vorschlag der VDR-Kommission zur Rentenreform Beitragszahler, Rentner und Bund jeweils etwa zu einem Drittel an dem Maßnahmenbündel beteiligt wären, stelle das nach dem Konsensergebnis sich wesentlich anders dar: Die Beitragszahler trügen nunmehr fast die Hälfte (etwa 47 Prozent) der zusätzlichen Belastung, der Beitrag der Rentner zur Konsolidierung verbliebe bei etwa einem Drittel der gesamten Einsparungen, und der Beitrag des Bundes könne mit knapp einem Siebtel des gesamten Konsolidierungsvolumens nur als sehr bescheiden bezeichnet werde. (Murda 1989: 70)

Obwohl sich also die maßgeblichen Akteure über eine stärkere Einbeziehung des Bundes in die Finanzierung der Rentenversicherung einig waren, blieb zu Beginn der Szene der Umstrukturierung das Ausmaß dieser Steigerung strittig.

Die Heraufsetzung der Altersgrenze wurde von VDR und BfA zwiespältig betrachtet, da man die Wirksamkeit dieses Instruments als im hohen Maße von der Entwicklung am Arbeitsmarkt abhängig beurteilte. Versicherungsmathematische Abschläge wurden hingegen begrüßt. (Murda 1989: 70)

Auch nach der Rentenreform 1992 bestand weiterhin das Bestreben der Bundesregierung, Probleme in den Sozialkassen durch interne Verschiebungen zu handhaben. So wurde 1991 der Beitragssatz zur Rentenversicherung gesenkt und die Beiträge zur Arbeitslosenversicherung angehoben, wodurch die GRV in Finanzierungsprobleme kam. (Ruland 1993: 181) 1993 wiederholte sich dieses Ereignis.

> Die wichtigste gesetzliche Maßnahme, die in diesem Jahr zu niedrigeren Einnahmen und damit zu einer Verschlechterung der Rentenfinanzen führen wird, ergibt sich aus der [...] Senkung des Beitragssatzes um 0,2 Prozentpunkte bei gleichzeitiger Heraufsetzung des Beitragssatzes in der Arbeitslosenversicherung. Mit dieser Lastenverschiebung sollte eine Erhöhung des Gesamtsozialbeitrages vermieden und der Bundeshaushalt, der Finanzlücken bei der Bundesanstalt für Arbeit zu schließen hat, entlastet werden. (Pehl 1993: 105)

Bei der BfA und beim VDR stieß diese Politik auf Kritik. (Ruland 1993: 182, Pehl 1993: 105)

Die Erhöhung des Bundeszuschusses und seine verbindliche Kopplung an die Ausgaben der Rentenversicherung hatten zur Folge, dass die Entwicklung des Rentensystems in zunehmendem Maße den Bundeshaushalt affizierte. Gerade durch die Kosten, die sich aus der Vereinigung ergaben, wurde der finanzielle Spielraum des Finanzministers immer enger. (Kaufmann 2000: 180) Für die Rentenpolitik bedeutete dies, dass das Finanzministerium zunehmend zu einem entscheidenden Akteur wurde. „Der Anteil des Bundes bei der Finanzierung der Bundesanstalt für Arbeit, der Rentenversicherung und der Sozialausgaben ist in den neunziger Jahren angestiegen [...]. Dies hat zur Folge, dass sich hinsichtlich der Bestimmung regierungspolitischer Schwerpunkte das Gewicht des Bundesfinanzministeriums erheblich erhöht hat." (Trampusch 2003: 45) Hering führt die Rentenpolitik in der Szene der Umstrukturierung in weiten Teilen auf den Druck zurück, den die europäische Währungsunion auf den Bundeshaushalt ausübt. (Hering 2003) 1996 lag der Anteil der Rentenausgaben noch bei 13% des Bundeshaushaltes.

> Dem Finanzminister machte aber der rapide Beitragsanstieg in der Rentenversicherung zu schaffen, der automatisch eine Erhöhung des allgemeinen Bundeszuschusses nach sich zog. Innerhalb von nur zwei Jahren erhöhte sich dieser Zuschuss um fast 5 Milliarden Euro auf insgesamt 42 Milliarden Euro jährlich und machte damit einen Teil der Sparanstrengungen der Koalition wieder zunichte. [...] Die Konsolidierung des Bundeshaushalts hing deshalb in entscheidendem Maße von der Konsolidierung des Rentensystems ab. [...] Der Druck des Finanzministers auf Arbeitsminister Blüm wuchs seit Mitte der 90er Jahre deshalb beständig. (Hering 2004: 365-366)

Zudem muss davon ausgegangen werden, dass sich mit der Einführung des Euros zunehmend eine „neoliberale“ Rationalität in den normativen Grundannahmen und den institutionellen Rahmenbedingungen verankert wurde. In diesem Sinne argumentiert Young:

> The introduction of the Euro as a new European denomination has helped to create a world according to a particular neo-liberal logic that then shapes actors' behaviour according to this logic. Starting with the Maastricht convergence criteria and the Stability Pact, we can argue that these organizational structures have supplied a new ordering rationality that have subsequently defined the structural boundaries both in terms of its limits and opportunities in which actors can operate. (Young 2003: 104)

Zunächst konnte sich Blüm gegen Waigel durchsetzen und die Position innerhalb der Union verallgemeinern, dass es momentan keinen akuten Änderungsbedarf am Rentensystem gäbe. Einziges Zugeständnis gegenüber dem Finanzministerium war das Vorziehen der Erhöhung der Altersgrenze für Renten wegen Arbeitslosigkeit. „Zunächst konnten Blüm und die Sozialpolitiker in der CDU/CSU-Fraktion grundlegende Änderungen in der Rentenpolitik mit dem «Wachstums- und Beschäftigungsförderungsgesetz» abwehren. Das 1996 verabschiedete Gesetz enthielt nichts wesentlich Neues, sondern beschleunigte nur die Erhöhung der Altersgrenze für Arbeitslose [...]. “ (Hering 2004: 366) Waigel hatte vorgeschlagen, die Rentenanpassung 1996 zu verschieben. Dadurch sollte der Beitragssatz und somit auch der Bundeszuschuss stabil gehalten werden. Blüm hingegen bestand auf der fristgerechten Anpassung und einer Erhöhung des Beitragssatzes. „Da dieses Ergebnis für den Finanzminister unbefriedigend war, forderte Waigel wenige Monate später Arbeitsminister Blüm auf, unverzüglich Vorschläge für eine Absenkung des Rentenniveaus vorzulegen. [...] Um den Druck auf Blüm zu verstärken, drohte Waigel damit, die Einnahmen des Bundes durch eine stärkere Besteuerung der Renten zu erhöhen, falls der Arbeitsminister keine Kürzungspläne vorlegen wolle.“ (Hering 2004: 366)

Eine zweite Linie der Konfrontation zwischen Finanz- und Arbeitsministerium zeigte sich an der Frage der Besteuerung der Renten. Die Forderung, die Renten zu besteuern, schließt dabei nahtlos an die Überlegungen an, die Bundesmittel für die GRV zu beschränken, da eine Besteuerung der Renten dem Finanzministerium unmittelbar zusätzliche Einnahmen zur Verfügung stellen würde. „«Nicht hinnehmbar» nannte es der CSU-Vorsitzende Theo Waigel [...], daß die Renten kaum, andere Alterseinkünfte hingegen voll besteuert werden. Ebenso wie der Bundesminister für Finanzen forderte damals auch Bundesgesundheitsminister Horst Seehofer öffentlich Korrekturen bei der Rentenbesteuerung.“ (Hülsmeier 1996: 389) Auch Otto Graf Lambsdorff (Ehrenvorsitzender der FDP) und Friedrich Merz (Mitglied der „Steuerreform-Kommission“ der CDU) traten für eine Besteuerung der Renten ein. Bundesarbeitsminister Norbert Blüm distanzierte sich von der Forderung. „Als «Quatsch» bezeichnete auch der Vorsitzende der SPD-Bundestagsfraktion, Rudolph Scharping, die Überlegungen in den Koalitionsreihen zur Rentenbesteuerung.“ (Hülsmeier 1996: 389)

Der „Kompromiss“ zwischen Waigel und Blüm bestand im „Rentenreformgesetz 1999“ das einerseits das Rentenniveau über die Einführung des demografischen Faktors deutlich absenkte, andererseits der Rentenversicherung Mehreinnahmen aus der Mehrwertsteuererhöhung zufließen ließ. Die Tatsache, dass Blüm sich zunächst gegen Waigel durchsetzen konnte, später aber einer Absenkung des Rentenniveaus zustimmen musste, erklärt Hering aus der veränderten Position Helmut Kohls. Dieser wollte die Renten nicht vor den Wahlen 1998 absenken und suchte daher zunächst den Konsens mit der SPD. „Als jedoch die Einhaltung des Stabilitätspaktes immer kritischer wurde und damit der Erfolg der Währungsunion auf dem Spiel stand, bekam der Euro eindeutig Priorität vor den Renten wie auch vor dem Konsens mit der SPD. Um die gemeinsame Währung nicht zu gefährden, unterstützte Kohl nach langem Zögern die Forderungen des Finanzministers nach einer Absenkung des Rentenniveaus und übte Druck auf Arbeitsminister Blüm aus.“ (Hering 2004: 367)

Das Kernstück der Rentenreform 1999 war der demografische Faktor, der vehemente Opposition von SPD und Gewerkschaften auslöste. Die Kritik bezog sich in erster Linie auf die deutliche Absenkung des Rentenniveaus. Denn durch den demografischen Faktor würde das „individuelle Rentenniveau unkalkulierbar und die Lohnersatzfunktion [würde] dadurch gefährdet, daß die Nettorente des sog. «Eckrentners» letztlich auf 64 Prozent des Durchschnittsverdienstes absinken sollte.“ (Hinrichs 2000a: 302) Besonders gegen diese Senkung des Rentenniveaus opponierte die SPD und gab das Wahlversprechen, die Rentenreform 1999 sofort rückgängig zu machen, sobald sie an der Regierung wäre.

> Bei einem Wahlsieg hat die SPD die sofortige Rücknahme der von der gegenwärtigen Regierung beschlossenen Absenkung des Rentenniveaus von 70 auf 64 Prozent angekündigt. Versicherungsfremde Leistungen sollen dafür aus der Rentenversicherung herausgenommen werden. Die Finanzierung soll über Steuern und die Erweiterung des Versichertenkreises gewährleistet werden: langfristig sollen alle Bürger in die Versicherungspflicht einbezogen werden. (GDV 1998: 5)

Obwohl die SPD als Partei heftige Kritik an der Reform formulierte und ankündigte, den demografischen Faktor nach einer gewonnenen Bundestagswahl wieder abzuschaffen, war diese Linie bereits 1998 nicht unumstritten. „Ein begrenztes Abschmelzen des Rentenniveaus hält anders als seine Partei [...] der SPD-Ministerpräsident von Rheinland-Pfalz, Kurt Beck, für möglich." (Kannengießer 1998: 3) Zu Bedenken ist auch, dass der demografische Faktor ursprünglich ein Vorschlag des SPD nahen Rentenexperten Bert Rürup war. (Recht 1997: 137) Die Grünen und die FDP befürworteten den demografischen Faktor. (Hinrichs 2000a: 304)

Die Grünen konnten sich in der Szene der Umstrukturierung im Politikfeld Rentenpolitik, ähnlich wie in anderen Bereichen der Sozialpolitik, bislang kaum mit eigenen Ansätzen etablieren. Opielka beschreibt die Grünen als „sozialpolitisch tendenziell unsichtbar, nicht nur, weil sie es versäumen, sozialpolitische Signalpositionen zu besetzen [...]." (Opielka 2003: 74) Hinsichtlich der Rentenreform 1999 wurde jedoch deutlich, dass die Grünen sich für eine Grundrente einsetzten, die durch die Einbeziehung aller Bürger in die Versicherungspflicht finanziert werden sollte. „Bündnis 90/Die Grünen wollen den Ausstieg aus dem jetzigen System: Sie streben die Angleichung der Rentenhöhe durch eine allgemeine Grundrente an." (GDV 1998: 5)

Der Begriff der Grundrente geisterte auch durch die Positionen der SPD: Im Wahlkampf 1998 wurde von verschiedenen SPD-Politikern eine „Grundrente" gefordert. Riester und Lafontaine sprachen von einer „steuerfinanzierten Mindestrente", Simonis von einer „steuerfinanzierten Sockelrente" und Schröder brachte die „beitragsfinanzierte Grundversorgung oder Garantierente" ins Gespräch. (Bäcker 1998: 201, Kannengießer 1998: 2) Riester und Lafontaine setzten sich für eine steuerfinanzierte Grundrente ein, die das Rentensystem um ein gehobenes Existenzminimum ergänzen sollte. Schröder und Simonis waren gegen solche Vorschläge. Simonis wollte eine „steuerfinanzierte Grundrente durch eine Zusatzrente ergänzen, die mit Beiträgen finanziert und entsprechend bemessen wird [...]." (Kannengießer 1998: 2)

Diese Vorstellungen bezüglich einer Grundrente wurden von SPD und Grünen nach dem Regierungswechsel in abgeschwächter Form wieder aufgegriffen. Das von der Bundesregierung im Zuge der Rentenreform 2001 angestrebte Modell einer bedarforientierten Grundsicherung sollte das System der Sozialversicherung im Prinzip unangetastet lassen, aber durch die Grundsicherung im Alter die Sozialhilfe entlasten. Innerhalb der Grünen und der SPD gab es die Vorstellung, die Sozialhilfe insgesamt umzugestalten, was jedoch von der Regierung nicht mitgetragen wurde. (Bäcker 2000: 43) Auch der Sozialbeirat sprach sich gegen die bedarforientierte Mindestsicherung aus. „Die Notwendigkeit einer solchen Maßnahme lässt sich aus Sicht des Sozialbeirats nicht aus gegenwärtigen Bedingungen ableiten. [...] Auch wenn die bedarforientierte Mindestsicherung aus dem Steueraufkommen finanziert werden sollte, dürften hiervon negative

Konsequenzen für die Akzeptanz des Rentenversicherungssystems ausgehen." (Schmähl 2000a: 58)

Auch in Kreisen der CDU/CSU gab es die Forderung nach einer Grundrente, die besonders von Biedenkopf und Miegel vertreten wurde:

> Das Modell der Grundrente, für das die Namen Meinhard Miegel und Kurt Biedenkopf stehen, zeichnet sich dadurch aus, dass mit der Einführung der Grundrente die bisherige lohn- und beitragsorientierte Rentenversicherung abgelöst werden soll. Die öffentliche Alterssicherung übernimmt also nur noch die Funktion der Armutsvermeidung. Oberhalb der *steuerfinanzierten Grundrente*, die für alle gleich hoch ist, [...] besteht die Notwendigkeit einer individuellen, kapitalfundierten Altersvorsorge. (Bäcker 2000: 42, Hervorhebung i. O., vgl. Kannengießer 1998: 2)

Nach den Vorstellungen von Biedenkopf sollte „jeder Bürger [...] eine Rente [erhalten], die zumindest das Existenzminimum deckt. [...] Sie wird aus dem Bundeshaushalt finanziert. Dazu müßten Einkommen- und Mehrwertsteuer massiv erhöht werden, während der Rentenbeitrag nur langsam herabgesetzt werden kann, da noch über Jahrzehnte über die Grundrente hinausgehende Anwartschaften einzulösen sind. Wer mehr als die Grundrente haben will, muß zusätzlich privat vorsorgen." (Kannengießer 1998: 2) Die FDP setzte gegen diese Modelle einer Grundrente auf eine Basisrente. „Das Modell der *Basisrente oder Garantierente*, das von der BDA und der FDP [...] vertreten wird, unterscheidet sich vom [...] Grundrentenmodell vor allem dadurch, dass die Basis- oder Garantierente beitragsfinanziert und leistungsbemessen sein soll [...]." (Bäcker 2000: 42, Hervorhebung i. O.) Es wird deutlich, wie wichtig der Hinweis von Bäcker ist, dass unter dem Stichwort Grund- bzw. Basisrente sehr verschiedene Konzepte kursieren. (Bäcker 1998; vgl. auch 4.3.1)

Auch die Art der Finanzierung dieser sehr unterschiedlichen Modelle einer Grundrente war zwischen den Akteuren umstritten. „Die SPD und Riester wollen diese [Mindestsicherung] vor allem über Öko-Steuern finanzieren. Die Grünen wollen den Arbeitgeberbeitrag durch eine Abgabe auf die Wertschöpfung der Unternehmen ersetzen und die Grundsicherung über die Erhöhung der Erbschaftssteuer, eine neue Vermögenssteuer sowie durch Kappen hoher Renten finanzieren." (Kannengießer 1998: 3) Biedenkopf wollte die Mehrwertsteuer erhöhen. Andere Politiker innerhalb der Union und der FDP, wie Blüm und Babel, lehnten sämtliche Konzepte einer Grundrente ab und sahen darin den Übergang zur Einheitsrente. (Bäcker 1998: 201) Obwohl sich 1998 kein Akteur auf die Einführung irgendeiner Form der Grundrente definitiv festlegte, ist bemerkenswert, dass die Forderung nach einer Grundrente im „Rentenwahlkampf" als

Position unterschiedlicher Akteure des politisch-administrativen Systems auftauchte.

Ähnliches lässt sich für die *Forderung nach einem Ausbau kapitalgedeckter Elemente im Rentensystem* festhalten. Auch wenn es erst 2001 zu entsprechenden Schritten kam, begann die Diskussion bereits wesentlich früher. Die von Blüm 1996 einberufene Kommission „Fortentwicklung der Rentenversicherung" hatte sich noch deutlich gegen die Einführung kapitalgedeckter Elemente in das Rentensystem ausgesprochen, (Recht 1997: 135) was nicht nur die Position des „linken Flügels" der Union verdeutlicht, sondern auch zeigt, dass zu diesem Zeitpunkt die Forderung nach einer Kapitaldeckung bereits innerhalb des politisch-administrativen Systems kursierte. Gerade innerhalb der CDU hatte es seit Beginn der Szene der Umstrukturierung vage Forderungen nach einer Kapitaldeckung gegeben. Nach dem Regierungswechsel ließen sich diese Vorstellungen aus der Rolle der Opposition heraus besser artikulieren, da auf eine exakte Abstimmung mit dem Arbeitnehmerflügel verzichtet werden konnte. Julius Louven, sozialpolitischer Sprecher der CDU/CSU-Fraktion, brachte die Forderung nach einem Ausbau der privaten und betrieblichen Altersvorsorge auf. „Erforderlich ist eine Entlastung der Rentenversicherung, begleitet von einer Stärkung der betrieblichen und privaten Vorsorge." (Louven in GDV 1998: 2) Damit wandte er sich auch gegen Vorstellungen in der SPD, einen Kapitalstock innerhalb der gesetzlichen Rentenversicherung aufzubauen. Diese Vorstellung wurde von Rudolf Dreßler, stellvertretender Fraktionssprecher und gesundheitspolitischer Sprecher der SPD-Fraktion, vertreten. (Hujer 1998) Dieser kapitalgedeckte Vorsorgefonds sollte ab dem Zeitraum 2010 die Finanzierungsprobleme, die durch die demografische Entwicklung entständen, überbrücken.[122]

> Über Parteigrenzen hinweg wird vorgeschlagen, für einen begrenzten Zeitraum einen Kapitalstock innerhalb der Rentenversicherung aufzubauen. Das Ziel ist, die Beitragsentwicklung zu glätten. [...] Erfolgsversprechend ist dieser Weg nicht. Unter anderem deshalb, weil Beitragserhöhungen den auch für die Rentenversicherung dringend notwendigen Abbau der Arbeitslosigkeit behindern. Das Gebot der Stunde muß lauten: «Beiträge senken, wo immer möglich.» (Louven in GDV 1998: 2)

Der Gedanke, die private und betriebliche Altersvorsorge auszubauen, beschränkte sich nicht auf die CDU. „Grundsätzlich wollen außer Bündnis 90/Die Grünen alle Parteien die zweite und dritte Säule stärken." (GDV 1998: 5) Die

[122] Erstaunlich ist, dass dieser Vorschlag des als „Betonkopf" verschrienen Dreßler (Hujer 1998) an das Modell von Schwarz-Schilling erinnert.

FDP wollte die Kapitaldeckung nicht nur auf die betriebliche und private Altersvorsorge, sondern auch auf die GRV ausdehnen.

> Bei der Altersvorsorge wollen CDU, CSU, FDP und SPD grundsätzlich am beitragsbezogenen System der gesetzlichen Rentenversicherung festhalten. Die FDP möchte darüber hinaus die Strukturreform in der Rentenversicherung mit einem schrittweisen Übergang zur Mischform aus umlagefinanzierter und kapitalgedeckter Alterssicherung verbinden. (GDV 1998: 5)

Mit dem Regierungswechsel 1998 wurde der Reformdruck auf das Rentensystem noch verstärkt. Entgegen vielen Vermutungen entpuppte sich die rotgrüne Regierung in Rentenfragen sehr bald als Hardliner des bereits eingeschlagenen Konsolidierungskurses. „Schröder [hatte] im Gegensatz zu Kohl nie die Absicht, an dem bestehenden Rentensystem festzuhalten. Im Gegenteil forderte er bereits vor seinem Amtsantritt, dass die Weichen in der Alterssicherung in Richtung Privatvorsorge gestellt werden müssen." (Hering 2004: 369) Zwar bestand eine der ersten Handlungen der Regierung in der Rücknahme der Rentenreform 1999. Diese war aber mit der Kopplung der Rentenanpassung in den Jahren 2000 und 2001 an die Inflationsrate (Ruland 2001a: 5), sowie der Aufhebung der automatischen Anpassung des allgemeinen Bundeszuschuss verbunden (Hering 2003: 363), wodurch die Rentner im noch stärkeren Maße belastet wurden, als durch die Einführung des demografischen Faktors unter Kohl. (Engelen-Kefer 2000c: 549)

> Die SPD-geführte Bundesregierung erfüllte ihr Wahlversprechen und setzte diese Regelung außer Kraft, beschloß aber statt dessen im Herbst 1999 von der seit 1992 geltenden Nettolohnanpassung abzugehen und für die Jahre 2000 und 2001 die Renten nur um die Preissteigerungsrate des Vorjahres zu erhöhen. Diese Maßnahme führt zu einer rascheren Absenkung des Standardrentenniveaus und beteiligt die gegenwärtigen Rentenbezieher stärker an der Ausgabenbegrenzung, als dies bei einer Anpassung unter Berücksichtigung des «demographischen Faktors» der Fall gewesen wäre. (Hinrichs 2000a: 303; vgl. auch Hering 2004: 349)

Hinzu kam die Einführung der Öko-Steuer, die zum Teil die Löcher in der Rentenkasse stopfen sollte.

Hering führt die Rentenpolitik der Schröder-Regierung in weiten Teilen auf den durch Finanzminister Eichel durchgesetzten Konsolidierungskurs zurück, der an die Bemühungen Waigels anschloss und ebenfalls immensen Druck auf die Rentenpolitik ausübte. Eichel setzte durch, dass alle Bundesministerien ihren Haushalt um 7% kürzen mussten. Für das Bundesarbeitsministerium unter Walter Riester bedeutete dies „sofortige Einsparungen zwischen 6 und 10 Milliarden Euro jährlich. [...] Über zwei Drittel der Einsparungen des Bundesarbeitsministeriums sollten über niedrigere Ausgaben im Rentenbereich erfolgen.“ (Hering 2004: 368)

Eichel mischte sich aber auch direkt in die Rentenpolitik ein und erklärte öffentlich: „Die Reform der Gesetzlichen Rentenversicherung ist überfällig.“ (Eichel 2000) Besonders für die Anhebung der Lebensarbeitszeit setzte sich Eichel ein, um damit den Beitragssatz zu senken.[123] Hinzu kam, dass für die Finanzierungsprobleme, die z. T. durch die Revidierung der Rentenreform 1999 entstanden, keine zusätzliche Verschuldung des Bundes in Kauf genommen wurde, sondern stattdessen Mittel aus der Ökosteuer in die Rentenkasse flossen. Eichel begründete diese Maßnahme nicht allein mit seinem eng kalkulierten Haushalt, sondern lobte vor allem, dass so der Beitragssatz gesenkt werden konnte. „Der Rentenversicherungsbeitrag liegt einen vollen Prozentpunkt – und das sind in Geld ausgedrückt mehr als 16 Milliarden Mark – unter dem Wert von 1998. Die Mittel zur Unterstützung der Rentenversicherung erzielt der Staat durch die Verteuerung von Energie.“ (Eichel 2000) Für den Finanzminister sollten die Ausgaben des Bundeshaushaltes in einem unmittelbaren Nutzen für die Wirtschaft enden. Unter dieser Bedingung wurden zusätzliche Mittel zur Verfügung gestellt, die dann allerdings aufgrund der Sparzwänge gegenfinanziert werden mussten. Insbesondere die Belastung der Lohnnebenkosten durch die Einbeziehung der Neuen Länder in die Rentenversicherung wollte Eichel durch die Ökosteuer ausgleichen.

> Die Rentenversicherungsbeiträge sind in den 90-er Jahren auch wegen des Transfers in die neuen Länder zur Finanzierung des Aufbaus Ost angestiegen. Bezahlt haben diese Transfers nur die Arbeiter und Angestellten sowie die Betriebe. Das hat die Arbeitslosigkeit gesteigert. Die Ökosteuer schafft jetzt ein Gegengewicht, indem alle belastet werden, die Energie verbrauchen, aber nur Arbeiter und Angestellte sowie die Betriebe wieder entlastet werden, die vorher einseitig belastet waren. (Eichel 2000)

[123] „Das gesetzliche Renteneintrittsalter liegt für Männer bei 65 Jahren, das tatsächliche Renteneintrittsalter aber unter 60. Das ist zu niedrig. Allerdings: Manche Menschen sind auch schon vorher kaputt, man muss sich die Arbeitsbedingungen schon im Einzelnen ansehen. Jedes Jahr um das wir das tatsächliche Renteneintrittsalter näher an das gesetzliche bringen können, lässt den Rentenbeitragssatz um einen Prozentpunkt sinken.“ (Eichel 2000)

Der Einfluss des Finanzministers auf die Rentenpolitik nahm also unter der Schröder-Regierung noch zu.[124]

Diese Zunahme des Einflusses des Finanzministers ist zum einen durch die prekäre Lage des Bundeshaushalts in Bezug zum Stabilitäts- und Wachstumspakt bedingt gewesen. Hinzu kam die relativ schwache Stellung Riesters innerhalb der Regierung.

> Im Kabinett hatte Eichel ein leichtes Spiel. Im Gegensatz zu Norbert Blüm stand ihm mit Walter Riester kein starker Arbeitsminister gegenüber. Seine Ministerkarriere hatte Riester voll und ganz Schröder zu verdanken, und sein politisches Überleben hing ebenfalls vom Wohlwollen des Kanzlers ab. Dagegen hatte Blüm als herausragender Repräsentant des Arbeitnehmerflügels sowie als Vorsitzender des größten CDU-Landesverbands eine außerordentlich wichtige Stellung im Kabinett. (Hering 2004: 368; vgl. auch Schmitthenner 1999: 205)

Es wäre jedoch falsch, Riester als „Marionette Schröders" darzustellen, mit der der Finanzminister sein Spiel treiben konnte. Bereits in seiner Funktion als stellvertretender IG Metall-Vorsitzender hatte Riester sich in Form der Tariffonds für eine Umstrukturierung des Rentensystems eingesetzt, die er nun als Bundesminister anders entfalten konnte. (Trampusch 2004: 244) Die von Eichel verordneten Sparzwänge konnte Riester daher auch für sich instrumentalisieren, indem er auf die Unabänderbarkeit seines Reformplans verweisen konnte. Insofern ist es nicht verwunderlich, dass Eichel mit seinen Vorstößen mehr Kritik von der SPD-Fraktion erntete als vom Arbeitsminister. (Hering 2004: 368)

Vor allem der linke Flügel der SPD stellte sich gegen die Sparpläne der Bundesregierung, konnte sich aber nicht durchsetzen. Bezüglich der Rentenreform richtete sich die Kritik der SPD-Linken zum einen gegen die Absenkung des Rentenniveaus, zum andern gegen die Einführung der privaten Altersvorsorge als integraler Bestandteil des Rentensystems. „Der Verlierer dieser politischen Auseinandersetzung war der linke SPD-Flügel, der am bestehenden Rentensystem festhalten wollte: Weder konnten die traditionellen Sozialpolitiker das institutionelle Ziel der Lebensstandardsicherung verteidigen, noch waren sie in der Lage, die Einführung der privaten Altersvorsorge zu verhindern, welche die gesetzliche Rente in Zukunft teilweise ersetzen wird." (Hering 2004: 369) Ähnliche Auseinandersetzungen, wenn auch nur am Rande, gab es innerhalb der Grünen. Einziger Erfolg der koalitionsinternen Kritik blieb jedoch das Festschreiben

---

[124] Richard Parry hat eine ähnliche Bedeutung des Finanzministeriums für die Sozialpolitik unter New Labour nachgewiesen und kommt sogar zu der These, „that policy-making is set on economic grounds relatively autonomously of interest and opinion structure" (Parry 2000: 89) wobei sich „opinion structure" auf die öffentliche Meinung bezieht.

der Niveausicherungsklausel auf 67%,[125] wodurch die Regierung den „breiten gesellschaftlichen Konsens für die Rentenreform" (BT-Drucksache 14/5164: 1) bekräftigen wollte, da auch die Gewerkschaften gegen die ursprünglich vorgesehene Höhe von 64% opponiert hatten. (Ruland 2001b: 45, 48; vgl. auch Storm 2001: 49)

Bevor Riester seine Rentenpläne darlegte, hatte die SPD-Linke noch einen stärkeren Einfluss gehabt. Statt des demografischen Faktors der CDU/CSU bevorzugte die SPD zunächst ein Modell, dass der VDR entwickelt hatte. Demnach sollte ab Mitte 2011 ein allgemeines ausgabendämpfendes Element in die Rentenanpassung integriert werden, indem Lohnsteigerungen nur noch zu 90% in die Berechnung des aktuellen Rentenwertes eingehen sollten. „Der Vorschlag des VDR wurde im Reformgesetz [Altersvermögensergänzungsgesetz, Anmerkung S. H.] schließlich aufgegriffen; allerdings in einer abgemilderten Form, [FN] die das Nettorentenniveau zwischen 2011 und 2030 nach amtlicher Einschätzung auf 67 bis 68% reduzieren wird." (Döring 2002: 101)

Im Vorfeld der Rentenreform 2001 sorgte besonders der Vorschlag Riesters für Debatten, eine zusätzliche Altersvorsorge obligatorisch festzuschreiben. Nicht nur die Opposition, auch breite Teile der Öffentlichkeit protestierten gegen diesen Plan. (Döring 2002: 102, Nullmeier 2001: 654) Die obligatorische Zusatzrente wurde neben Riester auch von Rürup unterstützt, der sich für die Verbindung des „Altersvorsorgeabschlags" mit einem „Betriebsrentenobligatorium" einsetzte. Die Verpflichtung der Tarifpartner auf die Einführung einer generell allen Arbeitnehmern zugänglichen betrieblichen Altersvorsorge erschien ihm eher durchsetzbar als die Verpflichtung zum Aufbau einer privaten Zusatzrente. (Rürup 2000: 91)

Die Rentenreform 2001 wurde von Riester besonders wegen des Ausbaus der zweiten und dritten Säule als Erfolg gefeiert. „Diese Reform ist das größte Vermögensbildungsprojekt für Altersvorsorge, das jemals vorgelegt worden ist. Sie wird Generationengerechtigkeit herstellen, indem sie sicher für die Älteren und bezahlbar für die Jüngeren sein wird." (Riester 2000b: 332) Die Bundesregierung stellte in ihrem „Nationalen Strategiebericht Alterssicherung" (BT-Drucksache 14/9503) die Grundprinzipien der Rentenreform heraus. Dabei ging es vor allem um zwei Aspekte: Die Reaktion auf die demografische Entwicklung und die Stabilität des Beitragsatzes. Bezüglich der Bewältigung des demografischen Wandels bezeichnete die Bundesregierung die Rentenreform 2001 einer-

---

[125] Die Niveausicherungsklausel verpflichtet die Regierung, *Maßnahmen* zu ergreifen, wenn ein bestimmtes Rentenniveau dauerhaft unterschritten wird. Wie Ruland darlegt, ist damit allerdings kein Niveau in dem Sinne gesichert, dass es nicht dennoch unterschritten werden könnte. (Ruland 2001b: 48)

seits als „Herzstück der Gesamtstrategie, mit der die Bundesregierung auf die demographische Herausforderung geantwortet hat“ (BT-Drucksache 14/9503: 4), womit angedeutet wurde, dass die Reform der Alterssicherung somit abgeschlossen sei. Andererseits legte die Regierung bereits unmittelbar nach der Rentenreform 2001 wert darauf, dass dies „keine isolierte Maßnahme dar[stellt], sondern [...] eingebettet [ist] in eine Wirtschafts- und Finanzpolitik, die insbesondere mit der ökologischen Steuerreform und der zügigen Konsolidierung der öffentlichen Haushalte die Rahmenbedingungen für langfristige Stabilität und Wachstum gesetzt hat.“ (BT-Drucksache 14/9503: 4) Entscheidend ist hier, dass nicht die Reform selber als Erfolg gefeiert wird, sondern dass mit ihr günstige Rahmenbedingungen gesetzt seien. Somit werden „langfristige Stabilität und Wachstum“ zum Erfolgsmaßstab. Auch wenn die Regierung also davon ausging, dass mit der Rentenreform 2001 die Umstrukturierung des Rentensystems abgeschlossen sein *sollte*, formulierte sie zugleich die Ziele eines weiterreichenden Reformprogramms. An dem Anspruch, den Beitragssatz *dauerhaft* gesenkt zu halten, zeigt sich dieselbe Logik. Einerseits geht die Regierung davon aus, alle nötigen Maßnahmen getroffen zu haben, um einen Anstieg zu verhindern. Andererseits formuliert sie zugleich damit die Bedingung, unter welcher sie erneut umstrukturierend in das Rentensystem eingreifen müsste: Falls der Beitragssatz auf Dauer dennoch steigt. Und auch die Verlängerung, dass der gesenkte Beitragssatz sich als Mittel für Wachstum zu bewähren hat, wurde explizit ausformuliert.

> Die langfristige Stabilisierung des Beitragssatzes in der gesetzlichen Rentenversicherung ist eine wesentliche Voraussetzung dafür, das Vertrauen in die Zukunftsfestigkeit der Rentenversicherung wiederherzustellen. Zudem leistet ein stabiler Beitragssatz einen wesentlichen Beitrag zur Begrenzung der Lohnnebenkosten und damit zur Stärkung und Sicherung der wirtschaftlichen Rahmenbedingungen und dabei vor allem der internationalen Konkurrenzfähigkeit. Hierdurch wird eine wichtige Voraussetzung für mehr Wachstum und Beschäftigung und zur Sicherung des Wirtschaftsstandortes Deutschland geschaffen. (BT-Drucksache 14-9503: 27)

Es lässt sich daher vermuten, dass ein Ausbleiben von Wachstum für die Regierung der Hinweis ist, dass der Beitragssatz nach wie vor zu hoch ist.

In Bezug auf den Ausbau der zweiten und dritten Säule betonte die Bundesregierung, dass die Rentenreform 2001 einen Mittelweg darstelle zwischen den „Modernisierern“, die das alte Rentensystem abschaffen wollen, und den „Bewahrern“, die das bewährte retten wollen.

> Der Einstieg in den steuerlich geförderten Aufbau eines zusätzlichen kapitalgedeckten Altersvorsorgevermögens war ein wichtiger Punkt in der poli-

> tischen Debatte über die Rentenreform. Manche wären hier gern noch weiter gegangen – andere sahen die hergebrachten Grundsätze der Sozialversicherung gefährdet. Das Ergebnis dieser Diskussion trägt beiden Gesichtspunkten Rechnung und besteht aus einer begrenzten, aber substanziellen Innovation. (BT-Drucksache 14/9503: 8)

Diese Position macht deutlich, dass sich die Regierung von unterschiedlichen Seiten heftiger Kritik ausgesetzt sah.

Diese Kritik kam sowohl aus den eigenen Reihen als auch von der Union.[126] Die CSU hatte mit ihrem „Bayrischen Oppositionsmodell für die gesetzliche Rentenversicherung" einen Gegenvorschlag zu Riesters Plänen vorgelegt, der auch innerhalb der CDU große Unterstützung fand. Der CSU-Vorschlag basierte auf denselben Annahmen wie der Riester-Entwurf. Aufgrund der demografischen Entwicklung sollte das Rentenniveau der GRV abgesenkt, und diese Rentenminderung durch den Ausbau von privaten und betrieblichen kapitalgedeckten Zusatzversicherungen kompensiert werden. Dabei sollten die Bürger aber mehr Freiheit in der Wahl der Anlageform haben, als von der Bundesregierung geplant. Zudem sollte ein staatlich finanziertes Anreizsystem alle Bürger – nicht nur die Arbeitnehmer – zum Abschluss einer Zusatzversicherung bewegen. (Seehofer/Stamm/Söder 1999: 393) Diese Anreize sollten zum einen dadurch entstehen, dass die Sparsumme nur nachgelagert besteuert wird. „Die nachgelagerte Besteuerung führt zum Zeitpunkt der Beitragszahlung zu einer Steuerentlastung, durch die der Beitragszahler einen Teil der Beiträge finanzieren kann. Gleichzeitig ist das Modell durch die Besteuerung der im Alter ausgezahlten Privatrente in der Langzeitwirkung im Wesentlichen steuerlich neutral." (Seehofer/Stamm/Söder 1999: 393) Zusätzlich sollte es jedem Pflichtversicherten ermöglicht werden, „bis zu 2,5% der Beitragsbemessungsgrenze von seinem in der gesetzlichen Rentenversicherung beitragspflichtigen Einkommen abzuziehen. Der darauf entfallende Arbeitgeberbeitrag und der Arbeitnehmeranteil werden [...] der vom Versicherten gewählten Anlage gutgeschrieben." (Seehofer/Stamm/Söder 1999: 394) Die durch die Umstellung entstehenden Kosten sollten durch den demografischen Faktor auf Rentner und Beitragszahler verteilt werden.

Die CDU/CSU stimmte dem Ausbau zusätzlicher kapitalgedeckter Elemente im Rentensystem durchweg zu. (Schnieber-Jastram/Singhammer/Storm 2000: 21) Dennoch gab es Einwände gegen die „Riester-Reform". Die Kritik der CDU an der Einführung einer kapitalgedeckten Zusatzversorgung bezog sich in erster

[126] Zur Kritik der Arbeitnehmer und der Arbeitgeber vgl. 4.3.1 und 4.3.2.

Linie auf die zu strengen gesetzlichen Vorgaben für die förderungswürdigen Versicherungsprodukte.

> Leider hat Rot-Grün eine erstklassige Idee, die Ergänzung der umlagefinanzierten gesetzlichen Rentenversicherung durch zusätzliche, kapitalgedeckte private und betriebliche Altersvorsorge, nur drittklassig umgesetzt. Mit viel zu engen Kriterien, an die die staatliche Förderung geknüpft ist, wird die Palette der Vorsorgeformen stark eingeschränkt und die Wahlfreiheit der Bürger unnötig eingeengt. (Storm 2001: 49)

Zusätzlich bemängelte die CDU, dass nicht deutlich genug gemacht würde, wie sehr das Rentenniveau tatsächlich sinkt. „Hinzu kommt die fatale Signalwirkung, die von einem angeblichen Rentenniveau von 67% auf die Bereitschaft zur ergänzenden Vorsorge ausgeht. Den Bürgern wird dadurch eine staatlich garantierte Sicherheit ihrer Alterssicherung vorgegaukelt, die nicht existiert und die über die Notwendigkeit zu zusätzlicher privater und betrieblicher Vorsorge hinwegtäuscht." (Storm 2001: 50) Nicht der Umstand, dass die Renten nicht sicher sind, wird hier kritisiert, sondern dass es die Regierung an Offenheit fehlen lässt und somit die Bürger in falscher Sicherheit wiegt.

Innerhalb der Union war es besonders Seehofer, der sich mit der Kritik an der Rentenreform 2001 beschäftigte und schon im Vorfeld der Regierung vorwarf, sie würde ihre selbstgesteckten Ziele nicht erreichen. Insbesondere beklagte Seehofer, dass es nicht im versprochenen Maße zu einer Beitragssenkung gekommen sei. „Mit der Öko-Steuer sollte die Rentenversicherung entlastet werden. Am 1. Januar 2001 wird diese Ankündigung als Lüge entlarvt: Mit der dritten Stufe [der Steuerreform, Anmerkung S. H.] werden zwar die Energiepreise steigen, zu einer Senkung der Beiträge wird es aber nicht kommen." (Seehofer 2000: 570)[127] Die Kritik Seehofers bezog aber auch soziale Gesichtspunkte mit ein, die er in der Rentenreform 2001 nicht ausreichend verwirklicht sah. Nach seinen Vorstellungen sollte „Versicherten, die 45 und mehr Arbeitsjahre zurückgelegt haben, [...] die Möglichkeit eines abschlagfreien vorzeitigen Renteneintritts gewährt werden." (Seehofer 2000: 571) Zusätzlich kritisierte Seehofer, dass durch die Aussetzung der Nettoanpassung die Angleichung der Ost-Renten an das Westniveau ins Stocken geraten sei.

---

[127] Die Ökosteuer, mit der die Regierung die Finanzprobleme löste, die sie z. T. selbst durch das Aufheben der Rentenreform 1998 ausgelöst hatte, war aus der Sicht Seehofers ganz grundsätzlich das falsche Instrument, um die Umstrukturierung des Rentensystems gestalten zu können. „Die demografischen Risiken können nicht auf Dauer durch eine stärkere Steuerfinanzierung der Rentenversicherung – etwa durch Ökosteuern – aufgefangen werden." (Seehofer 2000: 573)

> Ebenso wie die Angleichung der Lebensverhältnisse bleibt die Angleichung des Rentenniveaus in Ost und West ein zentrales Anliegen der Union. Die Bundesregierung hat den von der Union eingeleiteten und vorangetriebenen Prozess der Angleichung der Renten durch die willkürliche Aussetzung der Nettoanpassung unterbrochen. Sie ist aufgefordert, die Angleichung der Renten in Ost und West wieder zügig voranzutreiben. (Seehofer 2000: 573)

Innerhalb des politisch-administrativen Systems gab es außerdem Kritik von Seiten des VDR. Schon der Titel der VDR-Stellungnahme zur Rentenreform 2001 „Akzeptable Ansätze, erhebliche Schwächen" (VDR 2000) macht deutlich, dass sich die Kritik der Rentenversicherungsträger in erster Linie auf die Umsetzung der Vorschläge bezieht. Dies lässt sich u. a. an den Argumenten, die gegen den Ausgleichsfaktor angeführt werden, zeigen.

> Der Ausgleichsfaktor führt wegen seiner Anbindung an das Jahr des individuellen Rentenzugangs außerdem dazu, dass die Rentenkürzung mit dem Alter bei Rentenzugang steigt. Bei gleichem Geburtenjahrgang werden die Renten derjenigen, die bis zum 65. Lebensjahr erwerbstätig waren und Beiträge gezahlt haben, stärker gekürzt als die Renten derjenigen, die vorzeitig in Rente gehen, etwa weil sie erwerbsunfähig werden oder sie vorgezogene Altersrenten in Anspruch nehmen können. [...] Die Einführung des Ausgleichsfaktors liefe also tendenziell der Anhebung der Altersgrenze entgegen. (VDR 2000: 416)

Die Befürchtung ist, dass die unterschiedlichen Instrumente sich in ihrer Wirkung z. T. aufheben könnten. Damit ist klargestellt, dass die Ziele der Reform vom VDR geteilt wurden. Dennoch hatte der VDR einen eigenständigen Alternativvorschlag zur Rentenreform 2001 vorgelegt. Dieser Vorschlag ging von einer Veränderung der Anpassungsformel ab 2011 aus. Ab diesem Jahr sollte für die Rentenanpassung nicht mehr von 100%, sondern nur noch von 75% des Bruttoeinkommens ausgegangen werden, von dem dann der Beitrag zur Rentenversicherung und der Altersvorsorgeanteil (die private Zusatzversicherung) abgezogen werden sollte. So könnte eine gleichmäßige Belastung der Generationen und eine Stabilisierung des Beitragssatzes auf dem Niveau von 22% im Jahr 2030 erreicht werden. (VDR 2000: 419) Dass sich dieser Vorschlag der „internen Rentenexperten" nicht durchsetzen konnte, kann durchaus als Hinweis gewertet werden, dass die Reform nicht bloß eine Bewältigung der Probleme des demografischen Wandels beinhalten sollte, sondern eine Absenkung des Rentenniveaus für die Regierung selbst zu den Zielvorgaben gehörte.

Im Vorfeld der Rentenreform 2001 war es den Rentenversicherungsträgern gelungen, die von der Regierung angestrebte Einführung einer „sozialen Grundsicherung" innerhalb des Rentensystems zu verhindern. „Die in der Koalitionsvereinbarung vorgesehene *soziale Grundsicherung* ist nach starken Widerständen, nicht zuletzt seitens der Rentenversicherungsträger, nicht als Mindestsicherungselement innerhalb des Rentensystems realisiert." (Döring 2002: 107) Die Rentenversicherungsträger hatten sich vor allem gegen die Vermischung von Rente und Sozialhilfe ausgesprochen.

> Eine von der Rentenversicherung durchzuführende bedürftigkeitsorientierte Mindestsicherung würde – selbst wenn sie steuerfinanziert wäre – zu einer Vermischung von staatlicher Fürsorge und staatlich organisierter Eigenvorsorge führen. [...] Da die Grundsicherung auch ohne eigene Vorsorge gewährt wird, «lohnt» sich die Beitragszahlung für viele nicht mehr. Der Drang in die Schattenwirtschaft würde verstärkt, der Ausstieg aus dem Erwerbsleben begünstigt [...]. (Ruland 2000: 39)

Als Folge dieser Kritik nahm die Regierung von ihrem Vorhaben Abstand und trennte die geplante Grundsicherung vom Rentensystem und damit auch von der eigentlichen Rentenreform 2001. „Die verbesserte Mindestsicherung im Alter und bei Erwerbsunfähigkeit soll nach dem «Gesetz über eine bedarfsorientierte Grundsicherung im Alter und bei Erwerbsminderung» (GSIG) ab 1.1.2003 durch eine Weiterentwicklung der Sozialhilfe erreicht werden." (Döring 2002: 107)

Schon ein Jahr nach dem Inkrafttreten der Rentenreform 2001 begann eine erneute Reformdebatte, da sich erstens abzeichnete, dass die Finanzierungsprobleme nach wie vor bestehen würden, und zweitens die private Vorsorge nur sehr zögerlich von den Versicherten genutzt wurde. Innerhalb des politisch-administrativen Systems wurde die neue Debatte um das Rentensystem in die zu diesem Zweck gegründeten Kommissionen verlagert. Die vom Bundesministerium für Gesundheit und Soziale Sicherung eingesetzte Kommission „Nachhaltigkeit in der Finanzierung der sozialen Sicherungssysteme" unter der Leitung von Bert Rürup sollte für die Regierung Reformvorschläge für die soziale Sicherung vorlegen. Der Bundesvorstand der CDU beauftragte Roman Herzog mit der Bildung einer Kommission, die sich mit denselben Themen auseinandersetzte und ein Gegenkonzept entwickeln sollte. Bereits an der Übernahme des Sozial-Ressorts 2001 durch Ulla Schmidt wird deutlich, dass der rechte Flügel[128] innerhalb der SPD, der die Umstrukturierung der Sozialsysteme weiter vorantreiben wollte, seine Position hatte weiter ausbauen können. Ulla Schmidt wird dem Seeheimer Kreis der SPD zugerechnet, der in dem „im April 2003 vorgelegten Eckpunktepapier [...] Reformen [fordert], die weit über die von Bundeskanzler Schröder in der Agenda 2010 formulierten hinausgehen." (Seeheimer Kreis

[128] Normalerweise wird dieser Flügel als „konservativ" bezeichnet. Da dieser Kreis aber bezüglich der Sozialpolitik wenig „erhaltenswertes" ausmachen will, ist dieser Begriff missverständlich.

2005) Der Ausbau der Stellung der radikalen Modernisierer in der SPD zeigt sich auch an der Leitung der Kommission durch Bert Rürup, der bereits unter Blüm Rentenexperte war. Damals hatte er die Idee des demografischen Faktors mitentwickelt.[129] (Recht 1997: 137) Dennoch war die Rürup-Kommission darauf ausgerichtet, auch beim linken Flügel und den Arbeitnehmern Zustimmung zu bekommen. Die Besetzung der Kommission war bewusst ausgewogen und umfasste neben bekannten „Hardlinern" in der Rentenpolitik wie Axel Börsch-Supan und Vertretern der Rentenversicherungsträger (Franz Ruland, VDR und Jürgen Husmann, BfA, VDR und BDA) auch Gewerkschaftler wie Ursula Engelen-Kefer und Klaus Wiesehügel.[130]

Die Herzog-Kommission war vorrangig unionsinternen besetzt (u. a. mit Seehofer[131] und Merz) und verzichtete dabei bewusst auf den ehemaligen Arbeitsminister Blüm.

Obwohl die Kommissionen als „Gegenspieler" aufgebaut wurden, lagen die Ergebnisse bezüglich des Rentensystems relativ nah beieinander. Zunächst ist festzuhalten, dass sich in den Berichten beider Kommissionen generell zum Erhalt des bestehenden Systems bekannt wurde, welches jedoch erheblich umstrukturiert werden sollte. Im Bericht der Rürup-Kommission heißt es:

> Die bewährten Grundprinzipien der Gesetzlichen Rentenversicherung dürfen nach Auffassung der Kommission nicht aufgegeben werden. [...] Hierzu zählen die Äquivalenz von Beitrag und Leistung, das Versicherungsprinzip, die Einkommensersatzfunktion, sowie der soziale Ausgleich. Hinzu kommt die Finanzierung der Gesetzlichen Rentenversicherung im Umlageverfahren. (BMGS 2003: 69)

Nicht nur die abstrakten Grundsätze wie Äquivalenzprinzip, Lohnersatzfunktion und Versicherungsprinzip werden hier explizit erwähnt. Zusätzlich enthält das

---

[129] Im Vergleich zu dem CDU-Rentenexperten Miegel galt Rürup zweifelsohne als gemäßigt. 1997 sprach sich Bert Rürup in einer Diskussion mit Meinhard Miegel – beide Sachverständige der „Blüm-Kommission" – noch entschieden gegen eine Überbewertung des Faktors Demographie aus. „Je nachdem, wie die ökonomische Entwicklung gestaltet wird oder abläuft, ist es durchaus möglich, aus der gleichen demographischen Entwicklung völlig unterschiedliche Rentnerquotienten abzuleiten und damit natürlich auch völlig unterschiedliche Zukunftsperspektiven für dieses System." (Rürup, zitiert nach Zander 1997a: 8) Ebenso ging Rürup davon aus, dass der Anpassungsdruck aufgrund der demographischen Entwicklung für das Rentensystem erst ab 2010 relevant würde. Miegel hingegen ging davon aus, dass langfristig nur eine Grundsicherung zu garantieren sei. „Die Gesellschaft bewegt sich so oder so in raschem Tempo auf eine Grundsicherung zu. Das zu bestreiten erfordert ein hohes Maß von Wirklichkeitsverdrängung." (Miegel, zitiert nach Zander 1997a: 8)

[130] Die Minderheitenvoten im Bereicht der Kommission verdeutlichen, dass diese gewerkschaftsnahen Mitglieder sich innerhalb der Kommission nicht durchsetzen konnten.

[131] Seehofer äußerte später deutliche Kritik an den Vorschlägen der Herzogkommission.

Zitat ein klares Bekenntnis zum Umlageverfahren. Ganz ähnlich liest sich der Bericht der Herzog-Kommission:

> Die Kommission ist der Auffassung, dass sich die zentralen Elemente der einkommensbezogenen, paritätisch im solidarischen Umlageverfahren finanzierten Alterssicherung grundsätzlich bewährt haben. Sie sollen auch in Zukunft nicht aufgegeben werden. [...] Die Kommission hat die Überzeugung gewonnen, dass eine sachgerechte Reform der Alterssicherung durch einen Wechsel in ein völlig anderes System der sozialen Sicherung nicht geleistet werden kann. Es gibt derzeit keinen finanziell vertretbaren Weg, das bestehende System und die dort erworbenen, verfassungsrechtlich geschützten Ansprüche auslaufen zu lassen und zugleich ein neues, gänzlich oder überwiegend kapitalgedecktes System aufzubauen. (Kommission Soziale Sicherheit 2003: 39-40)[132]

Der positive Bezug auf das Umlageverfahren wird hier mit der überlegenen Finanzierbarkeit begründet. Zusätzlich sehen beide Kommissionen aber auch den verstärkten Ausbau der kapitalgedeckten zweiten und dritten Säule vor. „Die gesetzliche Rente soll im Alter einen Ersatz für das wegfallende Erwerbseinkommen bieten. Dabei geht es nicht um eine vollständige Lebensstandardsicherung, die nur im Zusammenspiel mit betrieblicher und privater Altersvorsorge gewährleistet werden kann." (BMGS 2003: 70) Hier zeigt sich, dass das Bekenntnis zur Lebensstandardsicherung sich auf das Rentensystem als ganzes bezieht, nicht aber – wie in den früheren Szenen – auf die Leistungen der GRV. Parallel hierzu die Herzog-Kommission: „Priorität hat künftig das Ziel, durch eine neue Gewichtung von gesetzlicher, privater und betrieblicher Altersvorsorge einen Beitrag zur Lebensstandardsicherung im Alter zu leisten." (Kommission Soziale Sicherheit 2003: 38)

Beide Kommissionen hatten sich dem rentenpolitisch neuen Ziel der Beitragssatzstabilität verschrieben.[133] Die Rürup-Kommission sah eine Höchstgrenze von 22% im Jahr 2030 vor. (BMGS 2003: 106) Die Herzog-Kommission wollte dagegen den Beitragssatz nicht über das Niveau von 20 Prozentpunkten steigen lassen. „Eine Reform der Rentenversicherung muss dazu beitragen, dass die Lohnnebenkosten begrenzt werden und stabil bleiben. Die Kommission hat sich das Ziel zu Eigen gemacht, den Beitrag zur gesetzlichen Rentenversicherung

---

[132] Vgl. auch: „Die jeweils ältere Generation hat die Grundlagen für Fortschritt und Entfaltungsmöglichkeiten der Jüngeren gelegt. Ihre Teilhabe am wirtschaftlichen Erfolg der Nachfolge-Generation sicherzustellen, ist ein Gebot der gesellschaftlichen Solidarität. [...] Auch in Zukunft muss die Rente einen spürbaren Bezug zur Beitragsleistung aufweisen." (Kommission Soziale Sicherheit 2003: 37-38)

[133] Ruland bezeichnet die Festlegung auf Beitragssatzstabilität als „Paradigmenwechsel". (Ruland 2001b: 44)

dauerhaft nicht wesentlich über 20 Prozent ansteigen zu lassen." (Kommission Soziale Sicherheit 2003: 39)

Auch bezüglich der Instrumente, mit denen diese Ziele erreicht werden sollten, weichen die Vorschläge kaum voneinander ab. Zentral ist jeweils die Anhebung der Altersgrenze. Rürup schlägt die schrittweise Anhebung bis auf ein Eintrittsalter von 67 Jahren vor.[134] Die Herzog-Kommission empfiehlt einen Korridor zwischen 63 und 67 Jahren, wobei aber 45 Jahre Versicherungspflicht die Bedingung für das vorgezogene Eintrittsalter sein sollen.

> Die Kommission empfiehlt, die Zeit der Beitragsleistung in die gesetzliche Rentenversicherung gegenüber der gegenwärtigen Praxis deutlich auszuweiten. Nach Auffassung der Kommission sollte das Ziel angestrebt werden, die effektive Lebensarbeitszeit um bis zu vier Jahre zu verlängern. Die Kommission empfiehlt, den Zeitpunkt des Rentenzugangs so festzulegen, dass in Zukunft die Lebensarbeitszeit und damit die Zeitdauer, in der Beiträge entrichtet wurden ebenso berücksichtigt werden wie das Lebensalter. Als Richtnorm soll gelten: Wer 45 Versicherungsjahre nachweist und das 63. Lebensjahr vollendet hat oder bei einer geringeren Zahl von Versicherungsjahren das 67. Lebensjahr vollendet hat, kann abschlagsfrei Rente beziehen. Der Aufbau dieses Korridors - zwischen dem 63. und dem 67. Lebensjahr - soll schrittweise in den Jahren von 2011 bis 2023 erfolgen. (Kommission Soziale Sicherheit 2003: 42)

Eine besondere Bedeutung für die Umstrukturierung des Rentensystems hat der demografische Faktor, da durch ihn die Rentenformel verändert wird und somit Auswirkungen in der umfassendsten Weise verallgemeinert werden. Beide Kommissionen schlugen die Einführung eines demografischen Faktors bzw. eines Nachhaltigkeitsfaktors vor. „Dieser Nachhaltigkeitsfaktor bewirkt, dass die Rentenanpassung reduziert wird, wenn sich das Verhältnis von Rentnern zu Beitragszahlern (Rentnerquotient) zu Lasten der Beitragszahler verändert." (BMGS 2003: 13) Die Kommission legte großen Wert darauf, die Differenz zum demografischen Faktor unter Blüm herauszustellen. „Der Nachhaltigkeitsfaktor unterscheidet sich deutlich von dem [...] demografischen Korrekturfaktor. Durch den Demografiefaktor sollte die Rentenanpassung verringert werden, wenn sich die fernere Lebenserwartung erhöht. [...] Der Nachhaltigkeitsfaktor stellt dagegen auf die Relation von Beitragszahlern und Leistungsempfängern ab." (BMGS

[134] „Die Kommission spricht sich für eine Anhebung der Regelaltersgrenze um zwei Jahre auf 67 Jahre aus. Die Anhebung soll in Stufen von einem Monat pro Geburtsjahr erfolgen. Die Anhebung beginnt mit dem Geburtsjahrgang 1946. Für diesen Jahrgang gilt eine Altersgrenze von 65 Jahren und einem Monat. Der Erste Jahrgang, für den die Altersgrenze von 67 Jahren gilt, ist der Geburtsjahrgang 1969." (BMGS 2003: 84)

2003: 13) Diese Abgrenzung ist zweifelsohne richtig. Die Kritik an der Einführung des demografischen Faktors im Zuge der Rentenreform 1999 hatte sich allerdings gegen die Senkung des Rentenniveaus gewandt, die durch den Nachhaltigkeitsfaktor bei einer ungünstigen Entwicklung der Arbeitslosigkeit noch ausgeweitet wird. Wenig verwunderlich ist es deshalb, dass die Herzogkommission das Rürup-Modell im Prinzip übernahm und einen erweiterten Demografiefaktor forderte, „der das Verhältnis der Anzahl der Beitragszahler zur Anzahl der Leistungsempfänger abbildet und auf diese Weise sicherstellt, dass eine Rentenanpassung sowohl die veränderte Demographie wie auch die Leistungskraft der aktiven Beitragszahler insgesamt berücksichtigt." (Kommission Soziale Sicherheit 2003: 43) Die einzige Differenz zwischen den Konzepten bestand somit in der Höhe des Faktors, mit dem der Demografiefaktor gewichtete werden sollte. Die Rürup-Kommission schlug 0,25 vor, während die Herzogkommission 0,5 vorzog. (Vgl. *Formel 4*, S. 309)

Abgelehnt als Instrument der Umstrukturierung wurde von beiden Kommissionen eine Ausweitung des Versichertenkreises, die u. a. von einer Minderheit innerhalb der Rürup-Kommission gefordert worden war. (BMGS 2003: 137, Kommission Soziale Sicherheit 2003: 41)

Unterschiedlich fiel zwischen den Kommissionen die Einschätzung der Rentenreform 2001 aus. Aber auch hier sind die Positionen näher beieinander als auf den ersten Blick zu vermuten wäre. Denn die Herzog-Kommission kritisiert in erster Linie den übertriebenen bürokratischen Aufwand, der mit der Riester-Rente verbunden sei.

> Nach einhelligem Urteil der Kommission ist die gegenwärtig praktizierte staatliche Förderung der privaten Vorsorge gescheitert. Ihre übermäßig bürokratische und praxisfremde Ausgestaltung hat dazu geführt, dass sie in der Bevölkerung kaum Akzeptanz gefunden hat, zumal die aufwändigen Verfahren die Kosten der Anbieter unnötig erhöhen und im Ergebnis die Renditeaussichten der Versicherten schmälern. [...] In Zukunft soll der Förderberechtigte in der Regel den vollen Beitrag in seinen Altersvorsorgevertrag einzahlen und durch den Anbieter darüber eine Bescheinigung erhalten. Im Rahmen der jährlichen Einkommensteuererklärung können diese als Sonderausgaben geltend gemacht werden. Wird durch den Sonderausgabenabzug nicht die volle Höhe des Zulagenanspruches erreicht, muss im Rahmen der Günstigerprüfung das Finanzamt die Differenz gutschreiben. Damit entfällt die bisher zwingende Beantragung der Zulagen über den Anbieter. (Kommission Soziale Sicherheit 2003: 49-50)

Die Rürup-Kommission unterstreicht stattdessen, dass mit der „Rentenreform 2001 [...] ein Paradigmenwechsel hin zum Mehrsäulensystem in der Alterssicherung vollzogen [wurde]." (BMGS 2003: 128) Dabei setzt sich aber auch die Rürup-Kommission für eine „Erhöhung der Transparenz" und eine „Vereinfachung des Zulageverfahrens" ein. (BMGS 2003: 128) Die Positionen sind also durchaus miteinander vereinbar.

Angesichts der inhaltlichen Nähe der Kommissionsberichte ist es auch nicht verwunderlich, dass die Rentenreform 2004, die den Nachhaltigkeitsfaktor einführte und die Altersgrenze anhob, sowie eine Verschiebung der Rentenanpassung von Juli auf den folgenden Januar beinhaltete, von der Union und der FDP im Prinzip begrüßt wurde. (iw 2003a: 4)

Wesentlich weniger Beachtung in der Öffentlichkeit verursachte die Verabschiedung des Rentenversicherungs-Organisations Gesetzes (RVOrgG). Dies mag damit zusammenhängen, dass es hierbei kaum zu Auseinandersetzungen zwischen Akteuren des politisch-administrativen Systems kam. Lediglich zwischen der BfA und dem BMGS gab es Streit wegen der Aufteilung der Rentner zwischen Bund und Länder. (Roggenkamp 2004: 48)

Exkurs II: Die Position der PDS:

Ein wirklicher Einfluss der PDS auf das Rentensystem lässt sich in der Szene der Umstrukturierung bislang nicht feststellen. Die Positionen der Partei werden daher in Form eines Exkurses dargestellt. Die Betrachtung der PDS ist jedoch deshalb interessant für die Analyse des deutschen Rentensystems, da sie deutlich macht, wie stark auch die Positionen außerhalb des „politischen Mainstreams" von den, für die Szene der Umstrukturierung charakteristischen, Annahmen geprägt sind.

Die PDS ist in ihren Positionen zum Rentensystem recht konservativ. An oberster Stelle steht für die Partei der Erhalt des erreichten Niveaus der Altersvorsorge. Dabei legt die PDS viel Wert darauf, in ihren Positionen als „realistisch" eingeschätzt zu werden. Das heißt, dass der Reformdruck, den die anderen Parteien verorten, von der PDS nicht geleugnet wird. Um zu zeigen, dass das Niveau der sozialen Sicherung beibehalten werden kann, kombiniert die PDS unterschiedliche Reformvorschläge, die auch von andern Akteuren geteilt werden, bzw. wurden. So setzt sich die PDS für eine Ausweitung des beitragspflichtigen und gesetzlich versicherten Personenkreises ein, fordert die Bemessung der Arbeitnehmerbeiträge an der Wertschöpfung und plädiert für eine aus Steuermitteln finanzierte bedarfsorientierte Grundsicherung. (Knake-Werner/Kars 2000: 161-163) Obwohl die PDS also thematisch durchaus anschlussfähig wäre, spielt sie als rentenpolitischer Akteur nahezu keine Rolle, da sie erstens von den anderen Parteien nicht in Beratungen mit einbezogen wird,[135] und weil sie zweitens keine personelle Verankerung in der Rentenadministration aufweisen kann.

Interessen des politisch-administrativen Systems

Nachdem die Positionen der Akteure des politisch-administrativen Systems in der Szene der Umstrukturierung analysiert wurden, kann nun auf die Interessen in dieser Szene zurückgeschlossen werden. Die Darstellung der Positionen hatte gezeigt, dass es sowohl einige Akteure innerhalb des politisch-administrativen Systems gab, die offensiv für einen Systemwechsel eintraten, als auch eine Vielzahl von Positionen, die eine grundlegende Veränderung des Rentensystems forderten, auch wenn sie dabei formell auf die Kontinuität zum bestehenden System verwiesen. Hinzu kamen Positionen, die nur partielle Änderungen beinhalteten. Diese unterschiedlichen Auffassungen innerhalb des politisch-administrativen Systems sind jedoch nicht auf divergierende Interessen zurückzuführen, sondern auf eine unterschiedliche Gewichtung derselben allgemein geteilten Interessen. Zunächst ist festzuhalten, dass es innerhalb des politisch-administrativen Systems kein Interesse an einer Abschaffung des Rentensystems gab. Zwar wurden in der Szene der Umstrukturierung weitreichende Veränderungen debattiert und zum Teil umgesetzt. Dabei blieb aber immer unterstellt, dass sich das politisch-administrative System weiterhin um die Renten zu kümmern habe. Kein Akteur setzte sich für einen „Ausstieg" aus dem Rentensystem ein. Alle Fraktionen innerhalb der Kollektivakteure teilten das Interesse an einem prinzipiellen Erhalt des Rentensystems, auch wenn die Funktionen und Aufgaben dieses Rentensystems kontrovers betrachtet wurden. Ruland beschreibt in Bezug auf die Rentenreform 2001 die Leitlinie, die für die gesamte Szene der Umstrukturierung gilt:

> Insgesamt werden die vorgesehenen Maßnahmen zu einer Reform im System und nicht zu einem Wechsel des Systems führen. Aber sie werden eine grundsätzliche Änderung in der Rentenpolitik zur Folge haben: Für die gesetzliche Rentenversicherung soll nicht mehr wie bisher ein bestimmtes Leistungsniveau im Mittelpunkt stehen, sondern eine bestimmte Höhe des Beitragssatzes. Es kommt damit zu einem Rentenpolitischen Paradigmenwechsel. (Ruland 2001b: 44)

---

[135] Die PDS nahm als einzige Bundestagsfraktion nicht am „Rentengipfel" 2000 teil. (Knake-Werner/Kars 2000: 161)

Das Interesse an einer Begrenzung des Beitragssatzes wurde innerhalb des politisch-administrativen Systems von allen Akteuren geteilt, da sich die Argumentation durchgesetzt hatte, dass eine langfristige Stabilisierung des Rentensystems abhängig sei von einer entsprechenden wirtschaftlichen Entwicklung. Diese wiederum sei zu erreichen durch eine Senkung der Lohnnebenkosten. Durch diese Logik geraten frühere Interessen am Rentensystem, wie die Aufrechterhaltung des Ruhestands als eigenständiger sozialer Status, die Partizipation der Rentner am gesellschaftlichen Wachstum, Aspekte des sozialen Ausgleichs, wie die Angleichung der Lebensverhältnisse in Ost und West oder die Gleichstellung der Frau, zunehmend in den Hintergrund. Zwar wurden diese Zielvorstellungen in der Szene der Umstrukturierung von den Akteuren des politisch-administrativen Systems nicht aufgegeben, die wirtschaftliche Entwicklung wurde jedoch zur *conditio sine qua non* erklärt.

Wie allerdings das Ziel der Beitragssatzminderung erreicht werden sollte, war durchaus strittig. Zum einen ergab sich ein Interesse an der Absenkung des Leistungsniveaus der Rente, eventuell bis hin zu einer reinen Basissicherung. Wie weit aber solche Schritte unternommen werden sollen, war Gegenstand heftiger Kontroversen zwischen den Akteuren des politisch-administrativen Systems. Denn die Beitragssatzminderung sollte sich – über den Umweg der Wirtschaftsförderung – als Instrument zur langfristigen Stabilisierung des Rentensystems bewähren. Anders als bei den Arbeitgebern, die ebenfalls ein Interesse an der Förderung der Wirtschaft über die Rentenpolitik entwickelten, musste sich aus der Perspektive des politisch-administrativen Systems die Einschnitte ins Rentensystem als funktional für es erweisen. Zwar gilt auch hier – ähnlich wie bei den Arbeitnehmern –, dass durch die Zielvorgabe einer Wirtschaftsförderung jede Senkung des Beitragssatzes sich ex-post als zu gering erweist, wenn denn nicht zeitgleich ein entsprechendes Wachstum entsteht. Dennoch wurde durch solche Überlegungen immer die Frage aufgeworfen, ob mit dem angestrebten Leistungsniveau, das dann zwar durch einen geringeren, bzw. nicht gestiegenen, Beitragssatz finanziert werden konnte, noch die Grundelemente des Systems erhalten bleiben. Die Auseinandersetzungen in der Szene der Umstrukturierung lassen sich demnach überwiegend auf die Fragen zurückführen, ob eine Reform erstens ausreicht, um ein Wachstum zu bedingen, welches die Rente langfristig trägt, und zweitens, ob diese Reform die Grundprinzipien des Rentensystems erhält. An diesen Fragen hatten sich die Maßnahmen in der Szene der Umstrukturierung, wie Ausbau der zweiten und dritten Säule, Nachhaltigkeitsfaktor und Nettolohnbezogenheit, zu messen.

Aus dem Interesse an einer Begrenzung des Beitragssatzes bei gleichzeitigem Erhalt des Systems ergab sich auch ein Interesse an der Abkopplung der

Rentenfinanzen von der Finanzierung durch die gesamtgesellschaftliche Lohnsumme. „Die soziale Sicherung überwiegend an das Erwerbsleben zu koppeln, wird in Zeiten unstetiger werdender Erwerbsbiographien immer schwieriger. Damit die soziale Absicherung keine Löcher bekommt, werden wir sie stärker vom Erwerbsleben abkoppeln müssen als das bereits jetzt der Fall ist." (Eichel 2000) In diesen Zusammenhang sind nicht nur der Ausbau der betrieblichen und privaten Altersvorsorge – inklusive staatlicher Förderung – einzuordnen, sondern auch die Überlegungen hin zu einer steuerfinanzierten Grundrente. Da aber das generelle Interesse am Erhalt des Rentensystems dadurch nicht relativiert wird, steht dem Interesse an einer Abkopplung des Rentensystems vom Erwerbsleben das finanzpolitische Interesse an einem stabilen Haushalt entgegen, sofern durch die Abkopplung Lücken entstehen, die durch zusätzliche staatliche Mittel geschlossen werden sollen/müssen.

Von einer oberflächlichen Betrachtung her ließe sich erwarten, dass innerhalb des politisch-administrativen Systems das Interesse an einer Reduzierung der öffentlichen Gelder für die Rentenversicherung besteht, zumal die Szene der Umstrukturierung mit einer massiven Kürzung des Leistungsniveaus der GRV in Verbindung zu bringen ist. Die Analyse der Positionen hat jedoch gezeigt, dass in der Szene der Umstrukturierung der Bund in die Rolle des „offiziellen dritten Beitragszahlers" kommt. Schon in der Rentenreform 1992 ging es entscheidend darum, die Entwicklung des Rentensystems langfristig zu stabilisieren und dafür, wenn nötig, auch die öffentlichen Mittel zu erhöhen. Selbst im Zuge der Rentenreform 2001 wurde eine Erhöhung der Bundesmittel beschlossen, die sich allerdings durch die Einführung der Ökosteuer für den Bundeshaushalt als kostenneutral darstellte. Auch alle Positionen, die in die Richtung einer Grund- oder Basisrente gingen, zeigen, dass die Akteure des politisch-administrativen Systems von einem gewichtigen Beitrag des Bundeshaushalts zum Rentensystem ausgehen. Es ist also festzuhalten, dass es in der Szene der Umstrukturierung kein Interesse daran gab, von Seiten des politisch-administrativen Systems einfach nur die Ausgaben zu minimieren. Umgekehrt lässt sich jedoch feststellen, dass durch die Ausdehnung der Bundesmittel die Rentenpolitik stärker durch die Interessen der Haushaltspolitik affiziert wird. Wenn eine Konsolidierung des Haushalts ansteht, z. B. vor dem Hintergrund der Einhaltung des Stabilitätspakts, (Hering 2004) gerät das Rentensystem unter Reformdruck, obwohl sich die Interessen bezüglich der eigentlichen Rentenpolitik gar nicht geändert haben müssen.

Aus den Interessen, sowohl eine Entlastung der Lohnnebenosten erreichen zu wollen, als auch den Haushalt stabil zu halten, gerieten in der Szene der Umstrukturierung besonders die Aspekte des Rentensystems in die Kritik, in denen das politisch-administrative System selbst zur Belastung der Rentenversicherung wurde. Deshalb wurden zu strenge Regeln bezüglich der privaten Altersvorsorge abgelehnt, und Entbürokratisierung gefordert, die im Rahmen der Organisationsreform auch z. T. umgesetzt wird. (Deutscher Bundestag 2004)

Das Interesse an einer Stabilisierung der Rentenbeiträge wurde neben aktuellen Finanzierungsproblemen insbesondere durch den demografischen Wandel, also die Verschlechterung des Verhältnisses von Jungen zu Alten, gefährdet. Da die Prognosen von einer langsamen Entwicklung bis 2040 ausgingen, gab es in der Szene der Umstrukturierung auch das Interesse, Maßnahmen zu ergreifen, die die Auswirkungen dieses Prozesses abmildern. Neben der langfristigen Minderung des Leistungsniveaus der Rentenversicherung – z. B. durch die schrittweise Anhebung der Altersgrenze – wurde insbesondere vermehrt versucht, dem demografischen Wandel durch die Verknüpfung von Familienpolitik und Rentenpolitik entgegenzuwirken.

Außerdem wurden alle Maßnahmen darauf hin überprüft, ob sie auch langfristig zur Stabilisierung des Beitragssatzes führen und somit geeignet sind, die Folgen des demografischen Wandels zu verringern. Alle Akteure waren sich von diesem Interesse her einig, dass „[k]urzfristiger gesetzgeberischer Aktionismus und willkürliche Eingriffe in die Rentenformel nach jeweiliger Lage der öffentlichen Haushalte [...] Verlässlichkeit und Planungssicherheit in Frage [stellen] und [...] das Vertrauen in die sozialen Sicherungssysteme [untergraben].“ (Kommission Soziale Sicherheit 2003: 38) Welche konkreten Maßnahmen allerdings nur kurzfristigen Aktionismus darstellen, war Gegenstand der politischen Auseinandersetzung.

Auch in der Szenen der Umstrukturierung gab es von den unterschiedlichen Akteuren des politisch-administrativen Systems das Interesse, sich selbst anhand der Rentenpolitik zu profilieren. Schließlich sind politische Auseinandersetzungen keine reinen Sachdiskussionen, sondern sind in einem Diskurs eingebettet, in dem es um Durchsetzung, u. a. in Wahlen, geht. Deshalb lassen sich auch in der Szene der Umstrukturierung Bezüge zur Debatte um die so genannte „Partisan Competition“ herstellen. Besonders der „Rentenwahlkampf“ 1998 hat gezeigt, dass Rentenkürzungen ein schlechtes Wahlkampfthema sind. Die SPD profilierte sich gegenüber der CDU u. a. mit dem Versprechen der Rücknahme der Rentenreform 1999. Aber wie schon in den vorherigen Szenen zeigt sich auch hier, dass die Annahme falsch wäre, die Akteure des politisch-administrativen Systems würden ihre Rentenpolitik von der erwarteten Zustimmung der Wähler abhängig machen.

Denn immerhin hat die rotgrüne Regierung nach der Wahl Reformen auf den Weg gebracht, die in ihrer rentenmindernden Wirkung weit über die Rentenreform 1999 hinausgehen. Und selbst das Einlösen des Wahlversprechens, den demografischen Faktor zurückzunehmen, wurde später von Gerhard Schröder als Fehler bezeichnet und durch die Einführung des Nachhaltigkeitsfaktors faktisch rückgängig gemacht. Die wirkliche Rentenpolitik ist also nicht von Wahlversprechen bestimmt. Dennoch besteht das Interesse der Akteure des politisch-administrativen Systems – insbesondere innerhalb der Parteien – durch die Rentenpolitik Zustimmung bei der Wahlbevölkerung zu erfahren. Hinrichs verweist darauf, dass der Konflikt zwischen SPD und Grüne um den demografischen Faktor die Altersstruktur der Stammwähler dieser Parteien widerspiegelt. „B'90/Die Grünen verweisen auf das Vertrauen in die Sicherheit der ihrer durchweg *jüngeren* Wählerschaft, während die SPD nicht die *älteren* Menschen durch Anwendung des Demographie-Faktors verunsichern möchte." (Hinrichs 2000a: 304, Hervorhebung i. O.) Dieser Hinweis hat sicherlich seine Berechtigung. Dennoch ist vor einer Überinterpretation zu warnen, besonders angesichts der Tatsache, dass der Vorschlag, den die SPD nach der Regierungsübernahme durchsetzte, die Rentner noch stärker belastete als von der CDU mit dem demografischen Faktor vorgesehen.

Der Bezug auf die eigene Wählerschaft mag für das Wahlversprechen ausschlaggebend gewesen sein, hat aber offenbar die Rentenpolitik der SPD nicht dauerhaft bestimmt. Es ist demnach festzuhalten, dass nicht die Auffassung in der Wahlbevölkerung die unabhängige Variable ist, die die abhängige Variable Rentenpolitik bestimmt. Dennoch besteht bei der Umsetzung der Rentenpolitik das Interesse, die Wahlbevölkerung für die eigenen Konzepte zu gewinnen. In der Szene der Umstrukturierung wurde daher z. B. auf die Bedeutung der Herzog- und der Rürup-Kommission großen Wert gelegt, da diese die Rentenpolitik mit der Aura wissenschaftlicher Expertise umgaben und somit gerade die Einschnitte als unabwendbar und als „beste mögliche Lösung" erschienen.

4.3.4 Reformkorridor in der Szene der Umstrukturierung

Aus den Interessen der Kollektivakteure lässt sich nun ein Reformkorridor für die Szene der Umstrukturierung entwickeln. Dabei ist zu berücksichtigen, dass diese Szene bislang nicht abgeschlossen ist. Der Reformkorridor weist somit über den jetzigen Stand hinaus, da auch innerhalb der Szene der Umstrukturierung, also bei gleichen Interessen der Kollektivakteure, weitere Reformen möglich sind.

Alle Akteure teilen die Auffassung, dass das Rentensystem umstrukturiert werden muss, um gegenwärtigen und für die Zukunft prognostizierten Anforderungen gerecht werden zu können. Die Kollektivakteure Arbeitnehmer, Arbeitgeber und politisch-administratives System teilen die Problemdefinition, dass erstens das Rentensystem unmittelbar den Arbeitsmarkt belastet, oder zumindest nicht so weit wie eigentlich möglich fördert, zweitens, dass aufgrund des demografischen Wandels die gesetzliche Rentenversicherung in ihrer jetzigen Form nicht dauerhaft finanzierbar ist.

Diese Einschätzung der Lage stellt vor allem die Arbeitnehmer vor ein Problem, da alle bislang diskutierten Lösungsvorschläge zu einer Verschlechterung der Lage der Rentner und/oder der Beitragszahler führt. Eine aktive Beteiligung am Prozess der Umstrukturierung bedeutet daher für die Arbeitnehmervertreter, dass sie sich gegen die unmittelbaren materiellen Interessen zumindest eines Teils ihrer Klientel stellen müssen. Daher steht für die Arbeitnehmer im Mittelpunkt der Reformbemühungen, dass mit den entsprechenden Programmen eine Stabilisierung des Rentensystems tatsächlich erreicht wird, dass also sozusagen Schlimmeres verhindert werden kann. Damit kommen die Arbeitnehmer aber in eine sehr defensive Situation, in der sie angesichts der neuen Reformvorschläge den bisherigen Stand verteidigen wollen, den sie in der letzten Reformrunde noch ablehnten. Obwohl sich die Arbeitnehmer der generellen Linie der Umstrukturierung nicht verschließen, sondern immer vom bereits erreichten Stand aus argumentieren, erscheinen sie daher als Reformblockierer. Diese Rolle wollen aber vor allem die Gewerkschaften nicht spielen, da sie darauf setzen, durch ihren Einfluss auf die Rentenpolitik die Umstrukturierung gestalten zu können. Die Reformvorschläge der anderen Akteure kritisieren sie deshalb an Maßstäben, von denen die Gewerkschaften ausgehen, dass sie allgemein geteilt sind. Reformprogramme erscheinen ihnen als „unsozial", als Hemmnis für Arbeitsplätze und als nicht geeignet, die Rentenkassen langfristig zu stabilisieren.

Für die Arbeitgeber stellt sich die Lage beinah spiegelbildlich dar. In der Szene der Umstrukturierung ist das allgemein geteilte Interesse an einer auf Wirtschaftswachstum ausgerichteten Rentenpolitik zunächst weitgehend identisch mit ihren eigenen Interessen. Mit den Forderungen, die Lohnnebenkosten weiter zu senken und die Wirtschaft insgesamt weniger zu belasten, erscheinen die Arbeitnehmer innerhalb der Reformdiskussionen nicht als Vertreter eines Partikularinteresses. Vielmehr reihen sich entsprechende Vorschläge in die Reformbemühungen zur Stabilisierung des Rentensystems und zur Förderung des Arbeitsmarktes ein. Selbst den Gewerkschaften fällt die Kritik an solchen Reformüberlegungen schwer. Sie kritisieren bestenfalls, dass die Arbeitgeber übertreiben, oder bestehen darauf, dass auch die Arbeitgeber einen Beitrag zur Bewältigung des demografischen Wandels leisten müssten. Die Arbeitgeber hingegen – hauptsächlich, aber nicht ausschließlich, durch die Arbeitgeberverbände –

kritisieren jede erfolgte Reform als nicht ausreichend. Dabei können sie auf ein Argument verweisen, dem sich die anderen Akteure kaum verschließen können. Wenn die Rentenpolitik über eine Minderung der Lohnnebenkosten zu Wachstum und Arbeitsplätzen führen soll, dann ist diese Politik solange nicht konsequent umgesetzt worden, bis sich der gewünschte Effekt einstellt. Umgekehrt wird aus der von allen Akteuren geteilten Unzufriedenheit mit der makroökonomischen Situation ein Beleg für die Notwendigkeit weiterer Reformen. Dieser Effekt wird noch dadurch verstärkt, dass die momentan sehr hohe Arbeitslosigkeit, gekoppelt mit dem Beschluss, den Beitragssatz wenn möglich nicht steigen zu lassen, zu Finanzierungsproblemen in der Rentenversicherung führt.

> Die Finanzlage der Rentenversicherung belegt die dringende Notwendigkeit einer weiteren durchgreifenden Reform. Es zeigt sich immer deutlicher, dass die jüngsten Rentenreformen zwar richtige und wichtige Elemente enthalten, aber weder die in sie gesetzten hohen Erwartungen erfüllen können noch im Ergebnis ausreichen werden, um die gesetzliche Rentenversicherung dauerhaft leistungsfähig und finanzierbar zu erhalten [...]. (BDA 2004c)

Ein Auseinanderfallen der Interessen der Arbeitgeber und dem allgemein geteiltem Interesse wird erst dann offensichtlich, wenn die anderen Akteure durch die Arbeitgebervorschläge den Fortbestand des Rentensystems gefährdet sehen. Für die Arbeitgeber selbst ist diese Grenze nur über die Funktionen definierbar, die das Rentensystem aus ihrer Perspektive zu erfüllen hat. Angesichts der momentanen Arbeitsmarktlage beschränkt sich dieser Funktionalismus in weiten Teilen auf die Anreizfunktion des Rentensystems. Da in Bezug auf den demografischen Wandel auch von Arbeitgeberseite inzwischen ein zukünftiger Arbeitskräftemangel in einigen Segmenten erwartet wird, ist es jedoch denkbar, dass auch andere Aspekte, die in früheren Szenen von Bedeutung waren, wie etwa die Bindung qualifizierter Arbeitskräfte an den Betrieb, an Gewicht gewinnen.

Diese Einschätzung, dass die Rentenpolitik sich als Hebel für Wachstum und Beschäftigung zu bewähren habe, wird im Prinzip einheitlich innerhalb des politisch-administrativen Systems vertreten. Der Erhalt des Rentensystems hat jedoch ebenfalls einen hohen Stellenwert. Hinzu kommen immanente Interessen des politisch-administrativen Systems wie die Konsolidierung des Staatshaushalts und die Profilierung gegenüber konkurrierenden Fraktionen. Das Konfliktpotential in der Rentenpolitik hat in der Szene der Umstrukturierung im Vergleich zu den früheren Szenen deutlich zugenommen. Auch wenn die im Begriff der Umstrukturierung charakterisierte Richtung bislang nicht in Frage gestellt wird, ergeben sich zunehmend Spannungen zwischen der antizipierten Reformnotwendigkeit und dem Wunsch, das Rentensystem zu erhalten. Darüber geraten die Grundprinzipien des Rentensystems Äquivalenzprinzip, dynamisches Umlageverfahren und Ruhestand als eigenständiger Status in die Debatte. Zwar werden diese Grundprinzipien nicht einfach aufgegeben, es stellt sich aber die Frage, wie weit von ihnen abgewichen werden kann, um das System als solches zu erhalten. Die Debatte um den „Systemerhalt" abstrahiert also in weiten Teilen von den eigentlichen Inhalten des Rentensystems.

Dieses Konfliktmuster findet sich nicht nur bezüglich der bereits durchgesetzten Reformen, sondern zeigt sich bereits an den Vorschlägen für eine weitere Umstrukturierung. So lässt sich z. B. feststellen, dass die Debatte um die Frage einer Basis- oder Grundrente an Relevanz gewinnt. Obwohl sich bislang keiner der Kollektivakteure auf die Einführung irgendeiner Form der Grundrente festlegte, ist diese Debatte für die Entwicklung des Rentensystems von großer Bedeutung.

Denn auch wenn die Vorstellungen über den konkreten Inhalt der Grundrente sehr divergieren, zeigt sich hier, dass es *innerhalb* der Kollektivakteure durchaus entscheidende Vertreter gibt, die einer solchen Idee *im Prinzip* etwas abgewinnen können. Für die Arbeitnehmer könnte so wenigstens der Ruhestandsstatus „gerettet" werden. Die Arbeitgeber könnten eine entscheidende Entlastung der Lohnnebenkosten verzeichnen und das politisch-administrative System hätte die Auswirkungen des demografischen Wandels sehr stark eingeschränkt. Mehrfach hat sich bereits bei der Analyse der einzelnen Szenen gezeigt, dass zu späteren Zeitpunkten auf Konzepte zurückgegriffen wurde, die bereits früher zur Diskussion standen.[136] Die breite Debatte über eine Grundrente, die seit 1998 immer wieder aufgegriffen wird, z. B. auch von der Herzog-Kommission, (Kommission Soziale Sicherheit 2003: 43) kann somit als Indiz gelten, dass der Reformkorridor auch für solche Vorstellungen geöffnet wurde.

Noch absehbarer ist allerdings eine Entwicklung, die an die bereits umgesetzten Reformen direkt anknüpft. Denkbar sind hier die weitere Absenkung des Rentenniveaus, die Anhebung der Altersgrenze, sowie die forcierte Substituierung von Leistungen der GRV durch private und/oder betriebliche Renten. Darüber hinaus sind Maßnahmen denkbar, die den eingeschlagenen Pfad auf die Bereiche des Rentensystems ausdehnen, die bislang nur am Rande von den Reformbestrebungen tangiert wurden. Hier ist vor allem die von den Arbeitgebern bereits vehement geforderte Neugestaltung der Hinterbliebenenversorgung zu nennen, die sie als zu teuer erachten. (BDA 2004a; BDA 2004c)

---

[136] Dies gilt im Übrigen auch für die Rentenreform 2004. So wurde die „modifizierte Bruttoanpassung der Renten", die auf Vorschlag der Rürup-Kommission eingeführt wurde, in wesentlichen Punkten bereits 1981 vom Sozialbeirat diskutiert. (BDA 1981: 99)

All diese Maßnahmen verschärfen aber das Konfliktpotential, da der „Spagat“ zwischen „notwendiger Reform“ und „Systemerhalt“ schwieriger wird. Schon in der Szene der Anpassung hatte sich gezeigt, dass Konsens kein Selbstzweck in der Rentenpolitik ist. Zwar ist es das Ideal jedes Akteurs, dass die anderen seine Position sich zu eigen machen, damit ist aber nicht gesagt, dass dieser Zustand auch erreicht wird, geschweige denn, dass die Akteure selbst von ihren Positionen abweichen, um einen Konsens zu erreichen. Zwar bekennen sich alle Kollektivakteure formell in der Szene der Umstrukturierung zum Konsens als zu erreichendes Ziel. (Motel-Klingebiel 2000: 34, BDA 1994: 30) Nach wie vor bleibt auch die Überlegung relevant, dass langfristige Reformprojekte von möglichst allen relevanten Akteuren getragen werden müssen, um nicht von Veränderungen im Machtverhältnis zwischen den Kollektivakteuren oder innerhalb der Kollektivakteure, wie z. B. durch einen Regierungswechsel, betroffen zu werden.[137] Die Umsetzungen der Reformen zeigen jedoch, dass immer weniger wert auf einen breiten gesellschaftlichen Konsens gelegt wird. Hiervon sind vor allem die Gewerkschaften betroffen. Ihre geschwächte Position (vgl. 4.3.1) und ihre Interessen, die am ehesten von denen der anderen Akteure abweichen, führen dazu, dass sie zunehmend übergangen werden. Beispielsweise verzichtete Riester darauf, seine Pläne für die Rentenreform 2001 im „Bündnis für Arbeit“ vorzustellen. (Schmitthenner 1999: 205) In der Rürup-Kommission waren zwar Gewerkschaftsvertreter beteiligt, ihre Positionen wurden aber weitgehend übergangen und fanden sich nur in den Minderheitenvoten wieder. (BMGS 2003) Gerade von den Gewerkschaften wird aber in der Szene der Umstrukturierung am stärksten auf die Wichtigkeit eines Konsenses verwiesen. Aus dem formellen Bekenntnis der anderen Akteure leitet die Vertretung der Arbeitnehmer einen Anspruch ab, warum ihre Bedenken eigentlich Berücksichtigung finden müssten. Dieses Drängen auf ein Einbeziehen der Arbeitnehmerinteressen in die Reformbemühungen bleibt jedoch notwendig ein bloßer Appell, wenn es den Gewerkschaften nicht gelingt, zu zeigen, dass sie für eine Rentenreform erforderlich sind. Dafür müssten sie aber vielleicht den Konsens aufkündigen, auf den sie sich selbst beziehen.

Sollte es aber den Arbeitnehmern oder den Akteuren innerhalb des politisch-administrativen Systems gelingen, den Status Quo effektiv gegen weitere Reformen zu verteidigen, oder sogar Elemente der Umstrukturierung rückgängig

---

[137] „Der DGB begrüßt insbesondere das Bemühen der Regierungsparteien und der SPD um einen gemeinsamen Konsens in der gesellschafts- und sozialpolitisch wichtigen Angelegenheit der «Sicherung im Alter» sowie die Tatsache, daß nun ein Kompromiß im Rahmen des gegenwärtigen Systems der Alterssicherung gefunden wurde, der sicherstellt, daß das «Rententhema» nicht zum Zankapfel von parteipolitischen Wahlkämpfen wird.“ (DGB 1989b: 149)

zu machen, so wäre dies nicht minder konfliktträchtig. Es ist daher nicht unwahrscheinlich, dass die Szene der Umstrukturierung in einem Konflikt um die Ausrichtung des Rentensystems mündet, aus dem entweder neue Grundprinzipien für eine Sicherung des Alters hervorgehen, oder aber die bislang bestehenden Grundprinzipien neu verhandelt und bestätigt werden.

5 Schlussbetrachtung

Die Untersuchung hat gezeigt, dass die Reformkorridore des deutschen Rentensystems, also die Reformnotwendigkeiten und Handlungsperspektiven, aus den Interessen der Kollektivakteure Arbeitnehmer, Arbeitgeber und politisch-administratives System heraus zu erklären sind. Diese Interessen sind nicht abstrakt vorgegebene Kategorien, sondern müssen anhand konkreter politischer Entscheidungsprozesse analysiert werden. So lassen sich sowohl die Zielsetzungen als auch die Gestaltungsmöglichkeiten der Rentenpolitik ermitteln. Dafür wurde die Entwicklung des deutschen Rentensystems anhand der wichtigsten Reformen in drei Szenen unterteilt: Eine Szene des Ausbaus von 1957 bis 1972, in der die Leistungen des Rentensystems sowohl bezüglich des anspruchsberechtigten Personenkreises als auch des Leistungsniveaus ausgeweitet wurden; eine Szene der Anpassung bis 1989, in der aufgrund zunehmender Finanzierungsprobleme das Verhältnis von Ausgaben und Einnahmen neu tariert wurde; und eine Szene der Umstrukturierung, die noch anhält, in der die Kernelemente des Rentensystems zunehmend verändert werden, ohne jedoch das bisherige System aufzugeben. Die Betrachtung dieses ausgedehnten zeitlichen Horizontes ist notwendig, um den vier Dimensionen Konsens/Konflikt und Kontinuität/Veränderung, die das deutsche Rentensystem maßgeblich prägen, gerecht werden zu können.

Dieses Konzept ist durch die konstruktiv kritische Auseinandersetzung mit dem Korporatismus erarbeitet worden. (2) Dabei konnte gezeigt werden, dass der Korporatismus als theoretisch-methodischer Ansatz in seiner Entwicklung von 1974 bis heute zunehmend an Erklärungsgehalt verloren hat. Ohne die Qualität der Vielzahl von Forschungsergebnissen, die auf korporatistischen Grundannahmen basieren und zum Teil auch in die vorliegende Untersuchung eingeflossen sind, (u. a. Hinrichs 2000a, Hinrichs 2003, Schludi 2001, Manow/Seils 2000b, Trampusch 2004, Jochem/Siegel 2003a) in Abrede zu stellen, muss konstatiert werden, dass der Korporatismus als *Paradigma* betrachtet sich in weiten Teilen *degenerativ* entwickelt hat.[138] Dies konnte insbesondere anhand der theoretischen Erweiterungen der so genannten Tauschhypothese, (2.4.1) der Annah-

[138] Zur entsprechenden Theorie der Falsifikation siehe Lakatos 1970, Vasques 1997 und Kuhn 1967.

me einer Pfadabhängigkeit (2.4.2) und dem Wechsel von der Makro- auf eine Meso- und Mikroebene (2.4.3) gezeigt werden. Für die Analyse der Reformkorridore des deutschen Rentensystems konnte auf Basis dieser Kritik ein eigener methodischer Ansatz entwickelt werden, (2.5) der die Schwächen des Korporatismus bezüglich seiner *positiven Heuristik*, (2.5.1) seiner *negativen Heuristik* (2.5.2) und seiner theoretischen Erweiterungen (2.5.3) überwindet. Die Entwicklung eines eigenständigen methodischen Ansatzes war u. a. deshalb notwendig, weil die Annahme, die Kollektivakteure würden in der Regel im Sinne eines *allgemeinen Interesses* miteinander kooperieren und durch die *Vermeidung von Konflikten* ihren Nutzen erhöhen, bestenfalls einzelne Aspekte des Rentensystems beleuchtet.

Tatsächlich zeigt bereits die Analyse der Szene des Ausbaus, (4.1) dass der viel beschworene Konsens zwischen den Kollektivakteuren in Fragen der Rentepolitik nur so lange zustande kommen konnte, wie er durch eine positive wirtschaftliche Entwicklung begleitet wurde. (4.1.4) Selbiges gilt in weiten Teilen auch für die Fraktionen der Kollektivakteure, deren Konflikte durch die allgemein günstige Wirtschaftslage abnahmen. Nur unter dieser Bedingung war das Konfliktpotential aufgrund der unterschiedlichen Interessen der Kollektivakteure so gering, dass eine Einigung ohne heftige Auseinandersetzungen möglich war. Dies zeigt sich u. a. am Beispiel der Einführung des Ruhestands als eigenständigen Status. Innerhalb der Arbeitnehmer gab es einerseits eine Fraktion, die eine stärkere Ausrichtung des Rentensystems am Solidaritätsprinzip anstrebte und den Ruhestandsstatus für alle unabhängig vom Einkommen garantieren wollte. Die Mehrheit der gut bezahlten Arbeiter und Angestellten hingegen bestand darauf, dass sich die individuellen Leistungen auch bei der Rente bemerkbar machen sollten und zogen daher die Beibehaltung des Äquivalenzprinzips vor. Nur auf Basis der steigenden Löhne konnte das Rentensystem so ausgedehnt werden, dass einerseits die Leistungsbezogenheit zur Geltung kam, andererseits aber auch die Empfänger niedriger Einkommen auf den Ruhestandsstatus setzen konnten. (4.1.1)

Die Arbeitgeber teilten in der Szene des Ausbaus das Interesse am Ruhestand als eigenständigen Status nicht, konnten die entsprechende Politik aber akzeptieren, da die wirtschaftliche Entwicklung trotz der Ausweitung des Leistungsniveaus der Rentenversicherung ihren Vorstellungen entsprach und durch die Leistungsbezogenheit zum Teil noch Arbeitsanreize über das eigentliche Rentenalter hinaus etabliert werden konnten. (4.1.2)

Innerhalb des politisch-administrativen Systems sah man den Ruhestandsstatus erstens als einen notwendigen Akt der Gleichstellung der Bürger, da die

Rentner bislang nicht am Wirtschaftswunder partizipierten und zweitens als einen Beitrag zur Stabilität der Gesellschaftsordnung. (4.1.3)

Da der Konsens daher nicht auf identischen Interessen beruhte, sondern die Kollektivakteure aus unterschiedlichen Interessen heraus dieselben rentenpolitischen Maßnahmen anstrebten oder zumindest nicht blockierten, kam es auch in der Szene des Ausbaus immer wieder zu Konflikten bezüglich der konkreten Gestaltung des Rentensystems.

In der Szene der Anpassung (4.2) bekommt der Begriff „Konsens" eine neue Ausrichtung. Weil die Konflikte zwischen den Akteuren im Vergleich zur Szene des Ausbaus zunahmen, gewann die Forderung nach einem Konsens an Gewicht. Jedoch nicht in dem Sinne, dass sich die Kollektivakteure auf ein gemeinsam geteiltes Interesse beriefen, sondern als Strategie, den anderen die Rücksichtnahme vor den eigenen Interessen abzuverlangen. Gerade die Akteure, die ihre Zustimmung zu den entsprechenden konkreten Reformbemühungen am ehesten verweigerten, beriefen sich auf den Konsens, der eigentlich gelten solle. (4.2.4) Diese Vorgehensweise macht jedoch nur dann Sinn, wenn die Kollektivakteure tatsächlich aufeinander verwiesen sind, denn sonst bliebe das Einfordern eines Konsenses eine leere Floskel.

Anhand dieses Aspekts wird auch ein wesentlicher Unterschied in der Szene der Umstrukturierung (4.3) im Vergleich zu den anderen Szenen in Bezug auf die Dimensionen Konsens/Konflikt deutlich. Denn hier verlieren die Arbeitnehmer zunehmend an Einspruchspotential, da sie sich aus ihren Interessen heraus dem Programm der Umstrukturierung des Rentensystems weder völlig verweigern, noch es in ihrem Sinne gestalten können. Somit geraten sie in eine sehr defensive Position. Im Fortgang der Szene der Umstrukturierung sind die Arbeitnehmer immer wieder gezwungen, einen erreichten Stand zu verteidigen, dessen Einführung sie zuvor kritisiert hatten. (4.3.1) Die Arbeitgeber und das politisch-administrative System nutzen diese geschwächte Stellung aus, um zunehmend auf einen Konsens mit den Arbeitnehmern zu verzichten. (4.3.4) Gleichzeitig versuchen die Arbeitnehmer in der Szene der Umstrukturierung aber auch, sich durch eigene Konzepte, beispielsweise hinsichtlich der betrieblichen Altersvorsorge oder einer möglichen Grundsicherung, wieder konstruktiv in den Reformprozess einzubringen und stoßen dabei bei den anderen Akteuren aufgrund des anhaltenden Reformdrucks nicht von vornherein auf Ablehnung. Es zeigt sich demnach, dass die Dimensionen Konsens/Konflikt wesentlich komplexer sind als auf Basis einer „allgemeinen Theorie der Interessenvermittlung" zu vermuten wäre. Denn es hat sich gezeigt, dass es zwar einerseits in jeder Szene Bestrebungen gibt, Konsens unter den Kollektivakteuren zu erreichen, dass aber andererseits der Konsens in der Szene des Ausbaus inhaltlich nicht identisch ist mit dem Konsens in den Szenen der Anpassung oder Umstrukturierung. Zudem wird deutlich, dass nur selten die Kollektivakteure in ihrer Gesamtheit in den jeweiligen Konsens integriert sind. So zeigt sich bspw., dass die Rentenreform 1992 zwar die Zustimmung der SPD und der Arbeitnehmer- und Arbeitgeberverbände bekam, wichtige Strömungen innerhalb der Union und der FDP sowie der VDR an diesem Konsens jedoch nicht beteiligt waren. Die Analyse der konkreten politischen Entscheidungsprozesse ist daher unerlässlich, um eine oberflächliche Darstellung zu vermeiden. Dabei sind nicht nur die einzelnen Kollektivakteure, sondern gerade auch das Interessenspektrum, das sie vertreten, zu beachten. Denn ein Kollektivakteur, der sehr heterogene Interessen bündeln muss, wird in Verhandlungen mit den anderen Kollektivakteuren weniger in der Lage sein, Ressourcen zur Durchsetzung seiner Interessen zu mobilisieren. Dieser Effekt hat sich u. a. in Bezug auf die Arbeitnehmer in der Szene der Umstrukturierung bemerkbar gemacht. (4.3.4)

Bereits daran, dass Konflikt und Konsens in Fragen der Rentenpolitik nicht im Gegensatz stehen müssen, offenbart sich, dass auch hinsichtlich der Dimensionen Kontinuität/Veränderung von einer schematischen Darstellungsweise Abstand genommen werden muss. Gerade die Ansicht, die sich in der aktuellen Debatte immer wieder präsentiert, das Rentensystem sei bislang völlig unflexibel gewesen und müsse *deshalb* einer umfassenden Reform unterzogen werden, ist angesichts der untersuchten Reformen, durch die das deutsche Rentensystem beständig neuen Zielrichtungen angepasst worden ist, nicht haltbar. Auch hier müssen wieder die Interessen der Kollektivakteure in den Vordergrund treten, da das Rentensystem in jeder Szene unterschiedlichen Zielvorstellungen gerecht werden musste, die sich noch dazu von Szene zu Szene verändert haben. Für die Arbeitnehmer war das Rentensystem in der Szene des Ausbaus vornehmlich ein Instrument, den relativen Wohlstand der Arbeitnehmer, der durch die Vollbeschäftigung entstand, auf das gesamte Arbeitnehmerleben und einen zunehmenden Personenkreis zu verteilen. (4.1.1) Dieser Zielvorgabe wurde das Rentensystem durch die Erhöhung des Leistungsniveaus und der damit verbundenen Etablierung des Ruhestandsstatus in der Szene des Ausbaus gerecht.

In der Szene der Anpassung sollte das Rentensystem aus Sicht der Arbeitnehmer einen positiven Effekt auf den Arbeitsmarkt ausüben. (4.2.1) Die Zielsetzung eines sozialen Ausgleichs ist damit allerdings nicht aufgegeben worden. In der Szene des Ausbaus jedoch strebten die Arbeitnehmer eine Umverteilung der im Produktionsprozess erzielten Wohlstandssteigerung über das Rentensystem an. In der Szene der Anpassung sollte gerade das Rentensystem die Bedingungen des Produktionsprozesses verändern. Daher stand für die Arbeitnehmer in der Szene der Anpassung u. a. eine Verkürzung der Lebensarbeitszeit im Vordergrund, durch die eine Verringerung des Arbeitsangebots und somit eine Entlastung des Arbeitsmarkts erreicht werden sollte. Die Rentenpolitik reagierte auf diese Zielvorgaben insbesondere mit den Möglichkeiten zur Frühverrentung über die Erwerbsminderungsrente und die Rente wegen Arbeitslosigkeit.

In der Szene der Umstrukturierung hingegen wird der Zusammenhang von Arbeitsmarkt und Rentensystem wieder anders von den Arbeitnehmern interpretiert. (4.3.1) Erstens sehen sie die Möglichkeiten der Rentenpolitik durch die in der Arbeitslosigkeit begründeten Finanzierungsschwierigkeiten der Rentenversicherung stark beschränkt. Zweitens teilen sie sogar die Auffassung, dass eine Verringerung der Leistungen des Rentensystems zu einer Entlastung des Arbeitsmarkts führen kann. Sie stimmen daher auch einer stärkeren Belastung der Arbeitnehmer zu, jedoch unter zwei Bedingungen: Erstens muss der positive Effekt auf den Arbeitsmarkt sichtbar werden, und zweitens sollen sich auch die Arbeitgeber und das politisch-administrative System an den Kosten beteiligen. Entsprechende rentenpolitische Maßnahmen in der Szene der Umstrukturierung sind der Ausbau der Betriebsrente und die feste Kopplung des Bundeszuschusses an die Rentenentwicklung.

Schon in Bezug auf den Effekt der Arbeitnehmerinteressen auf das Rentensystem bestätigt sich demnach, dass die heutige Ansicht einer starren Institution oder eines geradlinigen Verlaufs einer Überprüfung anhand der konkreten Entwicklungen des Rentensystems nicht standhält. „Die rückblickend oft konstatierte Geschlossenheit und Kontinuität der Konzeption [FN] erhielt die GRV erst in einer wechselvollen Geschichte, die sich keineswegs zwanglos den Bemühungen interpretativer Vereinheitlichung und Rationalisierung fügt." (Nullmeier/Rüb 1993: 94)

Auch hinsichtlich der Arbeitgeberinteressen zeigt sich nicht die oft unterstellte Kontinuität. Denn auch die Interessen der Arbeitnehmer haben sich im Verlauf der Szenen stark verändert und somit zu einer Umgestaltung des Rentensystems geführt. In der Szene des Ausbaus ging es den Arbeitnehmern darum, ein Rentensystem zu etablieren, das erstens durch seine Leistungsbezogenheit als Arbeitsanreiz dient und zweitens die Mittel des sozialen Transfers auf die Lohnkosten beschränkt und nicht auf einer allgemeinen Umverteilung über Steuern basiert. (4.1.2)

In der Szene der Anpassung bestand das Hauptinteresse der Arbeitgeber in der Verhinderung von zusätzlichen Kosten für die Unternehmen, die mit einer Aufrechterhaltung des bestehenden Leistungsniveaus der Rentenversicherung einhergegangen wären. (4.2.2) Diesem Interesse wurde u. a. durch die Aufschiebung der Rentenanpassung Rechnung getragen.

In der Szene der Umstrukturierung formulieren die Arbeitgeber hingegen ein wesentlich offensiveres Interesse. Sie wollen eine dauerhafte Verminderung der Lohnkosten erreichen und dafür das Rentenniveau nachhaltig absenken. (4.3.2) In diesem Sinne werden Reformprojekte wie die Heraufsetzung der Altersgrenze, die Minderung des Rentenniveaus durch einen demografischen Faktor oder einen Altersvorsorgeanteil einerseits begrüßt und andererseits aber auch dahingehend kritisiert, dass damit das eigentliche Ziel einer Steigerung des Wirtschaftswachstums noch nicht erreicht ist und deshalb weitere Reformen folgen müssen.

Die Analyse der konkreten rentenpolitischen Entscheidungsprozesse anhand der Dimensionen Kontinuität/Veränderung zeigt auch hinsichtlich des politisch-administrativen Systems, dass weder von unveränderlichen Interessen noch von einer linearen Entwicklung auszugehen ist. Gerade innerhalb des politisch-administrativen Systems wurde sich beständig auf veränderte Rahmenbedingungen eingestellt, die der Rentenpolitik neue Zielvorgaben abverlangten. In der Szene des Ausbaus lag das Hauptinteresse sicherlich bei der grundlegenden Konstituierung eines Rentensystems, das über seine Dynamik eine Teilhabe der Rentner am wachsenden Wohlstand garantierte und somit die Legitimität des politischen Systems als Ganzes stützte. (4.1.3)

In der Szene der Anpassung bezogen sich die Interessen des politisch-administrativen Systems in erster Linie auf die Bewältigung der Finanzierungsprobleme der sozialen Sicherung. (4.2.3) Die Rentenpolitik war dabei nur ein Aspekt, was sich u. a. daran zeigt, dass immer wieder einzelne Aufgaben neu zwischen unterschiedlichen Institutionen der sozialen Sicherung delegiert wurden. So war es beispielsweise umstritten, ob die BA Rentenbeiträge für Arbeitslose zu entrichten habe, was zu einer vorläufigen Entlastung der Rentenversicherung geführt hätte, oder ob Zeiten von Arbeitslosigkeit automatisch als Ausfallzeiten zu gelten hätten.

In der Szene der Umstrukturierung will das politisch-administrative System jedoch nicht mehr bloß die aktuellen Finanzierungsprobleme lösen, sondern das Rentensystem so gestalten, dass der Beitragssatz langfristig stabil bleibt bzw. nicht übermäßig steigt. (4.3.3) Nicht nur auf den prognostizierten demografischen Wandel ist unter dieser Vorgabe bislang reagiert worden, auch die Eingliederung der Neuen Länder stand unter dem Vorbehalt, eine Steigerung des Beitragssatzes wenn möglich zu verhindern. Die entsprechenden Reformen zeigen, wie flexibel die Rentenpolitik gestaltet werden kann. Selbst gravierende Veränderungen der Rahmenbedingungen können vom Rentensystem bewältigt werden, da sich die Kollektivakteure in ihren Interessen auf diese Modifikationen einstellen. Dies gilt insbesondere für das politisch-administrative System, das die generelle Justierung, die über das Tagesgeschäft hinausgeht, vornimmt.

Die Beispiele haben gezeigt, dass das Rentensystem bislang alles andere als unflexibel gewesen ist, da sich mit den Interessen der Akteure auch die Ausgestaltung der Rentenpolitik verändert. Aber auch die Vorstellung, das Rentensystem müsse momentan grundlegend verändert werden, ist kritisch zu hinterfragen. Auch hier hilft ein Blick auf die Interessen der Akteure. Denn bislang haben es alle Kollektivakteure in allen Szenen, also auch in der Szene der Umstrukturierung, vermieden, eine Position zu beziehen, die als Systembruch gewertet werden müsste. Zwar gibt es unter den Akteuren den entsprechenden Vorwurf, dieser wird jedoch stets dementiert. Selbst hinsichtlich jener Reformüberlegungen, die eine massive Umgestaltung der Kernelemente des Rentensystems beinhalten, wie die Umstellung auf die Nettolohnanpassung oder auch die Überlegungen hinsichtlich einer Grund- bzw. Basisrente, bestehen die Protagonisten darauf, diese Reformen seien notwendig, um den eigentlichen Gehalt des deutschen Rentensystems bewahren zu können. Auch wenn solche Bekenntnisse zum Teil taktischer Natur sein mögen, haben sie dennoch einen sehr reellen Kern. Hier ist eine wesentliche Kontinuität festzuhalten: Denn die drei untersuchten Kollektivakteure haben über alle Szenen hinweg ein generelles Interesse am Erhalt des deutschen Rentensystems gezeigt. Eine solche Position wird am ehesten bei den Arbeitnehmern vermutet, da sie aufgrund ihrer Erwerbsquelle nicht auf das Rentensystem verzichten können. (Decker/Hecker 2002: 109) Der Ausstieg aus dem Rentensystem ist daher tatsächlich keine politische Option für die Arbeitnehmer insgesamt. Die Analyse der Szene der Umstrukturierung hat jedoch gezeigt, dass die Akzeptanz bezüglich des Rentensystems bei den Arbeitnehmern schwindet. (4.3.1) Denn einzelne Fraktionen innerhalb dieses Kollektivakteurs könnten sich durchaus fragen, ob das Rentensystem in seiner spezifischen Form ihren Interessen überhaupt noch gerecht wird. Auch wenn die Arbeitnehmer als Kollektivakteur bislang den Erhalt des Rentensystems nicht in Frage stellen, gibt es zunehmend Fraktionen, die ihre spezifischen Interessen nicht mehr aufgehoben sehen; entweder, weil sie die Einhaltung des Äquivalenzprinzips vermissen, da sie im Verhältnis zu ihren hohen Beitragsleistungen keine adäquate Absicherung erwarten können, oder weil das Rentensystem die Absicherung des Ruhestandstatus auf Basis der Leistungssenkungen für sie nicht mehr leisten kann.

Auch die Arbeitgeber haben sich trotz aller Kritik in keiner Szene gegen das deutsche Rentensystem gestellt. Dieser positive Bezug gilt nicht nur für die Institutionen, an denen die Arbeitgeber selbst beteiligt sind, sondern auch für die Kernelemente des Systems, die zwar zum Teil von den Arbeitgebern anders gewertet werden als von den anderen Kollektivakteuren, so dass beispielsweise das Äquivalenzprinzip für die Arbeitgeber einen höheren Stellenwert hat als der Erhalt des Ruhestandsstatus, die jedoch nicht per se abgelehnt werden. Eine „neoliberale" Grundhaltung,[139] die eine Absicherung der Renten allein durch den Markt beinhaltet, lässt sich offensichtlich nicht mit den Interessen der Arbeitgeber vereinbaren. Selbst wenn im Sinne der Kritik der Arbeitgeber die Altersgrenze erhöht, die Beiträge gesenkt und so das Leistungsniveau auf eine Grundversorgung reduziert würde, wäre damit weder die Zuständigkeit des politisch-administrativen Systems noch die Beteiligung der Arbeitgeber prinzipiell in Frage gestellt. (4.3.2) Von einer generellen Ablehnung des Rentensystems durch die Arbeitgeber kann demnach nicht die Rede sein.

Das politisch-administrative System besteht seit der Einführung des Rentensystems auf seine Zuständigkeit für die Regelung der Renten. Selbst der geforderte stärkere Ausbau *privatwirtschaftlicher* Elemente in der Szene der Umstrukturierung soll die *gesetzliche* Rentenversicherung nur ergänzen und nicht ersetzen. (4.3.3) Wie diese gesetzliche Rentenversicherung allerdings in Zukunft aussieht, ist innerhalb des politisch-administrativen Systems sehr umstritten. Da die Stabilität des Beitragssatzes zum Hauptziel erklärt worden ist, (Ruland 2001b: 48) sind z. T. Reformvorschläge in der Diskussion, die die Kernpunkte des deutschen Rentensystems als umlagefinanzierte Zwangsversicherung, die über das Äquivalenzprinzip den Ruhestand als eigenständigen Status sichert, in Frage stellen. (4.3.3) Dennoch ist auch hier festzuhalten, dass ein Systemwechsel von keinem Akteur innerhalb des politisch-administrativen Systems geplant ist, auch wenn die angestrebten Maßnahmen eventuell als ein solcher zu interpretieren sind. Dieser an sich positive Bezug wird u. a. an der Problemdefinition hinsichtlich des demografischen Wandels deutlich. Denn die Reformen, die direkt auf die Bevölkerungsentwicklung reagieren, wie die Einführung des Nachhaltigkeitsfaktors, werden auf lange Sicht (nach 2040) dazu führen, dass die vorgenommenen Kürzungen wieder rückgängig gemacht werden. Zwar kann heute niemand sagen, ob denn der Nachhaltigkeitsfaktor nach 2040 noch weiter Bestandteil der Rentenformel ist, die Reformen selbst sind jedoch auf die langfristige Stabilisierung des bestehenden Systems und nicht auf einen Systemwechsel hin ausgelegt.

---

[139] „Wissenschaftlich definiert ist der Neoliberalismus eine ökonomische Theorie, die eine Wirtschaftsordnung fordert, welche durch die Steuerung der ökonomischen Prozesse über den Markt, das heisst vor allem den freien Wettbewerb, gekennzeichnet ist. Aufgabe des Staates in einer solchen Wirtschaftsordnung ist die Schaffung bzw. Erhaltung der Rahmenbedingungen für diesen freien Wettbewerb. Der Neoliberalismus tendiert folglich dazu, den Staat zugunsten des Marktes zurückzudrängen." (Meier 2000: 109)

Daraus folgt, dass die Einschätzung, eine „grundlegende" Reform des Rentensystems sei notwendig, sich nicht aus der analysierten Entwicklung ergibt. Solche Maßnahmen würden einen Bruch mit der Szene der Umstrukturierung darstellen. Kurzfristig ist diese Alternative daher eher unwahrscheinlich. Stattdessen ist zu vermuten, dass die Umstrukturierung zunächst fortgesetzt wird, was sich in der aktuellen Debatte bereits andeutet. Denkbar wäre hier u. a. ein weiterer Ausbau der zweiten und dritten Säule des Rentensystems, eine weitere Senkung des Leistungsniveaus inklusive Streichung der Niveausicherungsklausel, die volle Besteuerung der Renten kombiniert mit einer Erhöhung des Bundeszuschusses und eine stärkere Gewichtung des Nachhaltigkeitsfaktors. Wie bereits angedeutet, (4.3.4) würden solche Maßnahmen allerdings zu einer Ausweitung der möglichen Konfliktlinien führen. Aus Sicht der Arbeitnehmer müssten sich solche Reformen u. a. daran messen lassen, ob dadurch eine Sicherung des Ruhestandsstatus erreicht wird. Der Maßstab der Arbeitgeber in der Szene der Umstrukturierung ist das Wirtschaftswachstum, das durch eine Entlastung bezüglich der sozialen Sicherung entstehen soll. Inwieweit die hier angedeutete Entwicklung diesem Ziel gerecht wird, bleibt jedoch fraglich. Für das politisch-administrative System steht die Stabilisierung des Beitragssatzes im Vordergrund. Diese wird jedoch langfristig durch den demografischen Wandel und kurzfristig durch die Entwicklung der Arbeitslosigkeit negativ affiziert. Die Reformdebatte um das Rentensystem wird daher aller Voraussicht nach anhalten; zunächst innerhalb des eingeschlagenen Pfades der Umstrukturierung, der aber die Konflikte zwischen und innerhalb der Kollektivakteure noch verstärkt. Der Beginn einer neuen Szene der Entwicklung des deutschen Rentesystems müsste aber verbunden sein mit neuen Zielvorgaben und neu definierten Interessen der Akteure. Wie diese sich entwickeln werden, ob hin zu einem Konservatismus, der die alten Kernelemente neu begründet, oder zu einem wirklichen Systemwechsel, wird nicht zuletzt an der wirtschaftlichen Entwicklung der nächsten Jahre liegen.

Denn anders als eine verkürzte Anwendung der „Pfadabhängigkeitsthese" vermuten ließe, (2.4.2) sind Systemwechsel nicht auszuschließen. Im Rahmen der vorliegenden Untersuchung konnte dies in Bezug auf das Bismarcksche Rentensystem gezeigt werden, das nicht als Beginn des derzeitigen Systems gewertet werden kann, da anhand keines der Kernelemente eine Kontinuität besteht. (3.1) Hier zeigt sich ein möglicher Anknüpfungspunkt für weitere Untersuchungen. Denn auch wenn in der politikwissenschaftlichen Debatte der Bezug auf Bismarck eher nur am Rande auftaucht, wäre dennoch zu prüfen, ob nicht die implizite Behauptung einer Kontinuität bis in das 19. Jahrhundert nicht nur gelegentlich zu einer falschen Namensgebung führt – z. B. spricht Hinrichs von Rentenversicherungen des Bismarcktyps (Hinrichs 2000b; vgl. auch Schludi 2001) –, sondern darüber hinaus auch Grundannahmen in die Analyse des deutschen Rentensystems eingeflossen sind, die sich nicht (mehr) bestätigen lassen. So wäre zu überprüfen, inwiefern die Rentenversicherung im konservativen Sinne statuserhaltend wirkt,[140] zumal mit der laufenden Organisationsreform die Versicherungsträger zu einer einheitlichen „Deutschen Rentenversicherung" zusammengelegt werden. (3.4)

Zudem wäre zu untersuchen, welchen impliziten Stellenwert die Behauptung der Kontinuität bis hin zu Bismarck in unterschiedlichen politikwissenschaftlichen Analysen reell einnimmt, und ob diese Ansätze an Erklärungsgehalt verlieren, wenn diese Annahme revidiert oder verändert werden müsste.

Eine Vertiefung, die noch enger an den hier dargestellten Untersuchungsergebnissen anknüpft, würde sich insbesondere hinsichtlich der Aspekte „Kapitaldeckung versus Umlageverfahren" und „Ausbau der betrieblichen und privaten Altersvorsorge" anbieten. Denn hinsichtlich beider Themen, die in der Szene der Umstrukturierung eine wichtige Rolle einnehmen, konnte gezeigt werden, dass die Interessen der Akteure in den vorausgegangenen Szenen z. T. diametral zu den heute vertretenen Positionen stehen. Die Kapitaldeckung galt in der Szene des Ausbaus und – mit Einschränkungen – in der Szene der Anpassung erstens als unsolide und zweitens als abhängig von dem laufenden Volkseinkommen (Mackenroththese). (4.1.4 und 4.2.4)

Heute stellt sich das Verhältnis nahezu umgekehrt dar: Das Umlageverfahren gilt als unsolide, insbesondere im Hinblick auf die demografische Entwicklung. Die Kapitaldeckung hingegen soll nicht nur höhere Renten ermöglichen, sondern auch die Rentenversicherung von der demografischen Entwicklung unabhängig machen. Neben Untersuchungen, die sich mit dem inhaltlichen Gehalt dieser Thesen auseinandersetzen, (z. B. Ganßmann 2000) wäre es hilfreich, die Veränderung der Interessen der Akteure genauer nachzuvollziehen und zu begründen.

Ein ähnliches Bild ergibt sich bezüglich des Ausbaus der so genannten zweiten und dritten Säule. Bis in die 1990er Jahre hinein gingen die Kollektivakteure einhellig davon aus, dass das Rentensystem im Prinzip in eins fällt mit der GRV. Betriebliche und private Vorsorge galt als rein fakultativer Zusatz. Die

---

[140] Zu beachten ist, dass der Begriff Status in dreifacher Weise auftaucht: Einmal im hier gemeinten Sinne einer „ständischen sozialen Gruppe", deren Privilegien über das Rentensystem perpetuiert werden. Dann gibt es die Bedeutung des Begriffs Status als „Stellung, die sich innerhalb der sozialen Hierarchie über das Einkommen" ergibt und somit an der Einkommensquelle hängt und nicht an der Zugehörigkeit zu einer bestimmten Gruppe (Myles 1984) und schließlich wird der Begriff in Bezug auf den Ruhestand als eigenständige und unabhängige Phase verwandt.

heute gebräuchliche Formulierung eines „Drei-Säulen-Modells“ legt die Gleichgewichtigkeit dieser Institutionen nahe und kritisiert dementsprechend die nach wie vor geltende Dominanz der GRV. Die Analyse hat gezeigt, dass alle Akteure hinsichtlich dieses Punktes eine Veränderung ihrer Positionen aufweisen und dass die Interessen, warum nun auf private und betriebliche Altersvorsorgung gesetzt wird, nicht identisch sind. (4.3.4) Es läge nun nahe, die Gründe für diese Veränderung näher zu beleuchten und die Konsequenzen dieser divergierenden Interessenlage für den Ausbau der zweiten und dritten Säule zu untersuchen.

Die hier geleistete Untersuchung der Reformkorridore des deutschen Rentensystems kann jedoch auch über solche konkreten Fragen hinaus auf einen Modellcharakter verweisen. Denn der hier angewandte methodische Ansatz einer akteurszentrierten, an den Interessen ausgerichteten Längsschnittanalyse, die sich aus mehreren Szenen zusammensetzt, hat sich zur Erklärung der Reformkorridore des deutschen Rentensystems bewährt. Im Folgenden sollen nun die Grenzen und Möglichkeiten der Übertragbarkeit dieses methodischen Ansatzes reflektiert werden.

Durch die Fokussierung auf die Interessen der Akteure können politische Entscheidungsprozesse detaillierter betrachtet werden als durch die Konzentration auf die Struktur, in der diese Prozesse stattfinden. Denn während Strukturen im politischen Kontext relativ konstant sind, können hinsichtlich der Akteursinteressen häufig Veränderungen auftreten. Besonders die Dimension *Veränderung* kann daher durch eine interessenzentrierte Analyse hervorgehoben werden. Für die Analyse ist es daher wichtig, die Interessen der Akteure nicht als gegeben vorauszusetzen. Bei einem so komplexen Gegenstand wie dem deutschen Rentensystem ist es müßig, konkrete Entscheidungen auf ein abstraktes, ewig gültiges Akteursinteresse (also beispielsweise *das* Arbeitnehmerinteresse) zurückführen zu wollen. Zugleich liegt hier allerdings auch eine entscheidende Gefahr in der Anwendung eines interessenzentrierten Ansatzes begründet. Denn die Verwendung des Begriffs „Interesse“ kann sehr leicht zu einem Zirkelschluss führen: Wird dieser Begriff nämlich völlig individualisiert, so erscheint jede Handlung als Ausdruck des Interesses des jeweiligen Akteurs. Dann sind aber Interessen und Handlungen identisch und erstere können nicht als Erklärung letzterer herangezogen werden. Auch wenn also vor „überzogenen“ Abstraktionen hinsichtlich des Interessenbegriffs gewarnt werden muss, so bleibt es dennoch absolut notwendig, ein gewisses Moment übergeordneter Vereinbarkeit herzustellen. Bezüglich des deutschen Rentensystems ergibt sich dieser Schritt durch die Überführung der konkreten Positionen in Interessen der Akteure in der jeweiligen Szene. Im Prinzip bietet sich ein interessenzentrierter Ansatz immer dann an, wenn ein politischer

Entscheidungsprozess hinsichtlich der Dimensionen Kontinuität und Veränderung betrachtet werden soll. Der Übertragbarkeit sind jedoch bereits auf dieser allgemeinen Ebene Grenzen gesetzt. Denn eine Analyse der unterschiedlichen Akteursinteressen macht nur dann und in so fern Sinn, wenn diese Akteure auch in vergleichbarer Weise Einfluss auf den Entscheidungsprozess haben und ihre Interessen nicht durch die Struktur der Entscheidungsfindung selbst vorgegeben sind. Daher sind die Dimensionen Konsens und Konflikt eine Bedingung dafür, dass ein interessenzentrierter Ansatz überhaupt Erklärungsgehalt bekommt.

Die Fokussierung auf die Interessen der Akteure wirft sofort die Frage auf, wer diese Akteure sind. Die vorliegende Arbeit beschränkt sich auf die *Kollektivakteure* Arbeitnehmer, Arbeitgeber und das politisch-administrative System, solange es um das Zusammenspiel dieser Akteure geht. Zur Analyse der einzelnen Akteursinteressen ist diese Perspektive dahingehend verändert, dass nun die unterschiedlichen Fraktionen innerhalb der Kollektivakteure betrachtet worden sind. Eine solche Vorgehensweise bietet sich in Bezug auf alle Kollektivakteure an, die einerseits als Organisation Akteurscharakter haben, andererseits diesen aber erst durch den Zusammenschluss von einzelnen Akteuren erhalten. Hierzu könnten neben den klassischen Verbänden beispielsweise auch die so genannten Nichtregierungsorganisationen, „soziale Bewegungen" und Parteien zählen, sofern deutlich gemacht werden kann, dass sich diese Kollektivakteure aus unterschiedlichen Fraktionen zusammensetzen. Aber auch das hier untersuchte Akteursset von Arbeitnehmern, Arbeitgebern und politisch-administrativen System ist nicht auf die Rentenpolitik beschränkt. Im Prinzip bietet sich die Übertragung dieser Akteurskonstellation in allen Politikfeldern an, in denen von Korporatismus gesprochen wird.[141] Inwiefern ein solches Vorgehen für weitere Analysen sinnvoll ist, kann nur anhand der konkret zu untersuchenden Entscheidungsprozesse festgestellt werden. Denn weder sind die Akteure Arbeitnehmer, Arbeitgeber und das politisch-administrative System für alle Politikbereiche maßgeblich, noch muss notwendig eine weitere Differenzierung nötig sein. Wenn der konkrete Gegenstand jedoch eine ähnliche Herangehensweise nahe legt, kann die These der fraktionierten Kollektivakteure ein wichtiges Instrument sein, einerseits die Analyse übersichtlich zu halten und nicht in eine unüberschaubare Vielfalt von Akteuren und möglichen Wechselwirkungen zu verfallen, andererseits aber auch hilfreich sein zur

---

[141] Ausnahme ist die Gesundheitspolitik. Hier bezieht sich der Korporatismusbegriff zwar auch auf eine „Verbände-Staat-Beziehung", allerdings tauchen Arbeitnehmer und Arbeitgeber in sehr modifizierter Form als Akteure auf. (Bandelow 1998)

Vermeidung von allgemeinen Abstraktionen, die den eigentlichen Gegenstand und die für ihn relevanten Akteure unkenntlich machen.

Die in einzelne Szenen unterteilte Längsschnittanalyse hat sich aus dem Problem ergeben, dass sowohl die Kontinuitäten als auch die Veränderungen des deutschen Rentensystems hervorgehoben werden sollten. Die Vorgehensweise, einen identifizierbaren politischen Entwicklungsprozess zu sequenzieren, bietet sich sicherlich auch für die Analyse anderer Politikfelder an. Erstens wird eine Untersuchung, die nur einen sehr kurzen, u. U. sogar momentanen Zeitraum erfasst, dem prozessualen Charakter politischer Entscheidungsprozesse (Schubert/Bandelow 2003) nur schwer gerecht. Es kann daher passieren, dass einzelne Aspekte in ihrer Bedeutung falsch dargestellt werden, da sich ihre Relevanz entweder noch nicht zeigt, (Hinrichs/Kangas 2003) oder aber die wirklichen Auswirkungen viel geringer sind als erwartet. Zweitens wird durch die Unterteilung in einzelne Szenen der Eindruck einer rein historisch bedingten Kausalität vermieden. Drittens lassen sich die einzelnen Szenen auch als getrennte Fälle betrachten, über deren Vergleich zu allgemeinen Aussagen über das deutsche Rentensystem gelangt werden kann. Durch diesen dritten Vorteil der angewandten Methode kann somit ein wesentlich höheres Abstraktionsniveau erreicht werden, als wenn bloß eine deskriptive Darstellung des Entwicklungsprozesses zugrunde gelegt wird. Bezüglich der Einteilung in Szenen ist ein wesentlicher Unterschied zu Untersuchungen hervorzuheben, die zwar auch einen Entwicklungsprozess betrachten, diesen aber in einzelne Querschnitte unterteilen, also beispielsweise die Entwicklung des Rentensystems als eine Abfolge von einzelnen Reformen untersuchen. Eine solche Analyse fällt nämlich hinter den eigenen Anspruch zurück, politische Entscheidungen als Prozess zu betrachten. Zwar würde die Entwicklung des Rentensystems als Prozess verstanden, die Reformen selbst aber würden statisch erscheinen. Die hier gewählte Methode hingegen unterteilt die Entwicklung des Rentensystems in Szenen, die selbst als Prozess zu verstehen sind.

Ähnlich wie bereits die auf die Akteure und ihre Interessen bezogenen Aspekte des hier entwickelten methodischen Ansatzes ist auch die sequenzierte Längsschnittanalyse hinsichtlich ihrer Übertragbarkeit beschränkt. Die Analyse eines Entwicklungsprozesses unterstellt immer eine gewisse Kontinuität. Radikale Wechsel entziehen sich daher zum Teil der hier entwickelten Analysemethode. Eine sequenzierte Längsschnittanalyse kann zwar einen solchen Bruch als Ausgangs- oder Endpunkt einer Entwicklung integrieren, die unterschiedlichen Szenen sollten jedoch nicht von solchen Systemwechseln gekennzeichnet sein, da sonst die Vergleichbarkeit und damit die Möglichkeit zur Verallgemeinerung von Aussagen verloren ginge.

Die Reflektion des eigenen methodischen Ansatzes hinsichtlich der Grenzen und Möglichkeiten seiner Übertragbarkeit gewinnt noch an Schärfe durch den Bezug auf die Probleme, die sich hinsichtlich der Analyse der Reformkorridore des deutschen Rentensystems ergeben haben. Diese Schwierigkeiten beziehen sich zum einen auf die untersuchten Akteure und ihre Interessen, zum anderen auf die vorgenommene Unterteilung in verschiedene Szenen. Zu den Akteuren selbst ist zu bemerken, dass durch die Fokussierung auf Arbeitnehmer, Arbeitgeber und das politisch-administrative System andere mögliche Akteure im Vorfeld ausgeschlossen werden. Insbesondere ist auf die Analyse der Interessen der Wohlfahrtsverbände verzichtet worden. Aber auch die drei untersuchten Akteure weisen jeweils spezifische Schwierigkeiten für die Analyse auf. Hinsichtlich der Arbeitnehmer stellt sich die Frage, inwieweit sie innerhalb der Szene der Umstrukturierung als Akteur gelten können, da sie beständig an Einfluss verlieren. Zwar konnte die Untersuchung zeigen, dass die Arbeitnehmer erstens probieren, durch eigene Vorschläge Einfluss auf die Gestaltung des Rentensystems zu nehmen, dass sie zweitens in einigen zentralen Bereichen – insbesondere der betrieblichen Rente – nach wie vor in die Entscheidungsprozesse integriert sind, und dass sie drittens weiterhin durch die paritätische Besetzung institutionell in der Rentenpolitik verankert sind. Wenn aber sowohl der Einflussverlust als auch die interne Zersplitterung dieses Akteurs weiter zunehmen sollte, so ist mittelfristig seine Rolle in der Rentenpolitik gefährdet.

Die Analyse der Arbeitgeberinteressen hat sich aus einem ganz anderen Grund als schwierig erwiesen. Hier sind die Positionen unterhalb der Ebene der Verbände sehr schlecht dokumentiert, was zum einen daran liegt, dass die Verbände interne Konflikte sehr diskret behandeln, was aber andererseits auch mit der mehrfach angesprochenen „Arbeitsteilung" im Arbeitgeberlager zusammenhängen mag. Gerade weil der Einfluss der Arbeitnehmer auf das Rentensystem in der Szene der Umstrukturierung noch gewachsen ist, könnte es sinnvoll sein, die hier analysierten Interessen noch genauer – auch hinsichtlich des internen Konfliktpotentials – zu erfassen.

Die Analyse der Interessen des politisch-administrativen Systems hat mit folgendem Widerspruch zu kämpfen: Einerseits müssen gerade auch gegensätzliche Positionen in die Analyse der Interessen dieses Kollektivakteurs einfließen, um das breite politische Spektrum hinsichtlich der Rentenpolitik einfangen zu können. Dadurch ist die Zahl der Fraktionen, aus denen sich der Kollektivakteur zusammensetzte, sehr erweitert worden. Andererseits sind so Positionen gebündelt worden, die sich selbst gar nicht als Kollektiv, sondern als Konkurrenz wahrnehmen. Anders als bei den Arbeitnehmern und den Arbeitgebern sind die einzelnen Fraktionen innerhalb des politisch-administrativen Systems nur durch eine gemeinsame *Funktion* als Kollektivakteur greifbar und nicht durch gemeinsame *Organisationen*, die zumindest einen Vertretungs*anspruch* gegenüber dem Kollektiv repräsentieren. Es könnte daher sinnvoll sein, die gemeinsame Funktion der Fraktionen – die politische Administration des Rentensystems – deutlicher hervorzuheben und zugleich eine Strukturierung anhand ihres Beitrags zu dieser Funktion vorzunehmen.

Nicht unproblematisch ist auch die vorgenommene Unterteilung in drei Szenen. Zwar konnte überzeugend dargelegt werden, warum sich die Entwicklung des deutschen Rentensystems in Szenen des Ausbaus, der Anpassung und der Umstrukturierung unterteilen *lässt*, eine *Notwendigkeit* für genau dieses Sequenzierung gibt es jedoch nicht. Hier kann nur auf die Plausibilität der Unterteilung hingewiesen werden, die sich nicht zuletzt daran zeigt, dass jeder der vorgenommenen „Schnitte“ für sich auch in anderen Forschungskontexten erscheint,[142] auch wenn die hier dargelegte Dreiteilung nicht unbedingt üblich ist – was jedoch zum Teil auch darauf zurückzuführen ist, dass ein anderer Zeitraum behandelt wird. Außerdem ist zu berücksichtigen, dass die Unterteilung in der vorliegenden Analyse anhand der abgeschlossenen Reformen vollzogen worden ist, es jedoch auch andere Maßstäbe der Einteilung gibt. Letzten Endes ist eine solche Unterteilung immer Ergebnis einer Interpretation und kann keinen absoluten Gültigkeitsanspruch erheben. Ihre Güte muss sich anhand der Forschungsergebnisse zeigen, die auf ihrer Basis zu erzielen sind.

Der in dieser Untersuchung angewandte und hier hinsichtlich seiner Übertragbarkeit und den entstandenen Schwierigkeiten reflektierte methodische Ansatz ist eins sicher nicht: Eine allgemeine Theorie der Interessenvermittlung. Weder in Bezug auf Interessen per se, noch hinsichtlich bestimmter Akteure (Arbeitnehmer, Arbeitgeber und politisch-administratives System) sind Aussagen dazu getroffen worden, was diese Interessen generell ausmacht und wie sie durchgesetzt bzw. vermittelt werden. Die Schwierigkeiten, die ein solch umfassender Ansatz mit sich bringt, sind insbesondere in Bezug auf den Korporatismus dargelegt worden. (2) Damit soll jedoch weder die Möglichkeit noch die Nützlichkeit solcher Theorien der Interessenvermittlung in Abrede gestellt sein. Im Gegenteil: Insofern die vorliegende Arbeit – durchaus in Abgrenzung zu einigen theoretischen Ansätzen – Auskünfte über die Interessen der analysierten Akteure hinsichtlich konkreter politischer Entscheidungsprozesse geben konnte, kann sie auch als Beitrag zu einer (Re-)Konstruktion einer Theorie der Interessenvermittlung gelten.

---

[142] Ruland, aber auch Börsch-Supan, legen beispielsweise großen Wert auf die Unterteilung einer Phase von 1957-1972. (Ruland 2001a: 1, Börsch-Supan 2001: 13) Nullmeier und Rüb charakterisieren die Reform von 1989 als entscheidenden Einschnitt. (Nullmeier/Rüb 1993: 32)

Anstatt aber mit theoretischen Aussagen zu beginnen, die dann, wie der Korporatismus, über ihre Anpassung an die Wirklichkeit an Erklärungsgehalt *verlieren*, erscheint es angebrachter, durch eine Ausweitung der empirischen Basis einen möglichen allgemeinen Charakter zu untermauern. Hierzu ist erstens eine weitere Untersuchung der Akteure notwendig. Zweitens müsste die Übertragbarkeit der hier getroffenen Aussagen auf weitere Fälle überprüft werden. Denkbar wäre zum einen die Untersuchung des Politikfelds Rentenpolitik zu intensivieren. Dies wäre einerseits in Bezug auf das deutsche Rentensystem möglich durch die Vertiefung von inhaltlichen Aspekten, die über die vorliegende Untersuchung hinausgehen. Andererseits ist auch die Übertragbarkeit der Analysemethode auf andere Länder zu prüfen. Angesichts der „Konvergenzthese" (vgl. Lütz 2004) liegt die Fokussierung auf die Europäische Union hier zunächst nahe. Auch die Überprüfung der Übertragbarkeit auf andere Politikfelder, wie Arbeitsmarktpolitik und Gesundheitspolitik liegt auf der Hand. Dabei ist davon auszugehen, dass das hier verwendete Konzept sich generell nur sehr begrenzt übertragen lässt. Sowohl bei der Betrachtung anderer Länder als auch hinsichtlich anderer Politikfelder werden die Akteure nicht notwendig dieselben sein. Dennoch lassen sich viele Fälle finden, in denen es Überschneidungen in den Akteurskonstellationen gibt. Ob über einen solchen Weg eine tragfähige Theorie der Interessenvermittlung zustande kommt, bleibt abzuwarten. Fest steht hingegen, dass das Rentensystem gerade hinsichtlich seiner Gestaltungsspielräume Fragen aufwirft, denen sich eine politikwissenschaftliche Analyse der sozialen Sicherung nicht entziehen kann. Einen Beitrag zur Beantwortung dieser Fragen zu leisten, ist das Anliegen dieser Arbeit.

6 Literatur

Achinger, Hans, 1977: Altershilfe und Sozialversicherung, in, *Bartholomäi*, Reinhart/*Bodenbender*, Wolfgang/*Henkel*, Hardo/*Hüttel*, Renate (Hg.), 1977: Sozialpolitik nach 1945, Geschichte und Analyse, Bonn – Bad Godesberg, 173-182.

Alemann, Ulrich von/*Heinze*, Rolf G. (Hg.): Verbände und Staat, Vom Pluralismus zum Korporatismus, Analysen, Opladen.

Ammermüller, Martin, 1988: Strukturreform in der Rentenversicherung, in, *IG Metall* (Hg.), 1988: Ältere Menschen im Sozialstaat, Für eine solidarische Sozialpolitik, Köln, 111-123.

Armingeon, Klaus, 1988: Die Entwicklung der westdeutschen Gewerkschaften: 1950 – 1985, Frankfurt.

Babel, Gisela, 2001: Die Gesundbeter, Rentendebatten in Deutschland, Sankt Augustin.

Bäcker, Gerhard, 1998: Die Zukunft der Alterssicherung, Wahlkampf um das richtige Renten–Konzept, in, Soziale Sicherheit, 1998, 47/6, 201-212.

Bäcker, Gerhard, 2000: Bedarfsorientierte Grundsicherung im Alter, Element einer Rentenreform mit Zukunft?, in, Soziale Sicherheit, 2000, 49/11, 43-51.

Bäcker, Gerhard, 2003: Perspektiven älterer Arbeitnehmer auf dem Arbeitsmarkt: Beschäftigungsförderung statt Anhebung der Altersgrenze, in, Soziale Sicherheit, 2003, 52/11, 381-384.

Bäcker, Gerhard/*Bispinck*, Reinhard/*Hofemann*, Klaus/*Naegele*, Gerhard, 1989: Sozialpolitik und soziale Lage in der Bundesrepublik Deutschland, Band 2: Gesundheit – Familie – Alter – Soziale Dienste, Köln.

Bäcker, Gerhard/*Naegele*, Gerhard, 1981: Arbeitsmarkt, Altersgrenze und die Ausgliederung älterer Arbeitnehmer, in, WSI Mitteilungen 11/1981, 679-691.

Balke, Siegfried, 1966: Sozialpolitik zwischen Stabilität und Wachstum, in, *BDA (Bundesvereinigung der Deutschen Arbeitgeberverbände)*, 1967: Sozialpolitik zwischen Stabilität und Wachstum, Schriftenreihe der BDA, Heft 45, 11-29.

Balke, Siegfried, 1967: Sozialpolitik heute und morgen – aus überbetrieblicher Sicht, in, *BDA (Bundesvereinigung der Deutschen Arbeitgeberverbände)*, 1968: Sozialpolitik heute und morgen, Schriftenreihe der BDA, Heft 47, 5-18.

Bandelow, Nils C., 1998: Gesundheitspolitik, Der Staat in der Hand einzelner Interessengruppen?, Opladen.

Bandelow, Nils C., 2003: Policy Lernen und politische Veränderungen, in, *Schubert*, Klaus/*Bandelow*, Nils C. (Hg.), 2003: Lehrbuch der Politikfeldanalyse, München, 289-331.

Barthel, Alexander, 1999: Auszug aus dem Buch „50 Jahre BDA – 50 Jahre Politik für die Wirtschaft“, in, *Göhner*, Reinhard (Hg.), 1999: 50 Jahre BDA – 50 Jahre Politik für die Wirtschaft, Korbach, 65-126.
[URL: http://www.bda-online.de/www/
Bdaonline.nsf/id/60686B5973557531C1256E93003DB864/
$file/Barthel%20aus%2050%20Jahre%20BDA.pdf] (24.11.04).

Bartholomäi, Reinhardt, 1977: Der Volksversicherungsplan der SPD, in, *Bartholomäi*, Reinhart/*Bodenbender*, Wolfgang/*Henkel*, Hardo/*Hüttel*, Renate (Hg.), 1977: Sozialpolitik nach 1945, Geschichte und Analyse, Bonn-Bad Godesberg, 161-171.

Bartholomäi, Reinhart/*Bodenbender*, Wolfgang/*Henkel*, Hardo/*Hüttel*, Renate (Hg.), 1977: Sozialpolitik nach 1945, Geschichte und Analyse, Bonn-Bad Godesberg.

BDA (Bundesvereinigung der Deutschen Arbeitgeberverbände), 1957: Jahresbericht der Bundesvereinigung der Deutschen Arbeitgeberverbände, vorgelegt auf der Geschäftsführerkonferenz der BDA am 20. und 21. September 1957 in Konstanz.

BDA (Bundesvereinigung der Deutschen Arbeitgeberverbände), 1958: Unsere Gegenwartsaufgaben, Referate und Vorträge auf der Geschäftsführerkonferenz der BDA am 20. und 21. September 1957 in Konstanz, Schriftenreihe der BDA, Heft 18.

BDA (Bundesvereinigung der Deutschen Arbeitgeberverbände), 1967: Sozialpolitik zwischen Stabilität und Wachstum, Schriftenreihe der BDA, Heft 45.

BDA (Bundesvereinigung der Deutschen Arbeitgeberverbände), 1968: Sozialpolitik heute und morgen, Schriftenreihe der BDA, Heft 47.

BDA (Bundesvereinigung der Deutschen Arbeitgeberverbände), 1973: Der Arbeitgeber, 6/25.

BDA (Bundesvereinigung der Deutschen Arbeitgeberverbände), 1976: Der Arbeitgeber, 23/28.

BDA (Bundesvereinigung der Deutschen Arbeitgeberverbände), 1977a: Der Arbeitgeber, 18/29.

BDA (Bundesvereinigung der Deutschen Arbeitgeberverbände), 1977b: Der Arbeitgeber, 20/29.

BDA (Bundesvereinigung der Deutschen Arbeitgeberverbände), 1977c: Jahresbericht, Bonn-Bad Godesberg.

BDA (Bundesvereinigung der Deutschen Arbeitgeberverbände), 1979: Jahresbericht, Bonn-Bad Godesberg.

BDA (Bundesvereinigung der Deutschen Arbeitgeberverbände), 1980: Jahresbericht, Bonn-Bad Godesberg.

BDA (Bundesvereinigung der Deutschen Arbeitgeberverbände), 1981: Jahresbericht, Bonn-Bad Godesberg.

BDA (Bundesvereinigung der Deutschen Arbeitgeberverbände), 1982a: Der Arbeitgeber, 2/34.

BDA (Bundesvereinigung der Deutschen Arbeitgeberverbände), 1982b: Der Arbeitgeber, 7/34.

BDA (Bundesvereinigung der Deutschen Arbeitgeberverbände), 1982c: Der Arbeitgeber, 11/34.

BDA (Bundesvereinigung der Deutschen Arbeitgeberverbände), 1982d: Jahresbericht, Bonn-Bad Godesberg.
BDA (Bundesvereinigung der Deutschen Arbeitgeberverbände), 1983: Jahresbericht, Bonn-Bad Godesberg.
BDA (Bundesvereinigung der Deutschen Arbeitgeberverbände), 1986a: Der Arbeitgeber, 21/38.
BDA (Bundesvereinigung der Deutschen Arbeitgeberverbände), 1986b: Jahresbericht, Bonn-Bad Godesberg.
BDA (Bundesvereinigung der Deutschen Arbeitgeberverbände), 1987: Der Arbeitgeber, 4/39.
BDA (Bundesvereinigung der Deutschen Arbeitgeberverbände), 1989: Jahresbericht, Bonn-Bad Godesberg.
BDA (Bundesvereinigung der Deutschen Arbeitgeberverbände), 1994: Sozialstaat vor dem Umbau, Leistungsfähigkeit und Finanzierbarkeit sichern, Köln.
BDA (Bundesvereinigung der Deutschen Arbeitgeberverbände), 2004a: Presseinformation PI 05/2004. [URL: http://www.bda-online.de/www/bdaonline.nsf/id/DDC6532DC9044E8CC1256E360032E726] (24.01.05).
BDA (Bundesvereinigung der Deutschen Arbeitgeberverbände), 2004b: Stellungnahme zum „Entwurf eines Gesetzes zur Sicherung der nachhaltigen Finanzierungsgrundlagen der gesetzlichen Rentenversicherung" (RV – Nachhaltigkeitsgesetz) für die öffentliche Anhörung des Ausschusses für Gesundheit und Soziale Sicherung des Deutschen Bundestages am 11. Februar 2004 in Berlin. [URL: http://www.bda-online.de/www/bdaonline.nsf/id/Stellungnahmezum RV-Nachhaltigk/$file/StN%20RVNachhaltigkeitsgesetz.pdf] (25.01.05).
BDA (Bundesvereinigung der Deutschen Arbeitgeberverbände), 2004c: Presseinformation PI 62/2004. [URL http://www.bda-online.de/www/bdaonline.nsf/id/95720B4432279C56C1256F3B00359C48/$file/PI-62-2004.pdf] (24.01.05).
BDA (Bundesvereinigung der Deutschen Arbeitgeberverbände)/DGB (Deutscher Gewerkschaftsbund)/DAG (Deutsche Angestelltengewerkschaft), 1987: Strukturreform der Rentenversicherung, Gemeinsame Erklärung von DGB, DAG und Bundesvereinigung, in, *BDA*, 1987: Der Arbeitgeber, 4/39, 126.
BDI (Bundesverband der Deutschen Industrie), 1959: Jahresbericht des Bundesverbandes der Deutschen Industrie, 1. Mai 1958 bis 30. September 1959, vorgelegt zum zehnjährigen Bestehen des Bundesverbandes der Deutschen Industrie in Köln am 20. Oktober, Köln.
BDI (Bundesverband der Deutschen Industrie), 1961: Jahresbericht des Bundesverbandes der Deutschen Industrie, 1. Mai 1960 bis 30. April 1961, vorgelegt der 12. ordentlichen Mitgliederversammlung in Nürnberg am 13. Juni 1961, Köln.
BDI (Bundesverband der Deutschen Industrie), 1962: Jahresbericht des Bundesverbandes der Deutschen Industrie, 1. Mai 1961 bis 31. März 1962, vorgelegt der 13. ordentlichen Mitgliederversammlung in Bonn am 3. April 1962, Köln.

BDI (Bundesverband der Deutschen Industrie), 1963: Jahresbericht des Bundesverbandes der Deutschen Industrie, 1. April 1962 bis 30. April 1963, vorgelegt der 14. ordentlichen Mitgliederversammlung in Bad Godesberg am 21. Mai 1963, Köln.

BDI (Bundesverband der Deutschen Industrie), 1964: Jahresbericht des Bundesverbandes der Deutschen Industrie, 1. April 1963 bis 30. April 1964, vorgelegt der 15. ordentlichen Mitgliederversammlung in Mannheim am 8. Mai 1964, Köln.

BDI (Bundesverband der Deutschen Industrie), 1966: Jahresbericht des Bundesverbandes der Deutschen Industrie, 1. Mai 1965 bis 31. Mai 1966, vorgelegt der 17. ordentlichen Mitgliederversammlung in München am 7./8. Juni 1966, Köln.

BDI (Bundesverband der Deutschen Industrie), 1976: Jahrestagung 1976 des Bundesverbandes der Deutschen Industrie, Köln.

BDI (Bundesverband der Deutschen Industrie), 1989: Unsere Gesellschaft ergraut: Wie bleibt die Wirtschaft jung?, Köln.

Beermann, Hermann, 1966: Ergänzungen zum Geschäftsbericht der Abteilung Sozialpolitik des DGB, in: Sozialer Fortschritt, 7/15, Juli 1966, 157.

Beyme, Klaus von, 1969: Interessengruppen in der Demokratie, München.

Biedenkopf, Kurt, 1984: Die Zukunft des Sozialstaates, in, Gewerkschaftliche Monatshefte 8/1984, 494-504.

Bierich, Marcus, 1976: Thesen für den Arbeitskreis I: Sicherung von Wachstum und Beschäftigung – eine Herausforderung für Wirtschaft und Gesellschaft, in, *BDI (Bundesverband der Deutschen Industrie)*, 1976: Jahrestagung 1976 des Bundesverbandes der Deutschen Industrie, Köln, 7-9.

Bispinck, Reinhard, 2004: Die zweite Säule wächst, in, Mitbestimmung 1+2/2004, 11-13.

Blickpunkt Bundestag, 2004: Forum: Rentenfinanzen, Massive Eingriffe dringend notwendig.
[URL: http://www.bundestag.de/bp/2003/bp0307/0307040.html] (14.04.05).

Blüm, Norbert, 1985: Die Finanzierung der sozialen Sicherung, in, *Institut „Finanzen und Steuern“*, 1985: Vorträge gehalten auf der Mitgliederversammlung des Institut „Finanzen und Steuern“ am 18. April 1985, Bonn, 9-33.

Blümle, Ernst-Bernd/*Schwarz*, Peter (Hg.), 1985: Wirtschaftsverbände und ihre Funktion, Schwerpunkte der Verbandsforschung, Darmstadt.

BMA (Bundesministerium für Arbeit und Sozialordnung), 1979a: Vorschläge zur sozialen Sicherung der Frau und der Hinterbliebenen, Gutachtens der Sachverständigenkommission vom 21. Mai 1979, Stuttgart.

BMA (Bundesministerium für Arbeit und Sozialordnung), 1979b: Sachverständigenkommission für die soziale Sicherung der Frau und der Hinterbliebenen, Grundlagen des Gutachtens der Sachverständigenkommission, Anlageband 1, Stuttgart.

BMA (Bundesministerium für Arbeit und Sozialordnung), 1979c: Sachverständigenkommission für die soziale Sicherung der Frau und der Hinterbliebenen, Einzelgutachten von Mitgliedern der Sachverständigenkommission, Anlageband 2, Stuttgart.

BMA (Bundesministerium für Arbeit und Sozialordnung) (Hg.), 2001: Geschichte der Sozialpolitik in Deutschland seit 1945, Band 1, Grundlagen der Sozialpolitik, Baden-Baden.

BMGS (Bundesministerium für Gesundheit und soziale Sicherung), 2004: Rente. [URL: http://www.bmgs.bund.de/deu/gra/Themen/rente/index.cfm] (01.08.04).

Boettcher, Erik, 1956: Prinzipien der Sozialreform, in, Gewerkschaftliche Monatshefte, 7/2, Februar 1956, 93-99.

Boettcher, Erik (Hg.), 1957: Sozialpolitik und Sozialreform, Tübingen.

Böhm, Walter, 1960: Betrachtungen zum DAG-Kongress, in, Sozialer Fortschritt 9/11, November 1960, 247-250.

Bonoli, Giuliano, 2000: The politics of pension reform – Institutions and policy change in western Europe, Cambridge.

Bonoli, Giuliano/*George*, Vic/*Taylor-Gooby*, Peter, 2000: European Welfare Futures, Towards a Theory of Retrenchment, Cambridge.

Börsch-Supan, Axel, 2001: A Brief History of the German Public Pension System, in: *Börsch-Supan*, Axel/*Miegel*, Meinhard (Hg.), 2001: Pension Reform in Six Countries – What can we learn from each other?, Berlin, 13-38.

Börsch-Supan, Axel/*Heiss*, Florian/*Winter*, Joachim, 2004: Akzeptanzprobleme bei Rentenreformen, Wie die Bevölkerung überzeugt werden kann, Köln.

Börsch-Supan, Axel/*Miegel*, Meinhard (Hg.), 2001: Pension Reform in Six Countries – What can we learn from each other?, Berlin.

Borsdorf, Ulrich (Hg.), 1977: Gewerkschaftliche Politik, Reform aus Solidarität, Köln.

Breum, Walter, 1981: Die Gewerkschaften der BRD, Mitglieder – Theorie – Politik, Hamburg.

Breyer, Friedrich, 1990: Ökonomische Theorie der Alterssicherung, München.

BT-Drucksache (Deutscher Bundestag) 10/2603, 1984: Gesetzentwurf der Fraktion der SPD, Entwurf eines Gesetzes zur Reform der Gesetzlichen Rentenversicherung, Bonn.

BT-Drucksache (Deutscher Bundestag) 10/2677, 1984: Entwurf eines Gesetzes zur Neuordnung der Hinterbliebenenrente sowie zur Anerkennung von Kindererziehungszeiten in der gesetzlichen Rentenversicherung, Bonn.

BT-Drucksache (Deutscher Bundestag) 10/335, 1983: Gesetzentwurf der Bundesregierung, Haushaltsbegleitgesetz 1984, Bonn.

BT-Drucksache (Deutscher Bundestag) 11/4124, 1989: Entwurf eines Gesetzes zur Reform der gesetzlichen Rentenversicherung (Rentenreformgesetz 1992), Bonn.

BT-Drucksache (Deutscher Bundestag) 14/5164, 2001: Entschließungsantrag der Fraktionen SPD und BÜNDNIS 90/DIE GRÜNEN zu der dritten Beratung des AVmG, Berlin.

BT-Drucksache (Deutscher Bundestag) 14/7639, 2002: Rentenversicherungsbericht 2001, Berlin.

BT-Drucksache (Deutscher Bundestag) 14/8800, 2002: Schlussbericht der Enquête-Kommission „Demographischer Wandel – Herausforderungen unserer älter werdenden Gesellschaft an den Einzelnen und die Politik“, Berlin.

BT-Drucksache (Deutscher Bundestag) 14/9503, 2002: Nationaler Strategiebericht Alterssicherung, Berlin.

BT-Drucksache (Deutscher Bundestag) 14/9503, 2002: Unterrichtung durch die Bundesregierung, Nationaler Strategiebericht Alterssicherung, Berlin.

BT-Drucksache (Deutscher Bundestag) 15/2149, 2003: Gesetzentwurf der Fraktionen SPD und BÜNDNIS 90/DIE GRÜNEN, Entwurf eines Gesetzes zur Sicherung der nachhaltigen Finanzierung der gesetzlichen Rentenversicherung (RV-Nachhaltigkeitsgesetz), Berlin.

BT-Drucksache (Deutscher Bundestag) 7/4250, 1975: Bericht der Bundesregierung über die gesetzlichen Rentenversicherungen, Bonn.

BT-Drucksache (Deutscher Bundestag) 8/132, 1977: Unterichtung durch die Bundesregierung, Gutachten des Sozialbeirats zu den Vorausberechnungen der gesetlichen Rentenversicherungen von 1976 bis 1990 sowie Empfehlungen des Sozialbeirats zur Anpassung der Geldleistungen der gesetzlichen Unfallversicherung, Bonn.

BT-Drucksache (Deutscher Bundestag) 8/252, 1977: Antwort der Bundesregierung auf die Kleine Anfrage der Abgeordneten Erhard (Bad Schwalbach), Franke, Dr. Langner, Dr. Lenz (Bergstraße), Dr. Becker (Frankfurt) und der Fraktion der CDU/CSU, Bonn.

BT-Drucksache (Deutscher Bundestag) 9/2074, 1982: Gesetzentwurf der Fraktionen der CDU/CSU und FDP, Haushaltsbegleitgesetz 1983, Bonn.

BT-Drucksache (Deutscher Bundestag) 9/2290, 1982: Bericht des Haushaltsausschusses zum Haushaltsbegleitgesetz 1983, Bonn.

Bueb, Eberhard, 1985: Perspektiven der Sozialversicherungssysteme, in, *Die Grünen/Seniorenschutzbund „Graue Panther"*, 1985: Grundrente statt Altersarmut, Die Grünen und die Grauen Panther fordern Rentenreform, Berlin, 10-14.

Bull, Martin J., 1992: Corporatist Ideal-Type and political exchange, in, Political Studies, Vol. 15, 1992, 255-272.

Bulmahn, Thomas, 2003: Zur Entwicklung der privaten Altersvorsorge, Vorsorgebereitschaft, Vorsorgeniveau und erwartete Absicherung im Alter, in, Kölner Zeitschrift für Soziologie und Sozialpsychologie, Jg. 55, Heft 1, 2003, 29-54.

Bundesregierung, 1977: Beschluß der Bundesregierung über die Bildung einer Sachverständigenkommission für die soziale Sicherung der Frau und der Hinterbliebenen vom 17. August 1977, in, *Bundesministerium für Arbeit und Sozialordnung (BMA)*, 1979: Sachverständigenkommission für die soziale Sicherung der Frau und der Hinterbliebenen, Grundlagen des Gutachtens der Sachverständigenkommission, Anlageband 1, Stuttgart, 5-6.

Bundesregierung, 2003: Bericht der Bundesregierung über die gesetzliche Rentenversicherung, insbesondere über die Entwicklung der Einnahmen und Ausgaben, der Schwankungsreserve sowie des jeweils erforderlichen Beitragssatzes in den künftigen 15 Kalenderjahren gemäß § 154 SGB VI (Rentenversicherungsbericht 2003). [URL: http://www.bmgs.bund.de/ download/broschueren/a147.pdf] (01.08.04).

CDU (Christliche Demokratische Union Deutschlands), 2003: Altersicherung, Rente in den Neuen Ländern.
[URL: http://www.cdu.de/politik-a-z/alterssicherung/kap35.htm] (19.02.03).

CDU/CSU Arbeitnehmergruppe, 2002: 50 Jahre Arbeitnehmergruppe der CDU/CSU Fraktion im Deutschen Bundestag, Eine starke Lobby in der Arbeitswelt der Zukunft, Berlin, 19-26.

Christmann, Alfred/*Hesselbach*, Walter/*Jahn*, Manfred/*Mommsen*, Ernst W., 1974: Sozialpolitik, Ziele und Wege, Köln.

Crouch, Collin, 1977: Class conflict and the industrial relations crisis, Compromise and corporatism in the policies of the British state, London.

Culpepper, Pepper D., 1999: Employers' Associations, Public Policy, and the Politics of Decentralized Cooperation, in, *Hall*, Peter A./*Soskice*, David (Hg.), 2001: Varieties of Capitalism, The Institutional Foundations of Comparative Advantage, Oxford, 275-306.

Czada, Roland, 1994: Konjunkturen des Korporatismus: Zur Geschichte eines Paradigmenwechsels in der Verbändeforschung, in, *Streeck*, Wolfgang (Hg.), 1994: Verbände und Staat, PVS-Sonderheft, Opladen, 37-64.

Dahrendorf, Ralf, 1977: Latente und manifeste Interessen, in, *Massing*, Peter/*Reichel*, Peter, 1977: Interesse und Gesellschaft, Diskussionen – Kontroversen – Perspektiven, München, 206-210.

De Deken, Johan J., 2002: Pensions and the reduction of non-wage labour costs – Modelling a decade of reforms in Germany, in, Journal of European Social Policy, Vol. 12 (4), 277–291.

Decker, Peter/*Hecker*, Konrad, 2002: Das Proletariat, Die große Karriere der lohnarbeitenden Klasse kommt an ihr gerechtes Ende, München.

Deutscher Bundestag, 2003: Versicherungsfremde Leistungen, in, Wissenschaftliche Dienste des Deutschen Bundestages, Der aktuelle Begriff, Nr.03/2003, Berlin. [URL: http://www.bundestag.de/bic/analysen/2003/2003_01_24.pdf] (08.04.05).

Deutscher Bundestag, 2004: Organisationsreform in der gesetzlichen Rentenversicherung, in, Wissenschaftliche Dienste des Deutschen Bundestages, Der aktuelle Begriff, Nr.39/2004, Berlin.
[URL: http://www.bundestag.de/bic/analysen/2004/2004_11_18a.pdf] (16.02.05).

DGB (Deutscher Gewerkschaftsbund), 1962: Angestellten-Sozialprogramm, in, Gewerkschaftliche Monatshefte, 13/5, Mai 1962, 295-299.

DGB (Deutscher Gewerkschaftsbund), 1975: Programm von 1975 des Deutschen Gewerkschaftsbundes für älterer Arbeitnehmer, in: *Leminsky*, Gerhard/*Otto*, Bernd, 1984: Politik und Programmatik des Deutschen Gewerkschaftsbundes, Köln, 354-371.

DGB (Deutscher Gewerkschaftsbund), 1979: Programm zur Verbesserung der Lebenssituation älterer Menschen, in: *Leminsky*, Gerhard/*Otto*, Bernd, 1984: Politik und Programmatik des Deutschen Gewerkschaftsbundes, Köln, 354-371.

DGB (Deutscher Gewerkschaftsbund), 1981: Sozialpolitisches Programm des DGB, in: *Leminsky*, Gerhard/*Otto*, Bernd, 1984: Politik und Programmatik des Deutschen Gewerkschaftsbundes, Köln, 329-354.

DGB (Deutscher Gewerkschaftsbund), 1982: Antrag 136 „Gegen Sozialleistungsabbau – für Sicherung und Ausbau des Erreichten" an den 12. Ordentlichen DGB-

Bundeskongreß 1982, in: *Leminsky*, Gerhard/*Otto*, Bernd, 1984: Politik und Programmatik des Deutschen Gewerkschaftsbundes, Köln, 415-417.

DGB (Deutscher Gewerkschaftsbund), 1989a: DGB-Positionen zum Bonner Rentenreform-Konsens, in, Soziale Sicherheit, 1989, 38/3, 66-69.

DGB (Deutscher Gewerkschaftsbund), 1989b: Stellungnahme des Deutschen Gewerkschaftsbundes zum Entwurf eines Gesetzes zur Reform der gesetzlichen Rentenversicherung (Rentenreformgesetz 1992 – RRG 1992), in, *Soziale Sicherheit* 1989, 38/5, 149-154; Soziale Sicherheit, 1989, 38/65, 182-189.

DGB (Deutscher Gewerkschaftsbund), 1999: Reform der Rente, Die Position der Gewerkschaften, in, Soziale Sicherheit, 1999, 48/9-10, 326-329.

DGB (Deutscher Gewerkschaftsbund), 2000: DGB-Positionen zur Rentenstrukturreform, in, Soziale Sicherheit, 2000, 49/2, 53-54.

Die Grünen/Seniorenschutzbund „Graue Panther", 1985: Grundrente statt Altersarmut, Die Grünen und die Grauen Panther fordern Rentenreform, Berlin.

Dieck, Margret/*Naegele*, Gerhard (Hg.), 1978: Sozialpolitik für ältere Menschen, Heidelberg.

Doetsch, Werner, 1977: Bittere Pillen, in, *BDA (Bundesvereinigung der Deutschen Arbeitgeberverbände)*, 1977: Der Arbeitgeber, 20/29, 850.

Doetsch, Werner, 1982: „Keine grundlegende Änderung des derzeitigen Systems", in, *BDA (Bundesvereinigung der Deutschen Arbeitgeberverbände)*, 1982: Der Arbeitgeber, 2/34, 57.

Döring, Diether, 1980: Das System der gesetzlichen Rentenversicherung, Eine sozialpolitische Einführung, Frankfurt.

Döring, Diether, 1997: Acht Bemerkungen zur Rentenpolitik, in, Gewerkschaftliche Monatshefte 1997, 11, 593-599.

Döring, Diether, 1999: Alterssicherung in der EU, in: *Schmitthenner*, Horst/*Urban*, Hans-Jürgen (Hg.), 1999: Sozialstaat als Reformprojekt, Optionen für eine andere Politik, Hamburg, 158-174.

Döring, Diether, 2000: Grundlinien der langfristigen Systementwicklung der gesetzlichen Rentenversicherung, Personenkreis, Rentenformel, Finanzierung, in, *Fisch*, Stefan/*Haerendel*, Ulrike (Hg.), 2000: Geschichte und Gegenwart der Rentenversicherung in Deutschland, Beiträge zur Entstehung, Entwicklung und vergleichenden Einordnung der Alterssicherung im Sozialstaat, Berlin, 169-187.

Döring, Diether, 2002: Die Zukunft der Alterssicherung, Europäische Strategien und der deutsche Weg, Frankfurt.

Döring, Diether, 2003: Die Zukunft der Rentenversicherung: Auf dem Weg zu einem System, das nur noch die Basis sichert, in, Soziale Sicherheit, 2003, 52/11, 378-381.

Döring, Diether/*Koch*, Thomas, 2003: Gewerkschaften und soziale Sicherung, in, *Schröder*, Wolfgang/*Weßels*, Bernhard (Hg.), 2003: Die Gewerkschaften in Politik und Gesellschaft der Bundesrepublik Deutschland, Wiesbaden, 376-404.

Dornbusch, Hans-Ludwig, 1986: Finanzierung der Renten, Wege zur Konsolidierung, in, *BDA (Bundesvereinigung der Deutschen Arbeitgeberverbände)*, 1986a: Der Arbeitgeber, 21/38.

Dräger, Werner, 1980: Auffassungen der Arbeitgeber zur Neuordnung der Hinterbliebenenversorgung und der sozialen Sicherung der Frau, in, Zeitschrift für Sozialreform, 26/5, Mai 1980, 346-350.

Ebbinghaus, Bernhard, 2000: Any Way Out of 'Exit from Work'? Reversing the Entrenched Pathways of Early Retirement, in, *Scharpf*, Fritz W./*Schmidt*, Vivien A. (Hg.), 2000: Welfare and Work in the Open Economy, Vol. II, Diverse Responses to Common Challenges, Oxford, 512-553.

Ebbinghaus, Bernhard, 2002: Trade unions' changing role: membership erosion, organisational reform, and social partnership in Europe, in, Industrial Relations Journal, 33/5, 465-483.

Ebbinghaus, Bernhard/*Manow*, Philip, 2001: Comparing Welfare Capitalism, Social Policy and Political Economy in Europe, Japan and the USA, London.

Ebermann, Thomas/*Trampert*, Rainer, 1984: Die Zukunft der Grünen, Ein realistisches Konzept für eine radikale Partei, Hamburg.

Ehrenberg, Herbert, 1964: Reform der Rentenreform „mit" Illusionen, in, Sozialer Fortschritt, 13/5, Mai 1964, 114-116.

Eichel, Hans, 2000: Finanzpolitik für das nächste Jahrzehnt, Rede des Bundesministers der Finanzen an der Humboldt-Universität am 9. November 2000 in Berlin. [URL: http://userpage.fu-berlin.de/~staderma/Aufsaetze/Vermoegen/Eichel911.pdf] (30.03.05).

Engelen-Kefer, Ursula, 1972: Arbeitsmarktpolitische Strategien zur Verbesserung der Beschäftigungssituation älterer Arbeitnehmer, in, WWI Mitteilungen, 10, Oktober 1972, 305-312.

Engelen-Kefer, Ursula, 2000a: Sozialstaat im Umbau, Das Beispiel Rentenreform, in, Soziale Sicherheit, 2000, 49/3, 92-95.

Engelen-Kefer, Ursula, 2000b: Rentenstrukturreform, DGB-Vorschläge für eine zusätzliche Altersvorsorge, in, Soziale Sicherheit, 2000, 49/6, 185-187.

Engelen-Kefer, Ursula, 2000c: Betriebsverfassung – Rentenreform – Gesundheitspolitik, Vorschläge des DGB, in, Gewerkschaftliche Monatshefte, 10/2000, 545-555.

Engelen-Kefer, Ursula/*Schmitthenner*, Horst/*Freitag*, Lutz/*Hirlinger*, Walter/*Fiedler*, Hans, 2000: Rentengipfel der Gewerkschaften und Sozialverbände, Gemeinsame Erklärung zur Struktur der Rentenreform, in, Soziale Sicherheit, 2000, 49/7, 233-234.

Erhard, Ludwig, 1957: Wohlstand für alle!, Rede vor dem 7. Bundesparteitag der CDU am 14. Mai 1957 in Hamburg, in, *Erhard*, Ludwig, 1962: Deutsche Wirtschaftspolitik, Der Weg der Sozialen Marktwirtschaft, Düsseldorf, 337-353.

Erhard, Ludwig, 1962: Deutsche Wirtschaftspolitik, Der Weg der Sozialen Marktwirtschaft, Düsseldorf.

Erhard, Ludwig, 1965: Das gesellschaftspolitische Leitbild der Formierten Gesellschaft, in, *Stützel*, Wolfgang/*Watrin*, Christian/*Willgerodt*, Hans/*Hohmann*, Karl, 1981: Grundtexte zur Sozialen Marktwirtschaft, Zeugnisse aus zweihundert Jahren ordnungspolitischer Diskussion, Stuttgart, 79-82.

Esping-Andersen, Gøsta, 1990: The Three Worlds of Welfare Capitalism, New Jersey.

Esping-Andersen, Gøsta, 1999: Social Foundations of postindustrial Economies, Oxford.

Esping-Andersen, Gøsta/*Gallie*, Duncan/*Hemerijck*, Anton/*Myles*, John (Hg.), 2003: Why we need a new welfare state, Oxford.
Esser, Otto, 1982a: Schwerpunkt: Stabilisierung der Renten- und Krankenversicherung, in, *BDA (Bundesvereinigung der Deutschen Arbeitgeberverbände)*, 1982: Der Arbeitgeber, 7/34, 332-333.
Esser, Otto, 1982b: Lebenszeitverkürzung: Pferdefüße, in, *BDA (Bundesvereinigung der Deutschen Arbeitgeberverbände)*, 1982: Der Arbeitgeber, 9/34, 484.
Färber, Gisela, 1988: Private Altersvorsorge bei schrumpfender Bevölkerung, in, WSI Mitteilungen, 5, Mai 1988, 286-294.
Färber, Gisela, 2000: Zur Äquivalenz von Beiträgen und Leistungen in der gesetzlichen Rentenversicherung, in, *Fisch*, Stefan/*Haerendel*, Ulrike (Hg.), 2000: Geschichte und Gegenwart der Rentenversicherung in Deutschland, Beiträge zur Entstehung, Entwicklung und vergleichenden Einordnung der Alterssicherung im Sozialstaat, Berlin, 333-350.
Faupel, Georg, 1987: Altersgrenzen in der Rentenversicherung – Herauf oder Herunter?, in, Soziale Sicherheit, 1987, 36/5, 148-151.
Faupel, Georg, 1988: Rentenreform: Großer Konsens auf kleinstem gemeinsamen Nenner, in, Soziale Sicherheit, 1988, 37/7, 201-205.
Faupel, Georg, 1989: Rentenreform: Großer Konsens für sozialen Rückschritt, in, Soziale Sicherheit, 1989, 38/1, 4-8.
FDP (Freie Demokratische Partei Deutschland), 1948: Die Heppenheimer Beschlüsse vom 12. Dezember 1948, in, *Kunz*, Rainer/*Maier*, Herbert/*Stammen*, Theo, 1979: Programme der politischen Parteien in der Bundesrepublik Deutschland, München, 417-418.
Ferber, Christian von, 1988: Alter und Gesundheit: Muß das Erwerbsleben mit Frühinvalidität enden?, in, *IG Metall* (Hg.), 1988: Ältere Menschen im Sozialstaat, Für eine solidarische Sozialpolitik, Köln, 31-41.
Fisch, Stefan 2000: Systemelemente und gesellschaftlicher Wandel, Einführung, in, *Fisch*, Stefan/*Haerendel*, Ulrike (Hg.), 2000: Geschichte und Gegenwart der Rentenversicherung in Deutschland, Beiträge zur Entstehung, Entwicklung und vergleichenden Einordnung der Alterssicherung im Sozialstaat, Berlin, 123-126.
Fisch, Stefan/*Haerendel*, Ulrike (Hg.), 2000a: Geschichte und Gegenwart der Rentenversicherung in Deutschland, Beiträge zur Entstehung, Entwicklung und vergleichenden Einordnung der Alterssicherung im Sozialstaat, Berlin.
Fisch, Stefan/*Haerendel*, Ulrike, 2000b: Einleitung, in, *Fisch*, Stefan/*Haerendel*, Ulrike (Hg.), 2000: Geschichte und Gegenwart der Rentenversicherung in Deutschland, Beiträge zur Entstehung, Entwicklung und vergleichenden Einordnung der Alterssicherung im Sozialstaat, Berlin, 11-24.
Förster, Gottlieb, 1999: Chemische Zusatzrente, in, Mitbestimmung, 1/2 1999, 58-60.
Frerich, Johannes, 1996: Sozialpolitik, Das Sozialleistungssystem der Bundesrepublik Deutschland, Darstellung, Probleme und Perspektiven der Sozialen Sicherung, München.
Frevel, Bernhard/*Dietz*, Berthold, 2004: Sozialpolitik kompakt, Wiesbaden.

FTD (Financial Times Deutschland) vom 25.4.2002: Profil: Edmund Stoiber. [URL:http://www.ftd.de/db/mu/1014399047038.html] (03.01.05).
Ganßmann, Heiner, 2000: Politische Ökonomie des Sozialstaats, Münster.
GDV (Gesamtverband der Deutschen Versicherungswirtschaft), 1998: Positionen, Die Versicherungen zu Politik, Wirtschaft und Gesellschaft, 8, Juli/August 1998.
Gebhardt, H. /*Geibel*, P. , 1889: Führer durch das Gesetz betreffend die Invaliditäts- und Altersversicherung vom 22. Juni 1889, Altenburg.
Geißler, Rainer, 2002: Die Sozialstruktur Deutschlands, Gesellschaftliche Entwicklungen vor und nach der Vereinigung, Wiesbaden.
Glotz, Peter, 1982: Soziale Sicherungssysteme, in, *BDA (Bundesvereinigung der Deutschen Arbeitgeberverbände)*, 1982: Der Arbeitgeber, 11/34, 646.
Glotz, Peter, 1989: Die deutsche Rechte, Eine Streitschrift, Stuttgart.
Gröll, Johannes, 1991: Das moralische bürgerliche Subjekt, Münster 1991.
Großhaus, Carl, 1985: Sozialpolitische Analyse der Arbeitnehmervertretung in den Wahlen der Sozialversicherung, Köln.
Hahn, Hans, 1932: Logik, Mathematik, Naturerkennen: Zwei Vorträge, Verein Ernst Mach, Wien, Frühjahr 1932.
[URL: http://www.erzwiss.uni-hamburg.de/sonstiges/dewey/HahnLoMa.pdf] (03.08.2004).
Hall, Peter A., 1993: Policy Paradigms, Social Learning, and the State, The Case of Economic Policymaking in Britain, in, Comparative Politics, 25/3, 275-296.
Hall, Peter A./*Soskice*, David (Hg.), 2001: Varieties of Capitalism, The Institutional Foundations of Comparative Advantage, Oxford.
Haller, Max/*Hoffmann-Nowotny*, Hans-Joachim/*Zapf*, Wolfgang, 1989 (Hg.): Kultur und Gesellschaft, Frankfurt.
Hardach, Fritz W., 1967: Willensbildung in Wirtschaftsverbänden, in, *Blümle*, Ernst-Bernd/*Schwarz*, Peter (Hg.), 1985: Wirtschaftsverbände und ihre Funktion, Schwerpunkte der Verbandsforschung, Darmstadt, 151-176.
Hartwich, Hans-Hermann, 1977a: Organisationsmacht gegen Kapitalmacht – Die Gewerkschaften in der Interessenstruktur der Bundesrepublik, in, *Borsdorf*, Ulrich (Hg.), 1977: Gewerkschaftliche Politik, Reform aus Solidarität, Köln, 81-108.
Hartwich, Hans-Hermann, 1977b: Sozialstaatspostulat und Status quo, Opladen.
Hasse, Raimund, 2003: Wohlfahrtspolitik und Globalisierung, Zur Diffusion der World Polity durch Organisationswandel und Wettbewerbsorientierung, Opladen.
Hegel, G. W. F, 1939: Volk, Staat, Geschichte, Eine Auswahl aus seinen Werken, Stuttgart.
Hegel, G. W. F., 2001a: Grundlinien der Philosophie des Rechts, Berlin.
Hegel, G. W. F., 2001b: Wissenschaft der Logik, Band II, Berlin.
Hegelich, Simon, 2004: Can Welfare Expansion Result in Disintegration? The Integration of East Germany into the German Pension System, in: German Politics, Vol.13, No.1 (March 2004), 81–105.
Henkel, Hans-Olaf, 1989: Unsere Gesellschaft ergraut: Wie bleibt die Wirtschaft jung?, in, *BDI (Bundesverband der Deutschen Industrie)*, 1989: Unsere Gesellschaft ergraut: Wie bleibt die Wirtschaft jung?, Köln, 19-36.

Hensen, Hartmut, 1977: Zur Geschichte der Rentenfinanzen, in, *Bartholomäi*, Reinhart/*Bodenbender*, Wolfgang/*Henkel*, Hardo/*Hüttel*, Renate (Hg.), 1977: Sozialpolitik nach 1945, Geschichte und Analyse, Bonn-Bad Godesberg, 137-149.

Herding, Richard/*Kirchlechner*, Berndt, 1980: Lohnarbeiterinteressen: Homogenität und Fraktionierung, Eine empirische Untersuchung bei westdeutschen Arbeitern und Angestellten über soziale Ungleichheit und materielle Ansprüche, Frankfurt.

Hering, Martin, 2004: Institutionelle Konflikte zwischen Währungsunion und staatlicher Alterssicherung in Deutschland und Europa, in, *Lütz*, Susanne/*Czada*, Roland (Hg.), 2004: Wohlfahrtsstaat – Transformation und Perspektiven, Wiesbaden, 349-372.

Hinrichs, Karl, 1993: Public Pensions and Demographic Change: Generational Equity in the United States and Germany, in, Zentrum für Sozialpolitik ZeS-Arbeitspapier Nr. 16/93, Bremen.

Hinrichs, Karl, 2000a: Auf dem Weg zur Altersicherungspolitik, Reformperspektiven in der gesetzlichen Rentenversicherung, in: *Leibfried*, Stephan/*Wagschal*, Uwe (Hg.), 2000: Der Deutsche Sozialstaat, Bilanzen – Reformen – Perspektiven, Frankfurt, 291-317.

Hinrichs, Karl, 2000b: Elephants on the move – Patterns of pension reform in OECD countries, in, European Review, Vol. 8 (3), Juli 2000, 353-378.

Hinrichs, Karl, 2003: The Politics of Pension Reform in Germany, Paper prepared for the Conference "Pension Reform in Europe: Shared Problems, Sharing Solutions?", London School of Economics, Hellenic Observatory / The European Institute, London, 5th December 2003.

Hinrichs, Karl/*Kangas*, Olli, 2003: When Is a Change Big Enough to Be a System Shift? Small System-shifting Changes in German and Finnish Pension Policies, in, Social Policy & Administration, Vol. 37/6, December 2003, 573-591.

Hirsch, Joachim,1995: Der nationale Wettbewerbsstaat, Staat, Demokratie und Politik im globalen Kapitalismus, Berlin.

Hockerts, Hans G., 1977: Sozialpolitische Reformbestrebungen in der frühen Bundesrepublik, in, Vierteljahreshefte für Zeitgeschichte, 1977, 341-372.

Hofmann, Hans-Joachim, 1992: Die Rentenreform, Düsseldorf.

Hombruch, Stefan, 2001: Kapitaldeckung und demographische Änderung. [URL: http://www.bvi.de/downloads/CORE-4WXJAYho220501.pdf] (15.11.04).

Huber, Berthold 2000: Der Kollege als Aktionär, in, Frankfurter Rundschau, 02.11.2000, 7.

Hujer, Marc, 1998: Rentenpolitik nach Voodoo-Art, Die ideenreiche Suche der SPD nach dem optimalen Konzept.
[URL: http://www.erziehung.uni-giessen.de/studis/Robert/spd_poli.html] (11.03.05).

Hülsmeier, Christian, 1996: Koalition auf neuem Renten-Raubzug, Argumente zur Diskussion um die volle Besteuerung der Renten, in, Soziale Sicherheit, 1996, 46/10, 389-390.

Hyman, Richard, 1986: British Industrial Relations: The Limits of Corporatism, in, *Jacobi*, Otto/*Jessop*, Bob/*Kastendiek*, Hans/*Regini*, Marino (Hg.), 1986: Economic Crisis, Trade Unions and the State, London, 79-119.

IG Metall (Hg.), 1988: Ältere Menschen im Sozialstaat, Für eine solidarische Sozialpolitik, Köln.
IG Metall, 1999: IG Metall Diskussionspapier, Tariffonds – Rente mit 60. [URL http://www.igmetall.de/aktuell/buendnis/tariffonds.html] (17.02.05).
IMSF (Institut für Marxistische Studien und Forschung), 1980: DGB wohin?, Dokumente zur Programm-Diskussion, Frankfurt.
Institut „Finanzen und Steuern", 1985: Vorträge gehalten auf der Mitgliederversammlung des Institut „Finanzen und Steuern" am 18. April 1985, Bonn.
iw (Institut der deutschen Wirtschaft Köln), 2003a: Rürup-Kommission, Gute Seiten – schlechte Seiten, in, Informationsdienst des iw, 29/37, 4-5.
iw (Institut der deutschen Wirtschaft Köln), 2003b: Betriebliche Altersversorgung, Renaissance der zweiten Säule, in, Informationsdienst des iw, 29/42, 2-3.
IWF (Internationaler Währungs Fonds), 2004: World Economic Outlook, The Global Demographic Transition, Chapter III: How Will Demographic Change Affect the Global Economy?
[URL: http://www.imf.org/external/pubs/ft/weo/2004/02/index.htm] (18.03.2005).
Jacobs, Klaus/*Schmähl*, Winfried, 1988: Der Übergang in den Ruhestand, Entwicklungen, öffentliche Diskussion und Möglichkeiten seiner Umgestaltung, in, Mitteilungen aus der Arbeitsmarkt- und Berufsforschung (Sonderdruck), 21/2.
Jantz, Kurt, 1977: Die Rentendynamik 1957 als Vorbild im Sozialleistungsrecht, in, *Bartholomäi*, Reinhart/*Bodenbender*, Wolfgang/*Henkel*, Hardo/*Hüttel*, Renate (Hg.), 1977: Sozialpolitik nach 1945, Geschichte und Analyse, Bonn-Bad Godesberg, 109-124.
Janzen, Karl-Heinz, 1988: Gegen die Privatisierung der Lebensrisiken – für eine solidarische Sozialpolitik, in, *IG Metall* (Hg.), 1988: Ältere Menschen im Sozialstaat, für eine solidarische Sozialpolitik, Köln, 15-30.
Jessop, Bob, 1974: Traditionalism, conservatism and British political culture, London.
Jessop, Bob, 2003: The future of the capitalist State, Cambridge.
Jochem, Sven, 2003: Nordic corporatism and welfare state reforms: Denmark and Sweden compared, in, *Waarden*, Frans van/*Lehmbruch*, Gerhard, 2003: Renegotiating the Welfare State, flexible adjustment through corporatist concentration, London, 114-141.
Jochem, Sven/*Siegel*, Nico A. (Hg) 2003a: Konzertierung, Verhandlungsdemokratie und Reformpolitik im Wohlfahrtsstaat, Das Modell Deutschland im Vergleich, Opladen.
Jochem, Sven/*Siegel*, Nico A. 2003b: Konzertierung, Verhandlungsdemokratie und Wohlfahrtsstaatliche Reformpolitik, in, *Jochem*, Sven/*Siegel*, Nico A. (Hg) 2003a: Konzertierung, Verhandlungsdemokratie und Reformpolitik im Wohlfahrtsstaat, Das Modell Deutschland im Vergleich, Opladen, 7-34.
Jordan, Grant/*Schubert*, Klaus, 1992: A Preliminary Ordering of Policy Network Labels, in: European Journal of Political Research 21, 7-27.
Jünke, Christoph, 2004: Viktor Agartz (1897 bis 1964) und die sozialistische Linke. [URL: http://www.marxistische-bibliothek.de/lohnpolitik.html] (09.04.05).
Kalnes, Øyvind, 2001: Rationality in the development of political sciences: The case of neo-corporatism.

[URL: http//web.hil.no/oka/papers/pdf/rationality.pdf] (08.03.2004).
Kannengießer, Walter, 1998: Gesetzliche Altersversorgung, Irritationen über Modelldiskussion, in, *GDV (Gesamtverband der Deutschen Versicherungswirtschaft)*, 1998: Positionen, Die Versicherungen zu Politik, Wirtschaft und Gesellschaft, 8, Juli/August 1998, 1-4.
Katterle, Siegfried, 1964: Die Rücklagenbildung der Rentenversicherungsträger, in, WWI Mitteilungen, 8/9, August/September 1964, 196-200.
Kaufmann, Franz-Xaver, 1997: Herausforderungen des Sozialstaates, Frankfurt.
Kaufmann, Franz-Xaver, 2000: Der deutsche Sozialstaat als Standortbelastung? Vergleichende Perspektiven, in: *Leibfried*, Stephan/*Wagschal*, Uwe (Hg.), 2000: Der Deutsche Sozialstaat, Bilanzen – Reformen – Perspektiven, Frankfurt, 171-198.
Kaufmann, Franz-Xaver, 2003: Varianten des Wohlfahrtsstaats, Der deutsche Sozialstaat im internationalen Vergleich, Frankfurt.
Kenworthy, Lane, 2000: Quantitative Indicators of Corporatism: A Survey and Assessment, in, MPIFG Discussion Paper 00/4, November 2000.
Keynes, John M., 1997: The General Theory of Employment, Interest, and Money, New York.
Kiesau, Gisela, 1971: Der ältere Arbeitnehmer und die Herabsetzung der Altersgrenze in der Rentenversicherung, in, WWI Mitteilungen, 2/3, Februar/März 1971, 65-74.
Kirch, Peter, 1988: Vorschläge und Forderungen der IG Metall zur Reform der Alterssicherung, in, *IG Metall* (Hg.), 1988: Ältere Menschen im Sozialstaat, für eine solidarische Sozialpolitik, Köln, 124-136.
Kitschelt, Herbert, 2001: Partisan Competition and Welfare State Retrenchment: When Do Politicians Choose Unpopular Policies?, in, *Pierson*, Paul (Hg.), 2001: The New Politics of the Welfare State, Oxford, 265-302.
Klaus, Georg/*Buhr*, Manfred (Hg.), 1975: Philosophisches Wörterbuch, Leipzig.
Knake-Werner, Heidi/*Kahrs*, Horst, 2000: Eckpunkte der PDS für eine Rentenreform, Flexibilität und Sicherheit im sozialen Wandel, in, Soziale Sicherheit, 2000 49/5, 161-164.
Koeppinghoff, Sigrid, 1984: Rentenreform 1984, Vom Ausbau zum Abbau der eigenständigen Alterssicherung der Frau, in, WSI Mitteilungen, 1, Januar 1984, 40-47.
Kohl, Jürgen, 1993: Der Wohlfahrtsstaat in vergleichender Perspektive, Anmerkungen zu Esping-Andersen's „The Three Worlds of Welfare Capitalism", in, Zeitschrift für Sozialreform, 39/2, Februar 1993, 67-82.
Kohl, Jürgen, 2000: Gegenwartsprobleme und Zukunftsperspektiven, Einführung, in, *Fisch*, Stefan/*Haerendel*, Ulrike (Hg.), 2000: Geschichte und Gegenwart der Rentenversicherung in Deutschland, Beiträge zur Entstehung, Entwicklung und vergleichenden Einordnung der Alterssicherung im Sozialstaat, Berlin, 313-315.
Köhler, Peter A./*Zacher*, Hans F. (Hg.), 1981: Ein Jahrhundert Sozialversicherung in der Bundesrepublik Deutschland, Frankreich, Großbritannien, Österreich und der Schweiz, München.
Kohli, Martin, 1989: Moralökonomie und „Generationenvertrag", in, *Haller*, Max/*Hoffmann-Nowotny*, Hans-Joachim/*Zapf*, Wolfgang, (Hg.) 1989: Kultur und Gesellschaft, Frankfurt, 532-555.

Kohli, Martin/*Künemund*, Harald/*Wolf*, Jürgen, 1994: Alter und gewerkschaftliche Politik – Zusammenfassende Einschätzung, in, *Wolf*, Jürgen/*Kohli*, Martin/*Künemund* (Hg), 1994: Alter und gewerkschaftliche Politik, Auf dem Weg zur Rentnergewerkschaft?, Köln, 403-414.

Kohli, Martin/*Künemund*, Harald/*Wolf*, Jürgen, 1998: Die Generationenbeziehungen und die Gewerkschaften, Zur Rolle der Arbeitnehmerorganisationen im Konflikt um den Generationenvertrag, in, Gewerkschaftliche Monatshefte, 11/1998, 728-734.

Kommission Soziale Sicherheit, 2003: Bericht der Kommission zur Reform der sozialen Sicherungssysteme, Berlin.

Kratzsch, Konrad/*Rosenberg*, Peter, 1964: Veränderungen der Altersstruktur und ihr Einfluß auf das Erwerbsleben, in, WWI Mitteilungen, 4, April 1964, 88-92.

Kühlewind, Gerhard, 1977: Die Erweiterung der flexiblen Ruhestandsregelung als beschäftigungspolitisches Instrument, in, WSI Mitteilungen, 7, Juli 1977, 436-443.

Kuhn, Thomas S., 1967: Die Struktur wissenschaftlicher Revolutionen, Frankfurt.

Kuhnle, Stein, 2000: Survival of the European Welfare State, London.

Külp, Bernhard/*Schreiber*, Wilfried (Hg.), 1971: Soziale Sicherheit, Köln.

Kunz, Rainer/*Maier*, Herbert/*Stammen*, Theo, 1979: Programme der politischen Parteien in der Bundesrepublik Deutschland, München.

Lakatos, Imre, 1970: Falsification and the Methodology of Scientific Research Programmes, in, *Lakatos*, Imre/*Musgrave*, Alan (Hg.), 1970: Criticism and the Growth of Knowledge, Cambridge, 91-196.

Lakatos, Imre/*Musgrave*, Alan (Hg.), 1970: Criticism and the Growth of Knowledge, Cambridge.

Lambsdorff, Otto Graf, 1982: Konzept für eine Politik zur Überwindung der Wachstumsschwäche und zur Bekämpfung der Arbeitslosigkeit.
[URL: http://www.nachdenkseiten.de/cms/upload/pdf/lambsdorff_papier_1982.pdf] (28.12.04).

Laux, Ernst-Ludwig, 2001: Tarifliche Zusatz-Rente, Verbindung von Tradition und Zukunft, in, Gewerkschaftliche Monatshefte, 6/2001, 336-344.

Lehmbruch, Gerhard, 1979: Liberal Corporatism and Party Government, in, *Schmitter*, Philippe C./*Lehmbruch*, Gerhard (Hg.), 1979: Trends Towards Corporatist Intermediation, London, 147-183.

Lehmbruch, Gerhard, 1982: Introduction: Neo-Corporatism in Comparative Perspective, in, *Lehmbruch*, Gerhard/*Schmitter*, Philippe C. (Hg.), 1982: Patterns of Corporatist Policy-Making, London, 10-27.

Leibfried, Stephan/*Wagschal*, Uwe (Hg.), 2000: Der Deutsche Sozialstaat, Bilanzen – Reformen – Perspektiven, Frankfurt.

Leminsky, Gerhard/*Otto*, Bernd, 1984: Politik und Programmatik des Deutschen Gewerkschaftsbundes, Köln.

Levi, Jonah D., 2000: Directing Adjustment? The Politics of Welfare Reform in France, in, *Scharpf*, Fritz W./*Schmidt*, Vivien A. (Hg.), 2000: Welfare and Work in the Open Economy, Vol. II, Diverse Responses to Common Challenges, Oxford, 308-350.

Lütz, Susanne, 2004: Der Wohlfahrtsstaat im Umbruch, Neue Herausforderungen, wissenschafltiche Kontrversen und Umbauprozesse, in, *Lütz*, Susanne/*Czada*, Roland (Hg.), 2004: Wohlfahrtsstaat – Transformation und Perspektiven, Wiesbaden, 11-38.

Lütz, Susanne/*Czada*, Roland (Hg.), 2004: Wohlfahrtsstaat – Transformation und Perspektiven, Wiesbaden.

Mackenroth, Gerhard, 1957: Die Reform der Sozialpolitik durch einen deutschen Sozialplan, in, *Boettcher*, Erik (Hg.), 1957: Sozialpolitik und Sozialreform, Tübingen, 43-75.

Manow, Philip, 1997: Social Insurance and the German political economy, MPIFG Discussion Paper 97/2, November 1997.

Manow, Philip, 2000: Kapitaldeckung oder Umlage: Zur Geschichte einer anhaltenden Debatte, in: *Fisch*, Stefan/*Haerendel*, Ulrike (Hg.), 2000: Geschichte und Gegenwart der Rentenversicherung in Deutschland, Beiträge zur Entstehung, Entwicklung und vergleichenden Einordnung der Alterssicherung im Sozialstaat, Berlin, 145-168.

Manow, Philip/*Seils*, Eric, 2000a: Adjusting Badly, The German Welfare State, Structural Change, and the Open Economy, in: *Scharpf*, Fritz W./*Schmidt*, Vivien A. (Hg.), 2000: Welfare and Work in the Open Economy, Vol. II, Diverse Responses to Common Challenges, Oxford, 264-307.

Manow, Philip/*Seils*, Eric, 2000b: The Unemployment Crisis of the German Welfare State, in, *Rhodes*, Martin/*Ferrera*, Maurizio (Hg.), 2000: West European Politics, special issue on „Restructuring European Welfare States“, April 2000, 138-160.

Marshall, T. H., 1950: Citizenship and Social Class, in, *Pierson*, Christopher/*Castles*, Francis G. (Hg.), 2000: The Welfare State, A reader, Cambridge, 32-41.

Massing, Peter/*Reichel*, Peter, 1977: Interesse und Gesellschaft, Diskussionen – Kontroversen – Perspektiven, München.

McKinnes, John C., 1966: Constructive Typology and Social Theory, New York.

Meier, René, 2000: Neoliberalismus – Fata Morgana oder reale Gefahr für den Sozialstaat ?, in, Soziale Sicherheit (CHSS) 2000/3, 109-111.

Merten, Detlef, 2000: Rentenversicherung und deutsche Wiedervereinigung, in, *Fisch*, Stefan/*Haerendel*, Ulrike (Hg.), 2000: Geschichte und Gegenwart der Rentenversicherung in Deutschland, Beiträge zur Entstehung, Entwicklung und vergleichenden Einordnung der Alterssicherung im Sozialstaat, Berlin, 318-332.

Miegel, Meinhard, 2003: Die deformierte Gesellschaft, Wie die Deutschen ihre Wirklichkeit verdrängen, Berlin.

Motel-Klingebiel, Andreas, 2000: Alter und Generationenvertrag im Wandel des Sozialstaates, Altersicherung und private Generationsbeziehungen in der zweiten Lebenshälfte, Berlin.

Muhr, Gerd, 1977a: Sozialpolitik der Nachkriegszeit – Betrachtungen aus der Sicht des DGB, in, *Bartholomäi*, Reinhart/*Bodenbender*, Wolfgang/*Henkel*, Hardo/*Hüttel*, Renate (Hg.), 1977: Sozialpolitik nach 1945, Geschichte und Analyse, Bonn-Bad Godesberg, 477-488.

Muhr, Gerd, 1977b: Sozialpolitik und Grundsatzprogramm, in, *IMSF (Institut für Marxistische Studien und Forschung)*, 1980: DGB wohin? Dokumente zur Programm-Diskussion, Frankfurt, 218-221.

Muhr, Gerd, 1981: Sozialpolitik im neuen Grundsatzprogramm des DGB, 1981, in, *Leminsky*, Gerhard/*Otto*, Bernd, 1984: Politik und Programmatik des Deutschen Gewerkschaftsbundes, Köln, 319-328.

Muhr, Gerd, 1989: DGB-Forderung zur Rentenreform, in, Soziale Sicherheit, 1989, 38/1, 1-4.

Müller, Adolf, 2002: Als Arbeiter und Gewerkschafter 25 Jahre im Bundestag, in, *CDU/CSU Arbeitnehmergruppe*, 2002: 50 Jahre Arbeitnehmergruppe der CDU/CSU Fraktion im Deutschen Bundestag, Eine starke Lobby in der Arbeitswelt der Zukunft, Berlin, 19-26.

Müller, Albert, 1957: Das Wunschbild der Zusammenarbeit, Die Arbeitgeberverbände über Koordinierung und Solidarität, in, Sozialer Fortschritt, 6/1, Januar 1957, 112-113.

Müller, Franz, 1957: Unsere Gegenwartsaufgaben auf dem Gebiet der Sozialen Selbstverwaltung, in, *BDA (Bundesvereinigung der Deutschen Arbeitgeberverbände)*, 1958: Unsere Gegenwartsaufgaben, Referate und Vorträge auf der Geschäftsführerkonferenz der BDA am 20. und 21. September 1957 in Konstanz, Schriftenreihe der BDA, Heft 18, 42-53.

Murda, Wolfgang, 1989: BfA und VDR zum Bonner Rentenkonsens: Ja, aber ...!, in, Soziale Sicherheit, 1989, 38/3, 69-71.

Myles, John, 1984: Old Age in the Welfare State, The Political Economy of Public Pensions, Boston.

Myles, John, 2003: A New Social Contract for the Elderly?, in: *Esping-Andersen*, Gøsta/*Gallie*, Duncan/*Hemerijck*, Anton/*Myles*, John (Hg.), 2003: Why we need a new welfare state, Oxford, 130-172.

Myles, John/*Pierson*, Paul, 2001: The Comparative Political Economy of Pension Reform, in, *Pierson*, Paul (Hg.), 2001: The New Politics of the Welfare State, New York, 305-333.

Nolte, Detlev 1988: Die Gesetzliche Rentenversicherung als unüberwindbare Barriere der Sozialpolitik? Analyse des Rentenversicherungssystems im Hinblick auf die Finanzierung der Sozialrente, Frankfurt.

NPD (Nationaldemokratische Partei Deutschlands), 1967: Das Programm der NPD, Grundlagen nationaldemokratischer Politik, in, *Kunz*, Rainer/*Maier*, Herbert/*Stammen*, Theo, 1979: Programme der politischen Parteien in der Bundesrepublik Deutschland, München, 464-472.

Nullmeier, Frank, 2000: Politische Theorie des Sozialstaats, Frankfurt.

Nullmeier, Frank, 2001: Sozialpolitik als marktregulative Politik, in, Zeitschrift für Sozialreform, 47/6, 645-668.

Nullmeier, Frank/*Rüb*, Friedbert W., 1993: Die Transformation der Sozialpolitik, Vom Sozialstaat zum Sicherungsstaat, Frankfurt.

Nürnberger, Ingo/*Stapf-Finé*, Heinz, 2004: Renten-Nachhaltigkeitsgesetz, Drastische Einschnitte stellen Versicherungssystem in Frage, Rentenniveau muss vor freiem Fall gesichert werden, in, Soziale Sicherheit, 2004, 53/2, 38-43.

Nuscheler, Franz/*Steffani*, Winfried (Hg.), 1972: Pluralismus, Konzeptionen und Kontroversen, München.

Offe, Claus, 1984: Societal preconditions of corporatism and some current dilemmas of democratic theory, Working paper #14, Kellogg Institute.

Opielka, Michael, 2003: Nachhaltigkeit und soziale Sicherung, Risiken und Chancen grüner Sozialpolitik, in, Gewerkschaftliche Monatshefte, 2/2003, 74-82.

Ostner, Ilona/*Leitner*, Sigrid/*Lessenich*, Stephan, 2001: Sozialpolitische Herausforderungen, Zukunft und Perspektiven des Wohlfahrtsstaats in der Bundesrepublik, in, *Hans-Böckler-Stiftung* (Hg.), 2001: Arbeitspapier 49, Zukunft der Politik, Düsseldorf.

Ott, Erich, 1978: Die Wirtschaftskonzeption der SPD nach 1945, Marburg.

Pahl, R. E. / *Winkler*, Jack, 1974: The Coming Corporatism, in, New Society, Vol. 10, October 1974, 72-76.

Parry, Richard, 2000: Exploring the sustainable limits of public expenditure in the British welfare state, in, *Kuhnle*, Stein (Hg.), 2000: Survival of the European Welfare State, London, 88-105.

Paulssen, Hans C., 1962: Sozialpolitik vor neuen Bewährungsproben, in, Sozialer Fortschritt, 11/1, Januar 1962, 2-3.

PDS (Partei des Demokratischen Sozialismus), 2003: Programmdebatte. [URL: http://www.pds-programmdebatte.de/] (20.10.03)

Pehl, Günter, 1993: Ab Januar höhere Beiträge, BfA informiert über Entwicklung der Rentenfinanzen, in, Soziale Sicherheit, 1993, 42/4, 105.

Pierson, Christopher/*Castles*, Francis G. (Hg.), 2000: The Welfare State, A reader, Cambridge.

Pierson, Paul, 1997: Dismantling the Welfare State? Reagan, Thatcher, and the Politics of Retrenchment, Cambridge.

Pierson, Paul (Hg.), 2001: The New Politics of the Welfare State, New York.

Quest, Karlheinz, 1998: Der überforderte Generationenvertrag, Rentenpolitik auf dem Prüfstand, Landsberg am Lech.

Rausch, Heinz/*Stamm*, Theo (Hg.), 1978: DDR, Das politische, wirtschaftliche und soziale System, München.

Recht; Georg, 1997: Rentenreform 1999: Die Vorschläge der Regierungskommission „Fortentwicklung der Rentenversicherung“, in, Soziale Sicherheit, 1997, 46/4, 135-141.

Reimann, Helga/*Reimann*, Horst (Hg.), 1974: Das Alter, Soziale Probleme 1, München.

Rhodes, Martin/*Ferrera*, Maurizio (Hg.), 2000: West European Politics, special issue on „Restructuring European Welfare States“, April 2000.

Riester, Walter, 2000a: Koalitionskonzept für die Altersvorsorge, Deutschland erneuern – Rentenreform 2000, in, Soziale Sicherheit, 2000, 49/6, 182-185.

Riester, Walter, 2000b: Rentenreform 2000, Keine Verlierer, viele Gewinner, in, Soziale Sicherheit, 2000, 49/10, 330-332.

Ritter, Gerhard A., 2000: Entstehungsgeschichte der gesetzlichen Rentenversicherung, Einführung, in, *Fisch*, Stefan/*Haerendel*, Ulrike (Hg.), 2000: Geschichte und Gegenwart der Rentenversicherung in Deutschland, Beiträge zur Entstehung, Entwicklung und vergleichenden Einordnung der Alterssicherung im Sozialstaat, Berlin, 24-29.

Roggenkamp, Günter, 2004: Organisationsreform in der Rentenversicherung vor Abschluss, Die „Deutsche Rentenversicherung“ gewinnt Konturen, in, Soziale Sicherheit, 2004, 53/2, 44-53.

Rosenberg, Justin, 2000: The Follies of Globalisation Theory, London.

Ruin, Olof 1974: Participatory Democracy and Corporatism, The Case of Sweden, in, Scandinavian Political Studies, Vol. 9, 171-184.

Ruland, Franz, 1993: Verschiebebahnhof, Der Anteil der Rentenversicherung an der Absicherung des Risikos der Arbeitslosigkeit, in, Soziale Sicherheit, 1993, 42/6, 178-182.

Ruland, Franz, 2000: Bedürftigkeitsorientierte Mindestsicherung, Einstieg in den Systemwechsel, in, Soziale Sicherheit, 2000, 49/2, 38-41.

Ruland, Franz, 2001a: Schwerpunkte der Rentenreformen in Deutschland, in, NJW – Neue juristische Wochenschrift, 11/2001, Band 48, 3505-3511). [URL: http://www.aka-altersversorgung.de/Rede%20-%20Ruland.pdf] (19.02.03).

Ruland, Franz, 2001b: Die Rentenreform – eine vorläufige Bilanz, Licht, aber auch viel Schatten, in, Soziale Sicherheit, 2001, 50/2, 43-48.

Rürup, Bert, 2000: Sozialstaat im Umbau, Das Beispiel Rentenreform, in, Soziale Sicherheit, 2001, 50/3, 85-91.

Rürup, Bert, 2003: Rentenreform: Weiterentwicklung statt Systemwechsel, in, *Zimmermann*, Klaus F. (Hg.), 2003: Reformen – jetzt! So geht es mit Deutschland wieder aufwärts, Wiesbaden, 49-68.

Rüstow, Alexander, 1971: Sozialpolitik diesseits und jenseits des Klassenkampfes, in, *Külp*, Bernhard/*Schreiber*, Wilfried (Hg.), 1971: Soziale Sicherheit, Köln, 17-26.

Scharpf, Fritz W./*Schmidt*, Vivien A. (Hg.), 2000a: Welfare and Work in the Open Economy, Vol. I, From Vulnerability to Competitiveness, Oxford.

Scharpf, Fritz W./*Schmidt*, Vivien A. (Hg.), 2000b: Welfare and Work in the Open Economy, Vol. II, Diverse Responses to Common Challenges, Oxford.

Schewe, Dieter, 1977: Von der ersten zur zweiten Rentenreform 1957-1976, Die Entwicklung der Gesetzgebung über die Rentenfinanzen, in, *Bartholomäi*, Reinhart/*Bodenbender*, Wolfgang/*Henkel*, Hardo/*Hüttel*, Renate (Hg.), 1977: Sozialpolitik nach 1945, Geschichte und Analyse, Bonn-Bad Godesberg, 183-190.

Schludi, Martin, 2001: The Politics of Pensions in European Social Insurance Countries, MPIfG Discussion Paper 01/11.

Schmähl, Winfried, 1975: Das Rentenniveau in der Bundesrepublik, Frankfurt.

Schmähl, Winfried (Hg.) 1988: Verkürzung oder Verlängerung der Erwerbsphase?, Tübingen.

Schmähl, Winfried, 2000a: Vorschläge zur Reform der Alterssicherung, Stellungnahme des Sozialbeirats, in, Soziale Sicherheit, 2000, 49/2, 58-59.

Schmähl, Winfried, 2000b: Entwicklungstendenzen der deutschen Alterssicherung im internationalen Vergleich, Jüngere Erfahrungen und Perspektiven für die Zukunft, in, *Fisch*, Stefan/*Haerendel*, Ulrike (Hg.), 2000: Geschichte und Gegenwart der Rentenversicherung in Deutschland, Beiträge zur Entstehung, Entwicklung und vergleichenden Einordnung der Alterssicherung im Sozialstaat, Berlin, 351-368.

Schmähl, Winfried/*Conradi*, Hartmut/*Jacobs*, Klaus/*Meierjürgen*, Rüdiger/*Prinz*, Aloys, 1986: Soziale Sicherung 1975-1985, Verteilungswirkungen sozialpolitischer Maßnahmen in der BRD, Frankfurt.

Schmid, Josef, 1998: Konzeptionelle Grundlagen: Interessenvermittlung in und durch Verbände, in: *Schmid*, Josef (Hg.), 1998: Verbände – Lehr- und Arbeitsbuch, München, 8-20.

Schmidt, Alfred, 1987: DGB-Positionen zur Strukturreform der sozialen Rentenversicherung, in, Soziale Sicherheit, 1987, 36/10, 289-304.

Schmitter, Philippe C., 1974: Still the Century of Corporatism?, in, Review of Politics, Vol. 36, 1974, Notre Dame, 85-131.

Schmitter, Philippe C., 1981: Interessenvermittlung und Regierbarkeit, in, *Alemann*, Ulrich von/*Heinze*, Rolf, G. (Hg.): Verbände und Staat, Vom Pluralismus zum Korporatismus, Analysen, Opladen, 92-114.

Schmitter, Philippe C., 1982: Reflections on where the theory of neo-corporatism has gone and where the praxis of neo-corporatism may be going, in, *Lehmbruch*, Gerhard/*Schmitter*, Philippe C. (Hg.), 1982: Patterns of corporatist policy making, London, 259-280.

Schmitter, Philippe C./*Streeck*, Wolfgang, 1996: Gemeinschaft, Markt, Staat – und Verbände? Der mögliche Beitrag von privaten Interessenregierungen zu sozialer Ordnung, in, *Streeck*, Wolfgang (Hg.), 1999: Korporatismus in Deutschland: zwischen Nationalstaat und Europäischer Union, Frankfurt, 191-222. Zuerst erschienen in, Journal für Sozialforschung, 1985, Jg. 25, 133-157.

Schmitthenner, Horst, 1999: Riesters umstrittene Rentenreform, Mißratener Entwurf, in, Soziale Sicherheit, 1999, 48/6, 205-207.

Schmitthenner, Horst/*Urban*, Hans-Jürgen (Hg.), 1999: Sozialstaat als Reformprojekt, Optionen für eine andere Politik, Hamburg.

Schmitz, Heinz, 1983: Vermeidung von Armut im Alter, Die Mindestsicherung in Schweden, Österreich, den Niederlanden, der DDR und der Bundesrepublik Deutschland sowie denkbare Verbesserungen der bundesdeutschen gesetzlichen Rentenversicherung, München.

Schnieber-Jastram, Birgit/*Singhammer*, Johannes/*Storm*, Andreas, 2000: Position der Union für einen Rentenkompromiss, 10 Forderungen zur Weiterentwicklung der Alterssicherung, in Soziale Sicherheit, 2000, 49/1, 21-22.

Schröder, Gerhard, 2003: Regierungserklärung von Bundeskanzler Schröder am 14. März 2003 vor dem Deutschen Bundestag.
[URL: http://www.bundesregierung.de/Politikthemen/Agenda-2010-,9768/Regierungserklaerung.htm] (14.04.05).

Schroeder, Wolfgang/*Weßels*, Bernhard (Hg.), 2003: Die Gewerkschaften in Politik und Gesellschaft der Bundesrepublik Deutschland, Wiesbaden.

Schubert, Klaus, 2003a: Innovation und Ordnung, Grundlagen einer pragmatischen Theorie der Politik, Münster.

Schubert, Klaus, 2003b: Pragmatismus, Pluralismus, Policy Analysis: Ursprünge und theoretische Verankerung der Policy Analyse, in, *Schubert*, Klaus/*Bandelow*, Nils C. (Hg.), 2003a: Lehrbuch der Politikfeldanalyse, München, 37-70.

Schubert, Klaus/*Bandelow*, Nils C. (Hg.), 2003a: Lehrbuch der Politikfeldanalyse, München.
Schubert, Klaus/*Bandelow*, Nils C. 2003b: Politikdimensionen und Fragestellungen der Politikfeldanalyse, in, *Schubert*, Klaus/*Bandelow*, Nils C. (Hg.), 2003a: Lehrbuch der Politikfeldanalyse, München, 1-22.
Schubert, Klaus, 2004: Neo-Korporatismus – und was dann? in: *Politische Bildung*, Nr. 2/2004, 7-22.
Schütt, Bernd, 1999: IG BAU schließt Rentenlücke, in, Mitbestimmung, 1/2 1999, 61-63.
Schwahn, Jürgen, 1988: Erfahrungen mit dem Vorruhestand und betrieblichen Modellen des Übergangs in den Ruhestand aus Arbeitgebersicht: Das Beispiel der Zigarettenindustrie, in, *Schmähl*, Winfried (Hg.) 1988, Verkürzung oder Verlängerung der Erwerbsphase?, Tübingen, 88-95.
Schwenn, Kerstin, 2004: Rentenreform, Koalition prüft Untergrenze für Renteniveau, in, *FAZ (Frankfurter Allgemeine Zeitung)*, 12. Februar 2004, 1.
Seeheimer Kreis, 2005: Selbstdarstellung.
[URL: http://www.seeheimer-kreis.de/wir_ueber_uns/selbstverstaendnis] (16.03.2005).
Seehofer, Horst, 2000: Positionen der CDU/CSU zu den Reformbereichen Rente, Gesundheit, Betriebsverfassung, in, Gewerkschaftliche Monatshefte, 10/2000, 569-578.
Seehofer, Horst/*Stamm*, Barbara/*Söder*, Markus, 1999: Dokumentation der CSU-Vorschläge, Das Bayrische Optionsmodell für die gesetzliche Rentenversicherung, in, Soziale Sicherheit, 1999, 48/12, 391-395.
Seffen, Achim, 1985: Hauptprobleme der Rentenpolitik, Ein Überblick, in, Beiträge zur Wirtschafts- und Sozialpolitik, Institut der deutschen Wirtschaft, 131, 2/1985, 4-43.
Seitenzahl, Rolf, 1976: Gewerkschaften zwischen Kooperation und Konflikt, Von einer quantitativen Tariflohnpolitik zur umfassenden Verteilungspolitik, Frankfurt.
Sitzler, Friedrich, 1966: Unternehmer zu aktuellen sozial- und wirtschaftspolitischen Fragen, in, Sozialer Fortschritt, 15/8, August 1966, 116-117.
Sohn, Karl-Heinz, 1958: Zur Aufgabe der Rentenanpassung, in, WWI Mitteilungen, 10, Oktober 1958, 245-252.
SPD (Sozialdemokratische Partei Deutschlands), 1952/54: Aktions-Programm der Sozialdemokratischen Partei Deutschlands, Beschlossen auf dem Dortmunder Parteitag am 28. September 1952, Erweitert auf dem Berliner Parteitag am 24. Juli 1954, in, *Kunz*, Rainer/*Maier*, Herbert/*Stammen*, Theo, 1979: Programme der politischen Parteien in der Bundesrepublik Deutschland, München, 296-324.
Spiegelhalter, Franz, 1961: Der Aufbau der „freiwilligen“ Sozialleistungen der Betriebe im letzten Jahrzehnt, in, Sozialer Fortschritt, 10/10, Oktober 1961, 227-229.
Stahl, Helmut, 2003: Deutschland, in, *VDR (Verband der Deutschen Rentenversicherungsträger)*, 2003: Rentenversicherung im internationalen Vergleich, DRV-Schriften, Band 45, Dezember 2003, 57-78.
Stammen, Theo, 1979: Nationaldemokratische Partei Deutschlands, NPD, Einführung, in, *Kunz*, Rainer/*Maier*, Herbert/*Stammen*, Theo, 1979: Programme der politischen Parteien in der Bundesrepublik Deutschland, München, 459-463.

Standfest, Erich, 2000: Rentenreform 2000, Auf dem Weg zum Wechsel des Systems?, in, Soziale Sicherheit, 2000, 49/10, 333-337.

Steffen, Johannes, 2002: Die Anpassung der Renten in der Rentenversicherung der Arbeiter und Angestellten, Von der Rentenreform 1957 bis zum AVmEG, Manuskript. [URL: http://www.arbeitnehmerkammer.de/sozialpolitik/doku/4_soziales/rente_anpassungen_1957ff.pdf] (23.02.03).

Storm, Andreas, 2001: Die CDU-Bewertung der rot-grünen Rentenreform, Auf Sand gebaut, in, Soziale Sicherheit 2001, 50, 48-51.

Streeck, Wolfgang (Hg.), 1994a: Verbände und Staat, PVS-Sonderheft, Opladen.

Streeck, Wolfgang, 1994b: Staat und Verbände: Neue Fragen, Neue Antworten?, in, *Streeck*, Wolfgang (Hg.), 1994: Verbände und Staat. PVS-Sonderheft, Opladen, 7-34.

Streeck, Wolfgang, 1995: German Capitalism – Does it exist? Can it Survive?, MPIfG Discussion Paper 95/5, November 1995.

Stützel, Wolfgang/*Watrin*, Christian/*Willgerodt*, Hans/*Hohmann*, Karl, 1981: Grundtexte zur Sozialen Marktwirtschaft, Zeugnisse aus zweihundert Jahren ordnungspolitischer Diskussion, Stuttgart.

Swank, Duane/*Martin*, Cathie Jo, 2001: Employers and the Welfare State, The Political Economic Organization of Firms and Social Policy in Contemporary Capitalist Democracies, in, Comparative Political Studies, Vol. 34, No. 8, October 2001, 889-923.

Tacke, Bernhard, 1962: Bewährung im sozialen Fortschritt, in, Sozialer Fortschritt, 11/1, Januar 1962, 3-4.

Tenhaef, Rainer, 1992: Öffentliche Anhörungen der Fachausschüsse des Deutschen Bundestages im parlamentarischen Entscheidungsprozeß bis zur 10. Wahlperiode, Bonn.

Trampusch, Christine, 2003: Ein Bündnis für die nachhaltige Finanzierung der Sozialversicherungssysteme: Interessenvermittlung in der bundesdeutschen Arbeitsmarkt und Rentenpolitik, MPIfG Discussion Paper 03/1, Februar 2003.

Trampusch, Christine, 2004: Vom Klassenkampf zur Riesterrente, Die Mitbestimmung und der Wandel der Interessen von Gewerkschaften und Arbeitgeberverbänden an der betrieblichen und tariflichen Sozialpolitik, in, Zeitschrift für Sozialreform, 50. Jahrgang, 3/2004, 223-254.

Vasquez, John A., 1997: The realist paradigm and degenerative versus progressive research programs: An appraisal of neotraditional research on Waltz's balancing proposition, in, American Political Science Review, Vol. 91, 4, December 1997, 899-912.

VDR (Verband Deutscher Rentenversicherungsträger), 2000: Stellungnahme des VDR zur Rentenreform, Akzeptable Ansätze, erhebliche Schwächen, in, Soziale Sicherheit, 2000, 49/12, 415-424.

VDR (Verband Deutscher Rentenversicherungsträger), 2001: Fakten und Argumente Nr. 05, Versicherungsfremde Leistungen - sachgerecht finanzieren! [URL: http://www.vdr.de/internet/vdr/infopool.nsf/($URLRef)/6C2A72235845FB91C1256A0F00437412] (08.04.05).

VDR (Verband Deutschen Rentenversicherungsträger), 2003: Rentenversicherung im internationalen Vergleich, DRV-Schriften, Band 45, Dezember 2003.

Wallerstein, Immanuel, 1974: The modern world-system, Capitalist agriculture and the origins of the European world-economy in the sixteenth century, New York.

Weber, Jürgen, 1977: Die Interessengruppen im politischen System der Bundesrepublik Deutschland, Stuttgart.

Weeber, Joachim, 2002: Auswirkungen veränderter ökonomischer Rahmenbedingungen auf die Alterssicherung, in, Zeitschrift für Sozialreform, 48/6, November/Dezember 2002, 647-658.

Weiß, Gerhard, 1978: Die ÖTV, Politik und gesellschaftspolitische Konzeptionen der Gewerkschaft ÖTV von 1966 bis 1976, Marburg.

Werner, Josua, 1957: Die Wirtschaftsverbände in der Marktwirtschaft, Zürich.

Wiesehügel, Klaus, 2000: IG BAU – Modell eines universellen Rentensystems, Solidarität ist machbar, in, Soziale Sicherheit, 2000, 49/7, 230-232.

Wiesehügel, Klaus, 2004: Reformschritte um die Rente, in, Gewerkschaftliche Monatshefte, 1/2004, 26-34.

Winter, Thomas von, 1987: Politische Orientierung und Sozialstruktur, Ein Beitrag zur Theorie des Wählerverhaltens, Frankfurt.

Winter, Thomas von, 1997: Sozialpolitische Interessen: Konstituierung, politische Repräsentation und Beteiligung an Entscheidungsprozessen, Baden-Baden.

Wolf, Ferdinand, 1972: Flexible Altersgrenze oder Rentenniveau – Was hat Vorrang?, in, Sozialer Fortschritt, 7/8, Juli 1972, 168-172.

Wolf, Jürgen/*Kohli*, Martin/*Künemund*, Harald (Hg.), 1994: Alter und gewerkschaftliche Politik, Auf dem Weg zur Rentnergewerkschaft?, Köln.

WSI (Wirtschafts- und Sozialwissenschaftliches Institut), 2000: Stellungnahme des WSI zu dem Gesetzentwurf der Fraktionen SPD und BÜNDNIS 90/ DIE GRÜNEN „Gesetz zur Reform der gesetzlichen Rentenversicherung und zur Förderung eines kapitalgedeckten Altersvorsorgevermögens“ und zu dem Antrag der Fraktion der CDU/CSU „Verbesserung der Nachhaltigkeit in der Alterssicherung durch eine gerechte und sozialverträgliche Rentenpolitik“, vorgelegt dem Ausschuss für Arbeit und Sozialordnung zur öffentlichen Anhörung am 13.12.2000. [URL: http://www.box5.boeckler-boxen.de/fix/ download/wsi_pos.pdf] (07.02.05).

Young, Brigitte, 2003: Economic and Monetary Union, employment and gender politics: a feminist constructivist analysis of neo-liberal labour-market restructuring in Europe, in, *Overbeek*, Henk (Hg.), 2003 The Political Economy of European Employment, European integration and the transnationalization of the (un)employment question, London, 99-112.

Young, Brigitte/*Hegelich*, Simon, 2003: Shareholder Kapitalismus und das Casino Spiel an den Aktienbörsen, in, Österreichische Zeitschrift für Politikwissenschaft, 1/2003, 77-96.

Zander, Ingo 1997a: Renten und die Macht des Taschenrechners, in, Mitbestimmung, 7/8 1997, 8.

Zander, Ingo 1997b: Renten-Broker?, in, Mitbestimmung, 11, 1997, 42-44.

Zimmermann, Klaus F. (Hg.), 2003: Reformen – jetzt! So geht es mit Deutschland wieder aufwärts, Wiesbaden.

Zöllner, Detlev, 1957: Produktivitätsrente und betriebliche Altersversorgung, in, Sozialer Fortschritt, 6/5, Mai 1957, 112-113.

Zöllner, Detlev, 1981: Landesbericht Deutschland, in, *Köhler*, Peter A./*Zacher*, Hans F. (Hg.), 1981: Ein Jahrhundert Sozialversicherung in der Bundesrepublik Deutschland, Frankreich, Großbritannien, Österreich und der Schweiz, München, 46-179.

7 Anhang

Abbildung 2: Ausländische Arbeitnehmer in Deutschland (ab 1991 alte Länder)

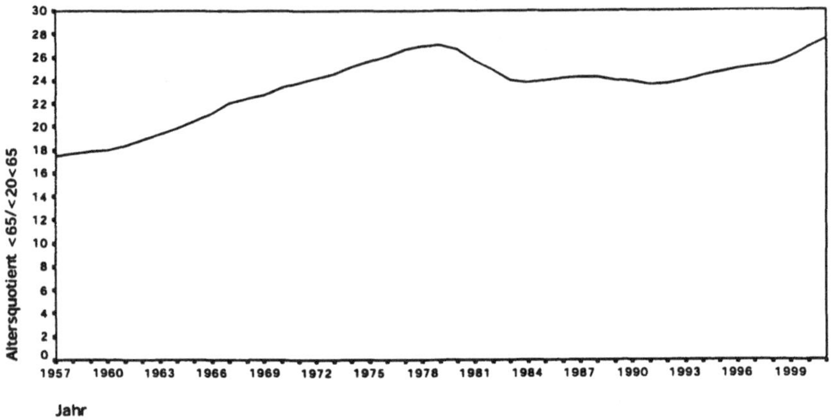

Quelle: VDR [URL: http://www.vdr.de], eigene Darstellung (06.04.05)

Abbildung 3: Altersquotient in %

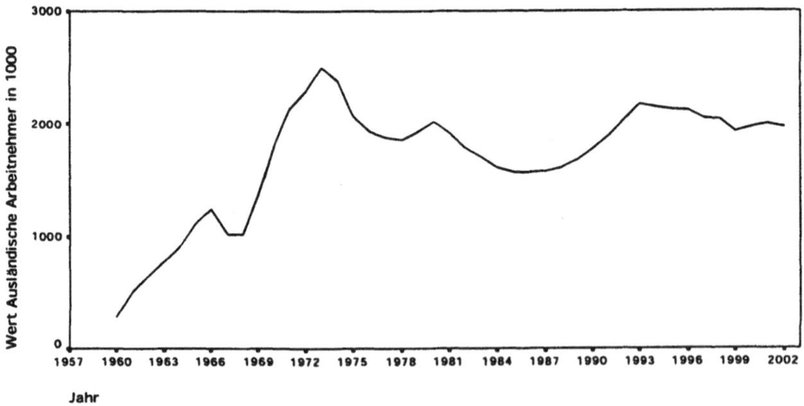

Quelle: VDR [URL: http://www.vdr.de], eigene Darstellung (06.04.05)

Abbildung 4: Beitragssatz in %

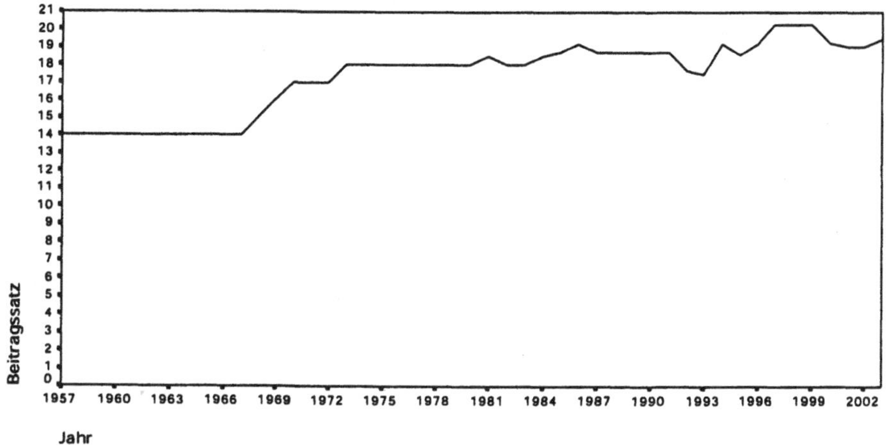

Quelle: VDR [URL: http://www.vdr.de] (06.04.05)

Abbildung 5: Bundeszuschuss in Mio. €

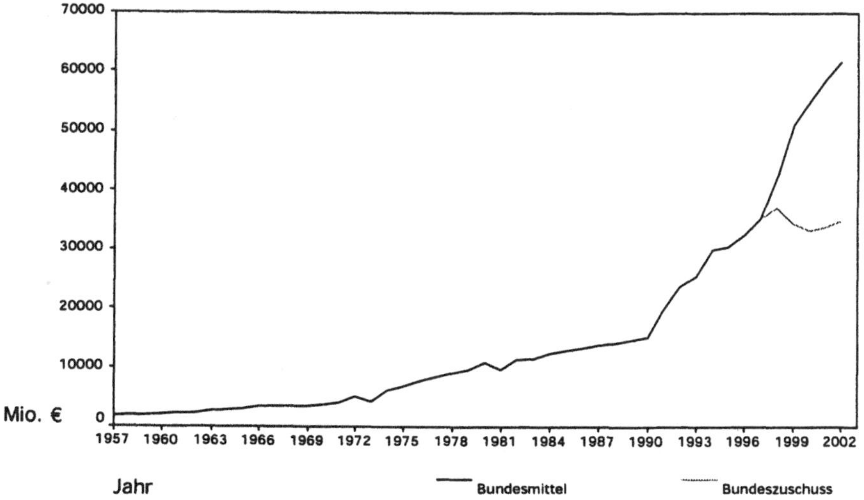

Quelle: VDR [URL: http://www.vdr.de], eigene Darstellung (06.04.05)

Abbildung 6: Einnahmen der GRV – Ausgaben

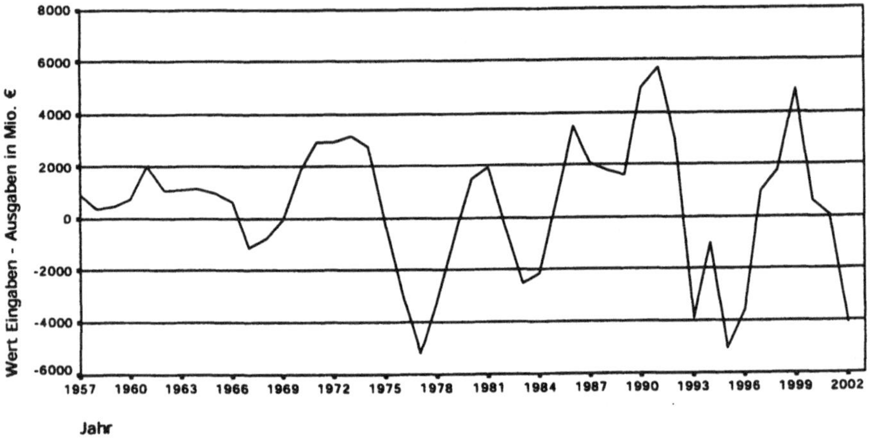

Quelle: VDR [URL: http://www.vdr.de] (06.04.05)

Abbildung 7: Aktiv Versicherte in der RVin 1000

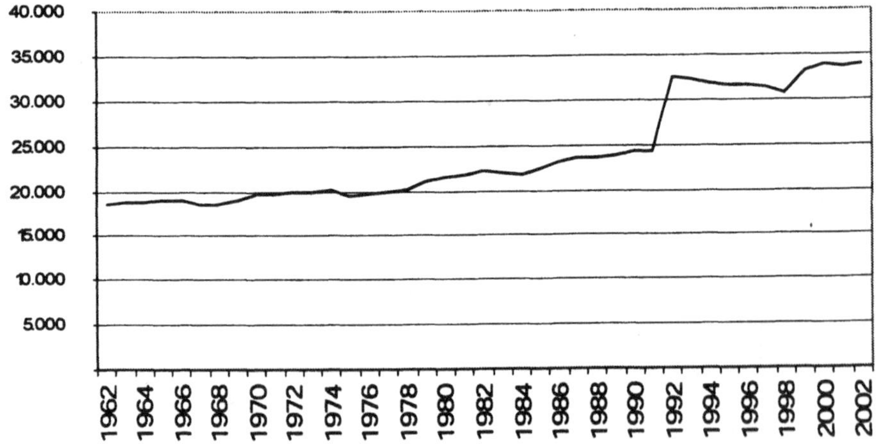

Quelle: VDR [URL: http://www.vdr.de], eigene Darstellung (06.04.05)

Formel 1: Rentenformel ab 1957

$$J * St * PB * AB = L$$

J = Anzahl der Versicherungsjahre
St = Steigerungssatz
PB = Persönliche Bemessungsgrundlage
AB = Allgemeine Bemessungsgrundlage
L = Jahresrente

Formel 2: Rentenformel ab 1992

$$(EP * ZF) * RF * AR = MR$$

EP = Entgeltpunkte
ZF = Zugangsfaktor
RF = Rentenfaktor
AR= Aktueller Rentenwert
MR = Monatliche Rente

Formel 3: Aktueller Rentenwert ab 2001

$$AR_t = AR_{t-1} * \frac{BE_{t-1}}{BE_{t-2}} * \frac{100 - AVA_{t-1} - BS_{t-1}}{100 - AVA_{t-2} - BS_{t-2}}$$

AR= Aktueller Rentenwert
BE = Bruttoarbeitsentgelt je abhängigen Beschäftigten
AVA = Altersvorsorgeanteil
BS = Beitragssatz in der Gesetzlichen Rentenversicherung

Formel 4: Aktueller Rentenwert ab 2004

$$AR_t = AR_{t-1} * \frac{BE_{t-1}}{BE_{t-2}} * \frac{100 - AVA_{2010} - BS_{t-1}}{100 - AVA_{2010} - BS_{t-2}} * \left(\left(1 - \frac{RQ_{t-1}}{RQ_{t-2}}\right) * \alpha + 1\right)$$

AR= Aktueller Rentenwert
BE = Bruttoarbeitsentgelt je abhängigen Beschäftigten
AVA = Altersvorsorgeanteil im Jahr 2010
AVA_{2010} = Altersvorsorgeanteil für das Jahr 2010
in Höhe von 4 vom Hundert,
BS = Beitragssatz in der gesetzlichen Rentenversicherung
RQ = Rentnerquotient

FSC
www.fsc.org
MIX
Papier | Fördert gute Waldnutzung
FSC® C083411

Kolibri 360 GmbH
Ferdinand-Jühlke-Straße 7
99095 Erfurt, Deutschland
produktsicherheit@kolibri360.de